精品课程配套教材

21世纪应用型人才培养"十三五"规划教材

"双创"型人才培养优秀教材

U0727293

新编经济法概论

XINBIAN JINGJIFA GAILUN

主　编　李俊峰　毛　宁
　　　　　陈　晶
副主编　寇明斌　龙　飞
　　　　　潘方华　向洪爱
　　　　　王　瑶　王　丹
　　　　　胡小明

东北大学出版社

Northeastern University Press

ⓒ 李俊峰　毛宁　陈晶　2019

图书在版编目（CIP）数据

新编经济法概论／李俊峰，毛宁，陈晶主编. -- 沈
阳：东北大学出版社，2019. 1
　　21世纪应用型人才培养"十三五"规划教材
　　ISBN 978-7-5517-1190-6

　　Ⅰ. ①新… Ⅱ. ①李… ②毛… ③陈… Ⅲ. ①经济法
-中国-高等学校-教材 Ⅳ. ①D922. 29

　　中国版本图书馆 CIP 数据核字（2016）第 004246 号

出　版　者：东北大学出版社
　　　　　　地　　址：沈阳市和平区文化街三号巷 11 号
　　　　　　邮　　编：110819
　　　　　　电话：024-83680267（社务室）　　83687331（营销部）
　　　　　　传真：024-83687332（总编室）　　83680180（营销部）
　　　　　　网　　址：http://www. neupress. com
　　　　　　E-mail：neuph@ neupress. com
印　刷　者：北京俊林印刷有限公司
发　行　者：东北大学出版社
幅面尺寸：185mm×260mm
印　　张：19
字　　数：520 千字
版　　次：2019 年 1 月第 1 版
印　　次：2019 年 1 月第 1 次印刷
责任编辑：孙　锋
责任校对：刘乃义
封面设计：唐韵设计
责任出版：唐敏志

ISBN 978-7-5517-1190-6　　　　　　　　　　　　　　定价：36. 50 元

精品课程配套教材
"双创"型人才培养优秀教材　编写委员会

前　言

经济法是我国重要的法律部门，是 19 世纪末 20 世纪初资本主义由自由竞争阶段向垄断阶段过度时期市场经济发展过程中市场失灵下的纠偏产物。社会主义的经济法是为适应社会主义经济建设的需要而产生并成长起来的。新中国成立以后，为了适应当时计划经济的需要，我国开始构建完善经济立法活动，这对稳定建国初期的国民经济秩序、规范和保障经济活动能适应社会主义初级阶段的实际情况功不可没。随着我国国家宏观调控下市场经济体制的建立和完善，经济法在我国市场经济发展过程中的地位更加重要，我国大中专院校经济管理类专业也纷纷将经济法作为本专业的专业基础课以培养掌握经济法一般理论和基础知识适应社会主义市场经济需要的高素质复合型合格人才。在此背景下，遵循教育部《关于"十二五"普通高等教育教材建设的若干意见》的精神，我们结合长期以来一线教学的实际情况，并总结经验和教训编写了这本经济法概论。由于经济法是一个新兴的法律部门和法学学科，经济法的范畴在学术界也存在颇多争议，因此本教材主要供非法学专业本、专科学生学习经济法律知识使用，尤其适合于经济管理类各专业学生配合本专业课程进行学习。同时也可作为企业管理人员的培训教材和参考资料。

本教材在编写过程中力求体现出我国当前经济法学科最新的理论研究成果和我国经济立法、执法的最新实践状况，同时注重教材编写的系统性和完整性。

所涉重要法律法规都采纳了最新规定，因此具有很强的实用性。在编写过程中为适应经济管理类学生以应用为主的学习目的，本书尽量突出法律的实际规定减少理论的大幅铺陈，力求语言简明扼要，观点清晰明确、法规完整准确、最大程度的避免重复和疏漏。

本教材由李俊峰、毛宁、陈晶担任主编，寇明斌、龙飞、潘方华、向洪爱、王瑶、王丹、胡小明担任副主编，具体分工如下：前言部分和第一章至第六章由李俊峰编写，第七章至第八章由毛宁编写，第九、十章由陈晶编写，第十一章由向洪爱编写，第十二章由龙飞编写，第十三章由潘方华编写，第十四、十六章由寇明斌、胡小明共同编写，第十五章由胡小明编写、第十七章由王丹编写。最后由李俊峰统筹审稿、定稿。

为了使学习者较全面掌握和了解经济法的广博知识和最瓣研究成果，本教材在教材编写过程中参考了部分前辈的重要文献资料，借鉴和吸收了众多学者的研究成果，在此一并深表谢意。由于编者水平有限，再加上要在有限的时间内囊括如此重要且内容宏大的一门学科，难免会有疏漏和不当之处，恳求读者和各位专家批准指正，以便再版时能予以修正，使我们的这本教材能与时俱进，做得更好。

编　者

目 录
Contents

第一章　经济法基础知识

重点掌握内容

经济法的特征及调整对象；经济法律关系主体、内容和客体；经济法律责任的形式；经济纠纷的解决途径。

第一节　经济法概述

一、经济法的产生及发展

经济的法律调整与经济法并不是同等概念。从法律的发展史纵向观察，经济的法律调整古已有之，它与国家和法共始终。但在经济法问世之前，其并没有作为一个独立的法律部门在经济的法律调整中担当任何角色。从横向观察，在一国的法律体系中，除经济法外，其他众多法律部门也对经济关系进行直接或间接的调整，如宪法、民商法、刑法、环境法和劳动法。但自20世纪以来，随着经济社会化发展和国家全面渗透经济运行领域，经济法作为一个独立的法律部门已得到社会的普遍认同。

古今中外最早出现的法律多是诸法合一，这实质上属于奴隶制社会和封建制社会的法律，主要是调整简单商品生产中的经济关系。在自然经济为主、商品经济不发达的时代，法律部门的分类不可能存在经济法这个部门，也没有经济法这个概念。到近代自由资本主义时期，法律规范主要调整的经济关系是自由资本主义商品生产中的经济关系，这一时期经济活动追求平等自由，排斥政府对经济活动的任意干扰。在形式上各法律部门逐步从统一的法典和法律大全中分离出来，并逐步形成独立的法律部门，以民法和商法为主要形式。

一般认为，"经济法"这一概念最初是由18世纪法国空想社会主义者提出来的，但现代意义上的经济法则肇始于20世纪初的德国，是资本主义从自由竞争阶段发展到垄断阶段以后的产物。德国在1919年颁布的《煤炭经济法》被认为是世界上第一部以经济法命名的经济法规。后经大陆法系各国和以苏联为代表的社会主义国家的继承，发展成为一个独立的法律部门和新兴的法学学科。

经济法的产生与发展，堪称20世纪法学领域最耀眼的成就之一。但对于何为经济法，自其产生就争议不断，至今仍未形成一致的看法。

1

作为协调社会经济运行关系的法律部门，经济法是人类社会发展到一定阶段的产物，其产生与发展有着深刻的社会根源。人类社会的经济形态经历了从自然经济阶段向商品经济阶段发展的历程。在自然经济阶段，人们生产的目的主要是为了满足自身的需要，交换关系不发达、自给自足成为这一阶段的主要特征。在这一阶段，市场作为一种资源配置方式缺乏成长的土壤。进入资本主义商品经济社会以后，随着商品交换的日益发达，市场相应地发展起来，并日益繁荣。市场作为一种调节机制，在协调社会经济发展过程中悄然发挥着作用。在市场经济建立之初，社会经济基本上完全依靠市场机制这只"看不见的手"来调节其有效运行。

但是市场本身的缺陷、市场机制的唯利性以及市场调节的被动性和滞后性，使得"市场万能"的神话很快被打破。随着19世纪末产业革命的兴起，生产的社会化进程迅速加快，资本也开始积聚到少数经营者手中，垄断开始形成。垄断企业为了追逐超额利润，往往违背市场规律，妨碍竞争或进行不正当竞争，市场被扭曲。这些不仅动摇了价值规律和市场调节作用的基础，破坏了供求关系的平衡，而且影响了社会福利的提升，制约了社会经济的发展。"万能"的市场开始失灵了。

为了克服市场失灵所引发的种种后果，国家介入经济生活以维护和促进社会经济结构和运行的协调、稳定、发展就成了必然的选择。在此背景下，各国纷纷放弃自由放任的经济原则，运用微观的经济手段和宏观的经济政策引导和促进社会经济的有效运行。但是政府也不是万能的，政府也有其局限性，政府干预经济生活也存在干预不到位、干预不起作用以及干预错位等问题。国家调节也会产生失灵的现象。为了能够弥补市场缺陷，克服市场失灵，规范国家调节行为，需要通过法律手段加以解决，经济法应运而生，并发展成为一个独立的法律部门。相应地，微观规制法律制度和宏观调控法律制度也就成为经济法体系的主要内容。

二、经济法的概念与特征

基于上述关于经济法产生与发展历史的考察，可以将经济法界定为：经济法是指调整国家在对市场主体及其活动进行组织、管理和监督，以及在对整个市场活动进行宏观调控过程中所发生的经济关系的法律规范的总称。

作为一个独立的法律部门，经济法与其他法律部门相比较，除了具有一般法律的基本特征，即国家意志性、特殊的规范性和应有的强制性外，还具有一些自己的特点，主要表现在以下几个方面。

1. 经济性

这是经济法最本质的特征。一方面，经济法的产生与发展起源于国家对社会经济活动的干预，可以说经济关系的存在与发展直接决定了经济法的内容与发展方向；另一方面，经济法是调节社会经济之法，发挥作用的领域是社会的经济生活领域，往往需要把经济制度和经济活动的内容及要求直接规定为法律，这就要求经济法必然要反映基本经济规律，揭示基本经济问题。

2. 社会性

经济法的社会性主要体现为经济法以社会整体利益为价值追求，是社会本位法。经济法是顺应生产社会化的要求而产生和发展起来的，为国家干预社会经济生活提供了法律依据和保障，其根本目标在于维护社会整体利益，促进社会经济结构和运行的协调、稳定、发展。国家对社会经济生活的干预体现了国家的社会公共职能，反映了绝大多数人的意志，即社会意志。

3. 政策性

经济法是国家调节经济活动、参与经济关系的产物，在此过程中，国家的经济体制和经济政策无疑对经济法的发展和变化产生影响，经济法也必须反映和回应社会经济生活和政治形势的变化，呈现出政策性的特性。同时，经济法的这种政策性，也决定了经济法具有内容的易变性、立法方式的授权性和表现形式的专门性特征。经济法所调整的是国家调节经济的活动，需要根据经济体制和经济政策的变化而变化，这使得经济法经常处于变动之中。同时由于这种易变性，加上经济法内容的广泛性，最高立法机关往往较多采用授权立法的方式，而经济法的表现形式也多为单行法律法规。

4. 综合性

经济法的综合性是由其所调整的社会经济关系的复杂性所决定的，表现为以下几个方面。一是法益的复合性。经济法不仅保护经济活动主体的个体法益，也保护不特定多数的社会法益，同时还保护作为公权力者的国家的法益，而且三种法益并重。二是方法的多样性。经济法在调节国家的经济行为时，不仅运用了民事的、行政的、刑事的传统方法，还采用了公私法融合的新型调整手段，如褒奖手段、专业暨社会性调整手段等。三是责任的多重性。在法律责任上，经济法实行民事责任、行政责任和刑事责任并举的方式，多角度、全方位地实现对社会经济活动的调控。四是规范的多元性。规范的多元性表现为实体规范与程序规范相结合，强制性规范、任意性规范与倡导性规范相结合，域内效力与域外效力相结合，公法规范与私法规范相结合等。

需要注意的是，在英美法系国家并不存在经济法的概念，也没有独立的经济法部门，但这并不影响实质意义的经济法的存在。在这些国家，同样存在着大量的财政、税收、金融、市场竞争方面的经济法规范，而且往往这些国家的经济法律制度更加完备。如果将经济法分为形式意义上的经济法和实质意义上的经济法，实质意义上的经济法每个国家都有，所以说经济法是普遍存在的法律制度。

三、经济法的调整对象与范围

法的调整对象是一法区别于他法并作为独立法律部门而存在的根据。任何法律部门都有其自身的调整对象，即该法所调整的独特的社会关系。经济法与民商法调整的对象不同，它们是相互独立的法律部门。民法主要调整平等主体间的财产关系，即横向的财产、经济关系。经济法调整的是国家在管理和协调社会经济活动中形成的特定经济关系。主要包括以下几类。

（1）市场主体调控关系，即国家在对市场主体的活动进行管理和市场主体在自身运行过程中所发生的经济关系。

（2）市场运行调控关系，即国家为了建立市场经济秩序，维护国家、经营者和消费者的合法利益而干预市场所发生的经济关系。

（3）宏观经济调控关系，即国家从长远和社会公共利益出发，在对关系国计民生的重大经济因素实行全局性管理的过程中所发生的经济关系。

（4）社会分配调控关系，即国家在国民收入进行初次分配和再分配过程中所发生的经济关系。

另外，部分学者认为经济法调整的对象包括以下几种。

（1）公共管理关系，即国家在管理和协调经济运行过程中形成的特定经济关系，包括宏观经济管理和微观经济管理两个方面。宏观经济管理关系包括在计划和产业政策的制定、实施，国家经济预算及其主导的投资，税收、金融、物价调节，土地利用规划，标准化管理等活动中产生的经济关系；微观经济管理关系包括在税收征管、金融证券监管、贸易管制、价格监督、技术监督、企业登记管理、交易秩序管理等活动中产生的经济关系。至于企事业单位内部的人、财、物管理关系以及家庭或个人对生产经营活动和财物进行管理的关系等，不应列入经济管理关系。

（2）维护公平竞争关系，即现代国家为了维持市场经济的正常运行及其活力，在采取相关措施维护、促进或限制竞争的过程中形成的社会经济关系。

（3）组织管理性的流转和协作关系，即超出民法调整的"平等主体"的财产关系范围，直接体现国家意志而具有组织管理性的流转和协作关系。主要有以下两种表现形式：一是国家通过政府机构或设立企业、委托代理人直接参与经济活动或经济关系，如进行招标、订（购）货、发包、出让、信贷、担保等活动时发生的合同关系；二是平等的国家机关或财政主体之间的经济协作关系。

四、经济法的渊源

法的渊源，指的是法的来源或源头，一般有实质意义上的法的渊源和形式意义上的法的渊源之分。实质意义上的法的渊源指法的内容的来源，如法渊源于一定的经济或经济关系；形式意义上的法的渊源，也称法的效力渊源，指一定的国家机关依照法定职权和程序制定或认可的具有不同法的效力和地位的法的表现形式。通常所说的法的渊源主要指法的效力渊源，即法律规范借以表现和存在的外在形式。

经济法的渊源，主要有以下几方面。

1. 宪　法

宪法是国家的根本大法，我国宪法是由全国人民代表大会制定和修改的，规定了国家的根本制度和任务，具有最高的法律效力，任何法律、法规等都不能和它相违背。经济法以宪法为渊源，主要是从中汲取有关精神、基本经济制度和原则。如"中华人民共和国的社会主义经济制度的基础是生产资料的社会主义公有制，即全民所有制和劳动群众集体所有制""国家实行社会主义市场经济；国家加强经济立法，完善宏观调控"等。

2. 法　律

法律是由全国人民代表大会及其常务委员会制定的规范性文件，其地位和效力仅次于宪法。经济法律是经济法规范体系中的主体和核心部分。如《中华人民共和国公司法》《中华人民共和国物权法》《中华人民共和国合同法》《中华人民共和国保险法》《中华人民共和国会计法》等。

3. 行政法规

国务院是我国的最高行政机关，由国务院根据宪法和法律制定的规范性文件称为行政法规，行政法规的地位仅次于宪法和法律，是经济法的重要形式。如《中华人民共和国土地管理法实施条例》《中华人民共和国公司登记管理条例》《企业财务会计报告条例》《中华人民共和国反倾销条例》《中华人民共和国外汇管理条例》等。

4. 国务院部门规章

国务院部门规章是由国务院各部门、委员会和其他直属机构根据法律和行政法规，在本部门的权限范围内制定的规范性文件。如财政部颁布的《企业会计准则》《会计从业资格管理办法》、中国人民银行颁布的《贷款规则》、中国证监会颁布的《上市公司信息披露管理办法》等。

5. 地方性法规

地方性法规是由省、自治区、直辖市，以及较大的市和民族自治地方的人民代表大会及其常务委员会根据本行政区域的具体情况和实际需要，在不同宪法、法律、行政法规相抵触的前提下制定的规范性文件。如《甘肃省道路运输条例》《上海市市容环境卫生管理条例》《珠海经济特区土地管理条例》《福建省实施〈中华人民共和国会计法〉办法》等。

6. 自治条例和单行条例以及特别行政区的法律

自治条例和单行条例是民族自治地方的人民代表大会制定或批准的规范性文件。其中，自治条例是指民族自治地方的人民代表大会根据宪法和法律的规定，并结合当地民族政治、经济和文化特点制定的有关管理自治地方事务的综合性法规。它通常规定有关本地区实行的区域自治的基本组织原则、机构设置、自治机关的职权、工作制度及其他重大问题。自治条例是民族自治地方实行民族区域自治的综合性的基本依据和活动准则，如《宁夏回族自治区自治条例》。单行条例是指民族自治地方的人民代表大会在自治权的范围内，依法根据当地民族的特点，针对某一方面的具体问题而制定的法规，如《甘南藏族自治州草原管理办法》等。制定自治条例和单行条例都是地方立法行为，条例的法律地位相当于地方性法规，属于地区性和局部性法规，其法律效力仅限于民族自治地方自治权管辖的范围。特别行政区的法律包括特别行政区基本法以及由特别行政区立法机关制定的规范性文件。如《中华人民共和国香港特别行政区基本法》等。

7. 地方政府规章

地方政府规章是指省、自治区、直辖市和较大的市的人民政府根据法律、行政法规和本省、自治区、直辖市的地方性法规制定的规范性文件。如《甘肃省投资类企业管理暂行办法》《兰州市道路交通条例》《天津国际贸易

课堂笔记

与航运服务中心管理办法》《广州市限制商品过度包装管理暂行办法》等。

8. 司法解释

司法解释是指由最高人民法院和最高人民检察院根据法律赋予的职权，对审判和检察工作中具体应用法律所作的具有普遍司法效力的解释，这也是经济法的重要表现形式之一。如最高人民法院《关于审理票据纠纷案件若干问题的规定》《关于审理不正当竞争民事案件应用法律若干问题的解释》等。

9. 国际条约、协定

国际条约、协定是指我国同外国缔结或者我国批准加入的确定国际法主体相互间权利和义务关系的协议。国际条约、协定不属于国内法的范畴，但国际条约、协定在我国生效后，对我国国家机关、公民、法人或者其他组织具有法律约束力，因此，也是我国经济法的表现形式之一。如《保护工业产权巴黎公约》《联合国国际货物销售合同公约》《解决国家与他国国民间投资争议公约》《统一提单的若干法律规则的国际公约》等。

五、经济法的作用

一个法的部门的重要性如何，取决于该法作用的大小。我国经济法之所以是一个重要的法的部门，从根本上来说，是因为它在保障和促进以经济建设为中心的社会主义现代化建设中发挥着巨大的作用。

经济法的巨大作用，决定了经济法的重要地位。这种作用主要表现在以下几个方面。

（1）保障政府对经济的宏观调控，实现政府监督经济。在市场经济条件下，政府一般不再进入微观经济领域直接干预企业的经济活动。政府只是通过税收、价格、预算、利率等经济手段对国民经济进行宏观调控，同时对经济生活进行监测，在必要时进行适当干预。

（2）规范市场主体。国家通过经济法对市场经济各类主体作出规定，并对各种主体的内部和外部权利义务关系作出一定规范，保证市场主体的规范化，从而保障经济活动的正常运行。

（3）制定市场活动规则，维护市场健康运行。市场经济需要公平、公正、公开的"游戏规则"，这是现代市场经济共同客观规律的要求。经济法的重要功能之一，就是将这些游戏规则法律化，让市场主体根据这些游戏规则去作出合理有效的抉择，而不是像过去在计划经济体制下一样，由政府去替市场主体决策。经济法将合理的游戏规则合法化，使得市场能够良性有效运行，从而建立良好的经济环境，促进国民经济发展。

（4）规范政府失灵。经济法还对政府行为进行一定的限制和约束，保证政府不会滥用经济权力，对国民经济进行过度干预，从而有碍经济持续健康发展。

第二节　经济法律关系

一、经济法律关系的概念

法律关系是一种社会关系，它是某种社会关系被具体法律规范确认和调整后所形成的权利和义务关系。社会关系多种多样，并非所有的社会关系都是法律关系，只有那些由某种法律规范加以调整的关系才能称为法律关系。受不同法律规范的调整，就会形成不同的法律关系。如受民法调整的权利与义务关系称为民事法律关系，受行政法调整的权利与义务关系称为行政法律关系，受经济法调整的权利与义务关系即为经济法律关系等。

经济法律关系是指经济关系经过有关的经济法律规范调整后形成的经济权利和经济义务关系。具体来讲，经济法律关系是指国家在管理和协调经济活动中由经济法律法规的调整与确认所发生的经济权利和经济义务关系。

二、经济法律关系的特征

经济法律关系具有以下特征。

1. 经济法律关系是在经济领域中发生的意志关系

经济法律关系体现了经济领域中的管理协调关系和经济活动关系，这一关系体现的是国家意志和当事人意志，没有主体意识，经济关系既不能形成，也不可能实现。

2. 经济法律关系是具有经济内容的权利义务关系

经济法律关系体现的是经济领域内的权利和义务，所体现的权利和义务具有经济内容。

3. 经济法律关系是受国家强制力保护的权利义务关系

同任何其他的法律关系一样，经济法律关系一经形成，就由国家强制力来保证其实施，任何一方经济法主体的经济权利都会得到法律的保护，任何一方经济主体不履行义务都有可能受到法律的制裁。

4. 经济法律关系是由经济法规范确认和调整所形成的法律关系

法律规范是法律关系产生、变更和终止的前提。没有经济法律规范的具体规定，经济法律关系不能产生，其内容也无法实现。在经济法律关系中，任何主体都不享有经济法律规定以外的权利，不承担经济法律规定以外的义务。

三、经济法律关系的构成要素

经济法律关系的要素是指构成经济法律关系的必要条件，由经济法律关系的主体、经济法律关系的内容、经济法律关系的客体三个要素构成。这三个要素紧密相连，互相依存，缺少其中的一个要素就构不成经济法律关系，而改变其中的任何一个要素则会产生一个新的经济法律关系。

（一）经济法律关系的主体

经济法律关系主体简称经济法主体，是指国家在管理和协调经济运行过程中，依据经济法而享有权利和承担义务的当事人或参加者。经济法主体必须具备一定的资格。经济法的主体资格是由法律所赋予的。

经济法律关系主体的范围非常广泛，根据主体在经济运行中的客观形态划分，经济法主体可分为以下几类。

1. 经济管理主体

经济管理主体主要是指国家经济管理机关，即行使国家经济管理职能的各种机关的通称，包括国家权力机关、国家行政机关、国家司法机关等。根据国家经济管理机关分工和职能的不同，可以分为综合经济管理机关、部门经济管理机关、职能经济管理机关、经济监督机关和经国家特别授权的政企合一的经济组织。在特殊情况下，国家也可以成为经济法的主体，如以国家名义对内对外发行政府债券等。

2. 经济活动主体

经济活动主体主要包括企业、事业单位、农村集体经济组织、社会团体等，是经济法主体中最广泛、最基本的一类。其中，企业是依法设立的，以盈利为目的，从事生产、流通和服务等经营活动的经济组织，包括各类法人企业和非法人企业，是经济法律关系中最重要的主体。事业单位是以国家财政拨款或其他资金来源设立的，不以营利为目的，从事文化、教育、科研、卫生等公益性事业的单位。农村集体经济组织是由农民自愿联合，将其各自所有的生产资料、土地等投入集体所有，由集体组织农业生产经营，农民进行集体劳动，各尽所能，按劳分配的农业社会主义经济组织。社会团体是由公民或组织依法自愿组成的以自筹资金作为主要活动经费来源的社会组织，包括群众团体、公益组织、文化团体、学术研究团体、协会等。

3. 自然人

自然人可以依法从事各种生产经营和消费活动，同社会各方面发生经济关系，成为经济法律关系的主体。

（二）经济法律关系的内容

经济法律关系的内容指经济法律关系的主体所享有的权利和所承担的义务。它是经济法律关系的核心，直接体现了经济法主体的利益和要求。

1. 经济权利

经济权利是指经济法主体依法能够为一定行为或不为一定行为，以及要求他人为一定行为或不为一定行为的资格。经济法主体所享有的权利主要有以下几种。

（1）经济职权。经济职权是国家机关及其工作人员在行使经济管理职能时依法享有的权利。如决策权、资源配置权、许可权、审核权等。经济职权是具有隶属性质的权利，既是权利也是义务，不得随意放弃或转让。

（2）所有权和其他物权。所有权是指所有人依法对自己的财产享有的占有、使用、收益、处分的权利。所有权具有排他性和绝对性，无须他人协助即可实现其权利。所有人对自己财产的占有、使用、收益、处分四种权能在一定条件下可以与所有权人相分离而构成其他物权，如用益物权和担保物权，这种分离也是所有权人行使其财产所有权的一种方式。

（3）法人财产权。法人财产权是指具有法人资格的组织，对组织中投资者所投入的资产，在经营管理中享有占有、使用、收益、处分的权利。如有限责任公司有权支配公司的财产等。

（4）经营管理权。经营管理权是指所有者或所有者授权的经营管理者对经营管理的财产所享有的占有、使用、收益、处分的权利，以及经营管理中的人事、劳动等方面的管理权利。如国有企业的财产属于国家，但由企业经营管理。

（5）债权。债权是指经济权利的主体，依据法律的规定或者合同的约定所享有的请求权。债权是一种请求权，其义务主体是特定的。

（6）知识产权，即商标权、专利权、著作权等，是智力成果的创造人依法所享有的权利和生产经营活动中标记所有人依法所享有的权利的总称。

2. 经济义务

经济义务是指经济法主体根据法律规定或为满足权利主体的要求，必须作为或不作为一定行为的责任。经济义务包括三层含义：①为满足权利主体的要求，义务主体必须为或不为一定的行为；②义务主体只承担法定范围内的义务，超出法定范围，义务主体则不受限制；③义务主体如果不依法履行法定义务，则要承担相应的法律责任。

经济主体的权利和义务互相依存，具有对等性，互以对方的存在为前提，没有无权利的义务，也没有无义务的权利。

（三）经济法律关系的客体

经济法律关系的客体是经济法主体权利和义务所共同指向的对象，它是权利和义务关系形成的载体，没有经济法律关系的客体，权利和义务就失去了目标，经济法律关系也就不能成立。经济法律关系的客体包括物、经济行为和精神智力成果。

1. 物

在经济法律关系中，物是指能够为人们控制和支配，具有一定经济价值并以物质形态表现出来的物体。物包括自然存在的物品和人类劳动生产的产品，以及充当一般等价物的货币和有价证券等。

2. 经济行为

经济行为是指经济法律关系主体为达到一定的经济目的，实现其权利和义务所进行的经济活动。包括经济管理行为和经营行为。

经济管理行为是指经济法主体行使经济管理权或经营管理权所指向的行为，如经济决策行为、经济命令行为、监督检查行为等。经营行为是指为实现经济法主体的某种利益或满足他人要求而进行的行为。经营行为又可分为两种：一种是完成一定工作的行为，即经济法主体的一方，利用自有资金和技术设备为对方完成一定的工作任务，对方根据完成工作的质量和数量情况支付相应报酬的行为，如加工行为、建筑行为等；一种是履行一定劳务的行为，即经济法主体的一方为对方提供一定劳务或服务，满足对方的需求，由对方支付一定报酬的行为，如运输、保管等。

3. 精神智力成果

精神智力成果包括智力成果、道德产品和经济信息等。智力成果是指经济法主体从事智力劳动所创造的成果，如科学发明、技术成果、艺术创作成果、商标、专利、学术论著等。道德产品是指人们在各种社会活动中取得的非物化的道德价值，如荣誉称号、嘉奖、表彰等。经济信息是指反映社会活动发生、变化等情况的各种消息、数据、情报和资料等的总称。

四、经济法律关系的产生、变更和消灭

经济法律关系的产生是指在经济法律关系的主体之间某种经济权利和经济义务关系的形成；经济法律关系的变更是指在经济法律关系的主体之间某种经济权利和经济义务关系形成后，其中全部关系和部分关系的改变；经济法律关系的消灭是指在经济法律关系的主体之间已经存在的某种经济权利和经济义务关系的结束或者消失。

经济法律规范本身并不能必然地在经济法主体间形成权利与义务关系，只有在一定的经济法律事实出现后，才能使经济法律关系以经济法律规范为依据而产生、变更和消灭。据此，经济法律关系的产生、变更和消灭需要具备以下三个条件。

1. 经济法律规范

经济法律规范是经济法律关系产生、变更、消灭的前提之一，必须有对经济法律关系进行调整的法律依据。

2. 经济法主体

经济法主体是经济权利和经济义务的承担者，没有经济法主体，经济权利与义务必将落空，经济法律关系就不会产生。

3. 经济法律事实

经济法律事实是指能够在经济法律关系的主体之间引起经济法律关系产生、变更、消灭的客观现象。经济法律事实分为两类。

（1）事件。事件是指不以经济法律关系主体的主观意志为转移的经济法律事实。事件包括自然现象和社会现象两种。自然现象又称绝对事件，如地震、洪水等自然灾害。社会现象又称相对事件，如爆发战争、重大政策调整、经济危机、经济周期等。

（2）行为。行为是经济法律关系的主体为实现一定的经济目标而进行的有意识的活动。它与事件不同，它是以经济法主体的主观意志为转移的。根据经济法律关系主体的行为是否违法，可以将行为分为合法行为和违法行为两种。无论是合法行为还是违法行为，均可以引起经济法律关系的变化。

有的经济法律关系的产生、变更和消灭，只需一个法律事实出现即可成立；有些经济法律关系的产生、变更或消灭则需要两个或两个以上的法律事实同时具备。引起某一经济法律关系产生、变更或消灭的数个法律事实的总和，称为事实构成。如保险赔偿关系的产生，需要订立保险合同和发生保险

事故两个法律事实出现才能成立。

课堂笔记

第三节 经济法律关系的保护

一、经济法律关系保护的概念和特征

（一）经济法律关系保护的概念

经济法律关系保护是指依照经济法律、法规的有关规定，保证经济法律关系的参加者正确行使经济权利和切实履行经济义务，对不履行经济义务和违反经济法规的行为予以制裁，促进和谐法到建设。

（二）经济法律关系保护的特征

依法确立的经济法律关系在其运行的整个过程中要以国家强制力予以保护和救济。经济法对经济法律关系救济的特征有以下四个方面。

（1）经济法对经济法律关系不只是管理，而且要保护和救济，在保证具有安全的外部环境的条件下，通过由外及里的指导、规划和管理，为经济法律关系的确立和运行奠定坚实的内部基础。

（2）经济法对经济法律关系的保护不是事后保护，而是从其产生及运行的全过程自始至终地进行保护和救济，使之能合法产生、依法运行、减少纠纷、获取效益。

（3）经济法对经济法律关系的保护，既要保护当事人的合法权益，也要直接或间接地保证国家意志和社会利益的实现。

（4）经济法对经济法律关系的保护，手段多样，可以有选择地运用或综合运用经济的、民事的、行政的或刑罚等多种手段，通过奖励与惩罚等多种措施来管理和保护经济法律关系。

二、经济法律关系的保护模式

对经济法律关系的保护应采取奖励与惩罚并举的双轨制保护模式。

（一）奖励手段

奖励手段是指经济管理主体为实现经济法目标，依照法定条件和程序，对为国家、人民和社会作出突出贡献或遵纪守法的经济活动主体给予物质或精神奖励的具体行为。

（二）惩罚手段

惩罚手段主要通过追究法律责任来体现。法律责任是指行为人因实施了违法行为、违约行为或者根据法律规定而应当承担的某种不利法律后果或者否定性法律评价。根据我国法律的规定，经济法主体可能承担的法律责任有三种，即民事责任、行政责任、刑事责任。

1. 民事责任

民事责任这是指民事法律主体违反了民事义务而依法应当承担的民事法

律后果。民事责任包括违约责任、侵权责任、不履行法定义务的民事责任。根据我国《民法通则》的规定，民事责任的承担方式主要有：（1）停止侵害；（2）排除妨碍；（3）消除危险；（4）返还财产；（5）恢复原状；（6）修理、重作、更换；（7）赔偿损失；（8）支付违约金；（9）消除影响，恢复名誉；（10）赔礼道歉。

2. 行政责任

行政责任这是指经济法主体违反经济法律法规依法应承担的行政法律后果。行政责任包括行政处罚和行政处分。根据《行政处罚法》的规定，行政处罚的种类包括：（1）警告；（2）罚款；（3）没收违法所得，没收非法财物；（4）责令停产、停业；（5）暂扣或吊销许可证，暂扣或吊销营业执照；（6）行政拘留；（7）法律、行政法规规定的其他行政处罚。行政处分的种类有：（1）警告；（2）记过；（3）记大过；（4）降职；（5）留用察看；（6）开除等。对单位可以采取：（1）警告；（2）限期停业整顿；（3）吊销营业执照；（4）勒令关闭。对有关个人可以采取：（1）警告；（2）记过；（3）记大过；（4）降级；（5）降职；（6）撤职；（7）留用察看；（8）开除。

3. 刑事责任

刑事责任是指国家审判机关对触犯刑律的个人或单位依法采取的刑事制裁措施。追究刑事责任是最严厉的一种法律责任形式。我国《刑法》规定了五种主刑，即管制、拘役、有期徒刑、无期徒刑、死刑，以及四种附加刑，即罚金、剥夺政治权利、没收财产、驱逐出境。

三、经济纠纷的解决途径

经济纠纷又称为经济争议，指的是经济法律关系的主体在经济管理和经济活动中所发生的争议纠纷。在现实生活中经济纠纷大量存在，表现形式多种多样，不仅影响着当事人的正常生产经营活动，使其在经济上蒙受损失，而且还会使国家、社会利益受到巨大影响。因此，为了保护当事人的合法权益，维护国家、社会经济秩序，必须通过有效手段，及时解决化解出现的经济矛盾、经济纠纷。

（一）协 商

协商是经济纠纷发生后，当事人双方在互谅互让、自愿协商的基础上一方或各自作出一定的让步，在双方都能接受的情况下达成和解协议而使矛盾纠纷顺利解决的一种方式。

以协商的方式解决经济纠纷，一是可以及时解决经济争议，自愿协商基础上的沟通交流有利于双方化解矛盾，避免产生长期怨恨，从而有利于继续合作；二是协商解决程序简单，成本低，可防止损失继续扩大。

（二）调 解

经济纠纷发生后，当事人如果不愿意协商解决或者协商未果，可以由第三方站在中立的位置上从中斡旋以解决经济矛盾，此为调解。

在现实生活中，经济纠纷的调解具体表现为：由当事人双方共同认可的第三方从中斡旋调解；一方当事人向消费者协会投诉，由消费者协会主持调解；由一方向有关行政管理机关申诉，由行政机关进行调解；在仲裁过程中，由仲裁委员会在作出裁决前进行调解；人民法院在审理民事和经济纠纷案件中所进行的调解。仲裁委员会和人民法院调解达成协议的，如果生效即具有法律效力，当事人如果不执行，可以依法强制使其履行。

（三）向行政机关投诉或申诉

《消费者权益保护法》《产品质量法》《反不正当竞争法》《广告法》等多部法律都赋予经济法律关系的当事人发生经济纠纷或者合法权益受到侵害时，可以依据法律法规的规定，向行政主管部门进行反映、投诉的权利。行政主管机关接到投诉应依法作出行政处理，以维护当事人的合法权益。

公民、法人或者其他经济组织对行政机关作出的行政许可、行政处罚、行政强制等具体行政行为不服而引起的行政争议，可以依照法定的条件和程序向作出该具体行政行为的行政机关的上一级机关或者法定机关提出申请，从而由受理申请的行政机关对该具体行政行为进行复查并作出复议决定。

（四）仲　裁

仲裁是指经济法律关系的各方当事人依照事先约定或事后达成的书面仲裁协议，将双方发生争议的事项，提交仲裁机构并由其对争议作出具有法律约束力的裁决的一种活动。

仲裁委员会受理仲裁申请后，应当依照法定要求组成仲裁庭。仲裁庭作出裁决前，可以先行调解。调解不成的，应当及时作出裁决。调解书和裁决书具有同等法律效力。如果当事人一方不履行裁决的，另一方当事人可以依照法律规定向人民法院申请执行。

（五）诉　讼

诉讼是指人民法院依照法律规定，在当事人和其他诉讼参与人的参与下，通过审判程序解决纠纷的活动。

根据《中华人民共和国民事诉讼法》的相关规定，当事人提起诉讼必须符合以下条件：原告是与本案有直接利害关系的公民、法人和其他组织；有明确的被告；有具体的诉讼请求和事实、理由；属于人民法院受案范围和受诉人民法院管辖；当事人没有约定仲裁协议；当事人没有就同一事实、同一诉讼标的向法院重复起诉。

思考练习

1. 什么是经济法？经济法的特征有哪些？
2. 经济法的调整对象和范围是什么？
3. 什么是经济法律关系？经济法律关系的要素有哪些？
4. 经济法主体的经济权利和经济义务主要有哪些？
5. 什么是法律责任？在我国，法律责任具体包括哪几类？
6. 经济纠纷的解决途径有哪些？

第二章　企业法

重点掌握内容

企业的概念；个人独资企业的特征、设立、解散与清算；普通合伙企业的特征、设立；普通合伙企业的事务执行，入伙与退伙；有限合伙企业及其特殊规定。

第一节　企业法概述

一、企业概述

（一）企业的概念和特征

企业一词，源于英语中的"enterprise"，是由日本传入我国的。原意是企图冒险从事某项事业，且具有持续经营的意思，后来引申为经营组织或经营体。我国学者一般认为，企业是指依法设立的，以营利为目的，从事生产、流通和服务等经营活动，独立核算，自负盈亏的经济组织。企业具有以下特征：

（1）企业是社会经济组织。这一特征表现了企业的经济性和组织性。经济性是指企业是属于社会组织中的经济组织；组织性是指企业是依照法定程序组成的组织体。

（2）企业是以营利为目的，从事生产、流通等经营活动的经济组织。这一特征使它与不从事经营性活动的其他社会组织如国家机关、事业单位和社会团体区分开来。

（3）企业是实行独立核算的社会经济组织。实行独立核算即要单独计算成本费用，以收抵支，计算盈亏。

（4）企业是依法设立的社会经济组织，即企业必须依照法定的设立条件和程序才能成立。

（二）企业的分类

依照不同的标准可以对企业进行不同的分类。

（1）从经济学角度，可根据企业的经营内容，分为工业企业、农业企业、商业企业、交通运输企业、金融企业等。

（2）根据企业的规模大小，可分为大型企业、中型企业和小型企业。

（3）从法学角度，根据企业的生产资料所有制形式，可分为全民所有制企业、集体所有制企业、私营企业、混合所有制企业。

（4）根据企业出资方式和所承担的法律责任，可分为独资企业、合伙企业、公司企业。

（5）根据企业的法律地位，可分为法人企业和非法人企业。我国的企业不一定都具有法人资格。公司企业、国有企业、中外合资经营企业都是法人企业；合伙企业、个人独资企业都是非法人企业；中外合作经营企业可以是法人企业，也可以是非法人企业。

企业的分类在西方国家主要是独资企业、合伙企业和公司。从我国的立法实践来看，基本上按所有制形式划分企业类型。随着我国社会主义市场经济体制的逐步建立以及企业改革的进一步深化，我国也逐渐把独资企业、合伙企业和公司企业作为企业的基本分类。

二、企业法概述

企业法是规定企业法律地位、调整企业组织关系、规范企业组织行为的法律规范的总称。目前，我国的企业法律制度主要包括《中华人民共和国公司法》《合伙企业法》《个人独资企业法》《全民所有制工业企业法》《中外合资经营企业法》《中外合作经营企业法》《外资企业法》《城镇集体所有制企业条例》《乡村集体所有制企业条例》《私营企业暂行条例》《外资企业法实施细则》等法律法规。

我国目前的企业法是在经济体制改革的不同时期制定的，立法时受经济体制改革背景影响很大。改革初期，我国的企业立法主要是根据所有制性质的不同对企业分别立法的，这在计划经济体制下对于国家分类管理企业是有利的，但是在当前市场经济体制下与各企业主体平等竞争的基本要求相违背，因此应该建立适应市场经济要求的新的企业法。

第二节　个人独资企业法

一、个人独资企业法概述

（一）个人独资企业的概念和特征

根据《中华人民共和国个人独资企业法》（以下简称《个人独资企业法》）第二条的规定，个人独资企业是指依法在中国境内设立，由一个自然人投资，财产为投资人个人所有，投资人以其个人财产对企业债务承担无限责任的经营实体。

在我国，与社会主义市场经济体制相适应的企业形态为公司企业、合伙企业和个人独资企业。这三种企业形态各具特色。从宏观方面比较，公司企业具有法人资格，公司的股东既可以是自然人也可以是法人，公司的投资者即股东对公司债务承担有限责任；合伙企业不具有法人资格，普通合伙人对合伙企业的债务承担无限连带清偿责任；个人独资企业也不具有法人资格，投资人只能为自然人并对个人独资企业的债务承担无限清偿责任。与公司企业、合伙企业相比，个人独资企业主要有以下法律特征。

（1）个人独资企业是由一个自然人投资设立的，并且只限于中国的自然人。

（2）个人独资企业是营利性的经济组织。营利性是其根本特征，也是投资人设立企业的目的。

（3）个人独资企业的财产为投资人个人所有，投资人就是企业的所有人。

（4）在法律地位方面，个人独资企业不具有法人资格。独资企业是自然人从事商业经营的一种组织形式，但这种组织本身却不是独立的法律主体。没有自己的法律人格，但却是相对独立的，企业可以以自己的名义从事民事或者商事活动。在财产关系上，独资企业所使用的财产由独资企业主一人投资，也由其一人所有，企业本身没有所有权。

（5）在责任承担方面，投资人以其个人财产对企业的债务承担无限责任。由于个人独资企业的投资人以其个人财产对企业债务承担无限连带责任，因此，个人独资企业债权人债权的实现在很大程度上依赖于投资人的信用和偿债能力。

总之，个人独资企业独特的产权结构和责任承担方式，使得个人独资企业具有了自身的特点。例如，个人独资企业的设立条件、注册资本、登记程序以及内部管理方式的选择等方面都比较灵活。

正是考虑了上述特点，在立法方面，采取了鼓励投资设立个人独资企业的政策导向。其具体表现为：设立条件从宽，设立程序从简，对于企业的注册资本以及投资人的出资数量和方式没有作任何强制性的规定，可以视企业的情况自主选择经营管理方式。这种鼓励设立个人独资企业的立法态度对于繁荣我国经济、吸纳剩余劳动力都是有利的。

（二）个人独资企业法概述

个人独资企业法有广义和狭义之分。狭义的个人独资企业法是指我国第九届全国人民代表大会常务委员会第 11 次会议于 1999 年 8 月 30 日通过的《中华人民共和国个人独资企业法》。广义的个人独资企业法是调整个人独资企业在组织和活动中发生的经济关系的法律规范的总称，既包括狭义的个人独资企业法，也包括其他所有调整个人独资企业组织和行为的法律法规。

《个人独资企业法》第一条规定，"为了规范个人独资企业的行为，保护个人独资企业投资人和债权人的合法权益，维护社会经济秩序，促进社会主义市场经济的发展，根据宪法，制定本法。"该法共有 6 章 48 条，主要规范了个人独资企业的设立、个人独资企业的投资人及事务管理、个人独资企业的解散和清算、法律责任等内容。

《个人独资企业法》只适用于个人独资企业。根据该法规定，个人独资企业是由一个自然人投资设立，财产为投资人个人所有，投资人以其个人财产对企业债务承担无限责任的经营实体。所以，《个人独资企业法》不适用于具有独资特点的全民所有制企业，不适用于国有独资公司及其他一人公司。《个人独资企业法》第四十七条明确规定，"外商独资企业不适用本法"。

二、个人独资企业的权利和义务

作为企业的一种具体类型，个人独资企业与其他企业一样依法有自主从事经营活动的权利。对个人独资企业应当由国家来保护其合法权益，并采取具体措施鼓励、扶持其发展。《个人独资企业法》规定，个人独资企业在生产经营活动中可以享有以下权利：（1）名称专用权；（2）财产所有权；（3）经营决策权；（4）用工权；（5）工资决定权；（6）定价权；（7）签约权；（8）借款权；（9）依法取得土地使用权；（10）拒绝摊派权；（11）法定优惠享受权；（12）法律、行政法规规定的其他权利。

同时，《个人独资企业法》还规定，个人独资企业应当履行下列义务：（1）个人独资企业从事经营活动必须遵守法律、行政法规，遵守诚实信用原则，不得损害社会公共利益；（2）建立、健全财务会计制度的义务；（3）依法用工、保障职工权益的义务；（4）参加社会保险的义务；（5）依法履行纳税义务；（6）服从国家监督管理的义务。

三、个人独资企业的设立

（一）个人独资企业的设立条件

根据《个人独资企业法》规定，我国对个人独资企业在立法上采取了准则主义，即只要符合设立的条件，企业即可登记成立，无须经过有关部门的批准。当然，个人独资企业不得从事法律、行政法规禁止经营的业务。如果个人独资企业拟从事法律、行政法规规定须报经有关部门审批的业务，应当在申请设立登记时提交有关部门的批准文件。

《个人独资企业法》第八条规定了设立个人独资企业应当具备的条件，包括如下几条。

1. 投资人为一个自然人

个人独资企业中的"人"只能是自然人，因此，个人独资企业属于自然人企业，与合伙企业有相似之处。自然人以外的团体或社会组织虽然也常有单独投资经营的情形，但不被视为独资企业。如国家单独投资的企业通常被称作国有企业，团体或社会组织单独设立的企业则通常采用一人公司的形式。作为个人独资企业的投资人，在数量上仅限于一个，设立个人独资企业，投资人应当有相应的民事权利能力和完全的民事行为能力。法律、行政法规禁止从事营利性活动的人，例如，政府公务员，不得作为投资人申请设立个人独资企业；限制民事行为能力的人和无民事行为能力的人不得作为投资人申请设立个人独资企业。

2. 有合法的企业名称

作为企业的文字符号，企业的名称应当真实地表现企业的组织形式特征。就个人独资企业而言，个人独资企业的名称不仅应当与公司企业和合伙企业区别开来，而且应当与其他个人独资企业区别开来。因此，个人独资企业的名称应当与其责任形式及所从事的营业相符合。

3. 有投资人申报的出资

由于个人独资企业的投资人以其个人财产对企业债务承担无限责任,无限责任的责任形式本身就是对交易安全的一种保障,债权人可以通过追究投资人个人的财产责任来保障自己的债权实现。所以个人独资企业法并没有对个人独资企业规定最低资本数额的要求。

4. 有固定的生产经营场所和必要的生产经营条件

无论何种企业类型,固定的生产经营场所和必要的生产经营条件都是企业开展经营活动的物质基础。

5. 有必要的从业人员

从业人员是企业开展经营活动必不可少的要素和条件,关于从业人员的人数,法律并没有作具体规定,由企业视经营情况而定。

(二) 个人独资企业的设立程序

1. 提出申请

《个人独资企业法》规定,申请设立个人独资企业,应当由投资人或者其委托的代理人向个人独资企业所在地的登记机关提出申请,提交设立申请书、投资人身份证明、生产经营场所使用证明等文件。委托代理人申请设立登记时,应当出具投资人的委托书和代理人的合法证明。此外,个人独资企业拟从事法律、行政法规规定须报经有关部门审批的业务,应当在申请设立登记时提交有关部门的批准文件。

2. 工商登记。登记机关应当在收到设立申请文件之日起 15 日内,对符合规定条件的,予以登记,发给营业执照;对不符合个人独资企业法规定条件的,不予登记,并应当给予书面答复,说明理由。

个人独资企业营业执照的签发日期,为个人独资企业成立日期。在营业执照领到之前,投资人不得以个人独资企业的名义从事活动。

个人独资企业设立分支机构,应当由投资人或其委托的代理人向分支机构所在地的登记机关提出申请登记,领取营业执照。分支机构的民事责任由设立该分支机构的个人独资企业承担。

(三) 个人独资企业的变更

个人独资企业的变更,是指个人独资企业在其存续期间,企业的名称、住所、经营范围等登记事项发生了变化。个人独资企业在其存续期间发生登记事项变更的,应当在作出变更决定之日起 15 日内依法向工商登记机关申请办理变更登记。

四、个人独资企业的投资人及事务管理

(一) 投资人的权利和责任

个人独资企业投资人对本企业的财产依法享有所有权,其权利可以依法进行转让或继承。上述规定表明,个人独资企业并不是独立的财产所有权主体,个人独资企业的财产与投资人的个人财产并没有明确的界限。由于个人

独资企业是一个投资人以其个人财产对企业债务承担无限责任的经营实体，因此，《个人独资企业法》第三十一条规定，个人独资企业财产不足以清偿债务的，投资人应当以其个人的其他财产予以清偿。如果个人独资企业投资人在申请企业设立登记时明确以其家庭共有财产作为个人独资企业出资的，应当依法以家庭共有财产对企业债务承担无限责任。

（二）个人独资企业事务管理的方式

《个人独资企业法》第十九条规定，个人独资企业投资人可以自行管理企业事务，也可以委托或者聘用其他具有民事行为能力的人负责企业的事务管理。可见，个人独资企业的事务有两种管理方式：其一为自行管理；其二则是委托他人管理。由于个人独资企业投资人集企业的所有权和经营权于一身，这两种方式均不会改变投资人与个人独资企业在财产权利和责任承担等方面的关系。为了保护投资人、受托人和第三人的正当权益，投资人委托或者聘用他人管理个人独资企业事务，应当与受托人或者被聘用的人签订书面合同，明确委托的具体内容和授予的权利范围。特别需要指出的是，投资人对受托人或者被聘用的人员职权的限制，不得对抗善意第三人。

为了保护投资人的合法权益，《个人独资企业法》规定了受托人或者被聘用人员的义务和责任。

（1）受托人或者被聘用的人员应当履行诚信、勤勉义务，按照与投资人签订的合同负责个人独资企业的事务管理。投资人委托或者聘用的人员管理个人独资企业事务时违反双方订立的合同，给投资人造成损害的，承担民事赔偿责任。

（2）投资人委托或者聘用的管理个人独资企业事务的人员不得有下列行为：利用职务上的便利，索取或者收受贿赂；利用职务或者工作上的便利侵占企业财产；挪用企业的资金归个人使用或者借贷给他人；擅自将企业资金以个人名义或者以他人名义开立账户储存；擅自以企业财产提供担保；未经投资人同意，从事与本企业相竞争的业务；未经投资人同意，同本企业订立合同或者进行交易；未经投资人同意，擅自将企业商标或者其他知识产权转让给他人使用；泄露本企业的商业秘密；法律、行政法规禁止的其他行为。

投资人委托或者聘用的人员违反规定从事上述行为，侵犯个人独资企业财产权益的，责令退还侵占的财产。给企业造成损失的，依法承担赔偿责任。有违法所得的，没收违法所得。构成犯罪的，依法追究刑事责任。

（三）个人独资企业事务管理的内容

根据《个人独资企业法》的相关规定，个人独资企业事务管理主要包括以下内容：

1. 财务会计管理。个人独资企业应当按照国家财务会计法规的规定，建立健全财务会计制度，配备财会人员，建立会计账簿，进行会计核算。

2. 依法用工。个人独资企业招用职工的，应当依照国家劳动法的有关规定与职工签订劳动合同，建立必要的规章制度保障职工的劳动安全，按时、

课堂笔记

足额发放职工工资，禁止雇佣童工。

3. 参加社会保险。个人独资企业应当按照国家规定参加社会保险，为职工缴纳社会保险费。

五、个人独资企业的解散与清算

（一）个人独资企业解散的条件

个人独资企业的解散，即个人独资企业的终止。根据《个人独资企业法》规定，个人独资企业应当解散的情形包括：

（1）投资人决定解散；

（2）投资人死亡或者被宣告死亡，无继承人或者继承人决定放弃继承；

（3）被依法吊销营业执照；

（4）法律、行政法规规定的其他情形。

（二）个人独资企业的清算

个人独资企业的清算，是终结个人独资企业的法律关系、消灭个人独资企业作为商事组织的经营实体资格的程序。

清算制度的目的就是为了规范企业清算行为，保护债权人、投资人和其他利害关系人的合法权益，因此，应当坚持公开、公正原则进行清算。

1. 确定清算人

根据《个人独资企业法》规定，个人独资企业解散，由投资人自行清算或者由债权人申请人民法院指定清算人进行清算。

2. 通知和公告债权人

投资人自行清算的，应当在清算前 15 日内书面通知债权人，无法通知的，应当予以公告。债权人应当在接到通知之日起 30 日内，未接到通知的应当在公告之日起 60 日内，向投资人申报其债权。

3. 财产清偿顺序

在清算工作中，财产分配制度的主要内容是财产分配的顺序和内容，其目的是保护债权人、投资人、企业职工以及其他利害关系人的合法权益。根据我国《个人独资企业法》第二十九条规定，个人独资企业解散的，财产应当按照下列顺序清偿：所欠职工工资和社会保险费用；所欠税款；其他债务。

4. 清算期间对投资人的要求

清算期间，个人独资企业不得开展与清算目的无关的经营活动。在按以上规定的顺序清偿债务前，投资人不得转移、隐匿财产。

5. 投资人的持续偿债责任

个人独资企业解散后，原投资人对个人独资企业存续期间的债务仍应承担偿还责任，但债权人在 5 年内未向债务人提出偿还请求的，该责任消灭。

6. 注销登记。个人独资企业清算结束后，投资人或债权人申请人民法院指定的清算人应当编制清算报告，并于 15 日内办理注销登记。

第三节　合伙企业法

一、合伙企业法概述

（一）合伙企业

我国《民法通则》规定，合伙是指两个或两个以上的自然人为了共同的目的，相互约定共同出资、共同经营、共享利润、共担风险的自愿联合。

我国《合伙企业法》第二条规定，"本法所称合伙企业，是指自然人、法人和其他组织依照本法在中国境内设立的普通合伙企业和有限合伙企业。普通合伙企业由普通合伙人组成，合伙人对合伙企业债务承担无限连带责任。本法对普通合伙人承担责任的形式有特别规定的，从其规定。有限合伙企业由普通合伙人和有限合伙人组成，普通合伙人对合伙企业债务承担无限连带责任，有限合伙人以其认缴的出资额为限对合伙企业债务承担责任。"

（二）合伙企业法

为了规范合伙企业的行为，保护合伙企业及其合伙人的合法利益，维护社会经济秩序，促进社会主义市场经济的发展，1997 年 2 月 23 日第八届全国人民代表大会常务委员会第二十四次会议通过、2006 年 8 月 27 日第十届全国人民代表大会常务委员会第二十三次会议修订并于 2007 年 6 月 1 日实施的《中华人民共和国合伙企业法》是狭义的合伙企业法。广义的合伙企业法是指确认合伙企业的法律地位、调整合伙企业经济关系的法律规范的总称，既包括狭义的合伙企业法，也包括其他所有调整合伙企业组织和行为的法律规范。

二、普通合伙企业概述

（一）普通合伙企业的概念和特征

普通合伙企业，是指依照我国《合伙企业法》在我国境内设立的由各合伙人订立合伙协议，共同出资、合伙经营、共享收益、共担风险，并对合伙企业债务承担无限连带责任的营利性组织。普通合伙企业具有以下特征。

（1）普通合伙企业是两个以上的合伙人共同出资创办的企业。合伙人包括自然人、法人和其他组织。但《合伙企业法》第三条规定，国有独资公司、国有企业、上市公司以及公益性的事业单位、社会团体不得成为普通合伙人。

（2）普通合伙企业的内部关系属于合伙关系，即共同出资、合伙经营、共享收益、共担风险的关系。

（3）普通合伙企业不是法人企业。我国的合伙企业不具有法人资格，不具有独立的法律人格。

（4）普通合伙人对普通合伙企业债务承担无限连带责任。

（二）普通合伙企业与个人独资企业的区别

普通合伙企业与个人独资企业均为非法人企业，对企业债务都承担无限责任，但两者有一定的区别，区别主要表现在以下五个方面。

（1）投资人不同。合伙企业的投资人为两个以上的自然人、法人和其他组织，而个人独资企业的投资人仅为一个自然人。

（2）财产归属不同。合伙企业的财产由全体合伙人共有，而个人独资企业的财产由投资人一人所有。

（3）成立的基础不同。普通合伙企业需要有合伙协议，而个人独资企业没有这方面的要求。

（4）出资不同。普通合伙企业要求有合伙人认缴或实际缴付的出资，而个人独资企业只需投资人申报出资。

（5）责任承担不同。合伙企业由全体合伙人承担无限连带责任，而个人独资企业的投资人承担无限责任。

三、普通合伙企业的设立和变更

（一）普通合伙企业的设立

1. 普通合伙企业的设立条件

根据我国《合伙企业法》第十四条的规定，设立普通合伙企业应具备下列条件。

（1）有二个以上合伙人。合伙人为自然人的，应当具有完全民事行为能力。《合伙企业法》规定合伙人至少为二人，上限未作规定；自然人的合伙人必须是具有完全民事行为能力的人，法律、行政法规禁止从事营利性活动的人不得成为合伙人，比如国家公务人员。

（2）有书面合伙协议。合伙协议应当依法由全体合伙人协商一致以书面形式订立。根据我国《合伙企业法》第十八条的规定，合伙协议应当载明下列必要记载事项：合伙企业的名称和主要经营场所的地点；合伙目的和合伙经营范围；合伙人的姓名或者名称住所；合伙人的出资方式、数额和缴付期限；利润分配、亏损分担方式；合伙事务的执行；入伙与退伙；争议解决办法；合伙企业的解散与清算；违约责任。合伙协议经全体合伙人签名、盖章后生效。合伙人按照合伙协议享有权利，履行义务。修改或者补充合伙协议，应当经全体合伙人一致同意；但是，合伙协议另有约定的除外。合伙协议未约定或者约定不明确的事项，由合伙人协商决定；协商不成的，依照我国《合伙企业法》和其他有关法律、行政法规的规定处理。

（3）有合伙人认缴或者实际缴付的出资。合伙人可以用货币、实物、知识产权、土地使用权或者其他财产权利出资，也可以用劳务出资。

（4）有合伙企业的名称和生产经营场所。普通合伙企业在其名称中必须标明"普通合伙"字样，不得使用"有限"或者"有限责任"的字样。严格地讲，合伙企业也不应叫"公司"。合伙企业必须有固定的经营场所。

（5）法律、行政法规规定的其他条件。

2. 普通合伙企业的设立程序

设立合伙企业，按照下列程序进行。

（1）提出申请。根据我国《合伙企业法》第九条的规定，申请设立合伙企业，应当向企业登记机关提交登记申请书、合伙协议书、合伙人身份证明等文件。合伙企业的经营范围中有属于法律、行政法规规定在登记前须经批准的项目，该项经营业务应当依法经过批准，并在登记时提交批准文件。

（2）工商登记。申请人提交的登记申请材料齐全、符合法定形式，企业登记机关能够当场登记的，应予当场登记，发给营业执照。如不能当场登记，企业登记机关应当自受理申请之日起二十日内，作出是否登记的决定。予以登记的，发给营业执照；不予登记的，应当给予书面答复，并说明理由。合伙企业的营业执照签发日期，为合伙企业成立日期。合伙企业领取营业执照前，合伙人不得以合伙企业名义从事合伙业务。

合伙企业设立分支机构，应当向分支机构所在地的企业登记机关申请登记，领取营业执照。

（二）普通合伙企业的变更

普通合伙企业登记事项发生变更的，如发生入伙、退伙等事由的，执行合伙事务的合伙人应当自作出变更决定或者发生变更事由之日起15日内，向企业登记机关申请办理变更登记。

四、普通合伙企业的财产

（一）普通合伙企业财产的构成

我国《合伙企业法》第二十条规定，合伙人的出资、以合伙企业名义取得的收益和依法取得的其他财产，均为合伙企业的财产。可见，合伙企业的财产由两部分构成，即合伙人的出资以及所有以合伙企业名义取得的收益和依法取得的其他财产。

（二）普通合伙企业财产的性质

合伙企业的财产，属于共有财产的性质，合伙人共同共有。合伙企业的财产权是一种共同共有财产权，每个人的权利均及于合伙财产全部，而不是及于自己的份额，不像按份共有人那样享有份额权并可以任意处理自己的份额。合伙企业清算前，合伙人不得请求分割企业财产，除非退伙。如果转让份额，必须经全体合伙人同意。

（三）普通合伙企业财产的使用和管理

对合伙企业财产的占有、使用、收益和处分，均应当依据全体合伙人的共同意志。因此，合伙企业的财产只能由全体合伙人共同管理和使用。

我国《合伙企业法》第二十一条规定，除具备法定事由外，在合伙企业进行清算前，合伙人不得请求分割合伙企业的财产。这里所说的法定事由，是指合伙人退伙。

（四）普通合伙企业财产的转让和出质

（1）合伙企业财产的转让，是指合伙人将自己在合伙企业中的财产份额转让于他人。我国《合伙企业法》对合伙企业财产的转让作了以下限制性规定。

①内部转让通知制度。合伙企业存续期间，合伙人之间转让在合伙企业中的全部或者部分财产份额时，应当通知其他合伙人。这一规定适用于合伙企业财产在合伙人之间的内部转让。内部转让虽不会挑战合伙人间的人身信任关系，但会导致合伙人之间利益格局的改变。因此，我国《合伙企业法》规定了内部转让通知制度。

②外部转让同意制度。除合伙协议另有约定外，合伙企业存续期间，合伙人向合伙人以外的人转让其在合伙企业中的全部或者部分财产份额时，须经其他合伙人一致同意。这包括以下意思，即在合伙协议没有其他约定的情况下：第一，凡在合伙企业存续期间，属于合伙企业财产组成部分的，合伙人对其所占有的份额，如果转让给合伙人以外的他人时，则必须经其他合伙人同意；第二，合伙人所转让的合伙财产，无论是全部转让还是部分转让，都必须取得其他合伙人的同意，并且必须是一致同意，而不是少数服从多数的决定；第三，经全体合伙人同意，合伙人以外的人受让合伙财产份额后，经修改合伙协议即成为新的合伙人，这相当于入伙。

③合伙人的优先购买权。合伙人依法转让其财产份额时，在同等条件下其他合伙人有优先受让的权利。

（2）合伙企业财产的出质。我国《合伙企业法》第二十五条规定，合伙人以其在合伙企业中的财产份额出质的，须经其他合伙人一致同意，未经其他合伙人一致同意，其行为无效，由此给善意第三人造成损失的，由行为人依法承担赔偿责任。这里的出质是指对外提供担保进行质押。由于合伙人以财产份额出质会导致该财产份额依法发生权利转移，从而发生入伙与退伙，因此，合伙人以其在合伙企业中的财产份额出质的，须经其他合伙人一致同意。未经其他合伙人一致同意，合伙人以其在合伙企业中的财产份额出质的，其行为无效，由此给其他合伙人造成损失的，依法承担赔偿责任。

五、普通合伙企业的事务执行

（一）普通合伙企业事务执行的含义

普通合伙企业事务执行是指合伙人为了实现合伙设立的目的而进行的业务活动。这里主要是针对合伙企业的内部关系而言的。它既包括合伙企业事务管理、合伙协议的变更、合伙企业的名称变更、处分合伙企业财产、合伙企业内部入伙与退伙、解散与清算、延长合伙企业经营期限等法律行为，也包括合伙企业的日常事务工作，如制定经营计划、组织生产、选择进货渠道、规定商品和服务价格、与客户谈判签订合同等。

（二）普通合伙企业事务执行的形式

我国《合伙企业法》规定，合伙企业事务执行的形式可以在合伙协议中预先约定。合伙协议中没有约定的，可由全体合伙人共同决定。对于合伙事务的执行，可供选择的具体方式有下列三种。

（1）全体合伙人共同执行合伙企业的事务。这是合伙企业事务执行的基本形式，也是经常使用的一种形式。由于在合伙企业中各合伙人对执行合伙企业事务享有同等的权利，因此，全体合伙人有权共同执行合伙企业的事务。

课堂笔记

在采取这种形式的合伙企业中，按照合伙协议的约定，各个合伙人都直接参与经营，处理合伙企业的事务，对外代表合伙企业。由全体合伙人共同执行合伙企业的事务，这是由合伙企业的性质所决定的。

（2）委托一名或数名合伙人执行合伙企业的事务。在合伙企业中，虽然全体合伙人都有权共同执行合伙企业的事务，但并不是每一个合伙人都愿意行使这种权利，有时也没有必要，这样就从共同执行合伙企业事务的基本形式中引申出了委托一名或数名合伙人执行合伙企业事务的形式，即合伙人将合伙企业的事务委托一名或数名合伙人执行。执行合伙人的执行权力来源于两方面：一方面，他本身是合伙人，和其他合伙人有平等执行合伙事务的权利；另一方面则来源于其他合伙人的授权。

（3）各合伙人分别执行合伙企业的事务。在合伙企业中，有些事务由各合伙人分别执行更有利于合伙企业和发挥每一个合伙人的能力时，可以采取这种方式。

（三）普通合伙企业事务执行后果的承担

执行合伙企业事务的合伙人，对外代表合伙企业，其执行合伙企业事务所产生的收益归全体合伙人，所产生的亏损或者民事责任由全体合伙人承担。被聘任的合伙企业的经营管理人员在合伙企业授权范围内的行为后果应由全体合伙人承担；超越合伙企业授权范围从事的经营活动，或者因故意或者重大过失，给合伙企业造成损失的，依法应承担赔偿责任。

（四）普通合伙企业事务的决议办法

合伙人对合伙企业有关事项作出决议，按照合伙协议约定的表决办法办理。合伙协议未约定或者约定不明确的，实行合伙人一人一票并经全体合伙人过半数通过的表决办法。但是，我国《合伙企业法》第三十一条规定，除合伙协议另有约定外，合伙企业的下列事项应当经全体合伙人一致同意：（1）改变合伙企业的名称；（2）改变合伙企业的经营范围、主要经营场所的地点；（3）处分合伙企业的不动产；（4）转让或者处分合伙企业的知识产权和其他财产权利；（5）以合伙企业名义为他人提供担保；（6）聘任合伙人以外的人担任合伙企业的经营管理人员。

（五）普通合伙人在执行合伙事务中的权利和义务

（1）合伙人在执行合伙事务中的权利包括下列五项。

①合伙人平等地享有合伙事务执行权，即每一个合伙人享有合伙事务执行权。

②执行合伙事务的合伙人对外代表合伙企业，即只有执行合伙事务的合伙人才能对外代表合伙企业。

③不参加执行事务的合伙人的监督权。不参加执行事务的合伙人有权监督执行事务的合伙人，检查其执行合伙企业事务的情况。

④查阅账簿权。每一个合伙人有权查阅账簿，了解合伙企业的经营状况和财务状况。

⑤提出异议权和撤销委托执行事务权。合伙协议约定或者经全体合伙人决定，合伙人分别执行合伙企业事务时，合伙人可以对其他合伙人执行的事

务提出异议。提出异议时，应暂停该事务执行；如果发生争议，可由全体合伙人共同决定。委托一名或数名合伙人执行合伙企业事务时，被委托执行合伙企业事务的合伙人不按照合伙协议或者全体合伙人的决定执行事务的，其他合伙人可以决定撤销该委托。

（2）合伙人在执行合伙事务中的义务包括下列四项。

①报告义务。我国《合伙企业法》第二十八条规定，执行合伙事务的执行人应当向不参加执行合伙事务的合伙人报告事务执行情况及合伙企业的经营状况和财务状况。

②竞业禁止。我国《合伙企业法》第三十二条第一款规定，合伙人不得自营或者同他人合作经营与本合伙企业相竞争的业务。

③自己交易禁止。我国《合伙企业法》第三十二条第二款规定，除合伙协议另有约定或者经全体合伙人一致同意外，合伙人不得同本合伙企业进行交易。

④其他损害行为的禁止。我国《合伙企业法》第三十二条第三款规定，合伙人不得从事损害本合伙企业利益的活动。

（六）普通合伙企业的损益分配

（1）合伙企业损益的内容。包括利润和亏损两个方面。前者是指以合伙企业的名义在经营活动中所取得的经济利益，如营业利润、投资净收益和营业外收支净额；后者是指以合伙企业的名义在经营活动中所形成的亏损，即各种收入减去各项费用支出后结果为负数。

（2）合伙企业损益分配的原则。共享利润和共担风险是合伙关系的基本准则，而共担风险体现在分配上就是共负亏损。我国《合伙企业法》第三十三条规定，合伙企业的利润分配、亏损分担，按照合伙协议的约定办理；合伙协议未约定或者约定不明确的，由合伙人协商决定；协商不成的，由合伙人按照实缴出资比例分配、分担；无法确定出资比例的，由合伙人平均分配、分担。合伙协议不得约定将全部利润分配给部分合伙人或者由部分合伙人承担全部亏损。

六、普通合伙企业的对外关系

（一）对外代表权的效力

谁代表合伙企业行使执行权，谁就能对外代表合伙企业，因此，对外代表权有三种情况。

（1）由全体合伙人共同执行合伙企业事务的，全体合伙人都有权对外代表合伙企业，即全体合伙人都取得了合伙企业的对外代表权。

（2）由部分合伙人执行合伙企业事务的，只有受委托执行合伙企业事务的那一部分合伙人有权对外代表合伙企业，而不参加执行合伙企业事务的合伙人则不具有对外代表合伙企业的权利。

（3）特别事务的处理。由于特别授权而在某项合伙事务上有执行权的合伙人依照授权范围可以对外代表合伙企业。

（二）合伙企业与第三人的关系

我国《合伙企业法》第三十七条规定，合伙企业对合伙人执行合伙企业事务以及对外代表合伙企业权利的限制，不得对抗不知情的善意第三人。善意第三人，又称善意取得人，是指不知道或者不应知道自己所取得的财产不是无权让与人所有的，取得的财产是有偿且无过错的；不知情，是指在设立法律关系时不知道或者不应知道对方是存在权利瑕疵的人。如果第三人与合伙企业事务执行人恶意串通损害合伙企业利益，则不属于善意的情形。

（三）合伙企业的债务清偿与合伙人的关系

（1）合伙人的连带清偿责任。我国《合伙企业法》第三十九条规定，合伙企业对其债务应先以其全部财产进行清偿，合伙企业不能清偿到期债务的，各合伙人承担无限连带清偿责任。

（2）合伙人之间的债务分担和追偿。我国《合伙企业法》第四十条规定，合伙人由于承担无限连带责任，清偿数额超过其亏损分担比例的，有权向其他合伙人追偿。对合伙企业的债务，以合伙企业财产清偿合伙企业债务时，其不足的部分，由合伙人按照合伙协议约定的比例分担，用其在合伙企业出资以外的财产承担清偿责任。

（四）合伙人的个人债务清偿与合伙企业的关系

合伙企业存续期间，可能发生个别合伙人因不能偿还其个人债务而被追索的情况。由于合伙人在合伙企业中拥有财产利益，合伙人的债权人可能向合伙企业提出各种清偿请求。为了保护合伙企业和其他合伙人的合法权益，同时也保护债权人的合法权益，我国《合伙企业法》规定了以下三种情况。

（1）合伙企业中某一合伙人的债权人不得以该债权抵销其对合伙企业的债务。因为该债权人对合伙企业的负债实际上是对全体合伙人的负债，而合伙企业某一合伙人对该债权人的负债仅限于该合伙人个人。如果允许两者抵销，就等于强迫合伙企业其他合伙人对个别合伙人的个人债务承担责任。

（2）合伙人个人负有债务，其债权人不得代位行使该合伙人在合伙企业中的权利。因为合伙企业具有人合性质，合伙人之间相互了解和信任是合伙关系稳定的基础。如果允许个别合伙人的债权人代位行使该合伙人在合伙企业中的权利，则不利于合伙关系的稳定和合伙企业的正常运营。

（3）合伙人个人财产不足以清偿其个人所负债务的，该合伙人只能以其从合伙企业中分取的收益用于清偿；债权人也可以依法请求人民法院强制执行该合伙人在合伙企业中的财产份额用于清偿。债权人不得自行接管债务人在合伙企业中的财产份额。人民法院强制执行该财产份额的，应当通知其他合伙人。对该合伙人的财产份额，其他合伙人有优先受让的权利。其他合伙人未购买，又不同意将该财产份额转让给他人的，依照我国《合伙企业法》第五十一条规定的退伙结算办法，为该合伙人办理退伙结算，或者办理削减该合伙人相应财产份额的结算。

七、入伙与退伙

入伙与退伙，从合伙企业的角度讲，涉及的是合伙企业的变更问题。

（一）入　伙

入伙是指合伙企业存续期间，合伙人以外的第三人加入合伙企业，从而取得合伙人的资格。

1. 入伙的条件

我国《合伙企业法》第四十三条规定，新合伙人入伙，除合伙协议另有约定外，应当经全体合伙人一致同意，并依法订立书面入伙协议。订立入伙协议时，原合伙人应当向新合伙人如实告知原合伙企业的经营状况和财务状况。这一规定包含了入伙应当符合下列条件。

（1）经全体合伙人同意。合伙企业以合伙人之间的信任为前提，第三人成为合伙人，若不经过全体合伙人的一致同意，则会破坏合伙人之间原已存在的信任关系，而入伙使得入伙人取得合伙人资格，因此，必须经全体合伙人一致同意。

（2）入伙人必须与原合伙人订立书面协议。入伙协议的订立，表明入伙人愿意入伙，也表明原合伙人对入伙人的接受。同时，通过合伙协议，确立了新合伙人在合伙企业中的权利和义务。

（3）原合伙人的告知义务。订立协议时，原合伙人必须履行告知义务，即原合伙人应当向新合伙人告知原合伙企业的经营状况和财务状况。

（4）合伙协议另有约定的除外。这就赋予了合伙人更多的自主权，在合伙企业设立时通过合伙协议约定不同于合伙企业法规定的条件。

2. 入伙的后果

入伙使入伙人取得合伙人的资格，同时享有合伙人的权利并承担相应的责任。新合伙人入伙后，原则上享有原合伙人同等的权利和承担同等的责任，但是，入伙协议另有规定的，依照合伙协议的规定执行。

在入伙中，最为重要的是入伙人对合伙企业的既往债务是否承担连带责任的问题。我国《合伙企业法》规定，入伙人对入伙前合伙企业的债务承担无限连带责任。这样规定的好处是有利于现有合伙关系的稳定和保护债权人，但是这对合伙企业扩大规模有很大的限制。

（二）退　伙

退伙是指合伙人退出合伙企业从而丧失合伙人资格。

1. 退伙的形式

根据原因的不同，合伙人退伙的形式可以分为两种：一是自愿退伙；二是法定退伙。

（1）自愿退伙，又称声明退伙，是指合伙人基于自愿的意思表示通过向其他合伙人作出退伙的正式表示而退伙。这种意思表示的形式，可以为事前协议退伙，也可以为届时通知退伙。自愿退伙可以分为协议退伙和通知退伙两种。关于协议退伙，我国《合伙企业法》第四十五条规定，合伙协议约定合伙企业的经营期限的，有下列情形之一的，合伙人可以退伙：合伙协议约定的退伙事由出现；经全体合伙人同意退伙；发生合伙人难以继续参加合伙企业的事由；其他合伙人严重违反合伙协议约定的义务。其中，第二项规定意味着在合伙协议有约定经营期限的情况下，合伙人未经其他合伙人的一致同意，不得以单方通知退伙。合伙人违反上述规定擅自退伙的，应当赔偿由此给其他合伙人造成的损失。关于通知退伙，我国《合伙企业法》第四十五条规定，合伙协议未约定合伙企业的经营期限的，合伙人在不给合伙企业事务执行造成不利影响的情况下可以退伙，但应当提前30天通知其他合伙人。合伙人违反上述规定擅自退伙的，应当赔偿由此给其他合伙人造成的损失。

（2）法定退伙，是指合伙人因为出现法律规定的事由而退伙。法定退伙分为两类：一是当然退伙；二是除名。关于当然退伙，是以法定事由实际发生之日为退伙生效日。我国《合伙企业法》第四十八条规定，合伙人有下列情形之一的，当然退伙：第一，作为合伙人的自然人死亡或者被依法宣告死亡；第二，个人丧失偿债能力；第三，作为合伙人的法人或者其他组织依法被吊销营业执照、责令关闭、撤销，或者被宣告破产；第四，法律规定或者合伙协议约定合伙人必须具有相关资格而丧失该资格；第五，合伙人在合伙企业中的全部财产份额被人民法院强制执行。合伙人被依法认定为无民事行为能力人或者限制民事行为能力人的，经其他合伙人一致同意，可以依法转为有限合伙人，普通合伙企业依法转为有限合伙企业。其他合伙人未能一致同意的，该无民事行为能力或者限制民事行为能力的合伙人退伙。退伙事由实际发生之日为退伙生效日。关于除名，我国《合伙企业法》第四十九条规定，合伙人有下列情形之一的，经其他合伙人一致同意，可以决议将其除名：第一，未履行出资义务；第二，因故意或者重大过失给合伙企业造成损失；第三，执行合伙事务时有不正当行为；第四，发生合伙协议约定的事由。对合伙人的除名决议应当书面通知被除名人。被除名人接到除名通知之日，除名生效，被除名人退伙。被除名人对除名决议有异议的，可以自接到除名通知之日起30日内，向人民法院起诉。

2. 退伙的后果

退伙将导致退伙人在合伙企业中的财产份额和民事责任的归属变动。这种变动包括财产的继承和退伙结算两类情况。

（1）退伙人丧失合伙人资格。退伙人退伙后，合伙人资格不复存在。

（2）财产继承。财产继承发生在合伙人因死亡或者被宣告死亡而退伙的情况下。我国《合伙企业法》第五十条规定，合伙人死亡或者被依法宣告死亡的，对该合伙人在合伙企业中的财产份额享有合法继承权的继承人，按照合伙协议的约定或者经全体合伙人一致同意，从继承开始之日起，取得该合伙企业的合伙人资格。有下列情形之一的，合伙企业应当向合伙人的继承人退还被继承合伙人的财产份额：第一，继承人不愿意成为合伙人；第二，法律规定或者合伙协议约定合伙人必须具有相关资格，而该继承人未取得该资格，比如合伙制的律师事务所；第三，合伙协议约定不能成为合伙人的其他情形。合伙人的继承人为无民事行为能力人或者限制民事行为能力人的，经全体合伙人一致同意，可以依法成为有限合伙人，普通合伙企业依法转为有限合伙企业。全体合伙人未能一致同意的，合伙企业应当将被继承合伙人的财产份额退还该继承人。

（3）退伙结算。我国《合伙企业法》对退伙结算作了如下规定：第一，合伙人退伙，其他合伙人应当与该退伙人按照退伙时的合伙企业财产状况进行结算，退还退伙人的财产份额。退伙人对给合伙企业造成的损失负有赔偿责任的，相应扣减其应当赔偿的数额。退伙时有未了结的合伙企业事务的，待该事务了结后进行结算。第二，退伙人在合伙企业中财产份额退还的办法，

课堂笔记

由合伙协议约定或者由全体合伙人决定，可以退还货币，也可以退还实物。第三，退伙人对基于其退伙前的原因发生的合伙企业债务，承担无限连带责任。第四，合伙人退伙时，合伙企业财产少于合伙企业债务的，退伙人应当依据《合伙企业法》第三十三条第一款规定的损益分配比例分担亏损。

（4）退伙后的责任承担。合伙人退伙后，合伙企业因不能清偿到期债务而解散，合伙人应对退伙前的债务承担无限连带责任。如果合伙经营期间发生亏损，合伙人退出合伙时未按约定分担或未合理分担合伙债务的，退伙人对原合伙的债务应当承担清偿责任。如果退伙人已合理分担合伙债务的，对其参加合伙期间的全部债务仍负连带责任。

八、特殊的普通合伙企业

特殊的普通合伙企业，是我国《合伙企业法》新增加的一种合伙形式。随着社会对各项专业服务需求的迅速增长，专业服务机构的规模扩大，合伙人数目大增，以致合伙人之间并不熟悉甚至不认识，各自的业务也不重合，与传统普通合伙企业中合伙人人数较少、共同经营的模式已有不同，因而让合伙人对其并不熟悉的合伙人的债务承担无限连带责任有失公平。自20世纪60年代以来，针对专业服务机构的诉讼显著增加，其合伙人要求合理规范合伙人责任的呼声越来越高，于是许多国家进行了专门立法，规定采用普通合伙形式的会计师事务所、律师事务所、医生诊所等专业服务机构的普通合伙人可以对特定的合伙企业债务承担有限责任，以使专业服务机构的合伙人避免承担过度风险。为了减轻专业服务机构中普通合伙人的风险，促进专业服务机构的发展壮大，我国在2006年修改《合伙企业法》时，在普通合伙企业一章中以专节"特殊的普通合伙企业"对专业服务机构中合伙人的责任作出了特别规定。

（一）特殊的普通合伙企业的适用范围

我国《合伙企业法》第五十五条规定，以专业知识和专门技能为客户提供有偿服务的专业服务机构，可以设立为特殊的普通合伙企业，适用《合伙企业法》关于特殊的普通合伙企业的责任规定。此外，《合伙企业法》只规范注册为企业的专业服务机构，而很多专业服务机构如律师事务所并未注册为企业，不适用《合伙企业法》的规定，但在责任形式上也可以采用《合伙企业法》规定的特殊的普通合伙的责任形式。因此，修改后的《合伙企业法》在附则中专门作出规定，非企业专业服务机构依据有关法律采取合伙制的，其合伙人承担责任的形式可以适用《合伙企业法》关于特殊的普通合伙企业合伙人承担责任的规定。

（二）对特殊的普通合伙企业的公示要求

特殊的普通合伙企业，其合伙人对特定合伙企业债务只承担有限责任。为保护交易相对人的利益，应当对这一情况予以公示。《合伙企业法》规定，特殊的普通合伙企业名称中应当标明"特殊普通合伙"字样。

（三）特殊的普通合伙企业合伙人的责任形式

我国《合伙企业法》借鉴了国外的立法经验，并结合我国实际，在第五十七条中规定，特殊的普通合伙企业，一个合伙人或者数个合伙人在执业活动中因故意或者重大过失造成合伙企业债务的，应当承担无限责任或者无限连带责任，其他合伙人以其在合伙企业中的财产份额为限承担责任。合伙人在执业活动中非因故意或者重大过失造成的合伙企业债务以及合伙企业的其他债务，由全体合伙人承担无限连带责任。

（四）对特殊的普通合伙企业债权人的保护

为了保护债权人的利益，《合伙企业法》专门规定了对特殊的普通合伙企业债权人的保护制度，即执业风险基金制度和职业保险制度。《合伙企业法》第五十九条规定，特殊的普通合伙企业应当建立执业风险基金，办理职业保险；执业风险基金用于偿付合伙人执业活动造成的债务；执业风险基金应当单独立户管理；执业风险基金的具体管理办法由国务院规定。

（五）对特殊的普通合伙企业适用法律的规定

特殊的普通合伙企业实质上仍然是普通合伙企业，因此，我国《合伙企业法》规定，特殊的普通合伙企业，《合伙企业法》未作规定的，适用《合伙企业法》关于普通合伙企业的规定。

九、有限合伙企业

（一）有限合伙企业的概念

依据我国《合伙企业法》第二条第三款和第六十一条规定的内容，我国的有限合伙企业是指由一个或一个以上的普通合伙人和一个或一个以上的有限合伙人共同组成的。普通合伙人对企业债务承担无限或无限连带责任，有限合伙人以其认缴的出资额为限对企业债务承担责任。

（二）有限合伙企业的特殊规定

根据我国《合伙企业法》的规定，有限合伙企业有不同于普通合伙企业的以下方面的特殊规定。

1. 设立人

我国《合伙企业法》第六十一条规定，有限合伙企业由 2 个以上 50 个以下合伙人设立；但是，法律另有规定的除外。作为普通合伙企业，法律并没有规定合伙人的上限。有限合伙企业必须要有一个普通合伙人，不能全部为有限合伙人，否则与公司无异。

2. 公 示

我国《合伙企业法》第六十二条规定，有限合伙企业名称中应当标明"有限合伙"字样。有限合伙人对有限合伙企业债务只承担有限责任，为保护交易相对人的利益，应当对这一情况予以公示。

3. 合伙协议

合伙协议在合伙企业中有着重要的地位和作用，合伙事务的决议、损益分配及其他很多方面，合伙协议的约定优先于法律的规定。对于有限合伙企业，我国《合伙企业法》第六十三条规定，合伙协议除符合《合伙企业法》第十条的规定外，还应当载明下列事项：（1）普通合伙人和有限合伙人的姓名或者名称、住所；（2）执行事务合伙人应具备的条件和选择程序；（3）执行事务合伙人权限与违约处理办法；（4）执行事务合伙人的除名条件和更换程序；（5）有限合伙人入伙、退伙的条件和程序以及相关责任；（6）有限合伙人和普通合伙人相互转变的程序。

4. 出 资

作为普通合伙人，可以用货币、实物、知识产权、土地使用权或者其他财产权利作价出资。但对于有限合伙人，我国《合伙企业法》第六十四条规定，有限合伙人不得用劳务作为出资。有限合伙人应当按照合伙协议的约定按期足额缴纳出资；未按期足额缴纳的，应当承担补缴义务，并对其他合伙人承担违约责任。有限合伙企业登记事项中应当载明有限合伙人的姓名或者名称及认缴的出资额。

5. 事务执行

在普通合伙企业中，每个合伙人都有平等地执行合伙事务的权利，但在有限合伙企业中，由于有限合伙人承担有限责任，风险要比普通合伙人小，所以，我国《合伙企业法》规定，有限合伙企业由普通合伙人执行合伙事务。执行事务合伙人可以要求在合伙协议中确定执行事务的报酬及报酬提取方式。有限合伙人不执行合伙事务，不得对外代表有限合伙企业。但对于有限合伙人的下列行为不视为执行合伙事务：（1）参与决定普通合伙人入伙、退伙；（2）对企业的经营管理提出建议；（3）参与选择承办有限合伙企业审计业务的会计师事务所；（4）获取经审计的有限合伙企业财务会计报告；（5）对涉及自身利益的情况，查阅有限合伙企业财务会计账簿等财务资料；（6）在有限合伙企业中的利益受到侵害时，向有责任的合伙人主张权利或者提起诉讼；（7）执行事务合伙人怠于行使权利时，督促其行使权利或者为了本企业的利益以自己的名义提起诉讼；（8）依法为本企业提供担保。

6. 合伙人的义务

作为普通合伙人，我国《合伙企业法》第三十二条规定了竞业禁止义务，第三十三条规定了自己交易之禁止义务。但对于有限合伙人来说，这两项义务不再是义务，第七十条规定，有限合伙人可以同本有限合伙企业进行交易；但是，合伙协议另有约定的除外。即只要合伙协议没有明确禁止，合伙人可以与本合伙企业进行交易。第七十一条规定，有限合伙人可以自营或者同他人合作经营与本有限合伙企业相竞争的业务；但是，合伙协议另有约定的除外。也就是说，合伙协议只要没有相反的明确约定，合伙人可以进行与本企业相竞争的业务。法律之所以如此规定，是因为他们不执行合伙事务，不可能利用其手中的职权为自己谋取私利，从而不会损害到其他合伙人的利益。

7. 财产出质

普通合伙人出质其财产份额须经其他合伙人一致同意，而对于有限合伙人出质份额，我国《合伙企业法》第七十二条规定，有限合伙人可以将其在有限合伙企业中的财产份额出质；但是，合伙协议另有约定的除外。

8. 财产转让

我国《合伙企业法》第七十三条规定，有限合伙人可以按照合伙协议的约定向合伙人以外的人转让其在有限合伙企业中的财产份额，但应当提前30日通知其他合伙人。这不同于普通合伙企业的合伙人转让份额需要经其他合伙人一致同意。对于有限合伙人，因不参与合伙执行，与其他合伙人的人身信任程度较弱，其进入或退出对合伙企业的影响不大，因此，不需要经其他合伙人的同意，只需提前通知其他合伙人，便于其他合伙人决定是否购买。

9. 有限合伙人个人债务清偿

我国《合伙企业法》第七十四条规定，有限合伙人的自有财产不足以清偿其与合伙企业无关的债务的，该合伙人可以以其从有限合伙企业中分取的收益用于清偿；债权人也可以依法请求人民法院强制执行该合伙人在有限合伙企业中的财产份额用于清偿。人民法院强制执行有限合伙人的财产份额时，应当通知全体合伙人。在同等条件下，其他合伙人有优先购买权。

10. 入伙后的责任

我国《合伙企业法》第七十七条规定，新入伙的有限合伙人对入伙前有限合伙企业的债务，以其认缴的出资额为限承担责任。

11. 退 伙

（1）当然退伙。根据我国《合伙企业法》的规定，当有限合伙人具有以下情形时，当然退伙：第一，作为合伙人的自然人死亡或者被依法宣告死亡；第二，作为合伙人的法人或者其他组织依法被吊销营业执照、责令关闭、撤销，或者被宣告破产；第三，法律规定或者合伙协议约定合伙人必须具有相关资格而丧失该资格；第四，合伙人在合伙企业中的全部财产份额被人民法院强制执行。但如果有限合伙人在有限合伙存续期间丧失民事行为能力的，其他合伙人不得因此要求其退伙。

（2）财产继承。我国《合伙企业法》第八十条规定，作为有限合伙人的自然人死亡、被依法宣告死亡或者作为有限合伙人的法人及其他组织终止时，其继承人或者权利承受人可以依法取得该有限合伙人在有限合伙企业中的资格。

（3）退伙后的责任承担。有限合伙人退伙后，对基于其退伙前的原因发生的有限合伙企业债务，以其退伙时从有限合伙企业中取回的财产承担责任，而不必向其他的普通合伙人承担无限连带责任，也不必按照其在合伙企业投资的数额承担责任。

12. 有限合伙人与普通合伙人之间的相互转变

（1）转变程序。依照我国《合伙企业法》的规定，除非合伙协议另有约定，有限合伙人转变为普通合伙人，或普通合伙人转变为有限合伙人，应当经全体合伙人一致同意。作为合伙人，转变其身份，势必对其他合伙人和合伙企业的利益发生影响，因此，应经全体合伙人一致同意。

（2）转变后的责任承担。我国《合伙企业法》规定，有限合伙人转变为普通合伙人的，对其作为有限合伙人期间有限合伙企业发生的债务承担无限连带责任。普通合伙人转变为有限合伙人的，对其作为普通合伙人期间合伙企业发生的债务承担无限连带责任。有限合伙人与普通合伙人之间相互转变，都会导致合伙人对其转变前的合伙企业债务承担无限连带责任。有限合伙人转为普通合伙人，就应对合伙企业的全部债务承担无限连带责任；而普通合伙人转为有限合伙人，其转变前的合伙企业债务，本应承担无限连带责任，不应因其身份的转变而消灭，应继续承担。

课堂笔记

十、合伙企业解散与清算

（一）合伙企业解散

合伙企业解散，是指合伙企业因发生法律规定的事由而使合伙企业归于消灭的行为。我国《合伙企业法》第八十五条规定，合伙企业有下列情形之一的，应当解散：

（1）合伙期限届满，合伙人决定不再经营；

（2）合伙协议约定的解散事由出现；

（3）全体合伙人决定解散；

（4）合伙人已不具备法定人数满 30 天；

（5）合伙协议约定的合伙目的已经实现或者无法实现；

（6）依法被吊销营业执照、责令关闭或者被撤销；

（7）法律、行政法规规定的其他原因。

（二）合伙企业清算

1. 确定清算人

清算人由全体合伙人担任；经全体合伙人过半数同意，可以自合伙企业解散事由出现后 15 日内指定一个或者数个合伙人，或者委托第三人担任清算人。

自合伙企业解散事由出现之日起 15 日内未确定清算人的，合伙人或者其他利害关系人可以申请人民法院指定清算人。这里的其他利害关系人是指这个合伙企业的债权人，他们与该合伙企业有利害关系。

2. 通知和公告债权人

清算人自被确定之日起 10 日内将合伙企业解散事项通知债权人，并于 60 日内在报纸上公告。债权人应当自接到通知之日起 30 日内、未接到通知的自公告之日起 45 日内，向清算人申报债权。债权人申报债权，应当说明债权的有关事项，并提供证明材料。清算人应当对债权进行登记。清算期间，合伙企业存续，但不得开展与清算无关的经营活动。

3. 清算人的职责

在清算期间，清算人代表合伙企业进行各种活动。主要有以下 6 项：

（1）清理合伙企业财产，分别编制资产负债表和财产清单；

（2）处理与清算有关的合伙企业未了结事务；

（3）清缴所欠税款；

（4）清理债权、债务；

（5）处理合伙企业清偿债务后的剩余财产；

（6）代表合伙企业参加诉讼或者仲裁活动。

4. 财产清偿顺序

合伙企业财产在支付清算费用后，按下列顺序清偿：

（1）合伙企业所欠招用职工的工资和劳动保险费用及法定补偿金；

（2）合伙企业所欠税款；

（3）合伙企业的债务；

（4）分配剩余财产。

5. 注销登记

合伙企业清算结束后，清算人应当编制清算报告，清算报告经全体合伙人签名、盖章后，在15日内向登记机关报送，办理合伙企业注销登记。

6. 注销后的责任承担

我国《合伙企业法》第九十一条规定，合伙企业注销后，原普通合伙人对合伙企业存续期间的债务仍应承担无限连带责任。

7. 破 产

我国《合伙企业法》第九十二条规定，合伙企业不能清偿到期债务的，债权人可以依法向人民法院提出破产清算申请，也可以要求普通合伙人清偿。合伙企业依法被宣告破产的，普通合伙人对合伙企业的债务仍应承担无限连带责任。

思考练习

1. 个人独资企业有什么特征？

2. 个人独资企业与个体工商户和一人公司有什么区别？

3. 个人独资企业投资人委托或者聘用的管理个人独资企业事务的人员不得有哪些行为？

4. 个人独资企业投资人依法享有的权利和履行的义务主要有哪些？

5. 普通合伙企业和有限合伙企业有什么样的区别？

6. 普通合伙企业与特殊的普通合伙企业有什么样的区别？

7. 合伙企业的退伙原因有哪些？

8. 合伙企业解散的原因有哪些？

第三章 公司法

重点掌握内容

公司的概念和特征；公司的种类；有限责任公司；股份有限公司；公司债券；公司解散和清算。

第一节 公司和公司法概述

一、公司的概念与种类

（一）公司的概念与特征

公司是指依法设立的，以营利为目的，由股东投资形成的企业法人。"营利"不等于"盈利"，公司以经营管理为目的，并不一定能够赚到钱。新公司法允许设立一人有限责任公司，所以社团性已不再是公司的法律特征。公司是企业法人，最主要的一个特点是有独立的法人财产和独立承担民事责任。

公司具有以下特征。

（1）公司是依法设立的经济组织，即公司是依据《公司法》规定的条件和程序设立的经济组织。

（2）公司是以营利为目的的经济组织。所谓营利，就是通过经营获取利润，并向其成员分配盈利。

（3）公司是具有法人资格的经济组织，即公司是企业的一种，并且是具备法人资格的企业。

（二）公司的分类

不同的分类标准，公司的分类不同。我国只规定了有限责任公司和股份有限公司两类责任公司。在大陆法系国家，按照法律的规定或学理的标准，可以将公司分为不同的种类。对这些分类，重点把握以下几种分类。

1. 以公司资本结构和股东对公司债务承担责任的方式为标准的分类

（1）有限责任公司，股东以其认缴的出资额为限对公司承担责任，公司以其全部财产对公司债务承担责任的公司。

（2）股份有限公司，公司全部资本分为若干等额股份并通过发行股票筹集资本，股东以其所认购的股份为限对公司承担责任，公司以其全部资产对公司债务承担责任的公司。

（3）无限责任公司，简称无限公司，是指全体股东对公司的债务承担无限责任，并对公司的债权人负无限连带责任的公司。它与合伙具有基本相同的法律属性，我国公司法中没有这类公司。

（4）两合公司，是指有一些股东对公司承担有限责任，而另外一些股东对公司承担无限责任的公司。我国《公司法》对两合公司也不予认可。

2. 以公司组织关系为标准的分类

（1）母公司和子公司：母公司是指控制另一个公司半数以上股票，能够直接掌握其营业的公司。子公司是指被母公司控制的公司。母子公司之间虽然存在控制与被控制的组织关系，但它们都具有法人资格。《公司法》规定："公司可以设立子公司，子公司具有法人资格，依法独立承担民事责任。"

（2）总公司和分公司：总公司是管理全部公司组织的总机构；分公司是总公司管辖的分支机构，受总公司管辖。分公司没有独立的公司名称、章程、没有独立的财产、不具有法人资格，但可领取营业执照进行经营活动，不过其民事责任由总公司承担。

3. 以公司对外活动的信用基础为标准的分类

（1）人合公司，是以股东个人信用作为公司信用基础组成的公司。无限公司是典型的人合公司。

（2）资合公司，是以公司资本和资产作为信用基础组成的公司。股份有限公司是典型的资合公司。

（3）人合兼资合公司，是兼具以股东个人信用及公司资本和资产作为信用基础组成的公司。有限责任公司和两合公司是典型的人合兼资合公司。

二、公司法概述

（一）公司法的概念

公司法是规定公司的设立、组织、活动、终止以及其他对内对外关系的法律规范的总称。公司法有广义和狭义两种含义，广义的公司法指一切有关公司的法律、行政法规和规章等；狭义的公司法仅指以公司法命名的专门公司法典，在我国特指 1993 年 12 月 29 日第八届全国人民代表大会常务委员会第五次会议通过的《中华人民共和国公司法》，该法于 1999 年 12 月 25 日第九届全国人民代表大会常务委员会第十三次会议、2004 年 8 月 28 日第十届全国人民代表大会常务委员会第十一次会议、2005 年 10 月 27 日第十届全国人民代表大会常务委员会第八次会议、2013 年 12 月 28 日第十二届全国人民代表大会常务委员第六次会议分别通过修订。本章除有特别说明外，所指的《公司法》为我国修改后的新《公司法》。

（二）我国《公司法》的适用范围

《公司法》适用于在我国境内设立的有限责任公司和股份有限公司。对于我国境内的外商投资的有限责任公司和股份有限公司也适用，但是有关外商投资的法律另有规定的适用其规定。

课堂笔记

（三）公司法人的财产权与股东权利

1. 公司法人的财产权

《公司法》第3条规定，公司作为企业法人享有法人财产权。公司的财产虽然源于股东投资，但股东一旦将财产投入公司，即丧失对该财产的直接支配权利，只享有对公司的股权，由公司享有对该财产的支配权利，即法人财产权。一般认为，法人财产权是指公司拥有由股东投资形成的法人财产，并依法对财产行使占有、使用、收益、处分的权利。因此，股东投资于公司的财产需要通过对资本的注册与股东的其他财产明确分开，不允许股东在公司成立后又抽逃投资，或占用、支配公司的资金、财产。

根据《公司法》规定，公司向其他企业投资或者为他人提供担保，按照公司章程的规定由董事会或者股东会、股东大会决议；公司章程对投资或者担保的总额及单项投资或者担保的数额有限额规定的，不得超过规定的限额。公司为公司股东或者实际控制人提供担保，必须经股东会或者股东大会决议。接受担保的股东或者受实际控制人支配的股东不得参加表决。该项表决由出席会议的其他股东所持表决权的过半数同意才能通过。

2. 股东权利

对股东权最主要的分类是以股东权行使的目的是为股东个人利益还是涉及全体股东共同利益为标准，分为共益权和自益权。

共益权包括股东会或股东大会参加权、提案权、质询权，在股东会或股东大会上的表决权、累积投票权，股东会或股东大会召集请求权和自行召集权，了解公司事务、查阅公司账簿和其他文件的知情权，提起诉讼权等权利。

自益权是股东依法从公司取得利益、财产或处分自己股权的权利，主要是股利分配请求权、剩余财产分配权、新股认购优先权、股份质押权和股份转让权等。

《公司法》第二十条规定："公司股东应当遵守法律、行政法规和公司章程，依法行使股东权利，不得滥用股东权利损害公司或者其他股东的利益；不得滥用公司法人独立地位和股东有限责任损害公司债权人的利益。公司股东滥用股东权利给公司或者其他股东造成损失的，依法承担赔偿责任。公司股东滥用公司法人独立地位和股东有限责任，逃避债务，严重损害公司债权人利益的，应当对公司债务承担连带责任。"

《公司法》中还对关联关系进行了调整，规定公司的控股股东、实际控制人、董事、监事、高级管理人员不得利用其关联关系损害公司利益，违反规定给公司造成损失的，应当承担赔偿责任。

为保护股东权益，《公司法》规定，公司股东（大）会、董事会的决议内容违反法律、行政法规的无效。但决议内容违反公司章程的，属于可撤销，股东可以自决议作出之日起60日内，请求人民法院撤销。

股东（大）会、董事会的会议召集程序、表决方式违反法律、行政法规或者公司章程，属于可撤销。

三、公司资本

（一）公司资本的含义

公司资本在《公司法》中的含义是指由公司章程确定并载明、由全体股东出资构成的在公司登记机关登记的公司财产总额。

（二）与公司资本相关的概念

（1）公司资产，是指可供公司支配的公司全部财产，既包括股东出资所形成的财产，也包括公司负债所形成的财产。因此，公司资产＝负债+股东权益。在法律上，公司资产是公司对债权人承担责任的物质基础，公司以其全部资产（或财产）对外承担责任。

（2）股东权益，又称所有者权益，是指股东对公司净资产的权利，包括股本、资本公积金、盈余公积金和可分配利润。

（3）净资产，是指公司全部资产减去全部负债后的净额。净资产是股东权益，两者数额相等。

（4）公司资金，在实践中，经常将公司资金混同于公司资本，其实，这两个概念是不同的。公司资金是指可供公司支配的以货币形式表现出来的公司资产的价值，其外延比公司资本更宽泛；公司资本只是公司资金的组成部分。

（三）公司资本三原则

在传统的公司法中，大陆法系国家的公司资本遵循三个基本原则，简称资本三原则，具体指资本确定原则、资本维持原则和资本不变原则。

（1）资本确定原则，又称为资本法定原则，是指公司在设立时必须对公司的资本总额在公司章程中作出明确规定，并须由股东全部认定，否则公司不能成立。

（2）资本维持原则，又称资本充实原则，是指公司在其成立后的存续期间应当经常保持与其资本额相当的实有财产。实际上是要公司以具体的财产来充实抽象资本，故该原则又被称为资本充实原则。

（3）资本不变原则，是指公司资本一经确定非依严格的法定程序，不得随意增减，不得改变公司总资本。这个原则的本意在于阻止公司减少资本，保护债权人的利益。

第二节 有限责任公司

一、有限责任公司概述

我国《公司法》中的有限责任公司指依照法律规定由一定人数以上的股东所组成，股东以其认缴的出资额为限对公司承担责任，公司以其全部资产对公司的债务承担责任。

作为有限责任公司，具有如下特征。

（1）封闭性，股东人数有一定限制，公司全部资本由这些股东出资构成，公司不能面向社会公开发行股份，股东出资转让受到严格限制，不需要向社会公开财务状况和经营状况。

（2）设立程序简单，组织设置灵活。设立程序相对于股份公司简单，组织设置比较灵活，一人公司不设立股东会。公司规模较小的可不设董事会，只设执行董事，不设监事会，只设 1~2 名监事。

（3）股东承担有限责任，股东以认缴的出资额为限承担有限责任。

二、有限责任公司的设立

（一）根据《公司法》规定，设立有限责任公司应具备的条件

（1）股东符合法定人数。《公司法》规定有限责任公司由 50 个以下股东出资设立，允许设立一人公司。

（2）有符合公司章程规定的全体股东认缴的出资额。法律、行政法规以及国务院决定对有限责任公司注册资本实缴、注册资本最低限额另有规定的，从其规定。

（3）股东共同制订公司章程。公司章程是规定公司的宗旨、资本、组织机构、名称等对外事务的法律文件，是规范公司活动的根本大法。两人以上有限责任公司的章程由全体股东共同制定；一人有限责任公司章程由股东制定；国有独资公司章程由国有资产监督管理机构制定，或者由董事会制定报国有资产监督管理机构批准。我国《公司法》第 25 条规定，有限责任公司章程应当载明下列事项：（1）公司名称和住所；（2）公司的经营范围；（3）公司注册资本；（4）股东的姓名或名称；（5）股东的出资方式、出资额和出资时间；（6）公司的机构及其产生办法、职权、议事规则；（7）公司的法定代表人；（8）股东会会议认为需要载明的其他事项。前七项事项为绝对记载事项，是《公司法》的强制性要求，第八项事项为任意记载事项。所有股东应当在公司章程上签名、盖章。公司章程一经生效，即成为具有法律约束力的文件，公司章程对公司、股东、董事、监事、高级管理人员具有约束力，但公司章程对公司职工没有约束力。

（4）有公司名称，建立符合有限责任公司要求的组织机构。公司名称包括所属行政区域、字号（商号）、行业和组织形式四部分。公司组织机构包括股东会、董事会和监事会，根据公司情况可以灵活设置。

（5）有公司住所。公司以其主要办事机构所在地为住所。

（二）设立程序

（1）由全体股东发起并订立设立协议。

（2）全体股东制订公司章程。

（3）申请名称预先核准。《公司登记管理条例》第十四条规定，设立公司应当申请名称预先核准。申请名称预先核准，由全体股东指定的代表或者共同委托的代理人向公司登记机关提出申请。预先核准的公司名称保留期为 6

个月。

（4）必要的行政审批。这一程序只限于法律、行政法规规定必须办理审批的有限责任公司。

（5）股东缴纳出资。我国《公司法》第二十七条、第二十八条对股东缴纳出资作了明确规定。股东可以用货币出资，也可以用实物、知识产权、土地使用权等能用货币估价并能依法转让的非货币财产作价出资，但是，法律、行政法法规规定不得作为出资的财产除外。对作为出资的非货币财产应当评估作价，核实财产，不得高估或低估作价。法律、行政法规对评估作价有规定的，从其规定。

（6）确定公司的组织机构。我国《公司法》第二章对有限责任公司的组织机构作了明确规定。

（7）申请设立登记。股东认足公司章程规定的出资后，由全体股东指定的代表或者共同委托的代理人向公司登记机关申请设立登记。申请设立登记应提交公司登记申请书、公司章程、验资证明等文件。法律、行政法规规定需要经有关部门审批的还应当提交批准文件。

（8）登记发照。公司登记机关自接到有限责任公司设立登记申请之日起30日内作出是否予以登记的决定。公司登记机关对符合规定条件的予以登记，发给公司营业执照；对不符合规定条件的不予登记。公司营业执照签发日期为有限责任公司的成立日期。公司营业执照应当载明公司的名称、住所、注册资本、经营范围、法定代表人姓名等事项。

有限责任公司可以设立分公司，设立分公司的，分公司也要领取营业执照，而且分公司的营业执照是向分公司所在地的登记机关领取。分公司设有法人资格，分公司可以依法独立从事生产经营活动，但不能对外独立承担责任，它的民事责任由设立该分公司的总公司承担。公司也可以设立子公司，子公司具有法人资格，依法独立承担民事责任。

三、有限责任公司股东的出资义务和股权转让

1. 出资义务
股东应当按期足额缴纳公司章程中规定的各自所认缴的出资额。股东不按照规定缴纳出资的，除应当向公司足额缴纳外，还应当向已按期足额缴纳出资的股东承担违约责任。有限责任公司成立后，发现作为设立公司出资的非货币财产的实际价额显著低于公司章程所定价额的，应当由交付该出资的股东补足其差额；公司设立时的其他股东承担连带责任。发起人股东的这一资本充实责任是法定责任，不得以发起人协议的约定、公司章程规定或股东（大）会决议免除。

2. 股权转让
根据《公司法》的规定，有限责任公司的股东之间可以相互转让其全部或者部分股权。股东向股东以外的人转让股权的，应当经其他股东过半数同意。股东应就其股权转让事项书面通知其他股东征求同意，其他股东自接到书面通知之日起满30日未答复的，视为同意转让。其他股东半数以上不同意

41

转让的，不同意的股东应当购买该转让的股权；不购买的，视为同意转让。经股东同意转让的股权，在同等条件下，其他股东有优先购买权。两个以上股东主张行使优先购买权的，协商确定各自的购买比例；协商不成的，按照转让时各自的出资比例行使优先购买权。

《公司法》还规定了特殊情况下股权的转让问题。人民法院依照法律规定的强制执行程序转让股东的股权时，应当通知公司及全体股东，其他股东在同等条件下有优先购买权。其他股东自人民法院通知之日起满 20 日不行使优先购买权的，视为放弃优先购买权。自然人股东死亡后，其合法继承人可以继承股东资格，但公司章程另有规定的除外。

3. 股权回购

《公司法》设置了股东的股权回购请求权，规定有下列情形之一的，对股东会该项决议投反对票的股东可以请求公司按照合理的价格收购其股权：

（1）公司连续 5 年不向股东分配利润，而公司该 5 年连续盈利，并且符合法律规定的分配利润条件的；

（2）公司合并、分立、转让主要财产的；

（3）公司章程规定的营业期限届满或者章程规定的其他解散事由出现，股东会会议通过决议修改章程使公司存续的。

自股东会会议决议通过之日起 60 日内，股东与公司不能达成股权收购协议的，股东可以自股东会会议决议通过之日起 90 日内向人民法院提起诉讼。

四、组织机构

（一）股东会

1. 股东会的性质

有限责任公司的股东会由股东组成，它是公司的最高权力机构，也是最高决策机构。

2. 股东会的职权

有限责任公司的股东会具有下列职权：

（1）决定公司的经营方针和投资计划；

（2）选举和更换由非职工代表担任的董事、监事，决定有关董事、监事的报酬事项；

（3）审议批准董事会的报告；

（4）审议批准监事会或监事的报告；

（5）审议批准公司的年度财务预算方案、决算方案；

（6）审议批准公司的利润分配方案和弥补亏损方案；

（7）对公司增加或减少注册资本作出决议；

（8）对发行公司债券作出决议；

（9）对公司合并、分立、解散或者变更公司形式作出决议；

（10）修改公司章程；

（11）公司章程规定的其他职权。

对上述所列事项，股东以书面形式一致表示同意的，可以不召开股东会会议，直接作出决定，并由全体股东在决定文件上签名、盖章。

3. 股东会的议事规则

（1）股东会的召开方式：定期会议应当按照公司章程的规定按时召开。代表1/10以上表决权的股东，1/3以上的董事，监事会或者不设监事会的公司的监事提议召开临时会议的，应当召开临时会议。首次股东会会议由出资最多的股东召集和主持，依法行使职权。以后的股东会会议，公司设立董事会的，由董事会召集，董事长主持；董事长不能或者不履行职务的，由副董事长主持；副董事长不能或者不履行职务的，由半数以上董事共同推举1名董事主持。公司不设董事会的，股东会会议由执行董事召集和主持。董事会或者执行董事不能或者不履行召集股东会会议职责的，由监事会或者不设监事会的公司的监事召集和主持；监事会或者监事不召集和主持的，代表1/10以上表决权的股东可以自行召集和主持。召开股东会会议，应当于会议召开15日前通知全体股东。

（2）决议方式：股东会应当对所议事项的决定作成会议记录，出席会议的股东应当在会议记录上签名。下列决议必须经出席会议的股东所持表决权的2/3以上通过（由特别决议通过）：①修改公司章程；②增加或者减少注册资本；③公司合并、分立、解散；④变更公司形式。股东会做出的其他决议，必须经出席会议的股东所持表决权过半数通过。

（二）董事会和高级管理人员

1. 董事会的性质

有限责任公司的董事会是公司股东会的执行机构。

2. 有限责任公司董事会的组成

其成员为3~13人。股东人数较少规模较小的有限责任公司，可以设一名执行董事，不设立董事会。执行董事可以兼任公司经理。两个以上的国有企业或者其他两个以上的国有投资主体投资设立的有限责任公司，其董事会成员中应当有公司职工代表；其他有限责任公司董事会成员中也可以有公司职工代表。董事会中的职工代表由公司职工通过职工代表大会、职工大会或者其他形式民主选举产生。

3. 董事的任期

董事任期每届不得超过3年。董事任期届满可以连选连任。董事任期届满未及时改选，或者董事在任期内辞职导致董事会成员低于法定人数的，在改选出的董事就任前，原董事仍应当依照法律、行政法规和公司章程的规定，履行董事职务。

4. 董事长

董事会设董事长1人，可以设副董事长。董事长、副董事长的产生办法由公司章程规定。依照《公司法》第十三条规定，董事长不一定是公司的法定代表人。依照公司章程的规定，公司法定代表人可以由董事长、执行董事或者经理担任。

课堂笔记

5. 董事会职权

董事会拥有以下职权：

（1）负责召开股东会，并向股东会报告工作；

（2）执行股东会的决议；

（3）决定公司的经营计划和投资方案；

（4）制定公司的年度财务预算方案、决算方案；

（5）制定公司的利润分配方案、弥补亏损方案；

（6）制定公司增加或者减少注册资本以及发行公司债券的方案；

（7）制定公司合并、分立、解散或者变更公司形式的方案；

（8）决定公司内部管理机构的设置；

（9）决定聘任或者解聘公司经理及其报酬事项，并根据经理的提名决定聘任或者解聘公司副经理、财务负责人及其报酬事项；

（10）制定公司的基本管理制度；

（11）公司章程规定的其他职权。

在董事会的会议制度上，注意两项规定。

（1）董事会会议由董事长召集和主持；董事长不能或者不履行职务的，由副董事长召集和主持；副董事长不能或者不履行职务的，由半数以上董事共同推举 1 名董事召集和主持。

（2）董事会应当对所议事项的决定作成会议记录，出席会议的董事应当在会议记录上签名。

《公司法》规定，有限责任公司可以设经理，由董事会决定聘任或者解聘。公司经理或总经理是有限责任公司负责并控制公司及其分支机构各生产部门或其他业务单位的高级职员。总经理对公司事务进行具体管理，并能全权代表公司从事交易活动。总经理必须服从董事会的所有决议和指示，并使之在公司的生产经营活动中得以有效的贯彻和执行。经理对董事会负责，行使下列职权：

（1）主持公司的生产经营管理工作，组织实施董事会决议；

（2）组织实施公司年度经营计划和投资方案；

（3）拟定公司内部管理机构设置方案；

（4）拟定公司的基本管理制度；

（5）制定公司的具体规章；

（6）提请聘任或者解聘公司副经理、财务负责人；

（7）决定聘任或者解聘除应由董事会聘任或解聘以外的负责管理人员；

（8）董事会授予的其他职权。

公司章程对经理职权另有规定的，从其规定。经理列席董事会会议。

（三）监事会

1. 监事会的性质

监事会是公司的监督机构。

2. 监事会的组成

有限责任公司设立监事会，其成员不得少于 3 人。监事会应当包括股东代表和适当比例的公司职工代表，其中职工代表的比例不得低于 1/3，具体比例由公司章程规定。监事会中的职工代表由公司职工通过职工代表大会、职工大会或者其他形式民主选举产生。监事会设主席 1 人，由全体监事过半数选举产生。

3. 监事会会议

监事会会议的召开：我国《公司法》第 56 条规定，监事会每年度至少召开一次会议，监事可以提议召开临时监事会会议。

监事会主席召集和主持监事会会议；监事会主席不能或者不履行职务的，由半数以上监事共同推举一名监事召集和主持监事会会议。董事、高级管理人员不得兼任监事（高级管理人员包括经理、副经理和财务负责人）。

监事会会议的议事方式和表决程序除《公司法》另有规定外，由公司章程规定。监事会的决议应当经半数以上监事通过。监事会应当对所议事项的决定作成会议记录，出席会议的监事应当在会议记录上签名。

监事会、不设监事会的公司的监事行使职权所必需的费用，由公司承担。

4. 监事的任期

每届为 3 年。监事任期届满，连选可以连任。监事任期届满未及时改选，或者监事在任期内辞职导致监事会成员低于法定人数的，在改选出的监事就任前，原监事仍应当依照法律、行政法规和公司章程的规定，履行监事职务。

5. 监事会的职权

我国《公司法》第 54 条规定，监事会、不设监事会的公司的监事行使下列职权：

（1）检查公司财务；

（2）对董事、高级管理人员执行公司职务的行为进行监督，对违反法律、行政法规、公司章程或者股东会决议的董事、高级管理人员提出罢免的建议；

（3）当董事、高级管理人员的行为损害公司利益时，要求董事、高级管理人员予以纠正；

（4）提议召开临时股东会会议，在董事会不履行《公司法》规定的召集和主持股东会会议职责时，召集和主持股东会会议；

（5）向股东会会议提出议案；

（6）依照《公司法》第 152 条的规定，对董事、高级管理人员提起诉讼；

（7）列席董事会会议和调查权。我国《公司法》第 55 条规定，监事可以列席董事会会议，并对董事会决议事项提出质询或者建议。监事会、不设监事会的公司的监事发现公司经营情况异常，可以进行调查；必要时，可以聘请会计师事务所等协助其工作，费用由公司承担。

（8）公司章程规定的其他职权。

6. 列席董事会会议和调查权

我国《公司法》第五十五条规定，监事可以列席董事会会议，并对董事会决议事项提出质询或者建议。监事会、不设监事会的公司的监事发现公司经营情况异常，可以进行调查；必要时，可以聘请会计师事务所等协助其工作，费用由公司承担。

五、特殊的有限责任公司

（一）一人有限责任公司

一人有限责任公司，简称一人公司，是指只有一个自然人股东或一个法人股东的有限责任公司。传统公司法认为，公司是一个社团法人，其成员应为复数，并把股东之间的相互监督作为股东承担有限责任的对价，所以均不承认一人公司的设立和存在。自 20 世纪六七十年代以来，一人公司的呼声越来越高，而且在现实生活中也出现了大量的实质意义上的一人公司，各国相继立法承认一人公司。2005 年《公司法》修改允许设立一人公司。

一人有限公司有下列特殊规定。

1. 股东人数

《公司法》规定，一人有限责任公司只有一个自然人股东或一个法人股东投资。一个自然人只能投资设立一个一人有限责任公司，禁止其设立多个一人有限责任公司，而且该一人有限责任公司不能投资设立新的一人有限责任公司。

2. 组织机构

一人有限责任公司不设股东会。股东会职权由股东行使，当股东行使相应职权作出决定时，应当采用书面形式，并由股东签名后置备于公司。

3. 财务会计

一人有限责任公司应当在每一会计年度终了时编制财务会计报告，并经会计师事务所审计。

4. 承担责任的形式

《公司法》规定，一人有限责任公司的股东不能证明公司财产独立于股东自己财产的，应当对公司债务承担连带责任。

（二）国有独资公司

国有独资公司是指国家单独出资、由国务院或者地方人民政府委托本级人民政府国有资产监督管理机构履行出资人职责的有限责任公司。

国有独资公司的组织机如下。

1. 国有独资公司的权力机构

国有独资公司不设股东会，由国有资产监督管理机构行使股东会职权。国有资产监督管理机构可以授权公司董事会行使股东会的部分职权、决定公司的重大事项，但公司的合并、分立、解散、增加或者减少注册资本和发行公司债券，必须由国有资产监督管理机构决定。其中，重要的国有独资公司合并、分立、解散、申请破产的，应当由国有资产监督管理机构审核后，报本级人民政府批准。

2. 国有独资公司的执行机构

国有独资公司设董事会，董事会依照《公司法》第四十七条、第六十七条的规定行使职权。董事每届任期不得超过 3 年。董事会成员中应当有公司职工代表。

董事会成员由国有资产监督管理机构委派，但是，董事会成员中的职工代表由公司职工代表大会选举产生。

3. 董事长的任职资格

董事长、副董事长由国有资产监督管理机构从董事会成员中指定。（在一般的有限责任公司，董事长、副董事长的产生办法是由公司的章程规定的）

国有独资公司的董事长、副董事长、董事、高级管理人员，未经国有资产监督管理机构同意，不得在其他有限责任公司、股份有限公司或者其他经济组织兼职。

4. 监事会的构成及职权

国有独资公司的监事会成员不得少于5人。监事会主席由国有资产监督管理机构从监事会成员中指定。国有独资公司监事会的职权范围小于普通有限责任公司的监事会，包括：检查公司财务；对董事、高级管理人员执行公司职务的行为进行监督，对违反法律、行政法规、公司章程或者股东会决议的董事、高级管理人员提出罢免的建议；当董事、高级管理人员的行为损害公司的利益时，要求董事、高级管理人员予以纠正；以及国务院规定的其他职权。在国有独资公司中，监事没有对董事、高级管理人员提起诉讼的权利。没有提议召开股东会的权利，因为国有独资公司不设股东会。在有限责任公司中，监事会有向股东会会议提案的职权，在国有独资公司中没有这项职权。

第三节　股份有限公司

一、股份有限公司概述

股份有限公司简称股份公司，是指公司全部资本由等额股份构成并通过发行股票筹集资本，股东以其所认购的股份对公司承担责任，公司以其全部资产对公司债务承担责任的企业法人。

股份有限公司具有以下特征。

（1）股东以其认购的股份对公司承担有限责任，公司以其全部资产对其债务承担责任。

（2）公司股东人数有下限，无上限。发起人为2~200人。这些发起人在公司成立后自动转为股东，如果采用募集设立方式的，认股人可能会成千上万，法律对此没有限制。

（3）股份有限公司的资本划分为均等的股份。公司的注册资本额以股份的形式表现出来，每一股份额均等，面值相同，股份总额就是公司的资本额。

（4）股份有限公司可通过发行股票向社会募集股份。有限责任公司的资本也可以划分为等额股份，但不可以发行股票。

（5）股份可以自由转让。股份有限公司相对于有限责任公司来说，股份转让自由得多，不需要经过其他股东同意即可转让。

二、股份有限公司的设立

新《公司法》采取准则主义，只要符合法律规定的条件，设立股份有限公司可直接向登记机关申请登记设立，不再需要报行政主管机关批准。

（一）设立股份有限公司，应当具备的条件

（1）发起人符合法定人数，即有 2 人以上 200 人以下为发起人，其中须有半数以上的发起人在中国境内有住所。

（2）有符合公司章程规定的全体发起人认购的股本总额或者募集的实收股本总额。股份有限公司发起人的出资方式与有限责任公司的股东相同。

（3）股份发行、筹办事项符合法律规定。

（4）发起人制订公司章程，采用募集方式设立的须经创立大会通过。公司章程的内容包括：

①公司名称和住所；

②公司经营范围；

③公司设立方式；

④公司股份总数、每股金额及注册资本；

⑤发起人的姓名或者名称、认购的股份数、出资方式和出资时间；

⑥董事会的组成、职权和议事规则；

⑦公司法定代表人；

⑧监事会的组成、职权和议事规则；

⑨公司利润分配办法；

⑩公司的解散事由与清算办法；

⑪公司的通知和公告办法；

⑫股东大会会议认为需要规定的其他事项。

前 11 项事项为绝对记载事项，是《公司法》的强制性要求，第 12 项事项为任意记载事项。除前 11 项事项以外的事项都可以由股东在章程中约定，并按约定执行。

（5）有公司名称，建立符合股份有限公司要求的组织机构。

（6）有公司住所。公司以其主要办事机构所在地为住所。

（7）法律、行政法规以及国务院决定对股份有限公司注册资本实缴、注册资本最低限额另有规定的，从其规定。

（二）有关创立大会的规定

（1）发起人应当自股款缴足之日起 30 日内主持召开公司创立大会。发起人在 30 日内未召开创立大会的，认股人可以按照所缴股款并加算银行同期存款利息，要求发起人返还。

（2）发起人应当在大会召开 15 日前将会议日期通知各认股人或者予以公告。创立大会应有代表股份总数过半数的发起人、认股人出席方可举行。

（3）发生不可抗力或者经营条件发生重大变化直接影响公司设立的，创立大会可以作出不设立公司的决议。

（4）创立大会作出决议，必须经出席会议的认股人所持表决权过半数通过。

（5）在创立大会后不得抽回股本。

（三）出资不实的法律责任

股份有限公司成立后，发起人未按照公司章程的规定缴足出资的，应当补缴；其他发起人承担连带责任。股份有限公司成立后，发现作为设立公司出资的非货币财产的实际价额显著低于公司章程所定价额的，应当由交付该出资的发起人补足其差额；其他发起人承担连带责任。

（四）股份有限公司的发起人应当承担的责任

我国《公司法》第九十五条规定，股份有限公司的发起人应当承担下列责任：

（1）公司不能成立时，对设立行为所产生的债务和发生的费用负连带责任；

（2）公司不能成立时，对认股人已缴纳的股款，负返还股款并加算银行同期存款利息的连带责任；

（3）在公司设立过程中，由于发起人的过失致使公司利益受到损害的，应当对公司承担赔偿责任。

（五）特殊规定

有限责任公司变更为股份有限公司时，折合的实收股本总额不得高于公司净资产额。

三、股份有限公司的组织机构

股份有限公司的组织机构，是体现股份有限公司众多股东个体意志和公司的组织意志的机构。股份有限公司的组织机构由股东大会、董事会和监事会组成。

（一）股东大会

1. 股东大会的性质

股东大会是公司的最高权力机构。

2. 股东大会的职权

我国《公司法》第一百条规定，《公司法》第三十八条第一款关于有限责任公司股东会职权的规定适用于股份有限公司股东大会。

3. 股东大会的种类

股份有限公司股东大会的形式分为年会和临时会议两种。年会即每年按时召开一次，而临时会议是指年会以外遇到特殊情况依法召开的大会。我国《公司法》规定，有下列情形之一的，应当在两个月内召开临时股东大会：

（1）董事人数不足《公司法》规定的人数或者公司章程所定人数的2/3时；

（2）公司未弥补亏损达到股本总额的1/3时；

（3）单独或者合计持有公司股份10%以上的股东请求时；

（4）董事会认为必要时；

（5）监事会提议召开时；

（6）公司章程规定的其他情形。

4. 股东大会的通知和公告

我国《公司法》第一百零三条规定，召开股东大会会议，应当将会议召开的时间、地点和审议的事项于会议召开 20 日前通知各股东；临时股东大会应当于会议召开 15 日前通知各股东；发行无记名股票的，应当于会议召开 30 日前公告会议召开的时间、地点和审议事项。单独或者合计持有公司 3% 以上股份的股东，可以在股东大会召开 10 日前提出临时提案并书面提交董事会；董事会应当在收到提案后 2 日内通知其他股东，并将该临时提案提交股东大会审议。临时提案的内容应当属于股东大会职权范围，并有明确议题和具体决议事项。股东大会不得对通知中未列明的事项做出决议。无记名股票持有人出席股东大会会议的，应当于会议召开 5 日前至股东大会闭会时将股票交存于公司。

5. 股东大会的召集和主持

股份有限公司的股东大会会议由董事会召集，董事长主持；董事长因特殊原因不能履行职务时，由副董事长主持；副董事长不能履行职务或者不履行职务的，由半数以上董事共同推举一名董事主持。董事会不能履行或者不履行召集股东大会会议职责的，监事会应当及时召集和主持；监事会不召集和主持的，连续 90 日以上单独或者合计持有公司 10% 以上股份的股东可以自行召集和主持。

6. 股东大会的表决权和决议

我国《公司法》第一百零四条规定，股东出席股东大会会议，所持每一股份有一表决权。但是，公司持有的本公司股份没有表决权。股份有限公司股东大会的决议分为特别决议和普通决议。股东大会作出决议，必须经出席会议的股东所持表决权过半数通过。但是，股东大会作出修改公司章程、增加或者减少注册资本的决议，以及公司合并、分立、解散或者变更公司形式的决议，必须经出席会议的股东所持表决权的 2/3 以上通过。

7. 股东大会的累积投票制

我国《公司法》第一百零六条规定，股东大会选举董事、监事，可以依照公司章程的规定或者股东大会的决议实行累积投票制。所谓累积投票制，是指股东大会选举董事或者监事时，每一股份拥有与应选董事或者监事人数相同的表决权，股东拥有的表决权可以集中使用。

（二）董事会和经理

1. 董事会的性质

董事会是公司股东大会的执行机构，对股东大会负责。

2. 董事会的组成

股份有限公司第一届董事会的产生，如果是发起设立的，就由发起人选举产生；如果是募集设立的，由创立大会选举。股份有限公司的董事会由 5~19 人组成，董事会成员中可以有公司职工代表。董事会中的职工代表由公司职工通过职工代表大会、职工大会或者其他形式民主选举产生。

3. 董事的任期

与有限责任公司的规定相同，董事的任期不能超过 3 年，但是可以连选连任。

4. 董事长的产生和职权

股份有限公司的董事长和副董事长，由全体董事过半数选举产生。我国《公司法》规定董事长行使下列职权：（1）主持股东大会；（2）召集和主持董事会会议；（3）检查董事会决议的实施情况。

副董事长协助董事长工作，董事长不能履行职务或者不履行职务的，由副董事长履行职务；副董事长不能履行职务或者不履行职务的，由半数以上董事共同推举一名董事履行职务。

5. 董事会的职权

股份有限公司董事会的职权与有限责任公司董事会的职权基本相同。

6. 董事会会议的种类

董事会会议有定期会议和临时会议两种。定期会议每年度至少召开两次。代表 1/10 以上表决权的股东、1/3 以上的董事或者监事会可以提议召开董事会临时会议。

7. 董事会的通知

定期会议应当于会议召开 10 日前通知全体董事和监事。董事会召开临时会议，可以另定召集董事会的通知方式和通知时限。

8. 董事会会议的召集和主持

董事会会议由董事长召集并主持，董事长应当自接到提议后 10 日内召集和主持董事会会议。董事长不能召集和主持时，由其指定副董事长或其他董事召集和主持；副董事长不能履行职务或者不履行职务的，由半数以上董事共同推举一名董事召集和主持。

9. 董事出席会议的要求

董事会开会时，董事应亲自出席，如因故不能出席时，只能书面委托其他董事代为出席。

董事会应当对会议所议事项的决定作成会议记录，出席会议的董事应当在会议记录上签名。

10. 董事会会议的议事方式和表决程序

董事会会议应有过半数的董事出席方可举行。董事会决议实行一人一票，董事会做出的决议，必须经全体董事的过半数通过。

11. 董事的责任

董事应当对董事会决议负责。董事会的决议违反法律、行政法规，致使公司遭到重大损失的，参与决议的董事对公司负赔偿责任，但经证明在表决时曾表明异议并记载于会议记录的，该董事可以免除责任。

12. 经　理

经理是在股份有限公司中辅助董事会执行业务、进行日常经营管理的人员，经理由董事会聘任或者解聘。经理对董事会负责，其职权与有限责任公司的经理相同。

（三）监事会

1. 监事会的组成

股份有限公司必须设立监事会，其成员不得少于 3 人。

监事会应当包括股东代表和适当比例的公司职工代表，其中职工代表的比例不得低于 1/3。董事、高级管理人员不得兼任监事。（高级管理人员包括经理、副经理和财务负责人）。

监事会主席和副主席由全体监事过半数选举产生。任期、职权与有限责任公司的完全相同。

2. 监事会会议

监事会每 6 个月至少召开一次会议。

监事会主席召集和主持监事会会议，监事会主席不能或者不履行职务的，由监事会副主席召集和主持监事会会议；监事会副主席不能或者不履行职务的，由半数以上监事共同推举 1 名监事召集和主持监事会会议。

监事可以提议召开临时监事会会议。

监事会应当对所议事项的决定做成会议记录，出席会议的监事应当在会议记录上签名。

第四节　公司治理

一、公司董事、监事、高级管理人员的资格和义务

（一）公司董事、监事、高级管理人员的资格

我国《公司法》没有从正面规定哪些人可以担任董事、监事、高级管理人员，但从反面限制了不得任职的条件。《公司法》第一百四十七条规定，有下列情形之一的，不得担任公司的董事、监事、高级管理人员。

（1）无民事行为能力或者限制民事行为能力。

（2）个人所负数额较大的债务到期未清偿。

（3）因贪污、贿赂、侵占财产、挪用财产或者破坏社会主义市场经济秩序，被判处刑罚，执行期满未逾 5 年，或者因犯罪被剥夺政治权利，执行期满未逾 5 年。

（4）担任破产清算的公司、企业的董事或者厂长、经理，对该公司、企业的破产负有个人责任的，自该公司、企业破产清算完结之日起未逾 3 年。

（5）担任因违法被吊销营业执照、责令关闭的公司、企业的法定代表人，并负有个人责任的，自该公司、企业被吊销营业执照之日起未逾 3 年。

公司违反《公司法》的上述规定选举、委派董事、监事或者聘任高级管理人员的，该选举、委派或者聘任无效。

课堂笔记

（二）公司董事、监事、高级管理人员的义务

1. 忠实义务和勤勉义务

我国《公司法》第一百四十八条对董事、监事、高级管理人员的忠实义务和勤勉义务作了一般规定。第一百四十九条规定了董事、监事、高级管理人员对公司的具体忠实义务，第一百五十一条规定了具体勤勉义务。《公司法》第一百四十八条规定，董事、监事、高级管理人员应当遵守法律、行政法规和公司章程，对公司负有忠实义务和勤勉义务。董事、监事、高级管理人员不得利用职权收受贿赂或者其他非法收入，不得侵占公司的财产。《公司法》第一百四十九条规定，董事、高级管理人员不得有下列行为：

（1）挪用公司资金；

（2）将公司资金以其个人名义或者以其他个人名义开立账户存储；

（3）违反公司章程的规定，未经股东会、股东大会或者董事会同意，将公司资金借贷给他人或者以公司财产为他人提供担保；

（4）违反公司章程的规定，或者未经股东会、股东大会同意，与本公司订立合同或者进行交易；

（5）未经股东会或者股东大会同意，利用职务便利为自己或者他人牟取属于公司的商业机会，自营或者为他人经营与所任职公司同类的业务；

（6）接受他人与公司交易的佣金归为己有；

（7）擅自披露公司秘密；

（8）违反对公司忠实义务的其他行为。

董事、高级管理人员违反上述规定所得的收入应当归公司所有。

《公司法》第一百五十一条第一款规定，股东会或者股东大会要求董事、监事、高级管理人员列席会议的，董事、监事、高级管理人员应当列席并接受股东的质询。第二款规定，董事、高级管理人员应当如实向监事会或者不设监事会的有限责任公司的监事提供有关情况和资料，不得妨碍监事会或者监事行使职权。

2. 董事、监事、高级管理人员的赔偿责任

我国《公司法》第一百五十条规定，董事、监事、高级管理人员执行公司职务时违反法律、行政法规或者公司章程的规定，给公司造成损失的，应当承担赔偿责任。

二、股东诉讼

（一）股东代表诉讼

股东代表诉讼，也称股东间接诉讼，是指当董事、监事、高级管理人员或者他人的违反法律、行政法规或者公司章程的行为给公司造成损失，公司拒绝或者怠于向该违法行为人请求损害赔偿时，具备法定资格的股东有权代表其他股东，代替公司提起诉讼，请求违法行为人赔偿公司损失的行为。

根据权利人身份的不同与具体情况的不同，提起股东代表诉讼有以下几

种程序。

1. 股东对公司董事、监事、高级管理人员给公司造成损失行为提起诉讼的程序。按照《公司法》规定，公司董事、监事、高级管理人员执行公司职务时违反法律、行政法规或者公司章程的规定，给公司造成损失的，应当承担赔偿责任。为了确保责任者真正承担相应的赔偿责任，《公司法》对股东代表诉讼作了如下规定：

（1）股东通过监事会或者监事提起诉讼。公司董事、高级管理人员执行公司职务时违反法律、行政法规或者公司章程的规定，给公司造成损失的，有限责任公司的股东、股份有限公司连续180日以上单独或者合计持有公司1%以上股份的股东，可以书面请求监事会或者不设监事会的有限责任公司的监事向人民法院提起诉讼。

（2）股东通过董事会或者董事提起诉讼。监事执行公司职务时违反法律、行政法规或者公司章程的规定，给公司造成损失的，有限责任公司的股东、股份有限公司连续180日以上单独或者合计持有公司1%以上股份的股东，可以书面请求董事会或者不设董事会的有限责任公司的执行董事向人民法院提起诉讼。

（3）股东直接提起诉讼。监事会、不设监事会的有限责任公司的监事，或者董事会、执行董事收到上述股东的书面请求后拒绝提起诉讼，或者自收到请求之日起30日内未提起诉讼，或者情况紧急、不立即提起诉讼将会使公司利益受到难以弥补的损害的，有限责任公司的股东、股份有限公司连续180日以上单独或者合计持有公司1%以上股份的股东，有权为了公司的利益以自己的名义直接向人民法院提起诉讼。

2. 股东对他人给公司造成损失行为提起诉讼的程序。公司董事、监事、高级管理人员以外的他人侵犯公司合法权益，给公司造成损失的，有限责任公司的股东、股份有限公司连续180日以上单独或者合计持有公司1%以上股份的股东可以书面请求监事会或者监事、董事会或者董事向人民法院提起诉讼，或者直接向人民法院提起诉讼。

（二）股东直接诉讼

公司董事、高级管理人员违反法律、行政法规或者公司章程的规定，损害股东利益的，股东可以依法向人民法院提起诉讼。

第五节　公司股份和债券

一、公司股份

（一）股份的概念和特征

股份的概念，法律上并无明文规定。一般认为，股份是股份有限公司股

54

东持有的、公司资本的最小和最基本的构成单位，也是划分股东权利和义务的基本单位。公司股份具有以下特征。

1. 不可分性

由于股份是公司资本构成的最小计算单位，故股份具有不可分性的特征。但股份可以共有，股份的不可分割性并不排除某一股份为数人共有。

2. 平等性

股份所代表的资本金额一律平等。每一股份代表一份股东权，股东权利的大小，取决于其拥有的股份数额的多少。我国《公司法》规定，股份有限公司的资本划分为股份，每一股的金额相等。

3. 可转让性

除法律对特定股份的转让有限制性规定外，股份可自由转让和流通。一般认为，股份的可转让性是在公司资合性和出资不能抽回原则之间的法律平衡，而股份的可转让性也成为各国公司法普遍采用的原则之一。

4. 证券性

股份是股票的内在价值，股票是股份的外在表现形式。具体来讲，股票是股份的证券表现形式，即用一定的证券形式来表示持有人一定的民事权利，故股份是具有证券性的。

股票是股份的外在表现形式或外在证券形式，是股份有限公司签发的用以证明股东所持股份的凭证。股票采用纸面形式或者国务院证券监督管理机构规定的其他形式。

（二）股份的分类

由于股票是股份的外在证券表现形式，所以股份的分类即为股票的种类。根据划分标准不同，股票有以下不同的种类。

（1）普通股和优先股。依据股东享有权益多少和承担风险的大小，可将股份分为普通股和优先股。普通股是指股东权利一律平等无差别待遇的股份。优先股是指股东权比普通股有优先内容或优先权利的股份。我国法律规定，向社会公众发行的股票为普通股，定向发行的股票可以是普通股也可以是优先股。

（2）记名股和无记名股。依据是否在股票上记载股东的姓名，可将股份分为记名股和无记名股。记名股是指将股东姓名记载于股票之上的股份。无记名股是指发行的不将股东姓名记载于股票之上的股份。

（3）额面股和无额面股。依据是否在股票上标注金额，可将股份分为额面股和无额面股。额面股又称面值股，是指股票票面标明一定金额的股份。无额面股又称比例股，是指股票不标明金额，只标明每股占公司资本的比例，其价值随公司财产的增减而升降，股东享有的股份利润按票面规定的比例来确定。我国实际上禁止发行无额面股。

（4）表决权股、限制表决权股和无表决权股。依据股份有无表决权，可将股份分为表决权股、限制表决权股和无表决权股。表决权股是指享有表决权的股份，限制表决权股是指表决权受到限制的股份，无表决权股是指不享有表决权的股份。

（5）国家股、法人股、个人股和外资股。依据投资主体的不同，可将股份分为国家股、法人股、个人股和外资股，这是我国目前特有的股份种类之一。国家股是指由国家授权投资的机构或者国家授权的部门，以国有资产向公司投资形成的股份；法人股是指由具有法人资格的组织以其可支配的财产向公司投资形成的股份；个人股是指以个人合法取得的财产向公司投资形成的股份，包括社会个人股和企业内部职工个人股两种；外资股是指外国和中国港、澳、台地区的投资者以购买人民币特种股票的形式向公司投资形成的股份。

（6）A股、B股、H股、N股。依据认购主体和上市场所的不同，可将股份分为A股、B股、H股、N股。

（三）股份发行

股份发行，是指发起人为了设立股份有限公司或者股份有限公司成立后为了募集公司资本而分配或出售公司股份的一系列法律行为。

1. 股份发行的原则

我国《公司法》第一百二十七条规定，股份的发行实行公平、公正的原则，同种类的每一股份应当具有同等权利。同次发行的同种类股票，每股的发行条件和价格应当相同；任何单位或者个人所认购的股份，每股应当支付相同价额。可见，我国股份有限公司发行股份的原则有公平、公正、同股同权、同股同价原则。

（1）公平原则，是指在股份发行中任何合法的投资者都具有平等的法律地位，平等地享有权利。

（2）公正原则，是指在股份发行中要求证券监管机关、司法机关和其他有权机关依法履行职责，在处罚方面做到法律面前人人平等。

（3）同股同权，是指同一次发行的相同类型的股份在其上的权利和利益是相同的。

（4）同股同价，是指同一次发行的相同类型的股份，每股的发行条件和价格应当相同，每股支付的价额相同。

2. 股票发行价格

股票的发行价格有三种形式，即平价发行、溢价发行和折价发行。

我国《公司法》第一百二十八条规定，股票发行可以按票面金额，也可以超过票面金额，但不得低于票面金额。可见，我国是禁止折价发行的。股票发行采用溢价发行的，所得的溢价款列入资本公积金，不能列入盈余公积金。股票发行采取溢价发行的，其发行价格由发行人与承销的证券公司协商确定。

3. 股份发行的种类

股份有限公司发行股票，根据发行时间的先后和目的不同可分为设立发行和新股发行。

（1）设立发行，是指在设立股份有限公司过程中为筹建公司所需资本而进行的股份发行。在我国，设立发行主体应当是拟设立的股份有限公司。设立发行不仅包括向社会公开募集或者向特定对象募集股份和发行股票，也包括向股份公司发起人分派股票的行为。

（2）新股发行，是指股份有限公司成立后在原有股份基础上所进行的股份发行。其目的是增加公司股本。可以向原股东配售或向社会公开募集，或向特定对象发行股票，包括配股、分派红利股票、公积金转增股份和发行新股等多种具体形式。

4. 股份发行的条件

我国《公司法》对设立股份公司发行股份的条件和程序未作规定，对新股的发行条件也未作规定。但在《证券法》中对新股的发行条件作了规定，《公司法》第一百三十四条、第一百三十五条、第一百三十六条、第一百三十七条对公司发行新股的程序作了简单规定，而在《证券法》中作了详细规定。

（1）设立发行的条件。依据我国《证券法》第十二条的规定，设立股份有限公司公开发行股票，应当符合我国《公司法》规定的条件和经国务院批准的国务院证券监督管理机构规定的其他条件。根据我国新《公司法》的相关规定可知，股份的设立发行，首先，要符合股份有限公司设立的条件；其次，募集设立公司的发起人认购的股份不得少于公司股份总数的35%；最后，股份发行价格的确定还应遵守《公司法》的规定。根据国务院发布的《股票发行与交易管理暂行条例》第八条的规定，设立股份有限公司申请公开发行股票，应当符合下列条件：其生产经营符合国家产业政策；其发行的普通股限于一种，同股同权；发起人认购的股本数额不少于公司拟发行的股本总额的35%；在公司拟发行的股本总额中，发起人认购的部分不少于人民币3000万元，但是国家另有规定的除外；向社会公众发行的部分不少于公司拟发行的股本总额的25%，其中公司职工认购的股本数额不得超过拟向社会公众发行的股本总额的10%，公司拟发行的股本总额超过人民币4亿元的，证监会按照规定可以酌情降低向社会公众发行部分的比例，但是最低不少于公司拟发行股本总额的10%；发起人在近三年内没有重大违法行为；证监会规定的其他条件。

（2）新股发行的条件。依据我国《证券法》第十三条的规定，公司公开发行新股，应当符合下列条件：具备健全且运行良好的组织机构；具有持续盈利能力，财务状况良好；最近三年财务会计文件无虚假记载，无其他重大违法行为；经国务院批准的国务院证券监督管理机构规定的其他条件。

上市公司非公开发行新股，应当符合经国务院批准的国务院证券监督管理机构规定的条件，并报国务院证券监督管理机构核准。

5. 股份发行的程序

（1）设立发行的程序。由于设立发行中的公开发行和股份有限公司公开募集设立的程序是重合的，在此不再赘述。

（2）新股发行的程序。根据我国《公司法》和《证券法》的相关规定，股份有限公司发行新股必须经过以下程序：①公司的股东大会或者董事会做出发行新股的决议。②股东大会作出发行新股的决议后，董事会必须向国务院证券监督管理机构报送相关的文件，提出公开发行新股的申请。国务院证券监督管理机构或者国务院授权的部门应当自受理证券发行申请文件之日起3

课堂笔记

个月内，依照法定条件和法定程序作出予以核准或者不予核准的决定，发行人根据要求补充、修改发行申请文件的时间不计算在内；不予核准的，应当说明理由。③公告相关文件。我国《公司法》第一百三十五条规定，公司经国务院证券监督管理机构核准公开发行新股时，必须公告新股招股说明书和财务会计报告，并制作认股书。我国《证券法》第25条规定，证券发行申请经核准，发行人应当依照法律、行政法规的规定，在证券公开发行前公告公开发行募集文件，并将该文件置备于指定场所供公众查阅。发行证券的信息依法公开前，任何知情人不得公开或者泄露该信息。发行人不得在公告公开发行募集文件前发行证券。④进行证券承销。公司向社会公开发行新股，应当由依法设立的证券经营机构承销，签订承销协议。承销方式主要分为包销和代销两种。我国《证券法》第三十条规定，证券公司承销证券，应当同发行人签订代销或者包销协议。⑤办理登记和公告。我国《公司法》第一百三十七条规定，公司发行新股募足股款后，必须向公司登记机关办理变更登记，并公告。

（四）股份转让

股份转让，是指股份有限公司的股东将其所持有的股份依法定程序和方式转让给他人，使他人取得公司股份而成为公司股东的法律行为。股份转让意味着股东权的转让，它所产生的法律后果是将股东的资格及股东的权利义务由股份出让者手中转移到股份受让者手中。

1. 股份转让的方式

因为股票分为记名股票和无记名股票两种，股份转让的方式也分为两种。

（1）记名股票的转让。我国《公司法》第一百四十条规定，记名股票由股东以背书方式或者法律、行政法规规定的其他方式转让；转让后由公司将受让人的姓名或者名称及住所记载于股东名册。股东大会召开前20日内或者公司决定分配股利的基准日前5日内，不得进行前款规定的股东名册的变更登记。但是，法律对上市公司股东名册变更登记另有规定的，从其规定。

（2）无记名股票的转让。我国《公司法》第一百四十一条规定，无记名股票的转让，由股东将该股票交付给受让人后即发生转让的效力。

2. 股份转让的原则及限制性规定

股份自由转让是股份有限公司股份转让的原则。股份有限公司的股东可依法转让其所持有的股份，公司一般情况下不得以公司章程、公司决议禁止公司股份转让，但特殊情况例外。就多数国家的立法而言，既可以以立法方式对这一原则进行限制，也可以以公司章程对这一原则进行限制，其目的是为了保护公司、股东及债权人的利益。

根据我国《公司法》的规定，对股份转让的限制性规定主要包括以下方面。

（1）对股份转让场所的限制。我国《公司法》第一百三十九条规定，股东转让其股份，应当在依法设立的证券交易场所进行，或者按照国务院规定的其他方式进行。其目的主要是为了维护交易安全。

（2）发起人持有的本公司股份的转让限制。我国《公司法》第一百四十二条规定，发起人持有的本公司股份，自公司成立之日起 1 年内不得转让。其目的是为了防止发起人逃避其可能应负的法律责任。

（3）对董事、监事、高级管理人员持有的本公司股份的转让限制。我国《公司法》第一百四十二条规定，公司董事、监事、高级管理人员应当向公司申报所持有的本公司的股份及其变动情况，在任职期间每年转让的股份不得超过其所持有本公司股份总数的 25%；所持有本公司股份自公司股票上市交易之日起 1 年内不得转让。

上述人员离职后半年内，不得转让其所持有的本公司股份。公司章程可以对公司董事、监事、高级管理人员转让其所持有的本公司股份做出其他限制性规定。其目的是为了防止内幕交易行为的发生，同时加强其对公司经营管理的积极性和责任心。

（4）上市公司股东转让股份的限制。我国《公司法》第一百四十二条规定，公司公开发行股份在证券交易所上市交易的，公开发行股份的股东持有的股份自公司股票在证券交易所上市交易之日起 1 年内不得转让。其目的主要是为了防止内幕交易、市场操纵等不正当和不公正交易行为的发生，从而稳定证券市场、规范上市公司行为。

（5）禁止接受本公司股票作为质押权标的。我国《公司法》第一百四十三条规定，公司不得接受本公司的股票作为质押权的标的。其目的主要是为了维护公司不得拥有本公司股份的一般原则。

（6）公司股份回购的限制。股份回购即公司购买自己的股份。我国《公司法》第一百四十三规定，公司不得收购本公司股份。但是，有下列情形之一的除外：①减少公司注册资本；②与持有本公司股份的其他公司合并；③将股份奖励给本公司职工；④股东因对股东大会做出的公司合并、分立决议持异议，要求公司收购其股份。公司因第一项至第三项原因收购本公司股份的，应当经股东大会决议。公司依照前款规定收购本公司股份后，属于第一项情形的，应当自收购之日起 10 日内注销；属于第二项、第四项情形的，应当在 6 个月内转让或者注销。公司依照第三项规定收购的本公司股份不得超过本公司已发行股份总额的 5%，用于收购的资金应当从公司的税后利润中支出，所收购的股份应当在 1 年内转让给职工。

二、公司债券

（一）公司债券的概念和特征

公司债券，是指公司依照法定程序发行的约定在一定期限内还本付息的有价证券。公司债券具有以下特征。

（1）公司债券是一种债权有价证券。公司债券是设定债务关系的有价证券，公司债券持有人作为公司的债权人享有债权，其对公司享有的债权为公司债券上载明的金额。

（2）公司债券是一种要式有价证券。公司债券作为一种有价证券，其制作和记载事项必须按法律规定的要求与方式进行。

（3）公司债券是依照法定条件和程序发行的有价证券。由于发行公司债券是向不特定的社会公众借贷，涉及广大社会公众的利益，所以公司在发行公司债券时必须严格遵守法定的条件和程序，以保护社会公众的合法权益，维护社会秩序的稳定。

（4）公司债券是由公司还本付息的有价证券。公司在发行债券时，应当向所有债券购买人承诺按照约定期限还本付息，公司债券到期时发行债券的公司负有按约定期限还本付息的义务。

（二）公司债券的分类

根据不同的标准可以对公司债券进行不同的分类。

（1）记名债券和无记名债券。根据公司债券上是否记载公司债券持有人的姓名或名称，可分为记名公司债券和无记名公司债券。记名公司债券是指在公司债券上记载债权人姓名或名称的公司债券。无记名公司债券是指不在公司债券上记载债权人姓名或名称的公司债券。我国《公司法》第一百五十七条规定，公司债券可以为记名债券，也可以为无记名债券。

（2）可转换公司债券和非转换公司债券。根据公司债券能否转为公司股票，可分为可转换公司债券和非转换公司债券。可转换公司债券是指能够转换为股份有限公司股票的公司债券，非转换公司债券是指不能转换为股份有限公司股票的公司债券。

（3）担保公司债券和无担保公司债券。根据发行公司债券时有无担保，可分为担保公司债券和无担保公司债券。担保公司债券是指公司在发行债券时以物或第三人对该债券的还本付息作出担保的公司债券；无担保公司债券又称信用公司债券，是指完全凭借公司信誉、不提供任何财产或任何担保人而发行的公司债券。我国《公司法》对此种分类未作规定。

（三）公司债券的发行

1. 公司债券发行的条件

（1）公司债券首次发行的条件。根据我国《公司法》第一百五十四条和《证券法》第十条的规定，公司债券首次发行的条件主要有：股份有限公司的净资产额不低于人民币 3000 万元，有限责任公司的净资产额不低于人民币 6000 万元；累计债券余额不超过公司净资产额的 40%；最近三年平均可分配利润足以支付公司债券一年的利息；资金投向需符合国家产业政策；公司债券发行的利率水平的限制条件；国务院规定的其他条件。

（2）公司债券再次发行的限制条件。为保证公司债券持有人的利益，防止随意发行公司债券，根据我国《证券法》的规定，有下列情形之一的，不得再次发行公司债券：前一次发行的公司债券尚未募足的；对已发行的公司债券或其债务有违约或者延迟支付本息的事实，且仍处于继续状态的；违反《证券法》规定，改变公开发行公司债券所募集资金的用途的。

2. 公司债券的发行程序

依照我国《公司法》和《证券法》的相关规定，公司发行公司债券实行核准制，故而它的发行程序更为简便。具体包括如下内容。

（1）股东会作出决议或决定。根据《公司法》的相关规定，对发行公司债券作出决议应该属于股东会的职权。

（2）申请核准。公司应当依法向国务院证券管理机构或者国务院授权的部门提出发行公司债券的申请，并提交有关文件。依据我国《证券法》第二十四条的规定，国务院证券监督管理机构或者国务院授权的部门应当自受理证券发行申请文件之日起3个月内，依照法定条件和法定程序作出予以核准或者不予核准的决定，发行人根据要求补充、修改发行申请文件的时间不计算在内；不予核准的，应当说明理由。

（3）公告募集办法并发行公司债券。公司债券发行申请经核准，发行人应当依照法律、行政法规的规定，在公司债券公开发行前，公告公开发行募集文件，并将该文件置备于指定场所供公众查阅。公司债券募集办法应当载明下列主要事项：公司名称；债券募集资金的用途；债券总额和债券的票面金额；债券利率的确定方式；还本付息的期限和方式；债券担保情况；债券的发行价格、发行的起止日期；公司净资产额；已发行的尚未到期的公司债券总额；公司债券的承销机构。

（四）公司债券转让

公司债券转让，是指公司债券持有者将公司债券由一方转让到另一方的债券流通行为。我国《公司法》第一百六十条规定，公司债券可以转让，转让价格由转让人与受让人约定。公司债券在证券交易所上市交易的，按照证券交易所的交易规则转让。

1. 公司债券转让的原则

根据我国《公司法》第一百六十条的规定，公司债券的转让应遵循以下原则。

（1）自由转让原则，是指公司债券的转让主体、方式等都是自由的，不附加任何特别限制。

（2）依法转让原则，是指对于公司债券的转让只能在依法设立的证券交易所内或者在证券交易所之外的其他依法设立的证券交易场所进行，而不允许其他的非法交易。

（3）价格约定原则，是指公司债券转让价格由转让人和受让人自行约定，而不受公司债券发行价格、票面金额或者来自其他方面的特别限制。

2. 公司债券转让的价格

为了有利于债券的流通，也为了方便不同投资者的投资需求，我国法律按国际惯例并不硬性统一规定公司债券转让的价格，转让价格随行就市，由买卖双方自由协商确定。在通常情况下，公司债券转让价格要高于发行价格或票面价格，但这并不是绝对的。

3. 公司债券转让的方式

我国《公司法》规定了记名公司债券和无记名公司债券的不同转让方式。

（1）记名公司债券的转让。由债券持有人以背书方式或者法律、行政法规规定的其他方式转让。

（2）无记名公司债券的转让。无记名公司债券为无记名有价证券，因而其转让方式相对地简单，通常无须进行背书，仅依单纯交付即可完成转让。

4. 公司债券转让的场所

我国《证券法》第三十九条规定，依法公开发行的公司债券及其他证券，应当在依法设立的证券交易所上市交易或者在国务院批准的其他证券交易场所转让。证券交易场所包括证券交易所和场外交易场所。目前在我国证券交易所是指上海证券交易所和深圳证券交易所。场外交易场所指证券公司、证券营业部等的营业场所。

第六节　公司的其他规定

一、公司的财务会计制度

公司财务会计制度是对存在于法律、行业通行规则和公司章程中的关于公司财务、会计规则的总称。公司财务会计制度从内容上讲包括财务制度和会计制度两个方面。公司财务制度是指关于公司在其业务活动中有关资金的筹集、使用和分配活动所遵守的规则。公司会计制度是公司办理会计事务应当遵守的规则。公司的财务、会计制度虽然是两种制度，但两者在实质上是紧密结合在一起的。公司会计制度是公司生产经营过程中各种财务制度的具体反映。公司的财务制度是通过会计制度实现的。两者共同为实现公司的管理目标服务。

公司财务会计制度主要包括两方面内容：一是财务会计报告制度，即公司应当依法编制财务会计报表和制作财务会计报告。二是收益分配制度，即公司的年度分配，应当依照法律规定及股东会的决议，将公司利润用于缴纳税款、提取公积金和公益金以及进行红利分配。

公司应当聘用会计师事务所承办公司的审计业务。会计师事务所的聘用和解聘应由公司的股东会、股东大会或者董事会决定。公司股东会、股东大会或者董事会就解聘会计师事务所进行表决时，应当允许会计师事务所陈述意见。

二、公司财务会计报告

公司财务会计报告是指公司制作的反映公司在一定期间财务状况和经营成果等信息的综合性书面报告。

（一）公司财务会计报告的编制

1. 公司财务会计报告的编制要求。我国《公司法》第 172 条规定，公司除法定的会计账册外。不得另立会计账册。

2. 公司财务会计报告的编制负责人。我国《公司法》未明确规定公司财务会计报告的编制人。通常认为，制作财务会计报告应属于公司业务执行范围的事情，而董事会是公司的业务执行机关，因此，可以认为董事会是公司财务会计报告编制的负责人。

3. 公司财务会计报告编制的时间。我国《公司法》第 165 条规定，公司应当在每一会计年度终了时制作财务会计报告，并依法经会计师事务所审计。

（二）公司财务会计报告的内容

公司财务会计报告是由一系列会计报表和说明组成的。财务会计报告应当依照法律、行政法规和国务院财政部门的规定制作。我国《会计法》第20条规定，财务会计报告由会计报表、财务会计报表附注和财务情况说明书组成。财务会计报告应当包括下列财务会计报表及附属明细表：资产负债表、损益表、现金流量表、利润分配表。

1. 会计报表。会计报表是表格形式的财务会计报告，它是财务会计报告的主体部分，也是公司向外传递会计信息的主要手段。会计报表应当包括资产负债表、损益表（利润表）、现金流量表及相关的附属明细表。

2. 财务情况说明书。财务情况说明书是帮助理解会计报表的内容而对报表的有关项目所作的解释，即它是对公司资产负债表、损益表、财务状况变动表未能列示，但对公司财务状况有重大影响的其他主要事项所作的必要说明，是对上述各表的补充说明。

（三）公司财务会计报告的审核与确认

公司财务会计报告的审核，法律未规定审核主体。由于检查公司财务是监事会的法定职权之一，所以监事会应当对公司财务会计报告进行审核。监事会认为有必要时可聘请中立的注册会计师对会计表册进行审核，费用由公司承担。

（四）公司财务会计报告的公示

公司财务会计报告的公示制度，是指公司依照法律规定向投资人或者社会公开其财务会计报告的制度。在我国，公司主要采取以下三种方式公示其财务会计报告：

1. 将报告置备于公司住所供股东查阅或送交各股东。

2. 向有关部门或单位报送会计报告。公司财务会计报告应按规定向当地财政、税务部门以及开户银行和主管部门等单位报送。

3. 公告公司财务会计报告。

（五）公司财务会计报告的监督制度

为了保证公司财务会计报告的客观、真实、全面，必须强化对公司财务会计的监督。公司财务会计监督的主要内容包括以下三方面：

1. 社会审计制度。根据有关规定，有限责任公司和股份有限公司应聘请会计师事务所对有关财务会计报告审查验证。

2. 股东的查账请求权制度。我国现行的法律制度针对股份有限公司和有限责任公司的具体情况，分别确立了不同的股东查账请求权制度。

3. 公司内部审计制度。这是指公司内部机构或人员对公司的会计记录的真实性、合法性进行审查，通常由公司的审计人员或审计委员会实施。

三、公司的公积金和公益金制度

（一）公积金制度

1. 公积金的概念

公积金又称储备金或准备金，是指公司为了增强自身财产能力，扩大生产经营和预防意外亏损，依法从公司利润中提取的不作为股利分配而用于特定用途的款项。

2. 公积金的性质

公积金虽然不属于公司资本，但其功能与公司资本类似，本质上仍属于股东权益性质，公积金在资产负债表中属于所有者权益栏内。

3. 公积金的种类

依照我国《公司法》的规定，公积金根据来源的不同分为任意盈余公积金和法定公积金两大类。

（1）任意盈余公积金是根据公司章程及股东会的决议，从公司盈余中提取的公积金。任意盈余公积金的提取与否及提取比例由股东会根据公司发展的需要和盈余情况决定，法律不作强制规定。

（2）法定公积金也称为强制储备金，是指按照法律规定的比例必须提取的公积金。

4. 法定公积金的提取要求。

法定盈余公积金的提取比例属于公司法的强行性规范，公司必须遵守。即公司分配当年税后利润时，应当提取利润的 10% 列入公司法定公积金。当公司法定公积金累计额达到公司注册资本的 50% 以上时，可以不再提取。经股东会或股东大会决议公司也可以继续提取。当法定公积金转增为资本时，所留存的法定公积金不得少于转增前注册资本的 25%。

（二）公益金制度

公益金是指依照公司章程的规定或股东会的决议从公司税后利润中提取的用于职工集体福利的基金。修改后的《公司法》取消了公益金制度，没有强制设立公益金，是否提取公益金由股东自己决定。

四、公司合并和分立

（一）公司合并

公司合并是指两个以上的公司通过订立合同依法定程序合并为一个公司。

根据我国《公司法》的规定，公司合并可以采取吸收合并和新设合并两种方式。吸收合并是指一个公司吸纳其他公司，被吸纳的公司随之消灭。新设合并是指两个以上的公司共同联合创立一个新公司，原先的公司都同时归于消灭。

公司合并是一种法律行为，公司合并不仅涉及公司的变化，还关系到公司债权债务关系人的利益，因此必须依法定程序进行。公司合并的主要程序有以下几项。

1. 签订公司合并协议

由合并各方签订合并协议，协议包括：

（1）合并各方的名称、住所；

（2）合并后存续公司和新设公司的名称、住所；

（3）合并各方的债权债务处理办法；

（4）合并各方的资产状况及其处理办法；

（5）存续公司或新设公司因合并而增资所发行的股份总额、种类和数量；

（6）合并各方认为需要载明的其他事项。

2. 公司合并决议

公司签订合并协议后，就公司合并的有关事项作出决议。

3. 编制表册，通知债权人，确认债权、债务

公司决议合并时，应当编制资产负债表及财产清单，并通告债权人。我国《公司法》规定，公司应当自作出合并决议之日起 10 日内通知债权人，并于 30 日内在报纸上公告。债权人自接到通知书之日起 30 日内，未接到通知书的自公告之日起 45 日内，有权要求公司清偿债务或者提供相应的担保。不清偿债务或者不能提供相应的担保的，公司不得合并。公司合并时，合并各方的债权、债务，应当由合并后存续的公司或者新设的公司承继。

4. 登　记

公司合并应当依法到公司登记机关办理变更登记、设立登记或注销登记。

（二）公司分立

公司分立是指一个公司依法定程序分开设立为两个以上的公司。

公司分立依原公司法人资格是否消灭有派生分立和新设分立两种方式。

（1）派生分立，是指公司将其部分财产或业务分离出去另设一个或数个新的公司，原公司继续存在。

（2）新设分立，是指公司将其全部财产分别归于两个以上的新设公司中，原公司的财产按照各个新成立公司的性质、宗旨、经营范围进行重新分配，原公司解散。

公司分立的程序与合并基本一致。公司分立前的债务由分立后的公司承担连带责任。但是，公司在分立前与债权人就债务清偿达成的书面协议另有约定的除外。

五、公司解散和清算

（一）公司解散

1. 公司解散的含义

公司解散是指结束公司的正常经营活动、消灭其法人资格的一种法律程序。

2. 公司解散的原因

我国《公司法》第一百八十一条规定，公司因下列原因解散：

（1）公司章程规定的营业期限届满或者公司章程规定的其他解散事由出现；

（2）股东会或者股东大会决议解散；

（3）因公司合并或者分立需要解散；

（4）依法被吊销营业执照、责令关闭或者被撤销；

（5）人民法院依照《公司法》第一百八十三条的规定予以解散。《公司法》第一百八十三条规定，公司经营管理发生严重困难，继续存续会使股东利益受到重大损失，通过其他途径不能解决的，持有公司全部股东表决权10%以上的股东，可以请求人民法院解散公司。

公司有《公司法》第一百八十一条第一项情形的，可以通过修改公司章程而存续，修改公司章程，有限责任公司须经持有 2/3 以上表决权的股东通过，股份有限公司须经出席股东大会会议的股东所持表决权的 2/3 以上通过。

3. 公司解散的后果

公司解散，除因合并或分立事由外，并不标志着公司法人资格马上消灭，公司进入清算程序。《公司法》第一百八十七条规定，清算期间，公司存续，但不得开展与清算无关的经营活动。公司财产在未依照规定清偿前，不得分配给股东。可见，在清算期间，公司的法人资格视为存续，但其权利能力仅限于清算范围内，具体由清算组处理公司未了结的业务。

（二）公司清算

1. 公司清算的含义

清算是指清点公司财产，清理债权、债务，处理各种法律关系，以消灭公司法人资格的一种法律程序。公司解散后，除因公司合并或者分立事由者外，都要经过清算程序。

2. 清算组的成立

清算组是指在公司解散过程中从事清算事务、处理公司财产和债权债务的执行机构。根据我国《公司法》的有关规定，公司因合并或者分立而自然解散的，不需要清算，由于其他原因解散的，即《公司法》第一百八十一条第（1）项、第（2）项、第（4）项、第（5）项规定而解散的，应当在解散事由出现之日起 15 日内成立清算组，开始清算。有限责任公司的清算组由股东组成，股份有限公司的清算组由董事或者股东大会确定的人员组成。逾期不成立清算组进行清算的，债权人可以申请人民法院指定有关人员组成清算组进行清算。人民法院应当受理该申请，并及时组织清算组进行清算。

3. 清算组的职权

根据我国《公司法》第一百八十五条的规定，清算组在清算期间行使下列职权：

（1）清理公司财产，分别编制资产负债表和财产清单；

（2）通知、公告债权人；

（3）处理与清算有关的公司未了结的业务；

（4）清缴所欠税款以及清算过程中产生的税款；

（5）清理债权、债务；

（6）处理公司清偿债务后的剩余财产；

（7）代表公司参与民事诉讼活动。

4. 清算组的责任

根据我国《公司法》的规定，清算组成员应当忠于职守，依法履行清算义务，不得利用职权收受贿赂或者其他非法收入，不得侵占公司财产。清算组成员因故意或者重大过失给公司或者债权人造成损失的，应当承担赔偿责任。清算组成员利用职权营私舞弊、牟取非法收入或者侵占公司财产的，责令退还公司财产，没收违法所得，并可处以违法所得 1 倍以上 5 倍以下的罚款。构成犯罪的，依法追究刑事责任。

5. 清算工作程序

清算组在《公司法》规定的职权范围内履行以下清算事务。

（1）通知、公告债权人，登记债权。根据我国《公司法》的规定，清算组应当自成立之日起 10 日内通知债权人，并于 60 日内在报纸上公告。债权人应当自接到通知书之日起 30 日内，未接到通知书的自公告之日起 45 日内，向清算组申报其债权。债权人申报其债权，应当说明债权的有关事项，并提供证明材料。清算组应当对债权进行登记。在申报债权期间，清算组不得对债权人进行清偿。

（2）清理公司财产，制订清算方案。清算组在清理完公司财产、编制好资产负债表和财产清单后，应当制订清算方案，并报股东会、股东大会或者人民法院确认。发现不足以清偿债务的，向人民法院申请宣告破产，宣告后并向其移交。

（3）清偿债务。公司财产能够清偿公司债务的，公司财产应优先拨付清算费。然后按下列顺序清偿：第一，支付职工工资和劳动保险费用；第二，缴纳所欠税款；第三，清偿公司债务。

（4）分配剩余财产。公司财产按上述顺序清偿后的剩余财产，由清算组分配给股东，有限责任公司按照股东的出资比例分配，股份有限公司按照股东持有的股份比例分配。在清算期间，公司不得开展新的经营活动。公司财产在未按规定清偿前不得分配给股东。

6. 清算终结

在经过债务清偿和剩余财产分配后，清算即告终结。根据我国《公司法》的规定，公司清算结束后，清算组应当制作清算报告，报股东会、股东大会或者人民法院确认，并报送公司登记机关，申请注销公司登记，公告公司终止。不申请注销公司登记的，由公司登记机关吊销其公司营业执照，并予以公告。

（三）公司破产

（1）经营过程中的宣告破产。公司因不能清偿到期债务，被人民法院依法宣告破产的，由人民法院依照有关法律规定，组织股东、有关部门及专业人员成立清算组，对公司进行破产清算。

（2）因解散在清算过程中的宣告破产。因公司解散而清算，清算组在清理公司财产、编制资产负债表和财产清单后，发现公司财产不足以清偿债务的，应当立即向人民法院申请宣告破产。公司经人民法院裁定宣告破产后，清算组应当将清算事务移交给人民法院。

🔖 思考练习

1. 简述我国各类公司的法律特征。
2. 简述我国有限责任公司和股份有限公司的设立方式、设立条件及程序。
3. 简述公司董事、监事、高级管理人员的任职资格和义务。
4. 什么是公司债券？什么是公司股份？
5. 简述公司的组织结构。
6. 简述公司股份发行和转让的法律规定有哪些。
7. 简述公司的清算程序和清算内容。

第四章　外商投资企业法律制度

第一节　外商投资企业法概述

一、外商投资企业的特征

外商投资企业，是指依据中国法律在中国境内设立的由外国投资者单独直接投资或者外国投资者与中国投资者共同投资的企业。

外商投资企业有以下基本特征。

（1）外商投资企业是外商直接投资举办的企业。这里的外商既包括外国的企业、经济组织和个人，也包括我国港澳台的投资者。

（2）外商投资企业是吸引外国私人投资举办的企业，不包括政府等官方组织和机构投资的企业。

（3）外商投资企业是依照中国的法律和行政法规，经中国政府批准，在中国境内设立的企业。

目前，在我国设立的外商投资企业，依照外商在企业注册资本和资产中所占股权和份额的比例不同，可分为合资企业和外资企业。合资企业以其是股权式还是契约式又可分为中外合资经营企业和中外合作经营企业两种。中外合资经营企业、中外合作经营企业、外资企业简称为"三资企业"。

二、外商投资企业的权利和义务

1. 外商投资企业的权利

（1）生产经营计划权；（2）资金筹措运用权；（3）物资采购权；（4）产品销售权；（5）外汇收入使用权；（6）劳动用工管理权；（7）机构设置和人员编制权。

2. 外商投资企业的义务

（1）必须遵守中国的法律、行政法规，不得损害中国的社会公共利益；（2）必须履行依法签订的协议、合同、章程；（3）必须依照中国税法的规定缴纳税款；（4）应及时向有关部门报告生产和经营情况，接受中国政府有关机关的管理和监督；（5）应承担我国法律、行政法规规定的义务。

三、外商投资企业法概述

外商投资企业法，是指调整外商投资企业在设立、经营管理过程中所发生的经济关系的法律规范。我国外商投资企业立法是伴随着我国的改革和对外开放政策而逐步建立并不断完善的。我国有关外商投资企业的立法主要有：1979 年 7 月 1 日颁布并于 1990 年 4 月 4 日和 2001 年 3 月 15 日作了修正的《中华人民共和国中外合资经营企业法》；1998 年颁布并于 2000 年 10 月 31 日作了修正的《中华人民共和国中外合作经营企业法》；1986 年颁布并于 2000 年 10 月 31 日作了修正的《中华人民共和国外资企业法》。另外，还有国务院发布的《中外合资经营企业法实施条例》《中外合作经营企业法实施条例》和对外经济贸易部发布实施的《外资企业法实施细则》以及我国颁布的有关外商投资企业税收和外汇等方面的法律、法规和规章等。

国务院根据国家有关外商投资的法律规定和产业政策的要求，制定了《指导外商投资方向暂行规定》，该规定将外商投资项目分为鼓励、允许、限制和禁止四大类。原国家计划委员会会同国务院有关部门根据该规定和国家经济技术发展情况，定期编制和适时修订《外商投资产业指导目录》，该《目录》是指导审批外商项目的依据。

第二节 中外合资经营企业法

一、中外合资经营企业的概念

中外合资经营企业是指国外公司、企业和其他经济组织或个人，依照中华人民共和国法律和行政法规，经中国政府批准，按照平等互利的原则，在中国境内同中国公司、企业或其他经济组织共同投资、共同经营、共负盈亏的企业法人组织，简称合营企业。

中外合资经营企业具有以下特点。

（1）至少有一方为外国投资者，同样也至少有一方是中国投资者。外国投资者可以是公司、企业、其他经济组织、团体或个人。中国投资者可以是公司、企业或者是其他经济组织。

（2）是经中国政府批准设立的中国法人，必须遵守中华人民共和国的法律、行政法规，并受中国法律、行政法规的保护。

（3）中外双方投资者共同投资、共同经营、共负盈亏。共同投资即中外双方都要有投资，其中外方投资比例一般不得少于 25%，否则，不享受合营企业的待遇。

（4）组织形式为有限责任公司，董事会是最高权力机关。

二、中外合资经营企业法的概念和基本原则

中外合资经营企业法有狭义和广义两种概念。狭义的概念仅指 1979 年第五届全国人民代表大会第二次会议通过的《中华人民共和国中外合资经营企业法》。广义的概念是指包括《中华人民共和国中外合资经营企业法》在内的调整合营企业内外管理与经济协作关系的一系列法律规范的总称。

《中外合资经营企业法》的基本原则主要有：（1）维护国家主权原则；（2）平等互利原则；（3）遵循国际惯例原则。

三、中外合资经营企业的设立

（一）中外合资经营企业的设立要求

在中国境内设立的合营企业，应当能够促进中国经济的发展和科学技术水平的提高，有利于社会主义现代化建设。国家鼓励、允许、限制或者禁止设立合营企业的行业，按照国家指导外商投资方向的规定以及外商投资产业指导目录执行。

申请设立中外合资经营企业必须符合下列一项或多项要求：

（1）采用先进技术设备和科学管理方法，增加产品品种，提高产品质量和产量，节约能源和材料；

（2）进行技术改进，做到投资少、见效快、收益大；

（3）扩大产品出口，增加外汇收入；

（4）培训技术人员和经营管理人员。

申请设立中外合资经营企业有下列情况之一的，不予批准：

（1）有损中国主权的；

（2）违反中国法律的；

（3）不符合中国国民经济发展要求的；

（4）造成环境污染的；

（5）签订的协议、合同、章程显属不公平，损害中外合资经营一方权益的。

（二）中外合资经营企业的审批机构

依照我国有关法律、行政法规的规定，设立合营企业的审批机构是中华人民共和国对外经济贸易主管部门。当拟设立的合营企业的投资总额在国务院规定的投资审批限额范围之内，中国合营者的资金已经落实的或不需要国家增拨原材料，不影响燃料、动力、交通运输、外贸出口配额等全国平衡的，可由国家对外经济贸易主管部门委托的各省、自治区、直辖市人民政府及国务院有关行政机关审批，报国家对外经济贸易主管部门备案。

（三）设立中外合资经营企业的法定程序

（1）由中外合营者共同向审批机关报送有关文件。申请设立合营企业，须向审批机关报送下列文件：设立合营企业的申请书；合营各方共同编制的可行性研究报告；由合营各方授权代表签署的合营企业协议、合同和章程；由合营各方委派的合营企业董事长、副董事长、董事人选名单；审批机关规定的其他文件。

（2）审批机关审批。审批机关应当在收到全部文件之日起3个月内决定批准或者不批准。审批机关如发现报送的文件有不当之处，应当要求限期修改，否则不予批准。合营企业经批准后由审批机关发给批准证书。

（3）合营企业应当自收到批准证书后1个月内按照国家有关规定，向工商行政管理机关办理登记手续，领取营业执照，开始营业。合营企业的营业执照签发日期，即为该合营企业的成立日期。

四、中外合资经营企业的注册资本和出资方式

（一）合营企业的注册资本和投资总额

1. 合营企业的注册资本

中外合资经营企业的注册资本是指设立中外合资经营企业在登记机关登记的资本总额，应为合资经营企业各方认缴的出资额之和。在合营企业的注册资本中，外国合营者的出资比例一般不得低于25%，对其最高限法律没有明确规定。国家工商总局发布的《关于中外合资经营企业注册资本与投资总额比例的暂行规定》规定，中外合资经营企业的注册资本应当与生产经营的规模、范围相适应。合营各方按注册资本的比例分享利润和分担风险及亏损。合营企业在合营期限内，不得减少其注册资本。但因投资总额和生产经营规模等发生变化，确需减少注册资本的，须经审批机关批准。合营企业在合营期内增加注册资本法律没有禁止，但须经合营各方协商一致，并由董事会会议通过，报经原审批机关核准。合营企业增加、减少注册资本，应当修改合营企业章程，并办理变更注册资本登记手续。

2. 合营企业的投资总额

合营企业的投资总额，是指按照合营企业合同、章程规定的生产规模需要投入的基本建设资金和生产流动资金的总和。《关于中外合资经营企业注册资本与投资总额比例的暂行规定》中明确规定了中外合资经营企业注册资本与投资总额的的比例：

（1）投资总额在300万美元以下的（含300万美元），注册资本至少应占投资总额的7/10；

（2）投资总额在300万美元以上至1000万（含1000万）美元的，注册资本至少应占投资总额的1/2，其中，投资总额在420万美元以下的，注册资本不得低于210万美元；

（3）投资总额在1000万美元以上至3000万（含3000万）美元的，注册资本至少应占投资总额的2/5，其中，投资总额在1250万美元以下的，注册资本不得低于500万美元；

（4）投资总额在3000万美元以上的，注册资本至少应占投资总额的1/3，其中，投资总额在3600万美元以下的，注册资本不得低于1200万美元。

（二）合营企业的出资方式

中外合资经营企业的各方可以用货币、实物、知识产权出资。用实物财产作价出资必须符合下列各项条件：（1）为中外合资经营企业生产所必不可少的；（2）中国不能生产，或虽能生产但价格过高或在技术性能和供应时间上不能保证需要的；（3）作价不得高于同类机器设备或其他物料当时的国际市场价格。

用工业产权、专有技术作价出资，作为外国合资经营者出资的必须符合

下列条件之一：（1）能生产中国急需的新产品或出口适销产品的；（2）能显著改进现有产品的性能、质量，提高生产效率的；（3）能显著节约原材料、燃料、动力的。

外国合营者以非货币财产出资应当经过中国合资经营者的企业主管部门审查同意，报审批机关批准。

外国投资者以现金出资时，只能以可自由兑换的外币缴付出资，按缴款当日国家外汇管理部门公布的外汇牌价折算。中国合资经营者还可用场地使用权作价出资。投资者任何一方均不得以中外合资经营企业的名义取得贷款作为出资，也不得以中外合资经营企业或中外合资经营他方的财产和权益为其出资担保。合营各方应当按照合同规定的期限缴清各自的出资额。逾期未缴或者未缴清的，应当按合同规定支付迟延利息或者赔偿损失。合营各方缴付出资额后，应当由中国的注册会计师验证，出具验资报告后，由合营企业据以发给出资证明书。

五、中外合资经营企业的组织形式和组织机构

1. 组织形式

中外合资经营企业的组织形式为有限责任公司，企业以其拥有的全部财产对债务负责，合营各方对合营企业的责任以各自认缴的出资额为限承担有限责任。

2. 组织机构

（1）董事会。董事会组成人员不少于 3 人，董事由合营各方委派，董事名额的分配由合营各方参照出资比例协商确定。中外合营者的一方担任董事长的，由他方担任副董事长。

（2）经营管理机构。经营管理机构负责合营企业的日常经营管理工作。经营管理机构设总经理 1 人，副总经理若干人，其他高级管理人员若干人，由董事会聘请。正、副总经理由合营各方分别担任，可由董事长、副董事长兼任，总经理也可以双方轮流担任，总会计师由中外合营企业董事会聘请，通常由中国公民担任。

六、中外合资经营企业的经营管理

（一）生产经营管理

合营企业在其合同规定和批准登记的经营范围内，享有生产经营自主权。合营企业所需的机器设备、原材料、燃料、配套件、运输工具和办公用品等，有权自行决定在中国市场购买或者在国际市场购买。合营企业有权自行出口其产品，也可以委托外国合营者的销售机构或中国的外贸公司代销或经销。国家鼓励合营企业向国际市场销售产品。

（二）财务会计管理

合营企业应当建立健全财务会计管理机构，执行国家统一的财务会计制度，可根据中国有关的法律和财务会计制度的规定，制订适合本企业的财务

会计制度，并报当地财税机关备案。

合营企业设总会计师，协助总经理负责企业的财务会计工作。必要时，可设立副总会计师。合营企业可以设审计师，负责审查、稽核合营企业的财务收支和会计账目，向董事会、总经理提出报告。

合营企业原则上采用人民币为记账本位币，但经合营各方商定，也可采用某一种外国货币为记账本位币。以外国货币记账的合营企业，除编制外币的会计报表外，还应另编折算人民币的会计报表。

合营企业的税后利润中可向出资人分配的利润，按照合营企业各方出资比例进行分配。合营企业以前年度未分配的利润，可并入本年度的可分配利润中进行分配。合营企业以前年度的亏损未弥补前不得分配利润。

合营企业的合营各方的出资证明书、年度会计报表，企业清算的会计报表应经中国注册会计师验证和出具证明才产生效力。

（三）劳动用工管理

合营企业在劳动用工方面享有自主权，同时也要遵守中国的法律和行政法规的规定。合营企业用工实行劳动合同制。劳动合同的内容遵从我国劳动法律法规的规定。合营企业职工有权建立基层工会组织，开展工会活动。合营企业董事会会议研究决定有关职工奖罚、工资制度、生活福利、劳动保护和保险等问题时，工会的代表有权列席会议，董事会应当听取工会的意见，取得工会的合作。

七、中外合资经营企业的期限、解散和清算

（一）中外合资经营企业的合营期限

合营企业的合营期限，依不同行业、不同情况而有不同规定。举办服务行业、土地开发及房地产行业、资源勘查开发行业、国家规定限制投资项目行业以及法律、法规规定的其他需要约定合营期限的行业应当约定合营期限。一般项目原则上为 10 年至 30 年。投资大、建设周期长、资金利润低的项目，由外国合营者提供先进技术或者关键技术生产尖端产品的项目，或者在国际上有竞争能力的产品的项目，其合营期限可以延长到 50 年。经国务院特别批准的可在 50 年以上。约定合营期限届满而欲延长的，应在期限届满前 6 个月内，向原审批机关报送申请书，获得批准后办理变更登记手续。

（二）中外合营经营企业的解散

合营企业具有下列情形之一的予以解散：

（1）合营期限届满而不申请延长的；

（2）企业发生严重亏损，无力继续经营的；

（3）合营一方不履行协议、合同和章程规定的义务，致使企业无法继续经营的；

（4）因自然灾害、战争等不可抗力遭受严重损失，无法继续经营的；

（5）企业未达到其经营目的，同时又无发展前途的；

（6）合同、章程规定的其他解散原因已经出现的。

发生上述情况，除第一种情形以外，应由董事会提出解散申请书，报审批机构批准。

（三）中外合营经营企业的清算

中外合营经营企业宣告解散时，应当进行清算。董事会应提出清算委员会人选、清算的原则和程序，报企业主管部门审核并监督清算。清算委员会的成员一般应在董事中选任，董事不能担任或不适合担任时可聘请在中国注册的会计师、律师担任。审批机关认为必要时，可以派人进行监督。

合营企业以其全部资产对其债务承担责任。合营企业清偿债务后的剩余财产按照合营各方的出资比例进行分配，但合营企业协议、合同、章程另有规定的除外。合营企业解散时，其资产净额或者剩余财产减除企业未分配利润、各项基金和清算费用后的余额，超过实缴资本的部分为清算所得，应当依法缴纳所得税。

合营企业的清算工作结束后，由清算委员会提出清算结束报告，提请董事会会议通过后，报告审批机关，并向登记管理机关办理注销登记手续，缴销营业执照。

第三节 中外合作经营企业法

一、中外合作经营企业法的概念和特点

中外合作经营企业，是指中国合作者与外国合作者依照中华人民共和国法律的规定，在中国境内共同举办的，按合作企业合同的约定分配收益或者产品、分担风险和亏损的企业。

中外合资经营企业具有以下特点。

（1）中外合作经营企业属于契约式经营，中外合作者按何种比例进行收益或者产品的分配、风险和亏损的分担，是在合作企业合同中约定的，并不折算成股份。

（2）中外合作经营企业既可以是法人型企业，也可以是非法人型企业。

（3）中外合作经营企业出资方式与利润分配形式灵活，可以以各种方式出资，不必以货币计算股权，只需确定各方的合作条件，合作各方按比例投资并决定利润分配，可采用按产值分成、按产品分成、按净利润分成方式。合作企业中的外国合作者可以先行回收投资。合作期满后，合作企业的全部资产一般归中国合作者所有。

（4）合作企业的管理机构具有多样性，可根据企业形态设立董事会，也可以设立联合管理机构，还可以委托一方或第三方管理企业。

二、合作企业与合营企业特点的比较

（1）合营方式不同。合营企业属股权式合营，中外合营各方共同投资、共同经营，按各自出资比例共担风险、共负盈亏；而合作企业属于契约式的

课堂笔记

合营，中外合作各方不以投资数额、股权等作为利润分配的依据，而是通过签订合同具体确定各方的权利和义务。

（2）组织形式不同。合营企业必须为中国法人，即有限责任公司；而合作企业除法人型企业外，也有合伙型企业。

（3）投资回收方式不同。合营企业只有在依法终止时，外国合营者才能收回自己的资本；而合作企业中的外国合营者在一定条件下可以先行回收投资。

（4）经营管理机构不同。合营企业的经营管理机构是董事会及董事会领导下的经营管理机构；而合作企业的经营管理机构具有多样性，可以采取董事会制，也可以采取联合管理委员会制，还可以采用委托管理制。

（5）利润分配方式不同。合营企业是在毛利润扣除所得税和按规定提取的基金后，将净利润按各方的股权比例进行分配；而合作企业是按合同约定的方式和比例分配利润，可以采取净利润分成、产品分成或产值分成等分配方式。

三、设立中外合作经营企业的条件和法律程序

（一）设立合作企业的条件

在中国境内设立合作企业，应当符合国家的发展政策和产业政策，遵守国家关于指导外商投资方向的规定。国家鼓励举办产品出口型企业和技术先进的生产型合作企业。

（二）设立合作企业的法律程序

（1）由中国合作者向审查批准机关报送有关文件。

（2）审查批准机关应当自收到规定的全部文件之日起 45 日内决定批准或者不予批准。

（3）批准设立的合作企业应当自收到批准证书之日起 30 日内向工商行政管理部门申请登记，领取营业执照。同时应当自成立之日起 30 日内向税务机关办理税务登记。

四、中外合作企业的组织形式和管理机构

合作企业符合中国法律关于法人条件的规定的，依法取得中国法人资格，其组织形式为有限责任公司。法人型中外合作经营企业应当实行董事会制，董事会的组成、人选由双方协商产生，中外合作各方分别担任董事长、副董事长。不具有法人资格的中外合作经营企业建立的合伙企业或合作各方是合伙关系，应当按照我国有关合伙关系或合伙企业的法律规定承担责任，一般采取联合管理制，即由中外合作各方选派代表，组成一个统一的联合管理机构，依合同、章程的规定决定企业的重大问题。中外合作经营企业还可以采取委托管理制，包括完全委托合作一方经营管理以及委托中外合作者以外的他人经营管理，其他合作方或合作各方不参加管理。

五、外商先行收回投资的规定

（一）外商先行回收投资的方式

根据《中外合作经营企业法》及其实施细则的规定，外国合作者在合作期限内可以申请按下列方式先行回收其投资：

（1）在按照投资或者提供合作条件进行分配的基础上，在合作企业合同中约定扩大外国合作者的收益分配比例；

（2）经财政税务机关按照国家有关税收的规定审查批准，外国合作者在合作企业缴纳所得税前回收投资；

（3）经财政税务机关和审查批准机关批准的其他回收投资方式，比如外国合作者从企业固定资产折旧费中进行资本回收。

（二）外商先行回收投资的法定条件

（1）中外合作经营者在合作企业合同中约定合作期满时，合作企业的全部固定资产无偿归中国合作者所有。

（2）对于税前回收投资的，必须向财政税务机关提出申请，并由财政税务机关依法审查批准。

（3）中外合作者应当依照有关法律的规定和合作企业合同的约定，对合作企业的债务承担责任。

（4）外国合作者提出先行回收投资的申请，并具体说明先行回收投资的总额、期限和方式，经财政税务机关审查同意后，报审查批准机关审批。

（5）外国合作者应在合作企业的亏损弥补之后，才能先行回收投资。

第四节　外资企业法

一、外资企业的概念和特征

外资企业是指依照中华人民共和国法律的规定，在中国境内设立的、全部资本由外国投资者投资的企业，不包括外国的企业和其他经济组织在中国境内的分支机构。

外资企业具有以下主要特征：

（1）它的全部资本是由外国投资者投资的，并且是由外国投资者经营的；

（2）外资企业是依照中国的法律规定在中国境内设立的企业法人；

（3）外资企业不包括外国企业和其他经济组织在中国境内的分支机构；

（4）外资企业是一个独立的经济实体，独立核算，自负盈亏，独自承担法律责任。

二、设立外资企业的条件和法律程序

（一）设立外资企业的条件

根据《中华人民共和国外资企业法》的规定，设立外资企业，必须有利于中国国民经济的发展，能够取得显著的经济效益。国家鼓励举办采用先进技术和设备，从事新产品开发，节约能源和原材料，实现产品升级换代的外资企业。鼓励举办产品出口的外资企业。国家禁止设立的项目不予批准。

（二）设立外资企业的法律程序

（1）提交报告。外国投资者在提出设立外资企业的申请前，应当就下列事项向拟设立外资企业所在地的县级以上地方人民政府提交报告：设立外资企业的宗旨，经营范围和规模，生产产品，使用的技术设备，用地面积及要求，需要用水、电、煤、煤气或其他能源的条件及数量，对公共设施的要求等。县级或者县级以上地方人民政府应当在收到外国投资者提交的报告之日起30日内以书面形式答复外国投资者。

（2）申请。外国投资者设立外资企业，应当通过拟设立外资企业所在地的县级或县级以上地方人民政府向审批机关提出申请，并报送相关文件。

（3）审批。设立外资企业由审批机关审查批准。审批机关包括商务部或国务院授权的地方政府。审批机关应当在接到申请之日起90日内决定批准或不批准。审批机关如发现上述文件不齐备或有不当之处，可以要求限期补报或修改。审查批准后，发给批准证书。

（4）登记。设立外资企业的申请经审批机关批准后，外国投资者应当自收到批准证书之日起30日内向工商行政管理部门申请登记，领取营业执照。同时应当自成立之日起30日内向税务机关办理税务登记。

三、外资企业的组织形式和管理

（一）外资企业的组织形式

外资企业的组织形式为有限责任公司，经批准也可以为其他责任形式。

（二）外资企业的经营管理

（1）外资企业在批准的经营范围内自主经营管理，可以自行制订生产经营计划，但应报其所在地主管部门备案。

（2）外资企业有权自行决定购买本企业自用的机器设备、燃料、原材料等物资，若在中国购买，同等条件下享受与中国企业同等的待遇。其进口本企业自用并为生产所需的物资，依照中国规定需领取进口许可证的，应编制年度进口计划，每半年向发证机关申领一次。进口的物资以及技术劳务的价格不得高于国际市场同类物资以及技术劳务的正常价格。

（3）外资企业在中国销售其产品，应依照批准的销售比例进行；超过销售比例的，须经审批机关批准。

（三）外资企业的财务会计管理

（1）外资企业应当依照中国法律、法规和财政机关的规定建立健全财务会计制度和管理机构，除了执行国家统一的财务会计制度外，可根据中国有关的法律和财务会计制度的规定，制订适合本企业的财务会计制度，并报当地财税机关备案。

（2）外资企业的年度会计报表和清算会计报表，应当依照中国财税机关的规定编制。以外币编报会计报表的，应当同时编报外币折合为人民币的会计报表。上述报表应当聘请中国的注册会计师进行验资并出具报告。

（3）外资企业的年度会计报表、清算会计报表、年度资产负债表和损益表，连同中国注册会计师出具的报告，应当在规定的时间内报送财税机关，并报审批机关和工商行政管理部门备案。

（4）外资企业依照中国税法规定缴纳所得税后的利润，应当提取储备基金和职工奖励及福利基金。储备基金的提取比例不得低于税后利润的 10%，当累计提取金额达到注册资本的 50% 时，可以不再提取。职工奖励及福利基金的提取比例由外资企业自行确定。

（5）外资企业以往年度的亏损未弥补时，不得分配利润，以往年度的未分配利润，可与本会计年度可供分配的利润一并分配。

四、外资企业的终止和清算

（一）外资企业的终止

外资企业有下列情形之一的应予以终止：

（1）经营期限届满；

（2）经营不善，严重亏损，外国投资者决定解散；

（3）因自然灾害、战争等不可抗力遭受严重损失，无法继续经营的；

（4）破产；

（5）违反中国法律、法规，危害社会公共利益，被依法撤销；

（6）外资企业章程规定的其他解散事项已经出现。

（二）外资企业的清算

发生上述第（2）（3）（4）种情形，外资企业应自行提交终止申请书，报审批机关核准终止，如是第（1）（2）（3）（6）种情形，应在终止之日起 15 日内对外公告并通知债权人，并在终止公告发出之日起 15 日内，提出清算程序、原则和清算委员会人选，报审批机关审核后进行清算。清算委员会应当由外资企业的法定代表人、债权人代表及有关主管机关的代表组成，并聘请中国的注册会计师、律师参加。

外资企业在清算结束之前，外国投资者不得将该企业的资金汇出或携带出中国境外，不得自行处理企业的财产。在清算结束后，应当向工商行政管理机关办理注销登记手续，缴销营业执照。外资企业资产净额和剩余财产超过注册资本的部分视同利润，应依法缴纳所得税。

🎯 思考练习

1. 什么是外商投资企业？其设立形式有哪些？

2. 简述中外合资经营企业与中外合作经营企业的异同。

3. 简述比较三种外资企业的组织形式和资本构成的异同。

4. 外国合营者出资的实物资本和知识产权资本必须符合哪些条件？

5. 外商投资企业设立的条件有哪些？

6. 简述外商投资企业终止的原因。

第五章　企业破产法

重点掌握内容

破产申请；破产管理人；债权人会议；破产重整；和解协议；破产清算。

第一节　企业破产法律制度概述

一、破产的概念和特征

破产，是在债务人不能清偿到期债务时，由法院强制执行其全部财产，公平清偿全体债权人，或在法院监督下由债务人与债权人会议达成和解协议，整顿、复苏企业，清偿债务，避免企业倒闭清算的法律制度。

破产具有以下特征。

（1）破产是一种特殊的偿债手段，它是以债务人自身的消灭为前提的。债务人以全部资产一次性偿债后即丧失主体资格。

（2）破产是在特定情况下适用的偿债手段。各国适用破产程序的条件不同，一般是资不抵债或是不能清偿到期债务。这两者类似但又不同，例如，在资不抵债的情况下债务人有可能利用信用借款来还债；而企业由于资本构成的比例不当，也有可能出现资本有余却无法偿还到期债务的情形。

（3）破产制度的主要目的在于公平地清偿债务。破产制度对全体债权人适用，并且以公平为前提。

（4）破产是通过诉讼程序实施的清偿手段。破产是通过国家司法强制力实施的，必须由法院介入代表国家进行。

二、破产法

（一）破产法的概念

破产法，是指在债务人不能清偿到期债务时，法院强制对其全部财产清算分配，公平清偿债权人，或由债务人与债权人会议达成和解协议清偿，或进行企业重整，避免债务人破产的法律规范的总称。由于各国的破产立法体例不同，破产法有广义和狭义之分。广义的破产法包括破产清算、和解和重整三种程序。狭义的破产法仅指破产清算程序。

我国 1986 年实施的《破产法（试行）》仅仅规定了破产与和解两种程

序，而没有真正意义上的重整程序。而 2007 年 6 月正式实施的《企业破产法》将破产、和解与重整程序集于一身，由此可见，我国破产法采用广义的破产法概念。

（二）我国的破产法律规范

1. 普通规范

当前我国法院处理一般破产案件的主要规范有：2006 年 8 月 27 日公布的《企业破产法》；《中华人民共和国民事诉讼法》第 19 章"企业法人破产还债程序"；1991 年《最高人民法院关于贯彻执行〈企业破产法（试行）〉若干问题的意见》（以下简称《最高人民法院贯彻破产法意见》）；1992 年《最高人民法院关于适用〈中华人民共和国民事诉讼法〉若干问题的意见》（以下简称最高人民法院《民诉意见》）第 16 节"企业法人破产还债程序"；2002 年《最高人民法院关于审理企业破产案件若干问题的规定》（以下简称《最高人民法院审理破产案件规定》）。

2. 特别规范

我国有关破产的特别规范主要有以下两部分。

（1）《商业银行法》。该法第七十一条特别规定，商业银行不能清偿到期债务的，经国务院银行业监督管理机构批准，由人民法院依法宣告其破产；破产宣告后由人民法院组织国务院银行业监督管理机构等有关部门和有关人员成立清算组进行清算。

（2）国务院关于试点城市国有企业破产的文件。1994—1997 年国务院及其所属部门陆续发布了一些试点国有企业破产的规定，在《破产法》之外建立了一套特殊的破产程序和实体规范，并得到了最高人民法院的承认。

第二节　破产的申请与受理

一、破产原因

破产原因也称为破产界限，是指债务人存在的、法院据以对债务人宣告破产的原因或根据。它既是债权人申请债务人破产或债务人申请自身破产的前提，也是法院判断破产申请能否成立以及能否作出破产宣告的重要根据。

（一）国外对破产原因的规定

国外关于破产原因的立法，一般采用列举主义、概括主义或列举与概括共用的折中主义模式。

（1）列举主义，即对债务人应受破产宣告的事实在法律中一一列举，并称之为"破产行为"，只要债务人具有任何一种破产行为，都可以提起破产申请。英美法系国家过去主要采用此种方式。

（2）概括主义，即将债务人应受破产宣告的事实抽象为一个或几个法学范畴，对它们的具体表现则不作一一列举。大陆法系国家主要采用此种方式，其典型代表是德国的《破产法》。

（3）列举与概括共用的折中主义，其典型代表是法国的《破产法》。

（二）我国对破产原因的规定

《企业破产法》实施以前，我国《企业破产法（试行）》适用的对象是国有企业的破产；非国有企业适用《民事诉讼法》第十九章"企业法人破产还债程序"，同时，《公司法》《商业银行法》等法律也具体规定了有关破产的规则。这些立法均作了关于破产原因的规定。

《企业破产法（试行）》中规定的国有企业破产原因为"企业因经营管理不善造成严重亏损，不能清偿到期债务"，其内涵包括三个方面：一是企业经营管理不善；二是严重亏损；三是不能清偿到期债务。其中，何谓"不能清偿到期债务"，最高人民法院《中华人民共和国企业破产法意见》中规定为三个方面：债务的清偿期限已经届满、债权人要求清偿、债务人明显缺乏清偿能力。最高人民法院《关于审理企业破产案件若干问题的规定》第三十一条对于"不能清偿到期债务"解释为两个方面：债务的履行期限已届满、债务人明显缺乏清偿债务的能力。同时规定，债务人停止清偿到期债务并呈连续状态，如无相反证据，可推定为"不能清偿到期债务"。

《企业破产法》规定的破产原因为"企业法人不能清偿到期债务，并且资产不足以清偿全部债务或者明显缺乏清偿能力"。也就是说，《企业破产法》排除了原来破产原因中的"严重亏损"要件。这一变化在于表达《企业破产法》的一种新的思路，即要把更多的处于困难中的企业纳入破产程序之中。因为用"严重亏损"条件将大量处于困境中的企业排除在破产程序之外，只能使这些企业在消极等待中失去复兴的机会，并且造成经济资源的重大浪费。

二、破产案件的申请

破产申请是破产申请人请求法院受理破产案件的意思表示。

破产申请不是破产程序开始的标志，而是破产程序开始的条件。法院受理才是破产程序开始的标志。

（一）破产申请的形式

我国《企业破产法》规定，债权人和债务人都有破产申请权。破产申请须采取书面形式。债权人申请时须提交申请人、被申请人的基本情况，申请目的，申请的事实和理由，人民法院认为应当载明的其他事项。债务人申请时还应当向人民法院提交财产状况说明、债务清册、债权清册、有关财务会计报告、职工安置预案以及职工工资的支付和社会保险费用的缴纳。

（二）破产申请被驳回的原因

（1）不符合破产条件。如债务人无破产能力，不存在破产原因或存在破产障碍，对债权人的债权异议成立，请求人无破产请求权，法院无管辖权。

（2）破产逃债。如债务人有隐匿、转移财产等行为，或在法院受理债务人的破产申请后发现债务人巨额财产下落不明且不能合理解释财产去向的。

（3）债权人借破产申请毁损债务人商业信誉，意图损害公平竞争的。

对被驳回的破产申请，申请人可在裁定送达之日 10 日内向上级人民法院上诉。

三、破产案件的受理（立案）及管辖

（一）受理的时间

受理是破产程序开始的标志，时间标志为受理通知书做出时间，不以送达时间为准。

（二）破产案件的管辖

破产申请应向有管辖权的人民法院提出。破产案件依法应由债务人住所地人民法院管辖。债务人住所地是指债务人的主要办事机构所在地。债务人无主要办事机构所在地的，由其注册地人民法院管辖。基层人民法院一般管辖县、县级市或区的工商行政管理机关核准登记企业的破产案件；中级人民法院一般管辖地区、地级市以上（含本级）工商行政管理机关核准登记企业的破产案件；纳入国家计划调整的企业破产案件，由中级人民法院管辖。

（三）破产案件受理的法律效力

1. 对债务人的约束

（1）财产保全义务、说明义务和提交义务；（2）不得对个别债权人清偿的义务，也不得以其财产设立新的担保；（3）其法定代表人不得擅离职守。

2. 对债权人的约束

（1）停止个别追索。既不得个别追索债务，也不能向法院提起新的民事诉讼；（2）有财产担保的债权人不得擅自行使优先权；（3）债务人的开户银行不得扣划债务人的款项。

3. 对其他人的约束

主要包括：（1）债务人开户银行的协助义务。停止办理债务人清偿债务的结算业务，支付债务人维持正常业务所必需的费用时须经法院许可。（2）债务人企业职工保护企业财产的义务。

第三节　债务人财产和破产管理人

一、债务人财产

债务人财产，是指破产申请受理时属于债务人的全部财产，以及破产申请受理后至破产程序终结前债务人取得的财产。

根据《企业破产法》，人民法院受理破产申请后，有关债务人财产的保全措施应当解除，执行程序应当中止。

人民法院受理破产申请前一年内，涉及债务人财产的下列行为，管理人有权请求人民法院予以撤销：

（1）无偿转让财产的；

（2）以明显不合理的价格进行交易的；

（3）对没有财产担保的债务提供财产担保的；

（4）对未到期的债务提前清偿的；

（5）放弃债权的。

《企业破产法》规定，人民法院受理破产申请前六个月内，债务人即企业法人不能清偿到期债务，并且资产不足以清偿全部债务或者明显缺乏清偿能力的情形，仍对个别债权人进行清偿的，管理人有权请求人民法院予以撤销。但是，个别清偿使债务人财产受益的除外。

法律规定涉及债务人财产的下列行为无效：

（1）为逃避债务而隐匿、转移财产的；

（2）虚构债务或者承认不真实的债务的。

破产费用和共益债务由债务人财产随时清偿。债务人财产不足以清偿所有破产费用和共益债务的，先行清偿破产费用。债务人财产不足以清偿所有破产费用或者共益债务的，按照比例清偿。

债务人财产不足以清偿破产费用的，管理人应当提请人民法院终结破产程序。人民法院应当自收到请求之日起 15 日内裁定终结破产程序，并予以公告。债务人被宣告破产后，债务人称为破产人，债务人财产称为破产财产，人民法院受理破产申请时债权人对债务人享有的债权称为破产债权。

二、破产管理人

（一）破产管理人的含义

破产管理人（即《企业破产法》中所谓的管理人）是指依照《破产法》规定在破产重整、破产和解和破产清算程序中负责债务人财产管理和其他事项的机构或个人。破产程序开始后，破产事务的管理和破产财产的清算工作繁杂沉重，加之大量的法律事务和非法律事务掺杂其间，因而远非法院的人力、物力所能胜任，故有必要成立专门的清算或管理机构。

破产管理人是破产程序中最重要的一个机构，破产程序能否在公正、公平、高效的基础上顺利进行和顺利终结，与其关系重大。

（二）管理人的任职资格

我国《企业破产法》第二十四条规定："人民法院裁定受理破产申请时，应同时指定管理人。管理人可以由有关部门、机构的人员组成的清算组或者依法设立的律师事务所、会计师事务所、破产清算事务所等社会中介机构担任。人民法院根据债务人实际情况，指定有关部门、机构具备相关专业知识并取得执业资格的人员组成的清算组或者依法设立的律师事务所、会计师事务所、破产清算事务所等社会中介机构担任。"

债权人认为管理人不能依法、公正执行职务或者有其他不能胜任职务情形的，可以申请人民法院予以更换。同时，《企业破产法》还规定了管理人员的资格，即有下列情形之一的不得担任管理人：（1）因故意犯罪受过刑事处罚；（2）曾被吊销相关专业执业资格证书；（3）与本案有利害关系；（4）人民法院认为不宜担任管理人的其他情形。

管理人聘用必要的工作人员和辞去职务应当经人民法院许可。

（三）管理人的职责

管理人执行职务，向人民法院报告工作，列席债权人会议，向债权人会议报告职务执行情况，回答询问；接受债权人会议和债权人委员会的监督并具体履行下列职责：（1）接管债务人的财产、印章和账簿、文书等资料；（2）调查债务人财产状况，制作财产状况报告；（3）决定债务人的内部管理事务；（4）决定债务人的日常开支和其他必要开支；（5）在第一次债权人会议召开之前，决定继续或者停止债务人的营业；（6）管理和处分债务人财产；（7）代表债务人参加诉讼、仲裁或者其他法律程序；（8）提议召开债权人会议；（9）人民法院认为管理人应当履行的其他职责。

（四）管理人的报酬

我国《企业破产法》确认了管理人可以通过管理破产财产而合法地获得报酬，这项制度的确立旨在激励管理人，使之在承担巨大责任和风险的同时获得相应的酬劳。《企业破产法》第二十八条第二款规定"管理人的报酬由人民法院确定。债权人会议对管理人的报酬有异议的，有权向人民法院提出"。

我国最高人民法院《关于审理企业破产案件确定管理人报酬的规定》严格地界定了报酬的范围，即管理人报酬是指《企业破产法》第四十一条第一款第三项所规定的管理人执行职务的报酬，不包括执行职务的费用和聘请工作人员的费用。但清算组作为管理人的，不收取报酬。

《关于审理企业破产案件确定管理人报酬的规定》规定了确立报酬的公开、公平、公正原则以及确定报酬的方法、确定报酬的参考因素、确定报酬的计算范围，还详细规定了按标的额计算管理人报酬的标准等，使其有了明确的法律依据。

第四节　债权人会议

一、债权人会议

（一）债权人会议的概念

债权人会议，是指在人民法院受理破产案件后，为保障债权人的合法权益、表达债权人的意志和统一债权人的意见而由申报债权的债权人组成的临时性机构。

破产申请受理后，所有债权人作为诉讼当事人，为了维护自己的合法权益，享有相应的诉讼权利。但是，破产程序中又不可能让债权人单独实施诉讼行为，必须建立一个能够表达债权人意见、统一债权人行动的债权人会议。

（二）债权人会议的性质

（1）债权人会议是决议机构。债权人会议在审查债权证明材料、确认债权性质及数额、讨论通过和解协议草案以及破产财产的处理、分配方案等方面有一定的决议权。

（2）债权人会议是监督机构。在债权人会议和债务人之间的和解协议经人民法院批准生效后的整顿期间，债权人会议有对债务人执行和解协议情况的监督权。

（3）债权人会议是临时机构。债权人会议根据人民法院的通知或公告组成，随着破产程序的结束而终止；在债权人会议存续期间，也只在需讨论决定破产程序中的有关事项时才召集开会。

（4）债权人会议是自治机构。债权人会议在谋求债权人共同利益的同时，还必须在平等的基础上协商、协调债权人各自的利益，它是一个债权人自己管理自己的机构。

（三）债权人会议的组成和召集

1. 债权人会议的组成

债权人会议由申报债权的债权人组成，具体包括普通债权人、有财产担保的债权人和有代位求偿权的债权人等。债权人会议成员享有表决权，但是，未放弃优先受偿权利的有财产担保的债权人，因不参加破产财产的分配，所以法律规定他们只有发言权而没有表决权。有代位求偿权的债权人主要是指已代替债务人清偿债务的保证人、已支付汇票金额的付款人等，他们可以作为债权人而享有表决权。

2. 债权人会议的召集

第一次债权人会议依法由人民法院召集，自债权申报期限届满之日起15日内召开。以后的债权人会议在人民法院或者债权人委员会、管理人、占债权总额的1/4以上的债权人向债权人主席提议时召开。

第一次债权人会议一般包括以下内容：

（1）宣布债权人会议职权和其他有关事项。

（2）宣布债权人资格审查结果。

（3）指定并宣布债权人会议主席。

（4）安排债务人的法定代表人或者负责人接受债权人的询问。

（5）由清算组通报债务人的生产经营、财产、债务情况并作清算工作报告和提出财产处理方案及分配方案。

（6）讨论并审查债权的证明材料、债权的财产担保情况及数额；讨论通过和解协议；审阅清算组的清算报告；讨论通过破产财产的处理方案与分配方案等。讨论内容应当记明笔录。债权人对人民法院或者清算组登记的债权提出异议的，人民法院应当及时审查并作出裁定。

（7）根据讨论情况，依法进行表决。

前述第五项至第七项议程内的工作在第一次债权人会议上无法完成的，交由下一次债权人会议继续进行。

第一次债权人会议后又召开债权人会议的，债权人会议主席在开会前15日将会议时间、地点、内容、目的等事项通知债权人。

债务人的法定代表人必须列席债权人会议并有义务回答债权人的询问，拒绝列席的，人民法院可以依法拘传。

（四）债权人会议的职权和议事规则

1. 债权人会议的职权

债权人会议的法定职权主要有：（1）核查债权；（2）申请人民法院更换管理人，审查管理人的费用和报酬；（3）监督管理人；（4）选任和更换债权人委员会成员；（5）决定继续或者停止债务人的营业；（6）通过重整计划；（7）通过和解协议；（8）通过债务人财产的管理方案；（9）通过破产财产的变价方案；（10）通过破产财产的分配方案；（11）人民法院认为应当由债权人会议行使的其他职权。

2. 债权人会议的议事规则

债权人会议的决议，对全体债权人均有约束力。为充分体现多数债权人的意志，一般采用表决人数与所占债权比例均过半数的方式通过决议。我国《企业破产法》第六十六条规定，债权人会议的决议，由出席会议的有表决权的债权人过半数通过，并且其所代表的债权额必须占无财产担保债权总额的1/2以上。和解、重整由出席会议的有表决权的债权人过半数通过，并且其所代表的债权额占无担保债权总额的2/3以上。债权人认为债权人会议的决议违反法律规定或者侵害其合法权益的，可以自债权人会议作出决议之日起15日内请求人民法院裁定撤销该决议，责令债权人会议依法重新作出决议。

（五）债权人会议主席

人民法院在有表决权的债权人中指定债权人会议主席，其职权包括召集和主持债权人会议。

二、债权人委员会

（一）债权人委员会的组成

债权人会议可以决定设立债权人委员会。债权人委员会由债权人会议选任的债权人代表和1名债务人的职工代表或工会代表组成。债权人委员会成员不得超过9人。债权人委员会成员应当经人民法院书面决定认可。

（二）债权人委员会的职权

债权人委员会行使下列职权：（1）监督债务人财产的管理和处分；（2）监督破产财产分配；（3）提议召开债权人会议；（4）债权人会议委托的其他职权。

债权人委员会执行职务时，有权要求管理人、债务人的有关人员对其职权范围内的事务做出说明或者提供有关文件。管理人、债务人的有关人员违反规定拒绝接受监督的，债权人委员会有权就监督事项请求人民法院作出决定，人民法院应当在5日内作出决定。

管理人实施下列行为，应及时报告债权人委员会或人民法院：（1）涉及

87

土地、房屋等不动产权益的转让；（2）探矿权、采矿权、知识产权等财产的转让；（3）全部库存或者营业的转让；（4）借款；（5）设定财产担保；（6）债权和有价证券的转让；（7）履行债务人和对方当事人均未履行完毕的合同；（8）放弃权利；（9）担保物的取回；（10）对债权人的利益有重大影响的其他财产处分行为。

第五节　破产重整与和解制度

一、重　整

（一）重整的概念和特点

破产法中的重整，是指对已濒临破产又有再生希望的债务人实施的旨在挽救其生存的预防程序。重整程序的目的不在于公平分配债务人的财产，而在于拯救那些值得拯救和能够拯救的债务人，使其摆脱困境，走向复兴，并借以保护债权人、股东及员工的权益，维护社会整体安全，以促进社会经济的发展。

重整具有以下特征。

（1）重整的对象一般为大型企业。重整虽可积极拯救企业，但其程序比较复杂、费用比较高、社会代价比较大。因此，多数国家的破产立法均将其对象限制在较小的范围之内，即一般适用于大型企业。而对和解和破产清算程序来说，并无此对象限制。

（2）重整的原因较破产清算、和解的原因为宽。破产清算与和解的原因都是债务人不能清偿到期债务；而重整的原因并不以此为限，对于那些因经营或财务困难将要成为无力偿债的企业，也可适用重整程序。

（3）重整的措施具有多样性。重整的措施除包括债权人对债务人的妥协让步外，还包括企业的部分或整体出让、合并与分立、追加投资、租赁经营等，这些措施在和解程序中是不存在的。

（4）参与重整程序的主体具有广泛性。破产清算与和解程序的主体仅限于债权人和债务人；而在重整程序中，其参加者不仅包括债权人和债务人，还包括股东（出资人），股东不仅可以申请企业重整，而且对重整计划草案的通过有表决权。

（5）重整程序优先于破产清算与和解程序。重整程序一旦开始，不仅正在进行的一般民事执行程序应当中止，而且正在进行的破产清算程序或和解程序也应当中止。一般认为，当破产申请、和解申请与重整申请同时并存时，法院应当优先受理重整申请。

（二）重整申请

1. 申请权人

重整申请是法院适用重整程序的重要依据。世界上绝大多数国家都认为，重整申请是重整程序开始的唯一依据，非经当事人申请，法院不得裁定对债务人开始重整程序。当事人的重整申请可以直接向法院提出，也可在破产程序进行中提出。根据各国破产法的规定，有权提出重整申请的当事人包括债务人、债权人和出资人。

（1）债务人。由于重整程序本身是以拯救债务人为目的的，唯有债务人自己最了解自己的财务状况，最清楚自己有无再建的希望及继续经营的价值，所以，在债务人出现重整原因时，各国破产法均以债务人申请重整为原则。

（2）债权人。债务人的债权人虽有提出重整申请的资格，但许多国家的破产法都要求其债权额须达到法定比例。我国《企业破产法》对此未作限制。

（3）出资人。这主要是指公司股东。允许出资人申请重整是重整程序与破产、和解程序的主要区别之一，是重整程序调动各方面因素实现积极拯救债务人目标的反映。与债权人提出重整申请相同，出资人也应具备一定条件才可提出重整申请。

我国《企业破产法》第七十条第二款规定，出资额占债务人注册资本1/10以上的出资人可以向人民法院申请重整。

2. 申请重整的法定条件

这里所指的法定条件系指申请重整的实质要件，包括重整能力和重整原因两个方面。

（1）重整能力。重整能力是指可以成为重整对象的资格或能力。一般来说，凡具有重整能力者，均具有破产能力或和解能力；相反，有破产能力者则不一定有重整能力。关于重整能力，根据我国《企业破产法》的规定，只要是企业法人都具有重整能力、破产能力与和解能力。

（2）重整原因。重整原因是指可以对重整对象开始重整程序的事实状态，也就是债务人有不能清偿到期债务或者有可能丧失清偿能力的事实。相对于破产原因与和解原因而言，重整原因较为宽松，除破产原因与和解原因外，有破产原因或和解原因之虞，亦可构成重整原因。我国《企业破产法》规定的重整原因也宽松于破产清算。

3. 申请的方式与时间

（1）申请的方式。重整申请为要式法律行为，须以书面形式进行，不得以口头为之，这是各国立法的共通之处。

（2）申请的时间。我国《企业破产法》第七十条规定，重整申请权人提出重整申请的时间必须在破产宣告之前，破产宣告后不得再提出重整申请。具体分两种情况。

第一，申请权人直接向法院申请重整。这种情况可以是当事人发生财务困难、有不能清偿债务但具备重整原因时提出，也可以是具备破产原因时由当事人就适用破产程序、和解程序或重整程序作出选择后提出。

第二，在债务人已经开始破产程序但尚未宣告破产前，申请权人可以提出重整申请，从而将破产程序转换为重整程序。但是，也有的国家规定，重整申请提出的时间不以破产宣告前为限，破产宣告后亦可提出。例如，根据日本《民事更生法》第三十一条的规定，清算或特别清算中的公司、破产宣告后的公司均可提出重整申请。

4. 管辖法院

重整申请应向有管辖权的法院提出。依我国《企业破产法》的规定，管辖法院为债务人住所地人民法院。

（三）重整计划的制定

重整计划是指由债务人或管理人拟定，以维持债务人业务继续经营、清理其债务、谋求其再生为内容，并经债权人会议表决通过和法院批准的方案。

重整计划是重整程序的核心，是债务人实施重整行为的依据，其是否公平合理、是否切实可行，不仅关系到重整的成败，而且与债权人、股东及劳动者等利害关系人的切身利益紧密相连。因此，重整计划所追求的目标是公正基础上的效率最大化。

在重整计划的制定主体上，我国《企业破产法》坚持"谁管理，谁制定重整计划"的原则。按照这一原则，重整期间债务人财产和营业事务由债务人自行管理的，债务人即为重整计划的制定人；如由管理人负责管理财产和营业事务，管理人即为重整计划的制定人。

我国《企业破产法》规定，债务人或者管理人应当在人民法院裁定债务人重整之日起的 6 个月内制定出重整计划草案，并同时提交人民法院和债权人会议审查。有正当理由不能在前述 6 个月内制定的，债务人或管理人可请求法院延期 3 个月。债务人或者管理人不能按期提出重整计划草案的，人民法院应当裁定终止重整程序，并宣告债务人破产。

（四）重整计划的内容

重整计划的制定应符合债权人会议表决通过、法院认可及切实可行的要求，同时必须兼顾债权人权利的公平合理，以谋求债权人最大利益为前提。此外，重整计划还应尽可能周详，以便能够顺利执行。根据我国《企业破产法》第八十一条的规定，重整计划草案应当包括下列内容。

1. 债务人的经营方案

债务人的经营方案，是指旨在维持债务人营业，摆脱困境，以达到重建复兴目的的重要措施。它是重整计划草案的核心内容，主要包括企业改组、企业出让、企业合并、企业租赁等继续营业的措施以及如何筹集资金等内容。

2. 债权的分类

重整计划草案中的债权分为四类，它们分别是：

（1）对债务人的特定财产享有担保权的债权；

（2）债务人所欠职工的工资和医疗、伤残补助及抚恤费用，所欠的应当划入职工个人账户前基本养老保险、基本医疗保险费用，以及法律、行政法规规定应当支付给职工的补偿金；

（3）债务人所欠税款；

（4）普通债权。

3. 债权调整方案

所谓债权调整，是指削减全部或部分债权人（包括有担保物权的债权人）

的债务数额、免除利息、将债权作价入股等内容。对债权进行调整时，必须对同类债权采取相同的条件，对不同性质和种类的债权可以有所区别。

在特殊情况下，为使重整计划草案获得通过，在不损害债权人共同利益的前提下，可以对某类债权人作出让步，即不削减他们的债权。

4. 债权受偿方案

债权的清偿虽不是重整计划草案的核心内容，但却是主要或重要的内容，因为它关系到所有关系人的切身利益。重整计划草案如不就债权的清偿作出规定，就无法交付债权人会议讨论通过。一般来说，重整计划草案应就债权清偿期限、债务履行担保、偿还条件等事项作出具体规定。

5. 重整计划的执行期限

重整计划的执行期限是指自法院裁定批准重整计划之日起至重整计划执行完毕止的时间。具体时间多长，应根据个案在重整计划中确定，我国《企业破产法》对此未作任何限制。根据中国台湾地区现行《公司法》第三百零四条第二款的规定，重整计划之执行，除债务清偿期限外，自法院裁定认可确定之日起算不得超过 1 年；其有正当理由，不能于 1 年内完成时，经重整监督人许可，申请法院裁定延展期限；期限届满仍未完成者，法院依职权或依关系人之申请裁定终止重整。

6. 重整计划执行的监督期限

重整计划执行的监督期限，是重整计划中确定的管理人监督重整计划执行的期限。重整计划设定的监督期限届满后，经管理人申请，法院可以裁定延长该期限。监督期限届满，管理人应当向法院提交监督报告。自监督报告提交之日起，管理人的监督职责终止。

7. 有利于债务人重整的其他方案

除上述各项内容外，重整计划草案还可以包括有利于债务人重整的其他方案，如股东的变动、员工的调整或裁减等。

（五）重整计划的批准

人民法院应当自收到重整计划草案之日起 30 日内召开债权人会议，依照债权分为担保债权、劳动债权、税款、普通债权。各类债权的债权人参加讨论重整计划草案，并分组对重整计划草案进行表决。

人民法院在必要时可以决定在普通债权组中设小额债权组对重整草案进行表决。

出席会议的同一表决组的债权人过半数同意重整计划草案，并且其所代表的债权数额占该组债权总额的 2/3 以上的，即为该组通过重整计划草案。各表决组均通过重整计划草案时，重整计划即为通过。自重整计划通过之日起 10 日内，债务人或者管理人应当向人民法院提出批准重整计划的申请。人民法院经审查认为符合规定的，应当自收到申请之日起 30 日内裁定批准，并予以公告。

（六）重整计划执行的终止

重整计划执行的终止，是指当债务人不能执行或者不执行重整计划时，经利害关系人申请，法院裁定不再执行重整计划。

重整计划被法院裁定终止执行后，债权人因重整计划实施所受的清偿仍然有效，未受清偿的部分作为破产债权行使权利，但只有当其他债权人获得的清偿达到同一比例时，该债权人才能继续接受分配。

二、和 解

（一）和解概述

和解是指具备破产原因的债务人为避免破产清算而与债权人会议达成以让步方式了结债务的协议且协议经法院认可后生效的法律程序。

综合各国经验，和解有以下主要特征。

1. 债务人已具备破产原因

按照和解制度理论的一般看法，立法者设立和解制度的目的在于为债务人提供避免破产清算的机会。若债务人不具备破产原因，破产清算程序无从适用，自然也就没有适用和解制度的必要。

2. 由债务人提出和解的请求

一般认为，适用和解制度以避免破产清算，是出于债务人的利益需要。一般来说，通过和解，可以在债权人让步的基础上使债务人免予破产清算，故债务人最有寻求和解的动机。但是，由于和解以后债务人将继续承担债务清偿责任，故破产清算有时也不失为破产企业的出资人或者破产自然人了结债务、重新开始的一种选择。因此，是否请求和解应由债务人自行决定。

3. 和解请求以避免破产清算为目的

在符合法律程序的情况下，债务人为避免破产清算而提出减少、延缓债务及第三人承担清偿等请求，为法律所认许。和解制度所遵循的法律政策是，尽可能地减少破产清算事件的发生，以避免破产清算可能带来的一系列消极后果。

4. 和解协议采用让步方式了结债务

破产清算是以债务人的现有财产即时了结债务。这虽然有及时清偿之利，但债权人清偿所得受到现有财产的局限，往往损失巨大。而和解不仅以债务人的现有财产而且以其将来财产作为债权人实现债权的基础，所以，债权人通过和解协议的执行往往能够获得比在破产清算情况下更多的清偿。为了达到这一目的，债权人通常需要作出减少本金、放弃或减少利息、延长偿债期限以及同意第三人承担债务等方面的让步，以利于债务人保持继续经营的能力，并避免债务人选择破产清算程序。

5. 债务人与债权人团体之间达成协议

以让步方式了结债务属于当事人对自己权利的处分行为，必须在平等自愿的基础上达成协议，而不能由国家加以强迫。

法律设立和解程序，实际上是为当事人提供一种平等协商的谈判缔约机制。在这一缔约过程中，债务人提出的和解请求及和解协议草案属于要约，而债权人会议表决通过和解协议草案则为承诺。和解协议草案经债权人会议表决通过，即成为债务人与债权人团体之间有关债务清偿的具有法律约束力的合同。

6. 和解程序受法定机关监督

和解程序是债务人无力偿债状态下实现债务公平清偿的一种法律程序。为保证程序公正，各国将和解程序置于一定机关（审判机关，或审判机关指定的特别机关，或法律规定的其他机关）的监督之下。其监督职能的范围主要有：（1）对和解申请的认可；（2）债权人会议的召集；（3）对已达成的和解协议的认可；（4）对执行和解协议的监督。

（二）和解协议的程序规则

债务人在人民法院宣告其破产前，可以直接向人民法院申请和解。债务人申请和解，应当提出和解协议草案。人民法院经审查认为和解申请符合规定的，应召集债权人会议讨论和解协议草案并进行决议。

和解协议成立的方式是债务人以提出和解协议草案的形式向债权人团体发出要约，债权人会议以通过和解协议草案的决议形式作出承诺。债权人会议通过和解协议草案的决议，符合"由出席会议的有表决权的债权人过半数通过，并且其所代表的债权额占无担保债权总额的2/3以上"的条件时，即为达成和解协议。

（三）和解协议的生效

债务人与债权人达成和解协议，必须经人民法院认可方能生效。这样规定，有利于保护债权人的合法权益和维护程序公正。

经债权人会议通过的和解协议，提交人民法院认可的，人民法院应当从协议内容和会议程序两个方面进行审查。如未发现违法情形，则予认可。如果发现违法情形（例如，同一顺序的债权未按比例减让或未按比例分配，未经权利人同意处分了有财产担保的债权或担保权标的物），人民法院可责令债权人会议纠正，也可以裁定不予认可并宣告债务人破产。

人民法院认可和解协议，应当发布公告，中止破产程序。和解协议自公告之日起具有法律效力。

（四）和解协议的法律效果

生效的和解协议具有以下法律效果。

1. 破产程序中止

自和解协议生效时起破产程序中止。在这种情况下，有以下两个最重要的效果。

（1）破产宣告受到阻却。据此，清算组成立和接管财产的情况无从发生，债务人享有继续占有、使用和处分财产的权利。

（2）企业财产继续受破产法的保护，个别债权人不得向企业追索债务，个别请求企业给付财产的民事诉讼、民事执行程序以及相关的诉讼保全措施均不得进行，企业也不得实施破产法所禁止的财产处分行为和个别清偿行为。

2. 债务人和债权人受协议约束

和解协议对债务人和全体债权人均有约束力。

（1）和解协议对债务人的约束力主要表现为：必须认真实施重整计划；

必须切实保护企业财产；必须严格履行和解协议的偿债条款；不得实施任何有损债权人利益的清偿行为和财产处分行为。

（2）和解协议对债权人的约束力。主要表现为：必须按照和解协议规定的数额、时间、方式请求和接受清偿；不得超出和解协议的范围进行个别追索；不得违反集体受偿原则而在和解协议以外接受债务人的清偿。

（五）和解的撤销

和解的撤销又称和解的终止或取消，是指和解协议生效后，法院根据债权人等利害关系人申请或依职权裁定撤销和解协议，终止和解程序。

法院不论是依申请撤销和解还是依职权撤销和解，其法定事由主要有：（1）和解条件偏颇；（2）债务人不履行和解协议；（3）债务人有欺诈破产行为。

第六节　破产宣告和破产清算

一、破产宣告

（一）破产宣告的概念

破产宣告是法院对债务人具有破产原因的事实作出有法律效力的认定。债务人具备破产原因，但有法律规定的特定事由的，不予宣告破产：一是第三人为债务人提供足额担保或者为债务人清偿全部到期债务的；二是债务人已清偿全部到期债务的。

（二）破产宣告的效果

1. 破产宣告后，破产案件进入破产清算程序
2. 对债务人的效果
（1）债务人成为破产人；
（2）债务人财产成为破产财产；
（3）债务人丧失对财产和事务的管理权；
（4）债务人的法定代表人承担与清算有关的法定义务；
3. 对第三人的效果
（1）破产人占有的属于他人的财产，其权利人有权取回；
（2）破产人的债务人应当向清算组清偿债务；
（3）持有破产人财产的人应当向管理人交还财产；
（4）破产人的开户银行应当将破产人的银行账户供管理人专用；
（5）管理人对未履行的合同解除或继续履行时，相对人享有相应的权利；
（6）破产无效行为的受益人应当返还其受领的财产。

二、破产清算

破产清算是指法院依据当事人的申请或法定职权裁定宣布债务人破产以

清偿债务的活动。清算组由人民法院依据有关法律的规定，组织股东、有关机关及有关专业人士组成。所谓有关机关一般包括国有资产管理部门、政府主管部门、证券管理部门等，专业人员一般包括会计师、律师、资产评估师等。

在提出破产申请后，法院如受理破产清算案件，通常按下列程序进行：

1. 成立清算组

法院应当自宣告债务企业破产之日起 15 日内成立清算组，接管破产企业。

2. 通知债权人申报债权

清算组应当自成立之日起 10 日内通知债权人，并于 60 日内在报纸上至少公告三次，公告和通知中应当规定第一次债权人会议召开的日期。

3. 召开债权人会议

4. 确认破产财产

破产财产指用以清偿债务的全部财产，主要包括：（1）宣告破产时破产企业经营管理的全部财产；（2）破产企业在破产宣告后至破产程序终结前所取得的财产；（3）应当由破产企业行使的其他财产权利。已作为担保物所担保的债务数额的，超过部分属于破产财产。破产企业内属于他人的财产，应由该财产的权利人通过清算组取回。

5. 确认破产债权

破产债权指基于宣告破产前的原因而发生的，经依法申报并获得确认，能够通过破产程序由破产财产公平清偿的可强制性执行的财产请求权。主要包括：（1）宣告破产前成立的无财产担保的债权和放弃优先受偿权的有财产担保的债权；（2）宣告破产时未到期的债权，视为已到期债权，但是应当减去到期日的利息；（3）破产宣告前发生的虽有财产担保但是债权数额超过担保物价值部分的债权；（4）债务人在破产宣告前因侵权、违约给他人造成财产损失而产生的赔偿责任；（5）票据出票人被宣告破产，付款人或者承兑人不知道而向持票人付款或承兑所产生的债权。（6）债务人发行债券形成的债权。（7）清算组解除合同，对方当事人依法或者按照合同约定产生的可以用货币计算的债权。（8）债务人的保证人代替债务人清偿债务后依法可以向债务人追偿的债权。（9）人民法院认可的其他债权。债权人参加破产程序的费用不得作为破产债权。

6. 拨付破产费用和共益债务

破产费用指在破产程序中为破产债权人的共同利益而从破产财产中支付的费用，主要包括：（1）破产财产的管理、变卖和分配所需要的费用，包括聘任工作人员的费用；（2）破产案件的诉讼费用；（3）管理人员、破产清算人员的报酬，执行职务的费用，聘用工作人员的费用；（4）监督人的劳动报酬和执行职务的费用；（5）人们法院受理破产案件后，为债务人的继续营业支付的劳动报酬和社会保险费用；（6）为债权人的共同利益而在破产程序中支付的其他费用。

共益债务，是指破产程序中为了全体债权人的利益而管理、变价、分配破产财产所负担的债务。主要包括：（1）因管理人等请求履行未履行完毕的合同所产生的债务；（2）债务人的财产受无因管理所产生的债务；（3）因债务人财产取得不当得利所产生的债务；（4）为债务人继续营业而支付的劳动报酬和社会保险费用以及由此产生的其他债务；（5）管理人或相关人员执行职务致人损害所产生的债务；（6）债务人财产致人损害所产生的债务。

破产费用和共益债务都需优先、随时、足额或按比例从破产财产中优先拨付。

7. 破产财产清偿顺序

破产财产在优先拨付破产费用和共益债务后，按照下列顺序清偿：（1）破产企业所欠职工工资和社会保险费用；（2）破产企业所欠税款；（3）破产债权。破产财产不足清偿同一顺序的清偿要求的，按照比例分配。

8. 破产清算的结束

在破产清算过程中，出现以下情形破产程序终结：因财产不足以支付破产费用；因全体债权人同意终结；因债权得到全部清偿；因没有财产可供分配；因破产财产分配完毕。破产宣告时的终结，通常由人民法院依职权裁定。清算组应当编制破产清算结束报告，并出具清算期内的各种报表连同各种财务账册，经中国注册会计师验证后，报相关部门审批。

9. 办理注销登记

破产程序终结之日起 10 日内，由管理人持人民法院终结破产程序的裁定，向破产人的原登记机关办理企业注销登记并在省级或者市级以上报纸上刊登公告。

思考练习

1. 简述破产制度的概念和特征。
2. 简述破产的界限。
3. 简述破产财产和破产债权。
4. 简述和解和重整的程序规则。
5. 简述破产管理人的职责。
6. 简述债务人会议的组成及职权。
7. 破产财产如何清偿债务？

第六章 合同法

重点掌握内容

合同分类；合同订立程序；合同生效要件；可变更、可撤销合同；效力待定合同；双务合同履行中的抗辩权；合同终止的原因；保证、定金、抵押和质押；留置。

第一节 合同与合同法概述

一、合同的概念和特征

合同是经济运行过程中经常使用的概念，也称契约。广义的合同泛指一切确立双方或多方主体的权利、义务关系的协议，比如身份合同、债权合同、行政合同、劳动合同、国际法上的国家合同等。狭义的合同即民事合同，是指平等主体的自然人、法人、其他组织之间以设立、变更、终止民事权利与义务关系为内容的协议。

民事合同应具有以下共同特征。

1. 合同是一种市场经济法律行为

市场经济法律行为是以市场主体的意思表示为基本特征的，目的是要建立市场主体之间的法律关系，确立权利义务关系的行为。市场交易合同作为一种法律行为，就其本质来说是一种合法行为，市场主体之间的关系，必须依照法律规定。违反了法律规定，虽然也可以达成协议，但不会产生法律规定的权利、义务内容。依法成立的合同受国家法律保护，双方市场主体应当受到法律的约束，一方或双方违反合同规定，不履行合同义务要承担法律责任。

2. 合同是双方或多方的经济法律行为

法律行为有单方、双方或多方之分，单方法律行为有一个意思表示即可成立，双方或多方的法律行为必须有两个以上的意思表示方能成立。合同是市场主体在进行客体交易过程中形成的，这就意味着合同是双方或多方法律行为，即从主体来看必须有两个或两个以上的合同主体参加，合同主体不能同自己签订合同。从意思表示来看，有两个或两个以上的意思表示，此外还要求双方或多方主体意思表示完全一致。因此，必须经过两个或两个以上主体协商，达成一致意见，合同才能成立。这是合同区别于事实行为、单方法

97

律行为的标志。

3. 合同市场主体的法律地位平等

合同必须在市场主体平等自愿的基础上订立。平等是指市场主体法律地位是平等的，市场主体法律地位平等，是其自由表达意思的前提。没有平等，市场主体不可能表达自己真实的内心意思，不可能真正协商。只有通过自愿协商，市场主体的意思表示才能一致。

4. 合同以设立、变更、终止市场交易关系为目的

设立民事权利与义务关系，是指当事人订立合同旨在形成某种法律关系，从而享受具体的民事权利，承担具体的民事义务。变更民事权利与义务关系，是指当事人通过订立合同使原有的合同关系在内容上发生变化。终止民事权利与义务关系，是指当事人旨在通过订立合同消灭原有法律关系。当事人订立合同，不论是出于何种目的，只要当事人达成的协议依法成立并生效，就对合同当事人产生法律约束力，当事人就要依照合同的规定享有权利、履行义务。

二、合同的基本类型

合同分类的标准有很多，常使用的标准有两个：一个是经济标准；一个是法律标准。前者以合同反映的经济关系的实质为标准，后者以合同确立的市场主体的权利、义务为标准。

常见的合同分类有以下几种。

（一）要式合同和不要式合同

根据合同的成立是否需要履行特定的形式和手续，可将合同分为要式合同和不要式合同。

要式合同是指必须采用特定的形式和履行一定手续的合同。其中要式合同由法律直接规定的，称为法定要式合同；法律无明文规定，只是市场主体约定必须履行特定方式的合同，称为约定要式合同。所谓"特定的形式"，主要是指书面或其他形式；所谓"特定的手续"，是指经过公证、鉴证或有关监管机关的核准等。不要式合同，是指不需要采用特定的形式和履行特定的手续为成立要件的合同。对这种合同，市场主体可以采取任何形式，合同形式不影响合同成立。

（二）诺成合同与实践合同

根据市场交易合同的成立是否以交付标的物为要件，合同可分为诺成合同与实践合同。

诺成合同是指市场主体意思表示一致即可成立的合同，又叫不要物合同。实践合同是指虽经市场主体双方意思表示一致，但还需交付标的物方能成立的合同，又叫要物合同。传统上将买卖合同、租赁合同、承揽合同、雇佣合同及委托合同等列为诺成合同，而将贷款合同、保管合同、运输合同及赠予合同等列为实践合同。但随着市场经济的不断发展，信贷、运输、仓储业已迅速发展，再将其合同列为实践合同已不合适，所以已将此类合同定为诺成

合同。

（三）双务合同与单务合同

根据市场主体双方对权利、义务的分担方式，可以把合同分为双务合同和单务合同。

双务合同是指合同主体都享有权利、承担义务的合同。在双务合同中，这类合同主体互为债权人、债务人，即双方各自享有的权利和承担的义务，正是对方应尽的义务和享有的权利。单务合同是指合同主体一方享有权利，另一方只承担义务的合同。如赠予、借用合同就是单务合同。

（四）有偿合同与无偿合同

根据市场主体取得利益有无代价，合同可分为有偿合同与无偿合同。

有偿合同是指合同市场主体双方任何一方均须予他人相应的利益方能取得自己利益的合同。有偿合同的市场主体从另一方面取得权利必须偿付一定代价。

无偿合同是指市场主体一方从另一方取得利益而自己并不给予他方相应利益的合同，即无偿合同的市场主体一方取得利益不需偿付任何代价。

（五）主合同和从合同

根据合同的主从关系来划分，合同可分为主合同和从合同。

主合同是不依赖其他合同而独立存在的合同，从合同是必须以主合同的存在为前提的合同。从合同依主合同的存在而存在。如借款合同为主合同，为保证借款合同履行而订立的保证合同、抵押合同则为从合同。主、从合同是相对而言的，没有主合同即没有从合同，没有从合同也无所谓主合同。划分二者的法律意义在于从合同以主合同的存在为前提，主合同变更或终止，从合同一般也随之变更或终止；主合同无效，从合同亦不发生效力。

三、合同法概述

合同法是通过规范民事主体的合同行为，调整民事主体之间以商品交换为核心的民事财产关系的法律规范的总称。《中华人民共和国合同法》（以下简称《合同法》）于 1999 年 3 月 15 日第九届全国人民代表大会第二次会议通过，于 1999 年 10 月 1 日施行。

（一）合同法的调整范围

我国《合同法》第二条规定："本法所称合同是平等主体的自然人、法人、其他组织之间设立、变更、终止民事权利与义务关系的协议。婚姻、收养、监护等有关身份关系的协议，适用其他法律的规定。"因此，我国《合同法》的调整范围主要是平等的民事主体之间的财产关系，而婚姻、收养、监护等有关身份关系的协议不适用于《合同法》。

（二）合同法的基本原则

1. 平等原则

平等原则，是指合同法律关系中双方当事人法律地位平等，不得把意志强加给另一方。其主要含义，一是订立合同时双方当事人法律地位平等。也就是说，不论当事人经济实力强弱，不论当事人是企业还是个人，不论企业所有制性质有何区别，任何一方都不能把自己的意志强加给对方。二是履行合同时双方当事人法律地位平等。三是承担合同责任时双方当事人的法律地位平等。任何一方当事人因过错违反合同，都应当依法承担违约的民事责任甚至行政责任或刑事责任。

2. 自愿原则

自愿原则，是指任何人，包括法人、其他组织或自然人，在决定是否订立合同、同谁订立合同、订立合同的种类和确定合同的内容以及变更、解除合同时，完全由他们的自由意志来决定。

3. 公平原则

公平原则，是指合同当事人在进行合同法律行为时要依照价值规律的要求进行等价交换，公平地确定各方的权利和义务，实现各自的经济利益。公平原则的核心是等价有偿。合同不仅要有偿，而且必须等价。公平原则体现了价值规律对商品流通的根本要求，反映了商品交换的一般法则。

4. 诚实信用原则

合同法中诚实信用原则是指，当事人在合同行为中应当讲诚实、守信用，以善意的方式行使自己的权利、履行自己的义务，不得规避法律，不得有欺诈行为。在法律、合同未作规定或规定不明时，要依据诚实信用原则来解释法律和合同，来平衡当事人之间的利益关系。

5. 遵守法律、不损害社会公共利益原则

当事人在订立、履行、违约、变更、解除合同以及处理合同争议时都必须遵守国家法律和行政法规，必须有利于维护国家利益和社会公共利益，必须有利于稳定正常的经济秩序。

第二节　合同的订立和效力

一、合同订立的程序

（一）要　约

合同是双方或多方的法律行为，双方或多方的意思表示一致是合同成立的要件。订立合同的过程即是市场主体双方意思表示趋于一致，以使双方最终达成协议的过程。这一过程在法律上一般分为要约和承诺两个阶段。

1. 要约的概念及其有效要件

要约是指一方当事人向他人提出的在一定条件下订立合同的意思表示。发出要约的一方为要约人，接受要约的一方为受要约人、承诺人，简称受约人。

一项要约要具有法律效力必须具备一定的条件。我国《合同法》第十三条规定要约应当具备以下条件。

（1）必须是特定人的意思表示。要约人必须是具体的、客观存在的可以确定的人，只有这样，受约人才能对此承诺。

（2）要约必须是向相对人发出的意思表示，并且必须传达到相对人。要约只有经相对人承诺，才能达到要约的目的。要约的相对人一般是特定的人，但在具体情况下，要约也可以向一定范围的不特定的人发出，比如悬赏广告。

（3）要约是以缔结合同为目的的意思表示。要约的目的在于订立合同，这是要约的主要特征。

（4）要约必须是能够反映所要订立合同主要内容的意思表示。即要约的内容必须包括足以决定合同成立的主要条件，这是最主要的条件。因为要约一经相对人承诺，合同即告成立。所以要约人提出的要约必须表明合同的主要各款，以供受要约人考虑是否承诺。

2. 要约邀请

要约邀请是当事人订立合同的预备行为，是指希望他人向自己发出要约的意思表示，即引导他人发出要约。在发出要约邀请以后，要约邀请人撤回其邀请，只要没给善意相对人造成信赖利益的损失，要约邀请人一般不承担责任。如寄送的价目表、拍卖公告、招标公告、招股说明书、商业广告等为要约邀请。但商品广告的内容符合要约规定的，则视为要约。因为要约邀请只是作出希望别人向自己发出要约的意思表示。因此，要约邀请可以向不特定的任何人发出，也不需要在要约邀请中详细表示，无论对于发出邀请人还是接受邀请人，都没有约束力。

要约邀请和要约的性质是不同的，二者的区别表现为：

（1）要约是当事人主动愿意缔结合同的意思表示；而要约邀请的目的不是缔结合同，而是邀请对方当事人向其发出要约的意思表示，是当事人订立合同的预备行为。

（2）要约中含有当事人愿意承受要约拘束的意图，要约人将自己置于一旦对方承诺、合同即成立的无可选择的地位；而要约邀请则不含有当事人愿意承受拘束的意图，邀请人希望自己处于一种可以选择是否接受对方要约的地位，其本身不具有法律意义。

（3）要约的内容必须具备足以使合同成立的必要条款，而要约邀请不必具备此等必要条款。

（4）要约大多数是针对特定相对人的，故要约往往采取对话方式和信函方式；而要约邀请一般是针对不特定多数人的，故往往通过电视、报刊等媒介手段。

3. 要约的形式

要约作为一种意思表示，可以以书面形式作出，如信函、电报、电传、传真等函件；也可以以口头形式作出。具体的表示形式，法律如有规定的，应依法律规定办理；法律没有规定的，市场主体可视具体合同自由选择要约形式。

4. 要约生效的时间

总的来说，要约自到达受要约人时起生效。具体来讲，要约的生效时间

课堂笔记

因要约的形式不同而不同。口头要约自受要约人了解时发生效力，非口头要约一般自要约到达受要约人时发生法律效力。

5. 要约的效力

要约的效力是指要约生效后发生的法律后果。要约的效力包括对要约人的拘束力和对受约人的拘束力两方面。但在事实上，要约通常对于受要约人没有拘束力，受要约人接到要约后，只是在法律上取得了承诺的权利，并不因此承担承诺的义务。通常情况下，除法律有特别规定或者双方主体事先另有约定外，受要约人即使不承诺也没有通知要约人的义务。受要约人对于要约表示的沉默，原则上并不等于默示承诺。即使要约人单方在要约中表明不为通知即为承诺，该声明对受要约人也没有拘束力。但对于平日经常往来的客户，在其营业范围内发生的要约，受要约人应及时发出承诺与否的通知，否则视为承诺。

要约的拘束力主要是要针对要约人而言的，要约人在要约的有效期间不得随意撤回或变更要约，更不得擅自撤回或对要约加以限制。但在要约生效之前，要约人可以撤回要约或变更要约的内容。要约人撤回要约，应当向对方发出通知，撤回的通知必须于该要约送达受要约人之前或同时到达。要约经撤回后，要约人即不受其拘束。但迟到的撤回通知，不发生撤回效力。

6. 要约的消灭

要约的消灭，是指要约丧失其法律效力，即失去效力。

要约发出后，在下列情况之下不发生效力。

（1）拒绝要约的通知到达要约人。

（2）受要约人对要约的内容作出实质性变更。

（3）要约撤回和撤销。要约在送达受要约人前的收回为要约的撤回。在要约送达受要约人之后的收回叫撤销。一般来讲，要约发出以后，只要尚未送达受要约人，要约人可以随时采用快捷的办法将要约撤回，但撤回的通知必须先于要约到达或与要约同时到达。要约已撤回的，不发生效力。但若撤回的通知晚于要约到达受要约人，不能发生撤回的效力，要约依然有效。应当注意的是要约送达受要约人后是否可撤销或变更要约的内容，一般只要撤销要约的通知于受要约人发出承诺之前送达受要约人，要约可以撤销。如在合同成立前写明或以其他方式表示要约是不可撤销的，则不能撤销。

（4）承诺期限届满。要约中规定承诺期限的，受约人未在承诺期限内承诺，要约即失效。要约中没有规定承诺期限的，如要约属口头方式发生的，受要约人未立即承诺，要约即失效。如要约系书面形式发生的，受要约人在合理的期限内未承诺，要约即失效。所谓合理的期限，应包括函电往返和受要约人考虑是否承诺所需要的时间。若规定的承诺期限届满之前，受要约人未为承诺的，届满后受要约人又表示接受要约的，该意思表示不是承诺，而是一种新要约。

（二）承　诺

承诺是指受要约人在要约的有效期内作出的对要约内容完全同意的意思表示。承诺的效力在于表明市场主体意思表示一致，要约一经承诺，合同即告成立。

1. 承诺的构成要件

（1）承诺是由受要约人向要约人作出的意思表示，承诺只能由受要约人作出，非受要约人并无承诺的资格。

（2）承诺必须在要约的有效期限内作出。

（3）承诺必须与要约的内容完全一致。

（4）承诺必须向要约人作出。不是向要约人作出的同意的意思表示，不构成承诺。

2. 承诺的形式

承诺的形式原则上应与要约的形式相同。即要约以什么形式作出，承诺也应以什么形式作出。

具体的承诺形式还应注意：

（1）要约中如对承诺的传递方式作了具体规定，则受约人应按规定的方式进行。

（2）受要约人可以采用比要约所指定的传递方式更为快捷的通讯方式作出承诺。

（3）依法必须以书面形式订立的合同，承诺也必须以书面形式作出。

（4）除有特别规定或约定外，沉默一般不能视为承诺的形式。但根据要约的规定以及市场主体之间确立的习惯做法或惯例，受要约人可以作出某种行为。诸如发货或支付价金等表示承诺。

3. 承诺生效的时间

承诺生效的时间，是合同法中的一个重要问题。因为承诺一旦生效，合同即告成立，合同各方当事人就要受合同的约束，并履行相应的权利、义务。

关于承诺的生效时间，有三种原则。

（1）发信生效原则。发信生效原则，即以书信、电报作出承诺时，当由信函和电报表示的承诺一经投邮，立即生效，合同即于此时宣告成立。发信生效原则的优点在于保护受要约人，缺点在于对要约人不利，因为如果表示承诺的信函在传递中丢失，则要约人在尚不知合同已经成立的情况下，实际上却承担了合同的义务。

（2）到达生效原则。到达生效原则，即承诺必须是在达到相对人，即要约人时才发生效力。所谓到达，是指送交要约人的营业地、通讯地或惯常居所地。到达生效原则的优点在于要约人的合同是双方市场主体合意的结果，因此由要约人在收到表示承诺的信函后，才承担合同的义务，这对双方是比较公平的。

（3）了解生效原则。了解生效原则，即以信函表示的承诺，不但应送达要约人，而且应该使要约人了解其内容，承诺才生效。

4. 承诺无效

（1）承诺被撤回。撤回承诺的目的是要阻止承诺发生法律效力，承诺撤回必须在承诺生效以前进行。但承诺的撤回通知必须先于承诺的通知或与承诺的通知同时到达。如果撤回承诺的通知迟到，则承诺仍生效。

（2）承诺迟到。承诺迟到是指承诺于要约有效期限届满后到达要约人。承诺迟到则承诺不发生法律效力。承诺因送达原因迟到的，要约人若不承认该承诺，应将迟到的情况立即通知对方，以避免对方因准备履行而造成的损失；要约人不将承诺迟到的情况通知对方的，承诺视为未迟到，承诺仍具有效力。

二、合同的形式

合同的形式是指合同当事人达成的合意的外在表现形式，是合同内容的客观载体。

我国《合同法》第十条规定"当事人订立合同，有书面形式、口头形式和其他形式。法律、行政法规规定采用书面形式的，应当采用书面形式。当事人约定采用书面形式的，应当采用书面形式。"

1. 口头形式

口头形式是指当事人只用口头语言为意思表示的方式而订立的合同。其具体形式包括当面对话、电话联系等形式。口头形式合同的优点是简便易行。当事人发生交易时简便、缔约成本低，但此类合同在发生争议时不易取证，不易分清是非。

2. 书面形式

书面形式是指合同书、信件和数据电文（包括电报、电传、传真、电子数据交换和电子邮件）等可以有形地表现所载内容的合同形式。书面形式合同的优点在于，合同有据可查，权利义务关系记载清楚，便于履行，当发生纠纷时容易取证，便于责任的认定。

3. 默示形式

默示形式是指当事人并不是直接用口头或书面形式进行意思表示，而是通过实施某种行为或者以不作为的沉默方式进行意思表示。默示方式分为作为的默示和不作为的默示。通过默示来推断当事人的意思表示，属于法律上的推定。也就是说，只有在法律规定或者当事人约定沉默能够产生某种法律效果的情况下，沉默才构成意思表示的形式，产生相应的法律后果。

4. 其他形式

例如，公证形式、鉴证形式、批准形式、登记形式等。学术上将公证、鉴证、批准作为书面合同的特殊形式。

三、合同的效力

合同效力，是指已经成立的合同在当事人之间产生的法律拘束力，即法律效力。合同的效力可分为四大类，即有效合同，无效合同，效力待定合同，可变更、可撤销合同。

（一）合同的成立与生效

合同成立与合同生效是两个不同的概念。合同成立是指合同订立过程的完成，即当事人经过平等协商，对合同的基本内容达成一致意见，反映出要约经过承诺后的一种结果。

合同生效，是指合同具备法定条件后所产生的法律上的约束力。在多数情况下，合同成立时就具备了生效条件，其成立和生效时间是一致的，但也有不一致的情况。

1. 合同的生效要件

合同的生效要件，是指已经成立的合同发生完全的法律效力时应当具备的法律要件。合同的生效是建立在合同成立的基础上的，因此一个具有法律效力的合同，除应当具备合同成立的要件外，还必须符合合同生效的要件。合同生效的一般构成要件有以下几种。

(1) 合同的主体合格。

由于任何合同都是以合同主体的意思表示为基础的，并且以产生一定的法律效果为目的，因此作为合同的主体，必须具备相应的订立合同的行为能力，主体不合格，即不具有与订立某项合同相应的行为能力，所订立的合同亦不能发生法律效力。合同的主体有两类：一类是自然人，另一类是组织体(有法人资格或无法人资格的)。对于自然人而言，应将行为人有无行为能力作为区别法律行为有效、无效的条件。因此，自然人作为合同的主体，其合同行为应根据其行为能力的状况来确定。具有完全行为能力的人，可以订立一切法律允许自然人作为合同主体的合同。而限制行为能力的人，因其只能实施某些与其年龄、智力相适应的民事活动，因此，限制行为能力的人订立一些与其年龄、智力相适应的合同，而其他的合同必须由其法定代理人代为实施，或在征得其法定代理人的同意后才能实施。无行为能力的人，不能独立进行民事活动，他们所需要签订的合同都由其法定代理人代理进行。但应当注意的是，限制民事行为能力的人和无民事行为能力的人在纯获法律上的利益而不承担法律义务的合同中，可以无条件作为合同市场主体。对法人、非法人单位而言都具有行为能力，但其行为能力与其经营范围一致，法人只能成为与其经营范围相一致的合同的主体。对于具有营业执照的非法人而言，它是一类特殊的主体，他们具有相对独立的民事行为能力，可以对外从事某些活动，但不能独立地承担民事责任。此外，现实中存在市场主体委托代理人代订合同的情况，委托代理人代订合同时必须事先取得委托人的授权委托书，并根据授权范围以委托人的名义签订，才对委托人直接产生权利和义务，否则签订的合同是无效的。

(2) 合同主体的意思表示真实。

所谓意思表示真实，是指合同主体的表示作为，即要约与承诺行为应当真实地反映其内心的意思。在正常情况下，行为人的内在意志，总是与其外在的表示相符的。但是由于某种主观或客观上的原因，也可能会出现行为人的外在表示行为与其内心的意志不相一致，即所谓意思表示不真实，意思表示不真实的合同是不受法律保护的。

(3) 不违反法律和社会公共利益。

合同之所以能产生法律效力，关键在于市场主体的意思表示符合法律的规定。合同的内容、目的取决于市场主体的意思表示，合同的内容和目的若违反了法律或社会公共利益，应为无效合同。

2. 合同的生效时间

我国《合同法》第四十四条规定，依法成立的合同，自成立时生效。法律、行政法规规定应当办理批准、登记等手续生效的，依照其规定。根据《合同法》的这一规定，合同生效时间包括两种情况。

（1）依法成立的合同，自成立时生效。这是关于合同生效的一般规定，即只要符合法定条件所订立的合同，自合同成立时就产生法律上的约束力。根据我国《合同法》第二十五条的规定，承诺生效时合同就成立。

（2）法律、行政法规规定应当办理批准、登记等生效手续，依照其规定。法律、行政法规关于批准、登记等手续是否为生效的必备条件，要根据法律、行政法规的规定办理，即法律、行政法规规定自办理批准、登记等手续时生效，合同生效时间就是办理批准、登记等手续完毕的时间；如果法律、行政法规规定批准、登记等手续不是生效的必备条件，则应执行该法律、行政法规和《合同法》的规定。

（二）无效合同

无效合同是指严重欠缺合同的生效要件，不发生合同当事人追求的法律后果，不受国家法律保护的合同。无效合同可分为全部无效合同和部分无效合同。无效合同具有违法性、不得履行性和自始无效的特征。

1. 无效合同的种类

根据我国《合同法》第五十二条的规定，有下列情形之一的，合同无效：

（1）一方以欺诈、胁迫的手段订立合同，损害国家利益的；

（2）恶意串通，损害国家、集体或第三人利益的合同；

（3）违反法律、行政法规中的强制性规定的合同；

（4）违反社会公共利益的合同；

（5）以合法形式掩盖非法目的的合同。

2. 无效合同的处理

（1）返还财产。无效合同被撤销后，因该合同取得的财产，应当予以返还。

（2）折价补偿。不能返还或不需要返还的，应当折价补偿。

（3）赔偿损失。有过错的一方应当赔偿对方因此所受的损失。双方都有过错的，应当各自承当相应的责任。

（三）可变更、可撤销合同

可变更、可撤销的合同是基于法定原因，当事人有权诉请法院或仲裁机构予以变更、撤销的合同。

按照我国《合同法》的规定，可变更、可撤销的合同的种类有：

（1）因重大误解订立的合同；

（2）订立合同时显失公平的；

（3）一方以欺诈、胁迫的手段或乘人之危，使对方在违背真实意思的情况下订立的合同，受损害方有权请求人民法院或仲裁机构变更或撤销。

对于可变更、可撤销的合同，当事人有权诉请法院或仲裁机构予以变更、撤销，当事人请求变更的，人民法院或者仲裁机构不得撤销。

撤销权是撤销权人依其单方的意思表示使合同效力溯及既往的消灭的权利。因撤销原因不同，撤销权人也不同。重大误解中，误解人是撤销权人；显失公平中，遭受明显不公的人是撤销权人；欺诈、胁迫中，受欺诈、受胁迫的人是撤销权人。撤销权是诉权，只能通过法院或者仲裁机构行使。《合同法》第五十五条规定，具有撤销权的当事人自知道或者应当知道撤销事由之日起 1 年内没有行使撤销权的，撤销权消灭。同时《合同法》规定撤销权人明确表示或者以自己的行为放弃撤销权的，则撤销权也消灭。

（四）效力待定合同

效力待定合同，是指合同虽然已经成立，但因其不完全符合合同的生效要件，因而其是否产生相应的法律效力尚未确定的合同。这种合同的效力往往取决于享有某种权利的人的追认与否，所以也有人称其为可追认的合同。

根据我国《合同法》的规定，效力待定合同包括以下四种：

（1）限制民事行为能力的人未经法定代理人许可与相对人订立的与其年龄、智力或者精神健康状况不相适应的合同；

（2）无权代理人与相对人订立的合同；

（3）无权处分人与相对人订立的处分他人财产的合同；

（4）法人或者其他组织的法定代表人、负责人超越权限订立的合同。

上述合同有效与否，分别取决于法定代理人、被代理人、有处分权人和法人权力机构的追认。有追认权的人在一定期限内不予追认，则合同归于无效。

第三节　合同的履行

合同履行是指合同生效后，合同当事人按照合同规定的内容，全面地完成各自承担的义务，从而使合同的权利、义务得以实现的整个行为过程。

一、合同履行的原则

合同履行的原则，是指合同主体在履行合同时必须遵守的基本准则。合同履行的原则有如下几条。

（一）实际履行原则

实际履行原则，是要求市场主体按照合同的标的履行，合同的标的是什么，就应该履行什么，不能任意地用其他标的代替的原则。该原则有两点含义：第一，它要求市场主体自愿地按照约定的或规定的标的履行，不得任意以违约金、赔偿金等替代；第二，市场主体一方不实际履行时，首先应当承担实际履行的责任，对方市场主体有权要求其实际履行。

实际履行原则是合同履行的一个基本原则，这是由合同的本质和目的所规定的，是商品经济的要求在法律上的表现。合同作为财产流转关系的动态法律表现，只有在它被实际履行时才能真正和有效地使财产流转，使商品交换正常进行。从另一方面来讲，实际履行原则可以起到约束作用，使市场主体恪守合同，从而加强合同的稳定性、确定性，维持市场安全、有效的交易秩序。

（二）正确履行原则

正确履行原则，又称适当履行、全面履行原则，是按照合同规定的内容全面适当地履行，即除按合同的标的履行外，还要按照合同的标的的数量、质量、履行期限、履行地点、方式进行履行。合同的正确履行是衡量合同是否履行的标志，市场主体的履行是正确的，合同为履行；反之叫合同为不履行。

（三）协作履行原则

协作履行原则，是指双方市场主体不仅各自应当严格履行自己的义务，而且应当尽量协助对方履行其义务，在履行过程中贯彻互助合作精神。这是基于合同双方市场主体在根本利益方面具有一致性而产生的一项原则。

（四）公平诚信履行原则

诚实信用原则是自罗马法以来各国法律所公认的原则，被奉为"帝王原则"，是经济活动中各方市场主体必须遵循的最基本原则。它在合同的履行中相当重要，它要求合同市场主体在履行合同时必须具备诚实、善良的内心状态，严格地按合同的约定来全面、适当地履行。并且双方市场主体在履行过程中应当相互协作，当合同约定的条款不清或出现意外情况时，应当公平对待。既考虑自己的利益，也要尊重他人的利益，以对待自己事务一样对待他人事务，善意地行使权利履行义务，以维持公平有序的社会秩序。

（五）情事变更原则

情事变更原则是指在合同履行过程中，市场主体订立合同的基础的情事或环境因不可归责于双方的原因，发生非当初所能预料得到的变化，如果仍贯彻原合同的法律效力，将会产生显失公平的结果，根据诚实信用原则，应对原合同的效力作相应的变更或解除的一项法律原则。

二、合同履行的具体要求

合同当事人应当按照合同的约定全面、正确地履行合同，但是，如果合同的某些内容没有约定或约定不明，合同的履行就会出现障碍。根据我国《合同法》第六十条至第六十二条的规定，当事人应当遵循诚实信用原则，采取如下步骤来确定合同内容：一是当事人双方协商补充，使条款不明确处明确下来（协议补缺）；二是如双方协商不能达成补充协议，则按照合同有关条款或者交易习惯来确定该条款的内容；三是依上述两种方法仍不能明确合同内容，则直接适用《合同法》第六十二条的补充性规范（规则补缺）。

（一）当事人就有关合同内容约定不明时的履行规则

（1）质量要求不明确的，按照国家标准、行业标准履行；没有国家标准、行业标准的，按照通常标准或者符合合同目的的特定标准履行。

（2）价款或者报酬不明确的，按照订立合同时履行地的市场价格履行；依法应当执行政府定价或者政府指导价的，按照规定履行。

（3）履行地点不明确，给付货币的，在接受货币一方所在地履行；交付不动产的，在不动产所在地履行；其他标的，在履行义务一方所在地履行。

（4）履行期限不明确的，债务人可以随时履行，债权人也可以随时要求履行，但应当给对方必要的准备时间。

（5）履行方式不明确的，按照有利于实现合同目的的方式履行。

（6）履行费用的负担不明确的，由履行义务一方负担。

（二）执行政府定价或者政府指导价的合同履行规则

执行政府定价或者政府指导价的，在合同约定的交付期限内政府价格调整时，按照交付时的价格计价，逾期交付标的物的，遇价格上涨时按照原价格执行，价格下降时，按照新价格执行。逾期提取标的物或者逾期付款的，遇价格上涨时，按照新价格执行；价格下降时，按照原价格执行。

三、双务合同履行中的抗辩权

抗辩权，是指对抗请求权或否认对方的权利主张的权利，又称异议权。抗辩权的重要功能在于通过行使这种权利而使对方的请求权消灭或使其效力延期发生。双务合同履行中的抗辩权，是指在符合法定条件时，当事人一方对抗对方当事人的履行请求权，暂时拒绝履行其债务的权利。它包括同时履行抗辩权、后履行抗辩权和不安抗辩权。

（一）同时履行抗辩权

所谓同时履行抗辩权，也称履行合同的抗辩权，是指在双务合同中，双方互负债务，没有先后履行顺序的，应当同时履行，一方在他方未为对待履行以前，有权拒绝自己的履行。

同时履行抗辩权是在诚实、信用原则基础上产生的。在双务合同中，双方当事人互为债权人和债务人，一方享有的权利即是对方承担的义务。因此，一方只有在已履行或已提出履行的条件下，才能要求对方市场主体履行义务。反之，则在对方未为对待履行或提出履行以前，可以将自己的履行暂时终止，而拒绝对方的履行请求。它可以平衡市场主体之间的利益，维护市场主体的权利，维护公平的交易秩序。

我国《合同法》第六十六条规定："当事人互负债务的，没有先后履行顺序的，应当同时履行。一方在对方未为对待给付之前有权拒绝其履行要求。一方在对方履行债务不符合约定时，有权拒绝其相应的履行要求。"

（二）不安抗辩权

不安抗辩权又称拒绝权，是指先给付义务人在有证据证明后给付义务人的经营状况严重恶化，或者转移财产、抽逃资金以逃避债务，或者谎称有履行能力的欺诈行为，以及其他丧失或者可能丧失履行债务能力的情况时，可中止自己的履行；后给付义务人接到中止履行的通知后，在合理的期限内未恢复履行能力或者未提供适当担保的，先给付义务人可以解除合同。不安抗辩权是基于公平原则的基础上设立的，目的在于预防因情况变化致使一方遭受损失。

不安抗辩权的构成要件是：

（1）必须以有效的双务合同为基础；

（2）双方市场主体履行期限不一致，拥有抗辩权的一方承担先行给付义务；

（3）缔约后对方财产状况恶化，有难以对待给付的实际情况；

（4）拥有抗辩权一方的市场主体必须掌握对方不履行合同的确切证据。

合同当事人行使不安抗辩权时，其依法应承担两项义务：其一是通知义务，即行使不安抗辩权的一方，应当立即通知另一方；其二是举证义务，行使不安抗辩权的一方一定要有另一方市场主体不能履行合同的确切证据。

（三）后履行抗辩权

后履行抗辩权，是指当事人互负债务又有先后履行顺序的，先履行一方未履行之前，后履行一方有权拒绝其履行要求；先履行一方履行债务不符合债务的本旨，有重大瑕疵的，后履行一方有权拒绝其相应的履行请求的权利。

四、合同履行中的债的保全

债的保全又称合同的保全，是指为了防止债务人的责任财产不当减少而给债权人带来损害，允许债权人对债务人或者第三人的行为行使代位权或撤销权的一种权利。

（一）代位权

代位权是指债务人怠于行使其到期债权而给债权人带来损害时，债权人为了保全自己的债权而以自己的名义代为行使债务人权利的权利。

根据《合同法》及其司法解释，债权人行使代位权必须具备下列条件：

（1）债权人对债务人的债权合法。

（2）债务人怠于行使其到期债权，对债权人造成损害。

（3）债务人的债权已经到期。

（4）债务人的债权不是专属于债务人自身的债权。所谓专属于债务人自身的债权，是指基于抚养关系、扶养关系、赡养关系、继承关系产生的给付请求权和劳动报酬、退休金、养老金、抚恤金、安置费、人寿保险、人身伤害赔偿请求权等权利。

（二）撤销权

撤销权是指债权人对于债务人所为的危害债权人的行为，请求人民法院予以撤销的权利。

有下列情形之一的，债权人可以行使撤销权：（1）债务人放弃到期债权，对债权人造成损害的；（2）债务人无偿转让财产，对债权人造成损害的；（3）债务人以明显不合理的低价转让财产，对债权人造成损害，并且受让人知道该情形的。

债权人行使撤销权，应向债务人所在地的人民法院提起撤销权诉讼，并将受益人或者受让人列为第三人。撤销权自债权人知道或者应当知道撤销事由之日起 1 年内行使。自债务人的行为发生之日起 5 年内没有行使撤销权的，该撤销权消灭。

第四节　合同的变更、转让和终止

根据合同法的基本原则，合同一经依法成立，即具有法律约束力，合同当事人应当严格履行合同义务，不允许单方擅自变更或者解除合同。但是，法律为保护双方利益，允许双方市场主体协商变更或解除合同，并且在出现法定原因时，变更或解除合同。

一、合同的变更

（一）合同的变更概述

合同的变更有广义和狭义之分。狭义的合同变更是合同内容的变更，即在主体不变的情况下，对合同的某些条款的修改和补充。广义的合同变更，不仅包括合同内容的变更，而且还包括合同主体的变更。合同主体的变更，即以新的主体取代原合同关系的主体。这里所指的是狭义的变更，即合同内容的变更，具体表现为标的数量、质量的变更，履行期限的变更，履行地点、方式的变更或价款、酬金以及其他条款的变更。

（二）合同变更的条件

1. 市场主体之间原已存在有效的合同关系

合同的变更是在原合同的基础上，通过市场主体的协商进行的。所以，合同的变更以合同有效成立为前提，对无效合同，不存在变更问题。对可撤销的合同，享有撤销权的一方可以要求撤销或变更合同，如果双方市场主体经过协商变更某些条款，消除合同中的重大误解或显失公平的现象，则在双方变更合同后，享有撤销权的市场主体因变更合同而丧失撤销权。

2. 合同变更必须依据法律的规定或市场主体的约定进行

一般来讲，合同的变更涉及的是变更权，以及变更的内容。所谓变更权，是指市场主体一方依约定或法律规定，向另一方市场主体提出变更合同的权利。市场主体的变更权一般依法律规定或市场主体的约定。变更的内容是基于变更权而产生的，合同变更的具体的内容必须经双方市场主体协商。即便是法定可以变更的情况，其具体的内容也应当经双方协商确定。

3. 合同变更必须依法定程序进行

合同的变更，实质上相当于市场主体又签订了一个新的合同，因此合同变更的程序与合同订立的程序是一致的，即经过要约和承诺过程。若原合同依法经过批准或者履行其他程序成立，其变更也应经过批准或者履行相应的程序，否则变更无效。为了避免纠纷发生，合同法应明确规定合同的变更应

课堂笔记

当采用书面形式。

（三）合同变更的效力

（1）合同变更后，原订合同即失去效力，市场主体应当按照变更后的合同的内容履行，任何一方违反变更后的合同内容都构成违约。

（2）合同变更不存在溯及力问题，即合同变更后，其效力只向着将来，不能对已按原合同履行的部分产生效力，任何一方都不能因合同的变更而单方面要求另一方返还已经作出的履行。因此，变更合同后，不存在财产返还问题。

（3）合同变更不影响市场主体要求赔偿损失的权利，也不影响合同约定的争议处理条款的效力。因此，合同变更后使一方遭受损失的，除依法可以免除责任的外，应当由过错的一方承担责任。并且合同变更后，市场主体约定的有关争议解决的条款依然有效。

二、合同的转让

合同的转让是指当事人将合同的权利和义务全部或部分地转让给第三人。合同转让只是合同主体的变更，并未引起合同内容的变化。合同的转让包括合同权利的转让、合同义务的转移和合同权利义务的转让。

（一）合同权利的转让

合同权利的转让是指合同中享有权利的一方当事人通过协议依法将自己的债权全部或者部分转让给另一方当事人以外的第三人的法律行为。

《合同法》第七十九条在原则上允许债权人将其合同的权利全部或者部分转让给第三人的同时，也对合同权利的转让作了限制性规定，下列合同权利不得转让：（1）根据合同性质不得转让。主要是基于当事人特定身份而订立的合同，如赠与合同、委托合同等。（2）按照当事人约定不得转让。（3）依照法律规定不得转让。如《担保法》第六十一条规定，"最高额抵押的主合同债权不得转让"。

债权人转让合同权利的，应当通知债务人。未经通知，该转让对债务人不发生效力。债权人转让合同权利的通知，既可以是书面的，也可以是口头的，而且这种通知是不得撤销的，但经受让人同意的除外。债权转让之后，除该从权利专属于债权人自身之外，受让人取得与债权有关的权利，债权转让对债务人的效力是债务人对让与人的抗辩，可以向受让人主张。债务人若对让与人享有债权，并且该债权先于转让的债权到期或者与转让的债权同时到期，则债务人可以向受让人主张抵消。

（二）合同义务的转让

合同义务的转让是指合同中的债务人将自己应当履行的义务转让给第三人的行为。《合同法》规定，债务人将其合同的义务全部或者部分转移给第三人，应当经债权人同意。新债务人受让原债务人的债务之后，还应当承担与主债务有关的从债务，除非该从债务专属于原债务人自身之外。法律法规规定转让权利或者转移义务应当办理批准手续、登记手续的，当事人应当依照规定办理有关手续。

（三）合同权利义务的概括转让

合同权利义务的概括转让，是指合同当事人一方将其权利义务一并转移给第三人，由第三人概括承受其权利义务的行为。合同权利义务的概括转让一般包括协议转让和法定转让两种，在转让方式上适用合同权利和义务分别转让的法律规定。当事人订立合同后合并的，由合并后的法人或者其他组织行使合同权利，履行合同义务。当事人订立合同后分立的，除债权人和债务人另有约定以外，由分立的法人或者其他组织对合同的权利和义务享有连带债权、承担连带债务。

三、合同的终止

（一）合同终止的概念

合同的终止，又称合同的消灭，是指由某种原因引起的债权债务关系客观上不复存在，合同权利和合同义务归于消灭的事实。

合同的终止不同于合同的中止。合同的终止是合同关系的消灭，不可能恢复；而合同的中止是合同关系的暂时停止，有可能恢复。

合同终止后，当事人依据诚实信用原则应当履行通知、协助、保密等义务，即当事人负有后合同义务。

（二）合同终止的原因

（1）债务履行完毕。合同存在的目的在于满足当事人的特定的利益追求，债务已经按照约定得到履行，使合同订立的目的得以实现，是合同终止的主要原因。

（2）合同解除。

（3）债务抵销，是指合同当事人互负到期债务，各以其债权充抵其债务而使债务与对方的债务在对等额内相互消灭。

（4）提存，是指由于债权人的原因而无法向其交付债的标的物时，债务人将该标的物提交给提存机关而消灭债务的一项制度。在我国提存机关为公证机关。

（5）免除，是指债权人抛弃其全部或部分债权，从而全部免除或者部分免除合同权利义务的单方行为。免除发生债务绝对消灭的效力。

（6）混同，是指债权债务归于同一人，致使合同的权利义务关系消灭的事实。

四、合同的解除

（一）合同解除的概念和分类

合同的解除是指对已经发生法律效力的合同提前终止，从而使因合同所产生的债权债务归于消灭的法律制度。

合同的解除，从不同的角度有不同的分类。

根据解除方式，可以分为单方解除和双方协议解除。合同的单方解除，

课堂笔记

是指依照法律规定或合同约定享有解除权的市场主体，以单方面意思表示，消灭已生效的合同法律关系。双方解除是指合同双方主体就消灭已生效的合同法律关系而达成一致的意思表示。双方解除是双方法律行为。

根据解除发生的原因可分为法定解除、约定解除。法定解除即指市场主体一方直接基于法律的规定而解除合同。约定解除是指市场主体基于双方协议或约定而解除合同。约定解除包括两种情况，一是协议解除，二是约定解除权。协议解除，即合同成立生效以后，在未履行或未完全履行之前，市场主体双方通过协商解除合同，使合同效力终止的行为。约定解除权是指市场主体双方在合同中约定，在合同成立生效以后，没有履行或没有完全履行之前，由市场主体一方在某种情况出现后有解除权，并通过行使合同解除权，使合同关系消灭。

（二）合同解除的原因

1. 因违约而解除合同

违约可分为根本性违约和非根本性违约。根本性违约为单方解除的原因和条件，非根本性违约可成为合意解除或变更的条件。

根本性违约是指一方市场主体违约使合同履行成为不必要或不可能。非根本性违约，主要表现为瑕疵履行、不适当履行，一般不影响市场主体订立合同所期望的主要经济利益，一般它是双方解除或变更的原因。

2. 因不可抗力而解除合同

不可抗力是指合同双方主体在订立合同时不能预见，对其发生和后果不可能避免，并不能克服的客观情况。

3. 因市场主体丧失行为能力而解除合同

4. 因情事变更解除合同

情事变更是诚实信用原则的具体运用，目的在于消除合同因情事变更所产生的不公平后果。

（三）合同解除的程序

要想解除合同，必须经过一定的程序。协议解除和单方解除的原因、条件不同，则解除的程序也不相同。

1. 单方解除的程序

（1）依法获得解除权。即只有在出现了法律规定的或约定的解除条件时，一方市场主体才享有解除权，并有权通知对方解除合同。

（2）解除权的行使，应以意思表示为之。即市场主体一方在行使解除权时，应负有通知对方市场主体的义务，通知的形式，原则上采用书面形式，通知到达对方市场主体时生效。

（3）法律规定了特别程序的，应当遵循特别程序的规定。比如不动产、机动车辆、舰船为标的物的买卖合同的解除，应当到登记过户部门办理注销手续。否则不发生解除的效力。

2. 双方解除的程序

双方协议解除，以双方市场主体协商一致为前提，即双方达成解除合同的协议以解除原订合同。因此，协议解除的程序必须遵循合同订立的程序，即要约与承诺两个阶段。一方市场主体向另一方市场主体提出解除合同的要约，另一方予以承诺，则原合同解除。在要约的期限内对方没有承诺，一般视为拒绝。市场主体可以在订立合同时，约定一方在发生解除合同的要约时，对方答复的期限如逾期不答复，则视为默认。

解除合同的协议，以及解除合同的要约应当采用书面形式，书面形式包括文字、电报等。

第五节　合同的担保

一、合同担保概述

（一）合同担保的概念和特征

合同的担保是指为保障合同债权的履行而设定的以债务人或者第三人的特定财产和信用来督促债务人履行合同债务的制度。

合同担保具有以下特征：

（1）合同担保一般是由当事人自愿设定的；

（2）合同担保一般是由当事人通过合同方式设定的；

（3）合同担保是对主合同债权债务合同效力的一种补充和加强。

（二）合同担保的种类

根据不同的标准，合同的担保有不同的种类。

1. 根据担保财产的形式不同，合同的担保可以分为人的担保、物的担保和金钱担保

（1）人的担保。

人的担保，又称为信用担保，是指债务人以外的第三人以其财产和信用为债务人提供的担保。人的担保以保证为基本形式。

（2）物的担保。

物的担保，是以债务人或第三人的特定财产担保债务履行而设定的担保。也就是说，以债务人或者第三人所有的特定的动产、不动产或其他财产权利作为清偿债权的标的，在债务人不履行其债务时，债权人可以将财产变价，并从中优先受清偿，使其债权得以实现的担保形式。物的担保的基本形式为抵押、质押、留置。

（3）金钱担保。

金钱担保是否作为一种独立的担保类型，在学者中认识不一。由于金钱也是物，所以从本质上说，金钱担保也可归入物的担保。但金钱毕竟是一般等价物，是特殊的种类物，以金钱为标的物的担保与以其他物为标的物的担保有着重要区别。所以，在法律上金钱担保作为一种不同于物的担保的独立的担保方式。所谓金钱担保，是指以金钱为标的物的担保，即在债务以外又

交付一定数额的金钱，该特定数额的金钱得失与债务履行与否联系在一起，使当事人双方产生心理压力，从而促使其积极履行债务，保障债权实现的制度。金钱担保的主要方式有定金、押金。

2. 根据担保发生的依据，合同的担保可以划分为约定担保和法定担保

（1）约定担保。

约定担保，又称为意定担保，是指依照当事人的意思表示，以合同的方式设立并发生效力的担保方式。约定担保，除法律对其成立要件和内容另有规定外，完全依照当事人的意思而设立。在我国现行担保法制下，抵押、质押、保证、所有权保留等均属于约定担保方式。

（2）法定担保。

法定担保，是指依照法律的规定而直接成立并发生效力的担保方式。法定担保可分为两种情形：一是当事人不得通过约定排除其适用的法定担保，如优先权、法定抵押权等担保方式；二是当事人可通过约定排除其适用的法定担保，如留置权这种担保方式。

3. 根据担保设立的目的不同，合同的担保可以分为本担保和反担保

（1）本担保。

本担保，是指保障主债权的实现而设立的担保。本担保只有在具有反担保现象时才有区分意义，我国《担保法》第四条第一款规定："第三人为债务人向债权人提供担保时，可以要求债务人提供反担保"。《物权法》第一百七十一条第二款规定："第三人为债务人向债权人提供担保的，可以要求债务人提供反担保。反担保适用本法和其他法律的规定。"可见，我国现行担保法律已经认可了反担保，只要当事人设立了反担保，则原担保即为本担保。

（2）反担保

反担保，是指为担保之债而设立的担保。在商业贸易中，特别是一些大型贸易项目中，由于风险大，担保责任也大，即担保人承担财产责任的可能性很大，这样就很难有人愿意为之进行担保。没有担保，主合同的履行就更没有保障。在这种情况下，为了换取担保人的担保，就要为之解除可能承担担保责任的后顾之忧，而以该担保责任为担保对象设立担保是最为理想的办法，这种为担保之债而设立的担保，就是反担保。关于反担保方式，不能认为《担保法》规定的五种担保方式均可作为反担保方式。在实践中运用较多的反担保形式是保证、抵押权，然后是质权。至于实际采用何种反担保方式，取决于债务人和原担保人之间的约定。

4. 根据法律上规定的适用和类型化的程度，合同的担保方式可以划分为典型担保和非典型担保

（1）典型担保。

典型担保，是指法律上明确规定的担保方式。如我国《担保法》第二条第二款规定："本法规定的担保方式为保证、抵押、质押、留置和定金"。据此，保证、抵押、质押、留置和定金都为典型的合同担保方式。此外，其他一些法律中规定的担保方式，如我国《企业破产法》和《海商法》中规定的优先权，也为典型的合同担保方式。

（2）非典型担保。

非典型担保，是指法律上尚未予以类型化，在实务中还不具有典型意义，但为学说、判例所承认的担保方式。如让与担保、所有权保留等都属于非典型的合同担保方式。

5. 根据担保适用的范围和对象不同，合同的担保可以划分为普通法上的担保和特别法上的担保

（1）普通法上的担保。

普通法上的担保，是指普通法所规定的适用于一般民事关系的担保方式。如我国《民法通则》《担保法》《物权法》规定的保证、抵押、质押、留置、定金等担保方式即属于普通法上的担保方式。应注意的是，《物权法》所规定的担保方式主要是担保物权，而《担保法》所规定的担保方式则不仅包括担保物权，还包括非物权性质的担保方式。

（2）特别法上的担保。

特别法上的担保，是指特别法所规定的适用于特定民事关系的担保方式。如我国《海商法》《票据法》《企业破产法》《民用航空法》等规定的船舶优先权、船舶抵押权、船舶留置权、票据保证、破产优先权、民用航空器优先权等担保方式即属于特别法上的担保方式。

二、保　证

（一）保证的概念

保证，是指保证人和债权人约定，当债务人不履行债务时，保证人按照约定履行债务或者承担责任的行为。保证具有以下三个方面的含义。

（1）保证是一种双方的民事法律行为。

保证须由债权人与保证人双方的意思表示一致才可成立。凡仅由一方的意思表示即可成立的保证，不是民法上的普通保证。如票据法上的保证，即只有保证人一方的意思表示即可成立。

（2）保证是担保债务人履行债务的行为。

保证是双方约定由保证人担保债务人履行债务的，所以保证人只能是债务人以外的第三人，也就是说被保证人只能是保证当事人以外的人。保证人与被担保履行债务的债务人不能是一人，因此，凡对自己的行为所作的保证，都不属于担保法上的保证。

（3）保证是约定债务人不履行债务时由保证人承担保证责任的行为。

保证人的保证是以债务人不履行债务为生效要件。因此，凡不能发生保证人保证债务，或不是在债务人不履行债务时才负担保证债务的保证，均不是担保法上的保证。

（二）保证人的资格

《担保法》第七条规定，具有代为清偿债务能力的法人、其他组织或者公民，可以作为保证人。

同时，《担保法》规定下列组织不得作为保证人：

（1）国家机关不得为保证人，但经国务院批准为使用外国政府或者国际经济组织贷款进行转贷的除外。

（2）学校、幼儿园、医院等以公益为目的的事业单位、社会团体不得为保证人。

（3）企业法人的分支机构、职能部门不得为保证人。

（三）保证方式

1. 连带责任保证

当事人在保证合同中约定保证人与债务人对债务承担连带责任的，为连带责任保证。连带保证责任具有从属性，但不具有补充性。当事人对保证方式没有约定或者约定不明确的，按照连带责任保证承担保证责任。

2. 一般保证

当事人在保证合同中约定，当债务人不能履行债务时，保证人承担保证责任的，为一般保证。

（四）保证合同

保证人与债权人应当以书面形式订立保证合同。

（五）保证责任的范围

保证责任的范围亦即保证担保的范围，是指保证人承担保证责任的范围。保证担保的范围包括：主债权及利息、违约金、损害赔偿金和实现债权的费用。

（六）保证期间

（1）一般保证的保证人与债权人未约定保证期间的，保证期间为主债务履行期届满之日起六个月。

（2）连带责任保证的保证人与债权人未约定保证期间的，债权人有权债务履行期届满之日起六个月内要求保证人承担保证责任。

（3）保证人依法就连续发生的债权作保证，未约定保证期间的，保证人可以随时书面通知债权人终止保证合同，但保证人对于通知到达债权人之前所发生的债权，承担保证责任。

（七）保证责任的承担和免除

在保证期间内，债务人不能履行债务时，保证人应在保证范围内承担保证责任。保证责任承担后，有权向债务人追偿。

在下列情形下，保证人的保证责任免除或消灭：

（1）债务人转让债务未经保证人同意；

（2）主合同变更未经保证人同意的；

（3）保证期间届满而债权人未为请求；

（4）债权人放弃物的担保；

（5）主债务消灭或者保证合同终止。

（八）最高额保证

最高额保证是保证人与债权人协议于最高额的限度内就一定期间连续发

生的债权提供的保证担保。《担保法》第十四条规定："保证人与债权人可以就单个主合同分别订立保证合同，也可以协议在最高债权额限度内就一定期间连续发生的借款合同或者某项商品交易合同订立一个保证合同。""最高额保证合同的不特定债权确定后，保证人应当对在最高债权额限度内就一定期间连续发生的债权总额承担保证责任。"

（九）共同保证

共同保证是指数个保证人共同担保同一债务的履行的保证。同一债务有数个保证人的，保证人应当按照保证合同约定的份额，承担保证责任。没有约定保证份额的，共同保证人承担连带责任。

三、定　金

（一）定金的概念

定金是指合同当事人约定一方在合同订立时或在合同履行前预先给付对方一定数量的金钱，以保障合同债权实现的一种担保方式。

（二）定金与预付款

预付款与定金具有某些相同之处，但两者的性质根本不同，其区别表现在以下方面。

1. 性质不同

定金是定金合同的主要内容，交付或接受定金，本身不是履行主债的义务，而是债的担保方式，是履行定金合同的行为；而预付款则是主合同内容的组成部分，给付预付款是履行主债的行为。

2. 作用不同

预付款的作用在于帮助对方解决资金上的困难，使之更有条件适当履行合同，具有支援性；定金虽然也有这一作用，但是主要作用还在于担保合同的履行。此外，定金在合同是否成立发生争议时，还可以起到证明合同成立的作用。而预付款则没有担保和证约的作用。

3. 效力不同

预付款在合同正常履行的情况下，成为价款的一部分，在合同没有得到履行的情况下，不管是给付一方当事人违约，还是接受方违约，预付款都要原数返回；定金则不同，在合同得到履行时，定金是收回还是抵作价款，要根据双方当事人的约定来确定，并非一定抵作价款。在不履行合同的情况下，给付定金的一方不履行义务时，无权要求返还定金；接受定金的一方不履行义务的，应当双倍返还定金。定金具有违约惩罚性，而预付款则没有。

4. 支付方式不同

定金一般是一次性支付，交付定金后，定金合同方可成立；预付款可以一次性支付，也可以分期支付。

5. 适用范围不同。

定金在合同中运用广泛，不仅适用于以金钱履行义务的合同，也可以适用于其他有偿合同；而预付款一般只能适用于以金钱履行义务的合同。

（三）定金罚则

给付定金的一方不履行约定义务的，无权要求对方返还定金；接受定金的一方不履行约定义务时，应双倍返还定金。

（四）定金合同

定金应当以书面形式约定。当事人在定金合同中应当约定交付定金的期限。定金合同从实际交付定金之日起生效。定金的数额由当事人约定，但不得超过主合同标的额的20%。

（五）定金的效力

根据《担保法》第八十条的规定，除非当事人另有约定，定金的效力主要表现在以下几个方面。

（1）当合同履行时，定金应当返还或者作为给付的一部分。由于设立定金的目的在于担保合同的履行，一旦合同得以履行，定金存在的意义也就丧失了。故在合同履行完毕时，定金应予返还。若定金与应该给付价款的数额相同，则可以作为给付的一部分。

（2）当合同由于可归责于定金给付当事人的事由而陷入不能履行时，给付定金的一方无权要求返还定金。这是由于在此种场合下，给付定金的一方本应向对方当事人就其违约行为负损害赔偿责任，但既然双方当事人已约有定金，则守约方可以径直占有定金作为损害赔偿，而不必就其因对方违约而蒙受的损失负举证责任。而且，除非当事人另有约定，守约方不能再向给付定金的一方提出损害赔偿请求权。

（3）当合同由于可归责于收受定金当事人的事由而陷入不能履行时，收受定金的一方当事人应当双倍返还定金。在这种场合下，收受定金的一方当事人作为违约方理应向给付定金的对方当事人负损害赔偿责任。但由于收受定金的当事人已经占有了守约方的定金，该笔定金既可作为定金给付方违约时对定金收受方的损害赔偿预定额，当然也可作为定金收受方违约时对定金给付方的损害赔偿预定额，故定金收受方应将其原收受的定金如数退还给给付方。总之，由于作为违约方的定金收受方既应向定金给付方赔偿与定金数额相同的损失，又应向定金给付方返还其收受的定金，故作为违约方的定金收受方应向定金给付方双倍返还定金。

（4）当合同由于不可归责于双方当事人的事由而陷入不能履行时，收受定金的当事人应当返还定金。若双方当事人对于主合同的履行均无过失时，其双方当事人均应免责，故不发生损害赔偿的问题。而且，原定合同既然已经终止，则定金给付方的定金也就丧失了给付原因，定金收受方自应予以返还。

四、抵 押

（一）抵押的概念

抵押是指债务人或第三人不转移对特定财产的占有而将该财产作为债权担保。债务人不履行债务时，债权人有权依法以该财产折价或者以拍卖、变卖该财产的价款优先受偿。

（二）抵押物的范围

根据我国《担保法》第三十四条、第三十七的规定，可以抵押的财产包括：

（1）抵押人所有的房屋和其他地上定着物；

（2）抵押人所有的机器、交通运输工具和其他财产；

（3）抵押人依法有权处分的国有的土地使用权、房屋和其他地上定着物；

（4）抵押人依法有权处分的国有的机器、交通运输工具和其他财产；

（5）抵押人依法承包并经发包方同意抵押的荒山、荒沟、荒丘、荒滩等荒地的土地承包经营权；

（6）依法可以抵押的其他财产。

抵押人可以将前款所列财产一并抵押。

不可抵押的财产包括：

（1）土地所有权；

（2）耕地、宅基地、自留地、自留山等集体所有的土地使用权，但本法第三十四条第（5）项、第三十六条第3款规定的除外；

（3）学校、幼儿园、医院等以公益为目的的事业单位、社会团体的教育设施、医疗卫生设施和其他社会公益设施；

（4）所有权、使用权不明或者有争议的财产；

（5）依法被查封、扣押、监管的财产；

（6）依法不得抵押的其他财产。

（三）抵押合同

抵押人和抵押权人应当以书面形式订立抵押合同。

（四）抵押物的登记

（1）当事人以下列财产进行抵押的，应当办理抵押物登记：土地使用权、城市房地产或乡（镇）村企业的厂房、林木、航空器、船舶、车辆以及企业的设备和其他动产抵押的，应向法定部门办理抵押物登记，抵押合同自登记之日起生效。

（2）以其他财产抵押的，当事人可自愿办理抵押物登记，抵押合同自签订之日起生效。

当事人未办理抵押物登记的，不得对抗善意第三人。当事人办理抵押物登记的，登记部门为抵押人所在地的公证部门。

（五）抵押担保的范围

抵押担保的范围包括主债权及利息、违约金、损害赔偿金和实现抵押权的费用。当事人另有约定的，可以按照约定。

（六）抵押担保的效力

抵押权不得与所担保的债权分离而单独转让或者作为其他债权的担保。抵押权与其担保的债权同时存在，债权消灭的，抵押权也消灭。

121

（七）抵押担保的实现

当债务人在债务履行期届满而没有履行债务时，抵押权人就可以行使抵押权，将抵押物折价或者以拍卖、变卖抵押物的价款优先受偿。

同一财产向两个以上债权人抵押的，拍卖、变卖抵押物所得的价款按照以下规定清偿：（1）抵押合同已登记生效的，按照抵押物登记的先后顺序清偿；顺序相同的，按照债权比例清偿；（2）抵押合同自签订之日起生效的，该抵押物已登记的，按照第（1）项规定清偿；未登记的，按照合同生效时间的先后顺序清偿，顺序相同的，按照债权比例清偿。抵押物已登记的先于未登记的受偿。

五、质 押

（一）质押的概念

质押是指债务人或者第三人转移其财产的占有给债权人以供作债权担保。债务人不履行债务时，债权人有权依法以出质财产的变现价款优先受偿。质押可分为动产质押和权利质押。

（二）质押与抵押的区别

抵押与质押是两种完全不同的担保方式，其主要区别如下。

（1）抵押与质押的标的物不同。抵押的标的物传统上是不动产（现代立法，也包括部分动产），而质押的标的物是动产与权利。

（2）抵押与质押中标的物是否转移占有不同。在抵押法律关系中，抵押的标的物是不转移占有的，仍由抵押人占有、使用、收益。抵押权人的权利在于有权干预未经其同意的债务人对抵押物的处分，并有权追索该标的物以及优先受偿权。而质押中，作为质押标的物的动产与权利是要转移占有的。在质押合同设立后，债务人要将质押物交付债权人占有，动产要转移占有，权利也要转移权利证书才能起到担保的效果。

（三）动产质押

动产质押是指债务人或者第三人将其动产移交债权人占有，将该动产作为债权的担保。债务人不履行债务时，债权人有权依照我国《担保法》的规定以该动产折价或者以拍卖、变卖该动产的价款优先受偿。前款规定的债务人或者第三人为出质人，债权人为质权人，移交的动产为质物。设定动产质押，出质人和质权人应当以书面形式订立质押合同。根据我国《物权法》的规定，质押合同是诺成合同，并不以质物占有的移转作为合同的生效要件。

（四）权利质押

权利质押，是指以所有权之外的财产权为标的物而设定的质押。权利质押主要以债权、股东权和知识产权中的财产权利作为标的物。

《物权法》第二百二十三条规定，债务人或者第三人有权处分的下列权利可以出质：

（1）汇票、支票、本票；

（2）债券、存款单；

（3）仓单、提单；

（4）可以转让的基金份额、股权；

（5）可以转让的注册商标专用权、专利权、著作权等知识产权中的财产权；

（6）应收账款；

（7）法律、行政法规规定可以出质的其他财产权利。

六、留　置

（一）留置的含义和成立条件

留置是指债权人按照合同约定占有债务人的动产，债务人不按照合同约定的期限履行债务的，债权人有权依法留置该财产，以该财产折价或者以拍卖、变卖该财产的价款优先受偿。

留置权的发生须具有以下条件：

（1）须债权人按照合同的约定占有债务人的动产；

（2）须债权人的债权与债务人的债务是基于同一合同发生的；

（3）须债务人未按照合同的约定履行债务；

（4）须留置财产不违反双方的约定并符合法律规定。

（二）留置权的效力

1. 留置担保的范围

留置担保的范围包括主债权及利息、违约金、损害赔偿金，留置物保管费用和实现留置权的费用。

2. 留置权的行使

债权人与债务人应当在合同中约定，在债务履行期限届满债权人留置财产后，债务人应当在不少于两个月的期限内履行义务。合同中未约定的，债权人留置财产后，应当确定两个月以上的还债期限，通知债务人在该期限内履行。债务人逾期仍不履行债务的，债权人可以与债务人协议以留置物折价，也可以依法拍卖、变卖留置物。留置物折价或拍卖、变卖后，其价款超过债权数额的部分返还债务人，不足部分继续由债务人清偿。

（三）留置权的消灭

留置权属于担保物权，因此担保物权消灭的一般原因也适用于留置权，例如主债权消灭、担保物权实现、债权人放弃担保物权。留置权的消灭是指留置权在成立后由于一定法律事实的出现，留置权不复存在。

《物权法》第二百四十条规定："留置权人对留置财产丧失占有或者留置权人接受债务人另行提供担保的，留置权消灭。"因此，留置权消灭的特殊原因主要有以下几方面。

1. 债务人另行提供担保

债务人可以另行提供担保，取代留置担保，消灭留置权。债的担保方式

课堂笔记

有许多，如保证、抵押、质押等，这些担保方式都具有担保债权实现的作用。债务人另行提供的担保方式，须经债权人认可，否则不能消灭留置权。由于留置担保属于法定担保，留置权的发生不以当事人的意志为转移，所以不排除留置担保对当事人而言不是最佳担保的可能性。留置物归债权人占有但债权人却无法使用留置物，这实际上导致留置物的闲置，不利于留置物效用的充分发挥，也不利于经济流转。因此，法律允许当事人另行协商设定担保以取代留置权。

2. 留置物占有的丧失

对留置物的占有是留置权存在的前提，债权人对留置物占有的丧失使得留置担保的基础丧失，因而构成留置权的消灭原因。债权人对留置物占有的丧失分两种情形。

（1）由于债权人的原因丧失占有，如债权人将留置物返还给债务人，此情形下留置权当然消灭，且因其他原因重新占有时也不能恢复留置权。

（2）由于第三人或债务人的非法侵夺导致债权人对留置物占有的丧失，此情形下债权人的占有权可以对抗侵夺人，有权要求其停止侵害、恢复原状、返还原物。债权人的留置权并不当然消灭，在其丧失占有时消灭，在其恢复占有时留置权重新取得。

思考练习

1. 简述合同的概念和法律特征。

2. 简述合同的主要分类。

3. 哪些合同属于无效合同？哪些合同属于可撤销合同？哪些合同属于效力待定合同？

4. 合同条款不明确时应如何履行？

5. 我国《合同法》规定了哪些抗辩权？

6. 简述合同终止的原因。

7. 我国《担保法》规定了哪些担保方式？

第七章　竞争法

重点掌握内容

反不正当竞争法；不正当竞争行为；广告的概念和种类；广告管理机构；广告主体；广告活动应遵循的法律规定；广告内容的法律规定；特殊商品广告的法律规定。

第一节　反不正当竞争法

一、反不正当竞争法概述

反不正当竞争法的概念有广义和狭义之分。广义的反不正当竞争法，是指调整市场竞争过程中因规制不正当竞争行为而发生的各种社会关系的法律规范的总称。狭义的反不正当竞争法，是指《中华人民共和国反不正当竞争法》以及相关的行政规章。本书采用狭义的概念。1993 年 9 月颁布的《中华人民共和国反不正当竞争法》是我国第一部关于规范市场竞争秩序的法律。

（一）不正当竞争行为的概念和特征

不正当竞争一般可以从广义和狭义两个方面来理解。广义上的不正当竞争泛指一切违反有关法律规定，或者一切违反善良风俗、诚实惯例、商业道德而从事商品生产经营的行为。它包括人们通常说的垄断行为、限制竞争行为以及其他采用不正当手段进行竞争的行为。狭义上的不正当竞争，指的是排除垄断和限制竞争行为以外的，违反法律规定和公认的商业道德，采用假冒、盗用、诋毁竞争对手、欺诈、强制、封锁等手段进行竞争的行为。

我国的法律与理论界所称的不正当竞争仅指狭义上的不正当竞争行为，即指经营者违反《反不正当竞争法》的规定，损害其他经营者的合法权益，扰乱社会经济秩序的行为。这一概念包含三个特征。

1. 主体具有特定性

一般情况下不正当竞争是经营者的行为，我国《反不正当竞争法》中还包括政府及所属部门滥用行政权力限制竞争行为。

2. 行为具有违法性

不正当竞争行为是违法和违反道德的行为，表现在：（1）违反反不正当竞争法律规范的行为；（2）违反我国其他法律规范的行为，如《商标法》

125

《产品质量法》等；（3）违反公认的商业道德的行为。

3. 行为具有危害性

不正当竞争损害的是其他经营者的合法权益和社会正常的经济竞争秩序。

（二）反不正当竞争法的基本原则

1. 自由竞争原则

自由竞争原则，是指市场主体有权根据自己的意愿自由参与市场竞争活动，并有权拒绝和抵制他人的非法干预和限制。自由竞争既是市场经济的精髓，也是市场经济对竞争行为的必然要求。

2. 正当竞争原则

正当竞争原则，是指竞争主体所选择的竞争手段、竞争方式方法不违反法律的规定，不违背公认的商业道德。正当竞争原则是自由竞争原则基础上建立的一个原则，同时也是对自由竞争原则的限定与补充。

3. 规制竞争原则

规制竞争原则，是指国家以健全的竞争法律体系、竞争执法机制规制市场竞争活动。市场经济条件下，严格的市场竞争运行规则是规制市场竞争活动的重要内容。而市场竞争运行规则要以健全的竞争法律体系、竞争执法机制予以保障。

二、不正当竞争行为

（一）欺骗性交易行为

欺骗性交易行为又称为商业假冒行为，是指经营者在市场经营活动中，采用虚假不实的不正当手段从事商业欺诈并牟取非法利益的行为。具体表现为以下几方面。

（1）假冒他人注册商标的行为。

商标是商品的标记，注册商标是指经国务院工商行政管理部门商标局核准注册的商标。商标一经注册，商标所有人即取得注册商标专用权，依法受到法律的保护。假冒他人注册商标的行为，是指未经商标注册人的许可，在同一种商品或者类似商品上使用与其注册商标相同或者近似的商标的行为。假冒他人注册商标的行为具体有四种情形：

①在同一种商品上使用与他人注册商标相同的商标；

②在同一种商品上使用与他人注册商标近似的商标；

③在类似商品上使用与他人注册商标相同的商标；

④在类似商品上使用与他人注册商标近似的商标。

（2）擅自使用知名商品特有的名称、包装、装潢，或者使用与知名商品近似的名称、包装、装潢，造成与他人的知名商品相混淆，使购买者误认为是该知名商品的行为。

（3）擅自使用他人的企业名称或者姓名，引人误以为是他人商品的行为。

（4）在商品上伪造或者冒用认证标志、名优标志等质量标志，伪造产地，对商品质量作引人误解的虚假表示的行为。

课堂笔记

（二）引人误解的虚假宣传行为

虚假宣传行为，是指经营者利用广告或者其他方法，对产品的质量、性能、用途、特点、价格、使用方法等作引人误解的不实宣传，导致消费者上当受骗或者陷于错误认识而发生的购买行为。根据《反不正当竞争法》第九条和《广告法》第二条至第五条的规定，虚假宣传行为具有如下构成要件：

（1）行为主体是广告主、广告代理制作者和广告发布者；

（2）行为主体实施了虚假宣传行为；

（3）虚假宣传行为可能导致消费者上当受骗或者陷于错误认识；

（4）广告经营者在明知或应知的情况下才对虚假广告负法律责任；对广告主则不论其主观上处于何种状态均须对虚假广告承担法律责任。

（三）滥用市场支配地位限制竞争行为

滥用市场支配地位限制竞争行为，是指公用企业或者其他具有独占地位的经营者滥用市场支配地位限制竞争的行为。根据我国《反不正当竞争法》第六条的规定，滥用市场支配地位的限制竞争行为具有如下构成要件：

（1）行为主体是公用企业或者依法具有独占地位的经营者；

（2）行为主体从事了侵害其他经营者公平竞争的行为；

（3）行为人主观上有过错。

（四）商业贿赂行为

商业贿赂行为，是指经营者为销售或者购买商品而采用财物或者其他手段贿赂对方单位或者个人的行为。根据我国《反不正当竞争法》第八条和1996年11月15日国家工商局发布并于公布之日起实施的《关于禁止商业贿赂行为的暂行规定》的规定，商业贿赂行为具有如下构成要件：

（1）商业贿赂的行为主体是从事市场交易的经营者以及与经营者存在交易关系的对方单位或者个人；

（2）经营者实施了商业贿赂行为。商业贿赂主要采用财物和其他手段。财物是指现金和实物；其他手段包括提供免费度假、旅游、高档宴席、赠送昂贵物品、房屋装修以及解决子女、亲属入学或就业等多种方式等；

（3）商业贿赂的目的是为了排挤竞争对手，在后果上侵犯了同业竞争者的公平竞争权，扰乱了社会经济秩序。

（五）侵犯商业秘密行为

我国《反不正当竞争法》第十条第三款将商业秘密定义为"不为公众所知悉、能为权利人带来经济利益、具有实用性并经权利人采取保密措施的技术信息和经营信息"。侵犯商业秘密行为具有如下构成要件。

1. 权利人拥有商业秘密的事实

2. 权利人拥有的商业秘密具有三个属性

（1）秘密性，即技术信息和经营信息等商业秘密不为公众所知悉；

（2）实用性，即商业秘密通过现在或者将来的使用，能够为权利人带来实际的或潜在的经济利益及竞争优势。

（3）保密性，即权利人对商业秘密采取保密措施。

3. 经营者实施了侵犯商业秘密的行为

根据我国《反不正当竞争法》第十条和《关于禁止侵犯商业秘密行为的若干规定》第三条的规定，经营者实施侵犯商业秘密的行为包括如下几种：

（1）以盗窃、利诱、胁迫或者其他不正当手段获取权利人的商业秘密；

（2）披露、使用或者允许他人使用手段获取的权利人的商业秘密；

（3）违反约定或者违反权利人有关保守商业秘密的要求，披露、使用或者允许他人使用其所掌握的商业秘密；

（4）第三人明知或者应知上述各款所列违法行为，获取、使用或者披露他人的商业秘密，视为侵犯商业秘密。

（六）诋毁商誉行为

诋毁商誉行为又称为商业诽谤行为，是指经营者捏造、散布虚假事实，损害竞争对手的商业信誉和商品声誉，以削弱竞争对手的竞争力而为自己取得竞争优势和谋取不当利益的行为。根据《反不正当竞争法》第十四条的规定，商业诋毁行为具有如下构成要件。

（1）行为主体是经营者。

（2）经营者实施了商业诋毁行为。经营者实施商业诋毁行为主要表现为：①在公开场合，用散发公开信、召开新闻发布会、消费者座谈会等形式，捏造、散布虚假事实，以贬低竞争对手的商业声誉；②利用对比性广告、对自己的商品进行不符合事实的宣传，以贬低竞争对手的商品声誉；③在经营过程中，向业务客户或消费者编造、散布虚假事实，损害竞争对手的商誉；④唆使他人在公众中造谣并传播、散布竞争对手所售的商品质量有问题，使公众对该商品失去信赖，以便自己的同类产品取而代之；⑤组织有关人员，以顾客或者消费者的名义，向有关经济监督部门作关于竞争对手产品质量低劣、服务质量差、侵害消费者权益等情况的虚假投诉，从而达到贬损其商业信用的目的。

（3）诋毁是行为人故意针对特定竞争对手的行为。

（七）低价倾销行为

低价倾销行为，是指经营者采用在一定市场上和一定时期内以低于成本的价格销售商品的手段，达到排挤竞争对手的行为。低价倾销行为具有以下构成要件。

（1）行为主体是处于卖方地位的经营者。

（2）经营者实施了低价倾销行为。在某些特定情况下，降价销售不以排挤竞争对手为目的法律是允许的。《反不正当竞争法》规定，有下列情形之一的，不属于不正当竞争行为：销售鲜活商品；处理有效期即将到期的商品或其他积压的商品；季节性降价；因清偿债务转产、歇业降价销售商品。

（3）行为的目的是排挤竞争对手以独占市场。

（八）附加不合理条件的销售行为

附加不合理条件的销售行为，是指经营者在销售商品或者提供服务时，违背购买人和接受服务者的意愿，强行要求购买者或者接受服务者购买搭配商品或者接受附加的不合理条件的行为。如果购买者自愿接受经营者的搭售或附加条件，则不能被认定为不正当竞争行为。

（九）不正当奖售行为

不正当奖售行为，是指经营者在销售商品或者提供服务时，以欺骗或者其他不正当的手段附带性地向购买者提供物品、金钱或者其他经济上利益的行为。法律并不禁止所有的有奖销售行为，而只对不正当有奖销售行为予以禁止。根据我国《反不正当竞争法》第十三条的规定，法律禁止如下三种不正当奖售行为。

（1）欺骗性奖售行为。根据《关于禁止有奖销售活动中不正当竞争行为的若干规定》，欺骗性有奖销售主要包括：①谎称有奖销售或者对所设奖的种类、中奖概率、最高奖金额、总金额以及奖品种类、数量、质量、提供方法等作虚假不实的表示；②采取不正当的手段故意让内定人员中奖；③故意将设有中奖标志的商品、奖券不投放市场或者不将商品、奖券同时投放市场；④故意将带有不同奖金金额或者奖品标志的商品、奖券按不同时间投放市场；⑤不按规定向公众公布有奖销售事项，隐瞒事实真相。

（2）利用有奖销售的手段推销质次价高的商品。

（3）最高奖金额超过5000元的抽奖式有奖销售。

（十）串通招投标行为

串通招投标行为是指在招标投标过程中，投标人之间私下串通抬高标价或者压低标价，共同损害招标人利益；或者招标人与投标人相互勾结，共同排挤其他投标人利益的行为。由于串通投标的主体不同，其表现形式也不完全相同。根据《反不正当竞争法》第十五条、1998年1月6日国家工商行政管理局第82号令《关于禁止串通招标投标行为的暂行规定》的规定，串通招投标行为具有如下构成要件。

（1）行为主体是招、投标者。

（2）招投标人实施了串通招投标的行为。主要表现为：投标者相互串通，一致抬高或者压低标价；投标者互相串通，轮流以高价位或低价位中标；招标者和投标者之间相互勾结以排挤竞争对手。

（十一）滥用行政权力限制竞争行为

滥用行政权力限制竞争行为，是指政府及其所属部门滥用行政权力，排斥、限制或者干涉其他竞争者合法竞争的行为。由于滥用行政权力限制竞争行为凭借的是行政权力，故又称为行政垄断。根据《反不正当竞争法》第七条的规定，滥用行政权力限制竞争行为具有如下构成要件。

（1）行为主体主要是掌握国家公权力的政府行政机关及其所属部门。

（2）行为主体采用了滥用行政权力限制竞争的行为。根据《反不正当竞争法》第七条的规定，政府及其所属部门滥用行政权力限制竞争的行为有：①限定他人购买其指定的经营者的商品；②限制其他经营者正当的经营活动；③限制外地商品进入本地市场；④限制本地商品流向外地市场等。

（3）侵害了其他经营者公平竞争的机会。滥用行政权力限制竞争行为，一方面破坏了平等、自由的市场竞争机制，违背了公平、正当的市场竞争要求；另一方面，又人为地制造了条块分割，侵害了其他经营者的公平竞争机会，扰乱了市场竞争秩序。

三、不正当竞争行为的监督检查和法律责任

（一）监督检查

我国《反不正当竞争法》第三条第二款规定："县级以上人民政府工商行政管理部门对不正当竞争行为进行监督检查；法律、行政法规规定由其他部门监督检查的，依照其规定。"第十六条再次重申："县级以上监督检查部门对不正当竞争行为可以进行监督检查。"由此可见，我国对不正当竞争行为的监督检查机关有两类。一是县级以上人民政府工商行政管理部门。例如根据《关于禁止侵犯商业秘密行为的若干规定》的规定，侵犯商业秘密行为由县级以上工商行政管理机关认定处理。二是县级以上依照法律、行政法规规定的其他职能部门。如卫生部门依法可以对食品和药品方面的不正当竞争行为进行监督检查。例如根据《关于制止低价倾销行为的规定》第十一条的规定，违反价格法和本规定，属于跨省区的低价倾销行为，由国务院价格主管部门认定；属于省及省以下区域性的低价倾销行为，由省、自治区、直辖市人民政府价格主管部门认定。

（二）法律责任

根据《反不正当竞争法》的规定，违反该法所应承担的法律责任包括民事责任、行政责任和刑事责任，具体规定如下。

1. 经营者违反《反不正当竞争法》的法律责任

经营者违反《反不正当竞争法》的规定，给被侵害的经营者造成损害的，应当承担损害赔偿责任，被侵害的经营者的损失难以计算的，赔偿额为侵权人在侵权期间因侵权所获得的利润，并应当承担被侵害的经营者因调查该经营者侵害其合法权益的不正当竞争行为所支付的合理费用。

被侵害的经营者的合法权益受到不正当竞争行为损害的，可以向人民法院提起诉讼。

（1）经营者假冒他人的注册商标，擅自使用他人的企业名称或者姓名，伪造或者冒用认证标志、名优标志等质量标志，伪造产地，对商品质量作引人误解的虚假表示的，依照《中华人民共和国商标法》《中华人民共和国产品质量法》的规定处罚。

（2）经营者擅自使用知名商品特有的名称、包装、装潢或者使用与知名商品近似的名称、包装、装潢造成和他人的知名商品相混淆，使购买者误认为是该知名商品的，监督检查部门应当责令停止违法行为，没收违法所得，可以根据情节处以违法所得 1 倍以上 3 倍以下的罚款；情节严重的，可以吊销营业执照；销售伪劣商品，构成犯罪的，依法追究刑事责任。

（3）经营者采用财物或者其他手段进行贿赂以销售或者购买商品，构成犯罪的，依法追究刑事责任；不构成犯罪的，监督检查部门可以根据情节处

以 1 万元以上 20 万元以下的罚款，有违法所得的，予以没收。

（4）经营者利用广告或者其他方法，对商品作虚假宣传，监督检查部门应当责令停止违法行为，消除影响，可以根据情节处以 1 万元以上 20 万元以下的罚款。广告的经营者，在明知或者应知的情况下，代理、设计、制作、发布虚假广告的，监督检查部门应当责令停止违法行为，没收违法所得，并依法处以罚款。

（5）侵犯商业秘密的，监督检查部门应当责令停止违法行为，可以根据情节处以 1 万元以上 20 万元以下的罚款。

（6）违法进行有奖销售的，监督检查部门应当责令停止违法行为，可以根据情节处以 1 万元以上 10 万元以下的罚款。

（7）投标者串通投标，抬高标价或者压低标价；投标者和招标者相互勾结，以排挤竞争对手公平竞争的，其中标无效。监督检查部门可以根据情节处以 1 万元以上 20 万元以下的罚款。

（8）经营者有违反被责令暂停销售，不得转移、隐匿、销毁与不正当竞争行为有关的财物的行为的，监督检查部门可以根据情节处以被销售、转移、隐匿、销毁财物的价款的 1 倍以上 3 倍以下的罚款。当事人对监督检查部门作出的处罚决定不服的，可以自收到处罚决定之日起 15 日内向上一级主管机关申请复议；对复议决定不服的，可以自收到复议决定书之日起 15 日内向人民法院提起诉讼；也可以直接向人民法院提起诉讼。

2. 公用企业或者其他依法具有独占地位的经营者违反《反不正当竞争法》的法律责任

公用企业或者其他依法具有独占地位的经营者，限定他人购买其指定的经营者的商品，以排挤其他经营者的公平竞争的，省级或者区的、市的监督检查部门应当责令停止违法行为，可以根据情节处以 5 万元以上 20 万元以下的罚款。被指定的经营者借此销售质次价高商品或者滥收费用的，监督检查部门应当没收违法所得，可以根据情节处以违法所得 1 倍以上 3 倍以下的罚款。

3. 政府及其所属部门违反《反不正当竞争法》的法律责任

政府及其所属部门违法限定他人购买其指定的经营者的商品、限制其他经营者正当的经营活动，或者限制商品在地区之间正常流通的，由上级机关责令其改正；情节严重的，由同级或者上级机关对直接责任人员给予行政处分。被指定的经营者借此销售质次价高商品或者滥收费用的，监督检查部门应当没收违法所得，可以根据情节处以违法所得 1 倍以上 3 倍以下的罚款。

监督检查不正当竞争行为的国家机关工作人员滥用职权、玩忽职守，构成犯罪的，依法追究刑事责任；不构成犯罪的，给予行政处分。

监督检查不正当竞争行为的国家机关工作人员徇私舞弊，对明知有违反《反不正当竞争法》规定构成犯罪的经营者故意包庇不使他受追诉的，依法追究刑事责任。

第二节　广告法

一、广告及广告法概述

（一）广告概述

从字面的解释来看，广告就是"广而告之"，即向广大公众告知某件事，有广泛劝告的意思。一般来说，广告有狭义和广义之分。狭义的广告专指商业广告或者经济广告，是指商品经营者或者服务提供者通过一定媒介和形式直接或者间接向社会公众介绍自己的商品或者提供的服务。广义的广告泛指一切要引起他人注意的宣传品和宣传手段，例如政府、政党、宗教团体、学校、个人等向社会发布的宣言、告示、公告、说明、声明、公报等。《广告法》所称广告是指商业广告。

商品生产者欲将其提供的商品和服务向社会广为传播，必须通过一定的传播媒介和手段。广泛使用的商业广告主要有以下几种表现形式：报纸广告、杂志广告、电视广告、广播广告、路牌广告、交通广告、招贴广告、霓虹灯广告、橱窗广告等。

（二）广告法概述

随着广告业的发展，诸如利用广告推销伪劣产品、夸大产品或服务的功效、欺骗和误导消费者，利用广告进行不正当竞争等行为严重侵害着消费者的合法权益，同时也对社会经济秩序造成了严重的破坏。为了加强广告管理，1994 年 1 月 27 日第八届全国人民代表大会常务委员会第十次会议通过了《中华人民共和国广告法》（以下简称《广告法》），自 1995 年 2 月 1 日起施行。2015 年 4 月 24 日第十二届全国人民代表大会常务委员第十四次会议予以修订。

我国的广告法是指调整广告主、广告经营者、广告发布者和广告代言人在我国境内从事广告活动而产生的法律关系的法律规范的总称。

二、广告主体

（一）广告主体的概念

广告主体是指参与广告活动、享受权利、承担义务的当事人或者参加者，包括四个方面：广告主、广告经营者、广告发布者和广告代言人。

广告主是指为推销商品或者提供服务，自行或者委托他人设计、制作、发布广告的法人、其他经济组织或者个人。

广告经营者是指受委托提供广告设计、制作、代理服务的法人、其他经济组织或者个人。

广告发布者是指为广告主或者广告主委托的广告经营者发布广告的法人或者其他经济组织。

广告代言人是指广告主以外的，在广告中以自己的名义或者形象对商品、服务作推荐、证明的自然人、法人或者其他组织。

（二）广告主体的资格

1. 广告主的资格

广告主自行或者委托他人设计、制作、发布广告，所推销的商品或者所提供的服务应当符合广告主的经营范围，且广告主应当具有或者提供真实、合法、有效的下列证明文件：

（1）营业执照及其他生产、营业资格的证明文件；

（2）质量检验机构对广告中有关商品质量内容出具的证明文件；

（3）确认广告内容真实性的其他证明文件；

（4）发布广告（如药品、医疗器械、农药的广告）需要经有关行政主管部门审查的，还应当提供有关批准文件。

2. 广告经营者和广告发布者资格

广告经营者应当具有必要的专业技术人员、制作设备，并依法办理广告经营登记，方可从事广告活动；广播电台、电视台、报刊出版单位从事广告发布业务的，应当设有专门从事广告业务的机构，配备必要的人员，具有与发布广告相适应的场所、设备，并向县级以上地方工商行政管理部门办理广告发布登记。

广告经营者、广告发布者按照国家有关规定，建立、健全广告业务的承接登记、审核、档案管理制度；依据法律、行政法规检验有关证明文件，核实广告内容。对内容不实或者证明文件不全的广告，广告经营者不得提供设计、制作、代理服务，广告发布者不得发布。

三、广告管理机关

我国广告管理是工商行政管理的重要组成部分，是指广告管理机关依照国家的法律、法规，对广告主、广告经营者、广告发布者及广告内容等进行监督、检查、控制和指导。

国务院工商行政管理部门主管全国广告的监督管理工作，国务院有关部门在各自的职责范围内负责广告管理相关工作。县级以上地方工商行政管理部门主管本行政区域内的广告监督管理工作，县级以上地方人民政府有关部门在各自的职责范围内负责广告管理相关工作。

四、广告活动应遵守的行为规范

（一）有关广告制作、发布的规定

（1）广告主委托设计制作、发布广告，应当委托具有合法经营资格的广告经营者和广告发布者。

（2）广告主、广告经营者、广告发布者之间在广告活动中应当依法订立书面合同，明确各方权利和义务，彼此不得在广告活动中进行任何形式的不正当竞争。

（二）有关广告代言的规定

（1）广告主或者广告经营者在广告时使用他人名义、形象的，应当事先定取得他人的书面同意；使用无民事行为能力人、限制民事行为能力人的名义、形象的，应当事先取得其监护人的书面同意。

（2）广告代言人在广告中对商品、服务作推荐、证明，应当依据事实，符合本法和有关法律、行政法规规定，并不得为其未使用过的商品或者未接受过的服务作推荐、证明。不得利用不满十周岁的未成年人作为广告代言人。对在虚假广告中作推荐、证明受到行政处罚未满三年的自然人、法人或者其他组织，不得利用其作为广告代言人。

（三）有关广告涉及未成年人和残疾人的规定

（1）不得在中小学校、幼儿园内开展广告活动，不得利用中小学生和幼儿的教材、教辅材料、练习册、文具、教具、校服、校车等发布或者变相发布广告，但公益广告除外。在针对未成年人的大众传播媒介上不得发布医疗、药品、保健食品、医疗器械、化妆品、酒类、美容广告，以及不利于未成年人身心健康的网络游戏广告。针对不满十四周岁的未成年人的商品或者服务的广告不得含有下列内容：劝诱其要求家长购买广告商品或者服务；可能引发其模仿不安全行为。

（2）广告不得损害残疾人的身心健康。

在广告制作、发布中，应当充分尊重残疾人的各项权利，不得利用残疾人的心理和生理上的残疾作为广告宣传的内容，不得歧视、侮辱残疾人的人格尊严，不得损害残疾人的身心健康。

（四）有关电子信息广告的规定

任何单位或者个人未经当事人同意或者请求，不得向其住宅、交通工具等发送广告，也不得以电子信息方式向其发送广告。以电子信息方式发送广告的，应当明示发送者的真实身份和联系方式，并向接收者提供拒绝继续接收的方式。利用互联网发布、发送广告，不得影响用户正常使用网络。在互联网页面以弹出等形式发布的广告，应当显著标明关闭标志，确保一键关闭。公共场所的管理者或者电信业务经营者、互联网信息服务提供者对其明知或者应知的利用其场所或者信息传输、发布平台发送、发布违法广告的，应当予以制止。

（五）有关户外广告的规定

有下列情形之一的，不得设置户外广告：

（1）利用交通安全设施、交通标志的；

（2）影响市政公共设施、交通安全设施、交通标志、消防设施、消防安全标志使用的；

（3）妨碍生产或者人民生活，损害市容市貌的；

（4）在国家机关、文物保护单位、风景名胜区等的建筑控制地带，或者县级以上地方人民政府禁止设置户外广告的区域设置的。

五、广告内容

广告内容是广告管理的核心，我国法律对广告内容的要求，既是广告经营者和广告发布者审查、制作和发布广告的依据，也是广告主申请刊播、设置、张贴广告时应遵循的原则。

1. 广告内容必须真实、客观

（1）语言、文字、图像要与广告的内容一致。

（2）广告内容涉及的事项需要取得行政许可的，应当与许可的内容相符合。广告使用数据、统计资料、调查结果、文摘、引用语等引证内容的，应当真实、准确，并标明出处。引证内容有适用范围和有效期限的，应当明确表示。

（3）广告中涉及专利产品或者专利方法的，应当标明专利号和专利种类；未取得专利权的，不得在广告中谎称取得专利权。

2. 广告内容必须显著、清晰

（1）广告中对商品的性能、功能、产地、用途、质量、成分、价格、生产者、有效期限、允诺或者对服务的内容、提供者、形式、质量、价格、允诺有表示的，应当清楚、明白。广告中表明推销商品或者提供服务附带赠送礼品的，应当明示所附带赠送商品或者服务的品种、规格、数量、期限和方式。

（2）广告应当具有可识别性，能够使消费者辨明其为广告。大众传播媒介不得以新闻报道形式发布广告。通过大众传播媒介发布的广告应当显著标明广告标记，与其他非广告信息相区别，不得使消费者产生误解。广播电台、电视台发布广告，应当遵守国务院有关部门关于时长、方式的规定，并应当对广告时长作出明显提示。

3. 关于广告内容的禁止性规定

（1）使用或者变相使用中华人民共和国国旗、国徽、国歌；

（2）使用或者变相使用国家机关和国家工作人员的名义；

（3）使用国家级、最高级、最佳等用语，但是依法取得的除外；

（4）损害国家的尊严或者利益，泄露国家秘密；

（5）妨碍社会安定，损害社会公共利益；

（6）危害人身、财产安全，泄露个人隐私；

（7）妨碍社会公共秩序或违背社会良好风尚；

（8）含有淫秽、迷信、恐怖、暴力、丑恶的内容；

（9）含有民族、种族、宗教、性别歧视的内容；

（10）妨碍环境、自然资源保护或者文化遗产保护；

（11）法律、行政法规规定禁止的其他情形。

六、关于特殊商品广告的规定

药品、医疗器械、农药、兽药、烟草等商品是特殊商品，利用广播、电影、电视、报纸、报刊及其他媒介发布这些特殊商品的广告必须在发布前依照有关法律、行政法规规定，由有关行政主管部门对广告内容进行审查；未经审查，不得发布。对这些特殊商品的广告，《广告法》有以下明确的规定。

（一）医疗、药品广告

（1）药品广告的内容应当与国务院药品监督管理部门批准的说明书一致，并应当显著标明禁忌、不良反应。处方药广告应当显著标明"本广告仅供医学药学专业人士阅读"，非处方药广告应当显著标明"请按药品说明书或者在药师指导下购买和使用"。

推荐给个人自用的医疗器械的广告，应当显著标明"请仔细阅读产品说明书或者在医务人员的指导下购买和使用"。医疗器械产品注册证明文件中有禁忌内容、注意事项的，广告中应当显著标明"禁忌内容或者注意事项详见说明书"。

（2）医疗、药品、医疗器械广告不得含有下列内容：①表示功效、安全性的断言或者保证；②说明治愈率或者有效率；③与其他药品、医疗器械的功能和安全性或者其他医疗机构比较；④利用广告代言人作推荐、证明；⑤法律、行政法规禁止的其他内容。

（3）除医疗、药品、医疗器械广告外，禁止其他任何广告涉及疾病治疗功能，并不得使用医疗用语或者易使推销的商品与药品、医疗器械相混淆的用语。

（4）麻醉药品、精神药品、医疗用毒性药品、放射性药品等特殊药品，药品类易制毒化学品，以及戒毒治疗的药品、医疗器械和治疗方法，不得作广告。

（二）特殊食品广告

（1）保健食品广告不得含有下列内容：表示功效、安全性的断言或者保证；涉及疾病预防、治疗功能；声称或者暗示广告商品为保障健康所必需；与药品、其他保健食品进行比较；利用广告代言人作推荐、证明；法律、行政法规规定禁止的其他内容。

保健食品广告应当显著标明"本品不能代替药物"。

（2）广播电台、电视台、报刊音像出版单位、互联网信息服务提供者不得以介绍健康、养生知识等形式变相发布医疗、药品、医疗器械、保健食品广告。

（3）禁止在大众传播媒介或者公共场所发布声称全部或者部分替代母乳的婴儿乳制品、饮料和其他食品广告。

（三）农药、兽药和饲料广告

农药、兽药、饲料和饲料添加剂广告中不得有下列内容：表明功效、安全性的断言或者保证；利用科研单位、学术机构、技术推广机构、行业协会或者专业人士、用户的名义作推荐、证明；说明有效率；违反安全使用规程的文字、语言或者画面；法律、行政法规禁止的其他内容。

（四）烟草广告

禁止在大众传播媒介或者公共场所、公共交通工具、户外发布烟草广告。

禁止向未成年人发送任何形式的烟草广告。禁止利用其他商品或者服务的广告、公益广告，宣传烟草制品名称、商标、包装、装潢以及类似内容。烟草制品生产者或者销售者发布的迁址、更名、招聘等启事中，不得含有烟草制品名称、商标、包装、装潢以及类似内容。

（五）酒类广告

酒类广告不得含有下列内容：诱导、怂恿饮酒或者宣传无节制饮酒；出现饮酒的动作；表现驾驶车、船、飞机等活动；明示或者暗示饮酒有消除紧张和焦虑、增加体力等功效。

（六）教育、培训广告

教育、培训广告不得含有下列内容：对升学、通过考试、获得学位学历或者合格证书，或者对教育、培训的效果作出明示或者暗示的保证性承诺；明示或者暗示有相关考试机构或者其工作人员、考试命题人员参与教育、培训；利用科研单位、学术机构、教育机构、行业协会、专业人士、受益者的名义或者形象作推荐、证明。

（七）房地产广告

房地产广告，房源信息应当真实，面积应当标明为建筑面积或者套内建筑面积，并不得含有下列内容：升值或者投资回报的承诺；以项目到达某一具体参照物的所需时间表示项目位置；违反国家有关价格管理的规定；对规划或者建设中的交通、商业、文化教育设施以及其他市政条件作误导宣传。

（八）农作物广告

农作物种子、林木种子、草种子、种畜禽、水产苗种和种养殖广告关于品种名称、生产性能、生长量或者产量、品质、抗性、特殊使用价值、经济价值、适宜种植或者养殖的范围和条件等方面的表述应当真实、清楚、明白，并不得含有下列内容：作科学上无法验证的断言；表示功效的断言或者保证；对经济效益进行分析、预测或者作保证性承诺；利用科研单位、学术机构、技术推广机构、行业协会或者专业人士、用户的名义或者形象作推荐、证明。

（九）投资产品广告

招商等有投资回报预期的商品或者服务广告，应当对可能存在的风险以及风险责任承担有合理提示或者警示，并不得含有下列内容：对未来效果、收益或者与其相关的情况作出保证性承诺，明示或者暗示保本、无风险或者保收益等，国家另有规定的除外；利用学术机构、行业协会、专业人士、受益者的名义或者形象作推荐、证明。

七、违反广告法的法律责任

（一）广告违法行为

常见的广告违法行为有：

（1）非法经营广告；

（2）发布违禁广告，如虚假广告、新闻广告、超越经营范围和国家许可范围的广告等；

(3) 代理、发布无合法证明或证明不全的广告；

(4) 仿造、涂改、盗用或擅自复制广告证明；

(5) 为广告主出具非法或虚假证明；

(6) 非法发布卷烟、药品等特殊商品的广告；

(7) 广告活动中的垄断和不正当竞争行为。

（二）法律责任

违反广告管理法规的广告主、广告经营者和广告发布者应承担的法律责任，包括起来有以下三个方面。

(1) 民事责任。广告主、广告经营者、广告发布者违反广告法规，给用户和消费者造成损失的，应当承担赔偿等民事责任。对于损害赔偿，受害人可以请求县级以上的工商行政管理机关处理，也可以向人民法院起诉。

(2) 行政责任。行政责任是指工商行政管理机关对违反广告法规的当事人给予的行政处罚，主要形式有：停止发布广告；责令公开更正；通报批评；没收非法所得；罚款；停业整顿；吊销营业执照或者广告经营许可证。

(3) 刑事责任。广告主和广告经营者、广告发布者违反广告法规，情节严重构成犯罪的，由司法机关追究刑事责任。

思考练习

1. 《反不正当竞争法》的基本原则是什么？

2. 什么是不正当竞争行为？有哪些特征？

3. 我国《反不正当竞争法》规定的不正当竞争行为有哪些？

4. 什么是广告主体？

5. 简述我国广告法对广告主体资格的法律要求。

6. 不得设置户外账户广告的情形有哪些？

7. 《广告法》对特殊商品广告作了哪些具体规定？

第八章　消费者法

重点掌握内容

　　产品质量；生产者和销售者的产品质量责任；产品质量的损害赔偿责任；消费者的权利；经营者的义务；消费争议的解决；损害责任赔偿主体的确定。

第一节　产品质量法

一、产品与产品质量概述

（一）产品

　　《中华人民共和国产品质量法》所指的产品是经过加工、制作，用于销售的物品。根据这一规定，《中华人民共和国产品质量法》调整的产品包括以下几个方面。

　　（1）以销售为目的，通过工业加工、手工制作等生产方式获得的具有特定使用性能的物品。所谓工业加工、手工制作，是指改变原材料、毛坯或半成品的形状、性质或表面状态，使之达到规定要求的各种工作的统称。"从事产品生产、销售活动，必须遵守本法"，这是对产品经营活动范围的规定。产品的生产经营活动一般包括生产、运输、保管、仓储、销售等环节，《产品质量法》主要调整其中的生产和销售环节，因为这两个环节发生的产品质量问题与消费者有着最为直接的关系。《产品质量法》调整发生在运输、保管和仓储环节中的质量问题，仅限于运输人、保管人、仓储人故意为法律禁止生产销售的产品提供运输、保管、仓储等便利条件的行为。另外，《产品质量法》也调整经营性服务环节的产品质量问题。

　　（2）初级农产品（指种植业、畜牧业、渔业产品等，例如小麦、鱼等）及未经加工的天然形成的产品（如石油、原煤、天然气等）不适用该法的规定。但不包括经过加工的这类产品。

　　（3）虽然经过加工、制作，但不用于销售的产品，纯为科学研究或为自己使用而加工、制作的产品，不属于该法调整的范围。

　　（4）建设工程不适用该法规定。根据法律规定，建筑工程不适用《产品质量法》的规定。建筑工程是指工业、民用建筑物，包括土木建筑工程和建筑业范围内的线路、管道、设备安装工程的新建、扩建、改建活动及建筑装修装饰工程。建筑工程产品投资大，建筑工期长，有特殊的质量要求，难以与经过加工、制作的工业产品同时进行规范，需要由专门的法律调整。《建筑法》是调整建筑工程质量的法律。但是，建筑工程使用的建筑材料、建筑结构配件和设备，属于加工、制作并用于销售的产品，适用《产品质量法》的规定。

（5）军工产品不适用该法的规定。军工产品质量监督管理办法，由国务院、中央军事委员会另行制定。因核设施、核产品造成损害的赔偿责任，法律、行政法规另有规定的，依照其规定。

由此可以看出，构成产品有两个重要标准：一是经过加工、制作的产品，主要是指经过工业和手工业加工制作的工业产品、工艺品以及经过加工的农副产品等；二是用于销售，即投入流通的产品。

（二）产品质量

产品质量是指产品在正常的使用条件下，为满足合理的使用要求所必须具备的物质、技术、心理和社会特征的总和。它具有相对性，往往因时、因地、因人而异。产品质量主要包括以下六个方面。

（1）性能。产品为满足使用目的所具备的技术特性，即产品在不同目的、不同条件下使用时，其技术特性的适合程度。

（2）可靠性与维修性。产品在规定的条件和时间内，完成规定功能的能力以及按规定的程序和方法进行维修时保持或恢复规定状态的能力。

（3）安全性。产品在操作或使用过程中保证安全的程度。如对人员、财产是否会造成损害以及产生公害、污染环境的可能性。

（4）适应性。产品适应外界环境变化的能力，包括适应自然环境的能力和社会环境的能力。

（5）经济性。产品的结构、用料、用工等生产费用以及它在使用中动力、燃料的消耗等运转维持费用。这是满足顾客和社会要求的关键，也是保证企业在竞争中得以生存的关键。

（6）时间性。产品在规定时间内满足顾客对产品性能要求的能力，以及满足随时间变化而顾客的需求发生变化的能力，也就是更新换代，开发新产品。

二、产品质量法概述

（一）产品质量法的概念

产品质量法是调整因产品质量而产生的社会关系的法律规范的总称。主要调整两大类社会关系：一是在国家对企业的产品质量进行监督管理过程中产生的产品质量管理关系，如产品监督管理机关和产品生产者、经营者的关系；二是产品的生产者、销售者与产品的用户和消费者之间因产品缺陷而产生的产品质量责任关系。

（二）我国产品质量法的立法概况

近年来，随着我国社会主义市场经济体制的建立和逐步完善，我国陆续颁布了一批与产品质量有关的法律、法规，如《全民所有制工业企业法》《食品卫生法》《药品管理法》《标准化法》《计量法》《消费者权益保护法》《反不正当竞争法》《商品检验法》《国家监督抽查产品质量的若干规定》《工业产品生产许可证实行条例》《进口商品质量监督管理办法》《工业产品质量责任条例》《产品质量认证管理条例》《合同法》等。这些法律、法规对于调整某些领域中的产品质量关系、提高产品质量起到了一定的积极作用。1986 年颁布的《民法通则》中，专门就因产品质量不合格造成他人财产、人身损害的产品制造者、销售者等依法应承担的民事责任问题组作出了规定，这在我国产品质量立法方面具有重要意义。

　　1993 年 2 月 22 日第七届全国人民代表大会常务委员会第三十次会议讨论通过了《中华人民共和国产品质量法》（以下简称《产品质量法》），自 1993 年 9 月 1 日起正式实施。2000 年 7 月 8 日第九届全国人民代表大会常务委员会第十六次会议，2009 年 8 月 27 日第十一届全国人民代表大会常务委员第十次会议分别对其进行了修订。2000 年 7 月 8 日第九届全国人民代表大会常务委员会第十六次会议对其进行了修订。修订后的《产品质量法》是一部综合性的法律规范。它调整的社会关系相当广泛，不同于国际上仅仅调整平等民事主体之间产品责任关系的产品责任法，它把产品质量的监督管理和产品责任合二为一，它的立法宗旨是加强对产品质量的监督管理，提高产品质量水平，明确产品质量责任，保护消费者的合法权益，维护社会经济秩序，体现了国家干预市场的经济法精神。

（三）产品质量法的基本原则

　　（1）保护消费者合法权益原则。消费者在社会经济生活中占有十分重要的地位，保护他们的合法权益是维护正常的社会生产和社会生活秩序的重要手段。《产品质量法》对于这一原则的体现表现在：首先，把它作为立法宗旨加以规定；其次，确认了消费者的质量权利；再次，建立和健全了一套保护消费者权益的组织系统和监督保障机制；最后，对侵犯消费者合法权益的行为规定了严厉的制裁形式。

　　（2）监督和引导相结合的原则。《产品质量法》对于不按国家质量标准进行生产，特别是可能危及人体健康和人身、财产安全的产品，影响国民经济的重要工业品以及消费者、有关组织反映的有质量问题的产品实行监督检查。同时推行产品质量和质量体系认证制等管理制度，对产品质量进行引导。

　　（3）不阻碍生产发展原则。生产和消费是相辅相成的一对矛盾，二者是辩证统一的关系。在产品侵权责任中，有些缺陷是当时的技术水平无法解决的，因此在保护消费者的同时，亦要保护生产的发展，所以需要在损害赔偿方面协调生产和消费的关系，平衡生产经营者和消费者之间的利益关系，以稳定社会秩序。

三、产品质量监督管理制度

（一）产品质量监督管理体制

《产品质量法》第八条规定，国务院产品质量监督部门主管全国产品质量监督工作。国务院有关部门在各自的职责范围内负责产品质量监督工作。县级以上地方产品质量监督部门主管本行政区域内的产品质量监督工作。县级以上地方人民政府有关部门在各自的职责范围内负责产品质量监督工作。法律对产品质量的监督部门另有规定的，依照有关规定执行。

1. 产品质量监督的类型

根据《产品质量法》的规定，产品质量监督包括产品质量的国家监督和产品质量的行业监督。

（1）国家监督，是指通过国家立法，授权特定的国家机关，以国家名义，运用国家赋予的权力实施的监督。行使产品质量监督的机关是国务院产品质量监督部门、县级以上地方产品质量监督部门和法律另有规定的部门。

（2）行业监督，是指政府有关部门在各自的职责范围内进行的监督。产品质量行业监督机关为国务院和地方人民政府有关部门。"有关部门"主要是指地方人民政府的宏观调控部门和专业经济管理部门。

行业监督不同于国家监督。二者的主要区别是，行业监督的主管部门不能依照《产品质量法》的规定行使行政处罚权。

2. 产品质量监督管理部门的行政职权

《产品质量法》第十八条规定了县级以上产品质量监督部门在执法过程中享有的各项职权。

（1）现场检查权。产品质量监督部门在对涉嫌违反《产品质量法》规定的行为进行查处时，有权对当事人涉嫌从事违反法律的生产、销售活动的场所实施现场检查。实施现场检查的主要目的是为了核实已经取得的违法嫌疑证据，确认违法事实，进一步收集新的违法证据。

（2）调查了解权。产品质量监督部门在对涉嫌违反《产品质量法》规定的行为进行查处时，有权向当事人的法定代表人、主要负责人和其他有关人员，调查、了解与涉嫌从事违反《产品质量法》的生产、销售活动有关的情况。

（3）查阅、复制权。产品质量监督部门在对涉嫌违反《产品质量法》规定的行为进行查处时，有权查阅、复制有关的合同、发票、账簿以及其他有关资料。复制这些资料，主要是为了防止这些证据灭失。如被嫌疑人销毁、转移等，将会使对违法嫌疑人的进一步查处无法进行。

（4）封存、扣押权。产品质量监督部门在对涉嫌违反《产品质量法》规定的行为进行查处时，对有证据认为不符合保障人体健康和人身、财产安全的国家标准、行业标准的产品或者有其他严重质量问题的产品，以及直接用于生产、销售该项产品的原辅材料、包装物、生产工具予以封存或者扣押。封存权和扣押权作为行政强制措施，对生产者、销售者的生产、销售活动影响较大，在适用时必须十分慎重，不能随意使用，以免使用不当给当事人造成不必要的损失。

根据《产品质量法》的规定，县级以上工商行政管理部门按照国务院规定的职责范围，对涉嫌违反《产品质量法》规定的行为进行查处时，可以行使以上职权。

（二）产品质量标准制度

1. 产品质量标准

根据我国产品质量法的规定，我国实行产品质量标准制度，其主要内容为：（1）产品质量应符合一定的标准；（2）产品均应检验合格，不得以不合格产品冒充合格产品；（3）可能危及人体健康和人身、财产安全的工业产品，必须符合保障人体健康和人身、财产安全的国家标准、行业标准。未制定国家标准或行业标准的，必须符合保障人体健康和人身、财产安全的要求。国家鼓励推行科学的质量管理办法、采用先进的科学技术，鼓励企业产品质量达到并且超过行业标准、国家标准和国际标准。对产品质量管理先进和产品质量达到国家先进水平、成绩显著的单位和个人给予奖励。

2. 产品质量要求

产品质量应当检验合格，不得以不合格产品冒充合格产品。从法律上来说，合格产品要符合以下四个条件：一是产品必须具备应当具备的使用性能；二是产品符合在产品或其包装上注明采用的产品标准；三是产品符合以产品说明、实物样品等方式表明的质量状况；四是产品不存在危及人体健康及人身、财产安全的不合理危险，有保障人体健康及人身、财产安全的国家标准、行业标准的，应当符合该标准。

3. 生产许可证制度

我国实行生产许可证制度。生产许可证是指国家对于具备生产条件并对其产品检验合格的工业企业发给其许可生产该项产品的凭证。国家规定，对重要的工业产品特别是对可能危及人体健康、人身和财产安全、公共利益的工业产品实行许可证制度。生产许可证制度是为了保证产品质量，维护国家、用户和消费者利益的强制制度。

（三）企业质量及产品质量认证制度

《产品质量法》第十四条规定："国家根据国际通用的质量管理标准，推行企业质量体系认证制度。企业根据自愿原则可以向国务院产品质量监督部门认可的或者国务院产品质量监督部门授权的部门认可的认证机构申请企业质量体系认证。经认证合格的，由认证机构颁发企业质量体系认证证书。""国家参照国际先进的产品标准和技术要求，推行产品质量认证制度。企业根据自愿原则可以向国务院产品质量监督部门认可的或者国务院产品质量监督部门授权的部门认可的认证机构申请产品质量认证。经认证合格的，由认证机构颁发产品质量认证证书，准许企业在产品或者其包装上使用产品质量认证标志。"

1. 企业质量体系认证制度

（1）企业质量体系认证的概念。企业质量体系认证，是指国家认可的质量认证机构，根据企业的申请，按照国际通用的质量管理和质量保证系列标准，对企业的质量体系进行审核，并对符合国际通用的质量管理标准的企业颁发质量体系认证证书，证明企业的质量体系和质量保证能力符合相应要求的活动。企业质量体系认证是一种评价性活动。企业质量体系认证亦称为企业认证、质量体系注册、质量体系评审、质量体系审核等。

企业质量体系认证采取自愿原则，是否进行企业质量体系认证由企业自主决定，他人不得干涉。

（2）企业质量体系认证的依据。企业质量体系认证的依据是国际通用的质量管理标准，即国际标准化组织（ISO）推荐世界各国采用的 ISO900 "质量管理及质量保证"系列国际标准。根据国际标准化组织的有关规则和管理，国际标准需要由各国转化为本国的国家标准加以实施。ISO900 国际标准在我国就是 GB/T19000—ISO900 国家标准，由国家质量技术监督局于 1994 年修订发布，是我国开展企业质量体系认证的依据。

（3）企业质量体系认证证书。企业质量体系认证证书，是指由认证机构颁发给获准认证的企业的一种证明文件，用以证明企业的质量体系或者某项产品符合相应标准和技术规范的要求。认证证书不得擅自制作或者复制。

2. 产品质量认证制度

（1）产品质量认证的概念。产品质量认证是由依法取得产品质量认证资格的认证机构，依据有关的产品标准和要求，按照规定的程序，对申请认证的产品进行工厂审核和产品检验。对符合要求的，通过颁发认证证书和认证标志以证明该项产品符合相应标准要求的活动。

（2）产品质量认证的目的。推行产品质量认证制度的目的是通过对符合认证标准的产品颁发认证证书和认证标志，便于消费者识别，同时也有利于经认证合格的企业和产品的市场销售，增强产品的市场竞争能力，以激励企业加强质量管理，提高产品质量水平。产品质量认证必须遵循自愿原则，任何人不得强迫企业进行认证。

（3）产品质量认证的依据。依照《产品质量法》的规定，产品质量认证的依据是有关的国际先进标准和技术要求。对于我国的名、特、优产品，没有国家标准、行业标准的时候，可以依据国家质量技术监督局确认的标准和技术要求开展产品质量认证。对于我国与国外有关认证机构签订了双边、多边认证合作协议的产品，依据双边、多边认证合作协议中规定的标准开展认证工作。

（4）产品质量认证证书和认证标志。产品质量认证证书，是指证明产品质量符合认证要求和许可产品使用认证标志的法定证明文件。认证证书由国务院标准化行政主管部门组织印制并统一规定编号。产品质量认证标志是认证机构为证明产品符合认证标准和技术要求而设计、发布的一种专用质量标志。产品质量认证的依据是《产品质量法》《标准化法》和《产品质量认证管理条例》。依据法律、法规规定产品质量认证分为安全认证和合格认证。认证合格后，经认证机构批准，产品的生产者可以在认证合格的产品、产品品牌、包装物、产品说明书或者出厂合格证上使用产品质量认证标志。

产品上带有认证标志，不仅可以把准确可靠的质量信息传递给用户和消费者，对企业而言，还能起到质量信誉证的作用，表明该产品经过公正的第三方证明符合规定标准。带有认证标志产品的生产企业要接受认证机构的监督复查，确保出厂的认证产品持续稳定地符合规定标准要求，这样就可以起到维护消费者利益、保证消费者安全的作用。认证标志图案的构成，许多国家是以国家标准的代码、标准机构或国家认证机构名称的缩写字母为基础而进行艺术创作形成的。我国已成立的 20 多个产品质量认证机构都有相应的认证标志，各机构对标志的使用（包括印制、标识形式、标志颜色等）都有明确规定，获证企业在使用认证标志时应遵照执行。

（四）产品质量监督检查制度

产品质量监督检查，是指国务院产品质量监督部门和各级地方人民政府产品质量监督管理部门以及法律、法规规定的其他部门，根据法律、行政法规赋予的职责，代表人民政府履行职责，执行公务，对流通领域的产品质量实施监督的一种行政行为。产品质量监督检查，是国家对产品质量实施的一项强制性行政管理措施。

根据《产品质量法》第十五条的规定，国家对产品质量实行以抽查为主要方式的监督检查制度，对可能危及人体健康和人身、财产安全的产品，对影响国计民生的重要工业产品以及消费者、有关组织反映有质量问题的产品，进行抽查。

1. 产品质量监督抽查

（1）产品质量监督抽查的概念。产品质量监督抽查是国家产品质量监督部门及地方产品质量监督部门按照产品质量监督计划，定期在流通领域抽取样品进行监督检查，了解被抽查企业及其产品的质量状况，并按时发布产品质量监督抽查公报，对抽查的样品不合格的企业采取相应处理措施的一种国家监督活动。监督检查工作由国务院产品质量监督部门规划和组织。法律对产品质量的监督检查另有规定的，依照有关规定执行。

（2）产品质量监督抽查的种类。产品质量监督抽查包括国家监督抽查和地方监督抽查。国家监督抽查是指由国家产品质量监督部门规划和组织的对产品质量进行定期或专项监督抽查，并发布国家监督抽查公报的制度。地方抽查是指县级以上地方产品质量监督部门在本行政区域内进行的监督抽查活动。地方监督抽查不得以"国家监督抽查"的名义进行，发布其质量公报不得冠以"国家监督抽查"字样。

（3）产品质量监督抽查的产品范围。产品质量监督抽查的产品范围包括三个方面：一是可能危及人体健康和人身、财产安全的产品，如食品、药品、医疗器械和医用卫生材料、化妆品、压力容器、易燃易爆产品等；二是影响国计民生的重要工业产品，如农药、化肥、种子、计量器具、烟草，以及有安全要求的建筑用钢筋、水泥等；三是消费者、有关社会组织反映有质量问题的产品，包括群众投诉、举报的假冒伪劣产品以及掺杂掺假、以假充真、以次充好、以不合格产品冒充合格产品、造成重大质量事故的产品等。

（4）产品质量监督抽样的要求。根据《产品质量法》的规定，抽取的样品应当在市场上或企业成品仓库内的待销产品中随机抽取。这是因为，产品质量监督抽查活动是产品质量监督部门代表政府进行的一种市场监督管理活动。这种监督管理活动的范围一般应仅限于流通环节，而不能扩大到企业内部，并且对于未进入流通的产品企业也不负质量责任。随机抽取样品，可以防止生产者、销售者弄虚作假，保证抽样检查的客观性、公正性。

（5）禁止重复抽样。重复抽样会扰乱企业的正常经营秩序，加重企业负担，必须坚决禁止。为此，《产品质量法》特别规定，国家监督抽查的产品，地方不得另行重复抽查；上级监督抽查的产品，下级不得另行重复抽查。按照国务院于1992年8月发布的《国务院关于进一步加强质量工作的决定》的规定，为了防止重复抽查，全国性抽查计划由国家技术监督局统一组织协调。

（6）对抽查检验的要求。《产品质量法》规定，根据监督抽查的需要，可以对产品进行检验。检验抽取样品的数量不得超过检验的合理需要，并不得向被检查人收取检验费用。监督抽查所需检验费用按照国务院规定列支。

（7）对抽查检验的异议程序。为了保证质量监督抽查结果的准确和公正，被抽查的生产者、销售者如果对抽查检验的结果有异议的，有权要求复检。《产品质量法》规定，生产者、销售者对抽查检验的结果有异议的，可以自收到检验结果之日起15日内向实施监督抽查的产品质量监督部门或者其上级产品质量监督部门申请复检，由受理复检的产品质量监督部门作出复检结果。

（8）抽查检验后的处理。《产品质量法》第十七条规定，依照规定进行监督抽查的产品质量不合格的，由实施监督抽查的产品质量监督部门责令其生产者、销售者限期改正。逾期不改正的，由省级以上人民政府产品质量监督部门予以公告；公告后经复查仍不合格的，责令停业，限期整顿；整顿期满后经复查产品质量仍不合格的，吊销营业执照。监督抽查的产品有严重质量问题的，依照《产品质量法》的有关规定处罚。这里所指的有严重质量问题，是指产品存在不符合保障人体健康和人身、财产安全的不合理危险，产品属于以假充真、以次充好、以不合格产品冒充合格产品，产品属于国家明令淘汰的产品，失效、变质的产品，伪造产品产地、伪造或者冒用他人厂名、厂址，伪造或者冒用认证标志等质量标志的产品等。

2. 产品质量监督检查的其他方式

除抽查方式外，国家对产品质量的监督检查方式还包括产品质量统一监督检查、产品质量定期监督检验等其他方式。

（五）产品质量检验制度

1. 产品质量检验机构

产品质量检验机构，是指承担产品质量监督检验、仲裁检验等公正检验工作的技术机构。按照《中华人民共和国标准化法》的规定，产品质量检验机构分为两类：一类是县级以上人民政府产品质量监督部门根据需要依法设置的检验机构；另一类是县级以上人民政府产品质量监督部门授权的其他单位的产品质量检验机构。此外，还有一类检验机构属于社会中介组织，它们不隶属于任何政府部门和事业单位，依法设立，经有关部门考核合格后，依法独立承担产品质量检验任务。

产品质量检验机构的任务是，对产品是否合格或者是否符合标准进行检验，承担其他标准实施的监督检验。法定检验机构提供的检验数据具有法律效力，是判明产品是否合格以及解决产品质量纠纷的依据。

2. 产品质量检验机构设立的条件

（1）必须具备相应的检测条件和能力。这是指国家有关部门规定的产品质量检验机构应当具备的与其承担的检验任务相适应的条件和能力。包括组织机构条件、检验技术人员条件、技术设备条件以及质量体系、工作环境、管理制度等方面的条件。

（2）必须经考核合格。产品质量检验机构必须经省级以上人民政府产品质量监督部门或者其授权的部门依照有关规定对检验机构所具备的检验测试能力进行考核，对考核合格的申请人，发给合格证书后，方可承担产品质量检验工作，其出具的检验数据才具有法律效力。

以上是《产品质量法》对产品质量检验机构设立条件的规定，其他法律、法规对产品质量检验机构的资格条件、设置、考核、管理等有特殊规定的，依照法律、法规的相应规定执行。

3. 从事产品质量检验和认证的社会中介机构

从事产品质量检验的社会中介机构，是指经省级以上人民政府产品质量监督部门或者其授权的部门考核合格，经依法注册登记，依靠自己的知识、技术设备和经验，提供产品质量监督抽查检验、生产许可证产品的质量检验、产品质量的认证检验、产品质量争议的仲裁检验等检验服务的社会组织。从事产品质量认证的社会中介机构，是指经中国产品质量认证机构国家认可委员会审查评定，并经国务院产品质量监督部门批准，从事产品质量认证工作的社会组织。

上述两类社会中介机构与政府机关、权力机关、司法机关等国家机关不得存在上下级关系、领导与被领导关系等，不得承担政府行政管理方面的任何职能；中介机构在人、财、物方面完全独立，与国家机关没有任何关系，即《产品质量法》所规定的"不得与行政机关和其他国家机关存在隶属关系或者其他利益关系"。

4. 产品质量检验认证机构的工作原则

根据《产品质量法》的规定，产品质量检验机构、认证机构必须依法按照有关标准，客观、公正地出具检验结果或者认证证明。

产品质量检验机构、认证机构的作用和任务，决定了它们在产品质量监督管理中处于一种"中间人""裁判员"的位置，它们能否依法客观、公正地履行职责，对于生产者、销售者，对于国家检验、认证制度，对于广大的消费者，都有着直接关系。

5. 产品质量认证机构的跟踪调查职责

为了保证认证标志依法使用，产品质量认证机构应当依照国家规定对准许使用认证标志的产品进行认证后的跟踪检查，对不符合认证标准而使用认证标志的进行查处，以维护产品质量认证的信誉，维护广大消费者的合法权益。为此，《产品质量法》规定，产品质量认证机构应当依照国家规定对准许使用认证标志的产品进行认证后的跟踪检查，对不符合认证标准而使用认证标志的，责令改正；情节严重的，撤销其使用认证标志的资格。

（六）产品质量社会监督制度

产品质量社会监督，是指用户、消费者以及其他社会组织对产品质量进行监督的制度。《产品质量法》规定，用户、消费者有权就产品质量问题向产品的生产者、销售者查询，向产品质量监督部门、工商行政管理部门及有关部门申诉，接受申诉的部门应当负责处理。保护消费者权益的社会组织可以就消费者反映的产品质量问题建议有关部门负责处理，支持消费者对因产品质量造成的损害向人民法院起诉。任何单位和个人都有权对违反《产品质量法》规定的行为向产品质量监督部门或者其他有关部门检举。

（七）产品召回制度

产品召回制度，是指产品的生产商、进口商或者经销商在得知其生产、进口或经销的产品存在可能危害消费者健康安全时，依法向政府部门报告，及时通知消费者，并从市场和消费者手中收回有问题产品，予以更换、赔偿的积极有效的补救措施，消除缺陷产品的危害风险。目前世界上许多国家尤其是发达国家都建立了产品召回制度。2004 年 3 月，我国发布了《缺陷产品召回管理规定》，这是我国在立法层面上首次确认缺陷产品召回制度。2007 年国家质量监督检验检疫总局颁布的《食品安全法》首次以法律形式确立了食品召回制度。

四、生产者、销售者的产品质量责任和义务

（一）生产者的产品质量义务

《产品质量法》对生产者的产品质量责任和义务作了如下规定。

1. 保证产品的内在质量

产品质量应当符合下列三方面要求。

（1）产品不存在危及人身、财产安全的不合理危险。有保障人体健康和人身、财产安全的国家标准、行业标准的，应当符合该标准。这是要求生产者在产品的设计、制造过程中按国家或行业标准进行。在产品设计方面，确保各种系数做到安全可靠；在产品制造方面，确保精度要求；在产品标识方面，保证清晰、完整。没有制定标准的，应以人们使用或消费该产品不会给人身、财产带来危害的要求作为判别依据。

（2）产品质量应当具备的使用性能，但是，对产品存在使用性能上的瑕疵作出说明的除外。产品的使用性能是产品存在的前提，其使用性能应达到在产品说明书中阐明的功效。当然，这要与产品标准一致。对由于主观或客观原因而使产品性能有缺陷，但生产者已说明的，生产者可免除承担责任。

（3）产品质量符合在产品或者包装上注明采用的产品标准，符合以产品说明等方式表明的质量状况。

产品的内在质量应当与生产者对自身产品作出的说明一致，与该产品的国家、行业标准一致，与实物样品一致。

2. 提供符合规定的标识

生产者所提供的产品或者其包装上的标识应当符合下列要求。

（1）有产品质量检验合格证明。生产者对产品质量以合格证、合格印章方式作出保证，证明产品质量检验结果符合出厂要求。未经检验或检验不合格的，不得使用产品质量检验合格证明。

（2）有中文标明的产品名称、生产厂厂名和厂址。其目的是让消费者识别产品，特别是使用同种商标的联营企业的产品质量存在差异，产品质量出现问题后便于找到生产者。

（3）根据产品的特点和使用要求，需要标明产品规格、等级、所含主要成分的名称和含量的，相应予以标明。用户及消费者由于用途不同，对产品在某些方面的性能要求就不同。法律规定生产者标明产品的各项指标，有利于消费者合理选择、合理使用。

（4）限期使用的产品，标明生产日期和安全使用期或者失效日期。

（5）使用不当，容易造成产品本身损坏或者有可能危及人身、财产安全的产品，应当有警示标志或者中文警示说明。另外，如果生产者生产的产品是裸装的食品和其他根据产品的特点难以附加标识的裸装产品的，可以不附加产品标识。

3. 符合产品包装的要求

生产者的一般产品包装，法律没有明确规定。但是，对于特殊产品的包装，《产品质量法》第十六条规定，剧毒、危险、易碎、储运中不能倒置以及有其他特殊要求的产品，其包装必须符合相应要求，有警示标志或者中文警示说明，标明储运注意事项等。

4. 不得生产假冒伪劣产品

《产品质量法》规定，生产者不得生产国家明令淘汰的产品；不得伪造产地；不得伪造或者冒用他人的厂名、厂址；不得伪造或者冒用认证标志、名优标志等质量标志；不得掺杂、掺假，不得以假充真、以次充好，不得以不合格产品冒充合格产品。

（二）销售者的产品质量义务

销售者是产品流转过程中的重要主体，在保证产品质量方面具有重要地位。因此，法律规定销售者应承担下列产品质量义务。

1. 执行进货验收制度

销售者应当执行进货验收制度，验明产品合格证明和其他合格标识。通过产品质量验收，可以确定产品流转过程中产品质量状况，保证销售产品的质量，也便于分清生产者和销售者的责任。

2. 保持销售产品的质量

销售者进货后在向用户、消费者出售产品之前的一段时间内，应当根据产品的性质、特点采取必要的措施，保持销售产品的质量。如果进货时产品质量符合要求，而销售时出现缺陷，销售者要承担相应的责任。

3. 销售符合质量要求的产品

销售者最重要的义务是保证所销售的产品符合规定的质量要求。不销售假冒伪劣产品，对用户和消费者来说，销售者这一义务是最直接的。对此，《产品质量法》规定：

课堂笔记

（1）销售者应当执行进货检查验收制度，验明产品合格证明和其他标识；

（2）销售者应当采取措施，保持销售产品的质量；

（3）销售者不得销售失效、变质的产品；

（4）销售者销售的产品的标识应当符合《产品质量法》第十五条的规定；

（5）销售者不得伪造产地，不得伪造或者冒用他人的厂名、厂址；

（6）销售者不得伪造或者冒用认证标志、名优标志等质量标志；

（7）销售者销售产品，不得掺杂、掺假，不得以假充真、以次充好，不得以不合格产品冒充合格产品。

五、产品质量责任的损害赔偿责任

（一）一般产品质量问题引起的赔偿责任

1. 根据《产品质量法》第四十条的规定，一般产品质量问题是指：

（1）不具备产品应当具备的使用性能而事先未作说明的；

（2）不符合在产品或者其包装上注明采用的产品标准的；

（3）不符合以产品说明、实物样品等方式表明的质量状况的。

2. 一般产品质量责任

一般产品质量责任，又称瑕疵担保责任，是指违反明示或默示的关于产品的质量保证和承诺而给消费者造成损失所应当承担的损害赔偿责任。由于这种民事责任是基于合同关系发生的，因此属于违约责任。

3. 销售者承担一般产品质量责任的形式

根据《产品质量法》的规定，销售者售出的产品具有一般质量问题的，即应承担产品质量责任，销售者应当负责修理、更换、退货；给购买产品的消费者造成损失的，销售者应当赔偿损失。

（1）修理。产品虽然存在质量问题，但经过修理即可符合质量标准的，消费者可以要求销售者进行修理。

（2）更换。产品存在质量问题，但通过修理仍不能符合质量标准的，可以要求更换。

（3）退货。如果存在的产品质量问题严重，难以修复，或者由于修理、更换时间的延误，消费者已不再需要该产品，有权要求退货。

（4）赔偿损失。产品因质量不合格导致严重损毁或灭失，不能修理、更换或迟货的，给消费者造成损失的，可要求赔偿损失。

另外，根据《合同法》的规定，因产品质量不合格应承担产品质量责任的形式还有支付违约金、重做、减少价款或者报酬等。

（二）缺陷产品的损害赔偿责任

1. 产品缺陷及缺陷产品的损害赔偿责任

产品缺陷是指产品存在可能危及人身、财产安全的不合理的危险；产品有保障人体健康和人身、财产安全的国家标准、行业标准的，是指不符合该标准。产品缺陷可分为以下三类。

（1）设计上的缺陷，是指产品在设计上存在着不安全、不合理的因素。例如结构设置不合理等。

（2）制造上的缺陷，是指产品在加工、制作、装配等制造过程中，不符合设计规范，或者不符合加工工艺要求，没有完善的控制和检验手段，致使产品存在不安全的因素。

（3）指示上的缺陷，是指在产品的警示说明上或在产品的使用指示标志上未能清楚地告知使用人应当注意的使用方法，以及应当引起警惕的注意事项；或者产品使用了不真实、不适当的甚至是虚假的说明，致使使用人遭受损害。

缺陷产品的损害赔偿责任，是指产品存在可能危及人身、财产安全的不合理危险，造成消费者或他人人身伤害或除缺陷产品以外的其他财产损失后，缺陷产品的生产者和销售者应当承担的法律责任。一般认为，生产者对其生产的缺陷产品所应承担的损害赔偿责任，在性质上属于一种特殊的民事侵权责任。

2. 生产者的责任

（1）归责原则。根据《产品质量法》的规定，因产品存在缺陷，造成人身、缺陷产品以外的其他财产损害的，生产者应当承担赔偿责任。因此，生产者因其生产的缺陷产品致他人人身、财产损害的，应当承担无过错责任。无过错责任又称严格责任，即生产者对于生产的缺陷产品无论有无过错，只要造成了他人的人身或财产损害，都应当承担民事责任。但无过错责任并非绝对责任，并不意味着产品的生产者没有抗辩理由，产品的生产者可以依据法律规定的条款免除责任。

法律之所以规定生产者承担无过错责任，是由生产者的特殊地位决定的，其根本目的是为了保护消费者的合法权益。

（2）生产者的免责条件。《产品质量法》第四十一条第二款规定了生产者经过证明后能够免除赔偿责任的三个条件：未将产品投入流通的；产品投入流通时引起的缺陷尚不存在的；将产品投入流通时的科学技术水平尚不能发现缺陷存在的。这种情况又称为开发风险或发展风险。但是，对于上述情形的存在，生产者负有举证责任，即体现了举证责任倒置的原则。所谓举证责任倒置原则，是指在产品诉讼中，本应受害人举证侵害人的过错，但是，由于产品责任是一种特殊的责任，受害人无力举证，因而实行由侵害人进行举证，提供证据证明自己没有过错，将举证责任倒置于侵害人。当侵害人不能对法律规定的免责条件进行有效的抗辩，不能提供有效证据时，法律则推定侵害人应承担责任，以保护受害人的合法权益。

3. 销售者的责任

销售者在两种情况下承担赔偿责任。

一是销售者因过错使产品存在缺陷，造成他人人身、财产损害的，应当承担赔偿责任。过错，是行为人实施行为的某种主观意志状态，包括故意和过失。故意如销售者在出售的商品中掺杂掺假、以次充好；过失如销售者在进货时没有认真检验产品质量，把不合格的产品投放到商场上销售。

二是销售者既不能指明缺陷产品的生产者也不能指明缺陷产品的供货者

的，应当承担赔偿责任。销售者在进货时应当依照法律要求执行检查验收制度，验明产品合格证明和其他标识，包括生产厂名和厂址。如果销售者不能指明该缺陷产品的生产者和供货者，销售者就不能证明自己没有过错而主张免责。这就是民法上的过错推定原则。法律明确规定，销售者有义务知道生产者和供货者，销售者不知道或不能指明缺陷产品的生产者和供货者的，就推定销售者主观上有过错，应当承担赔偿责任。

4. 受害人的赔偿请求权和先行赔偿人的追偿权

（1）受害人的赔偿请求权。受害人是指因产品存在缺陷造成人身伤害、财产损失而有权要求赔偿的人，包括公民、法人和其他组织。受害人又可分为缺陷产品的买受人、使用人和其他受害人。受害人因产品存在缺陷遭受人身伤害、财产损失后，可以向缺陷产品的生产者和销售者中的任何一方提出损害赔偿请求，也就是说，受害人享有选择赔偿人的权利。这种选择权由受害人根据自身的方便和利益决定，其目的是为了方便受害人进行诉讼，保护受害人的合法权益。受害人在产品责任诉讼中也负有举证责任，主要有：提供遭受损失的事实情况；证明遭受损失是由于缺陷产品造成的，即损失与产品缺陷存在因果关系，但不要求证明产品存在缺陷的原因；受害人需证明自己无过错，即证明自己是在正常状况下正确使用。

（2）先行赔偿人的追偿权。《产品质量法》规定，属于产品生产者的责任，产品销售者赔偿的，产品销售者有权向产品生产者追偿；属于产品销售者的责任，产品生产者赔偿的，产品生产者有权向产品销售者追偿。这是在产品责任诉讼中，造成损害的缺陷产品的生产者或销售者先行承担损害赔偿后，先行赔偿的一方有权向负有责任的人追偿所先行支付的赔偿费用。此种规定为受害人获得赔偿提供了方便、及时、充分的保证。

5. 缺陷产品损害的赔偿范围

（1）人身伤害的赔偿范围。人身伤害是指产品存在危及人身、财产安全的不合理的危险，造成消费者人身伤害。包括身体疾病、肢体的损伤、残疾、死亡等。对人身的伤害一般分为三种情况：一般伤害、致人伤残、致人死亡。对于不同的损害，赔偿范围也不相同。

一般伤害是指伤害身体尚未造成残疾的。对于这种伤害，法律规定应当赔偿医疗费、治疗期间的护理费和因误工减少的收入等费用。致人伤疾是指伤害他人身体而造成残疾的情况。除应赔偿一般伤害应赔偿的医疗费、治疗期间的护理费和误工工资等全部费用以外，还应当赔偿残疾者生活自助具费、生活补助费、残疾赔偿金以及由其扶养的人所必需的生活费等费用。因产品缺陷造成受害人死亡的，侵害人不仅要赔偿死者在治疗、抢救过程中所支付的医疗费、治疗期间的护理费和误工工资等，还要赔偿丧葬费、死亡赔偿金以及死者生前扶养的人所必需的生活费等费用。

（2）财产损失的赔偿范围。财产损失，是指侵害人因产品缺陷给受害人财产权益造成的损失。《产品质量法》规定：因产品缺陷造成受害人财产损失的，侵害人应当恢复原状或者折价赔偿。受害人因此遭受其他重大损失的，侵害人应当赔偿损失。因此，侵害人对受害人所造成的财产损失，应赔偿直接损失和间接损失。

所谓直接损失，就是因缺陷产品给受害人所造成的直接的财产上的损失，即实际损失。这种实际损失是可以以货币形式计算的。直接损失不仅包括产品本身的损失，还包括与此有关的一些损失，即法律所称的"缺陷产品以外的其他财产的损害"。所谓间接损失，即《产品质量法》所规定的"其他重大损失"，这里的"其他重大损失"是指可得经济利益的间接损失。

（三）诉讼时效和请求权期间

1. 诉讼时效

（1）一般产品质量责任问题的诉讼时效期间。存在《产品质量法》第四十条规定的一般产品质量责任的，消费者可以依据《民法通则》第一百三十六条的规定，向人民法院请求保护其合法权益，诉讼时效期间为1年。

（2）缺陷产品造成的损害赔偿问题的诉讼时效期间。《产品质量法》明确规定，因产品存在缺陷造成损害要求赔偿的诉讼时效期间为两年。之所以这样规定，主要是因为产品缺陷致人损害有其特殊性，许多缺陷产品造成损害很难立即发现，可能要有一个潜伏期，因此受害人需要有较长时间观察自己受害的程度和危害后果，应有充分的时间准备诉讼。

2. 请求权和请求权期间

请求权是指请求他人为或不为一定行为的权利。《产品质量法》第四十五条第二款规定，因产品存在缺陷造成损害要求赔偿的请求权，在造成损害的缺陷产品交付最初消费者满10年丧失，但是，尚未超过明示的安全使用期的除外。这一规定参照了国际惯例，其理由如下。

（1）因产品设计、制造上存在的缺陷，在产品投入流通、使用后10年内一般都会表现出来，受害人对因此受到的损害应当及时行使索赔权。

（2）产品投入流通、使用后，其物理、化学性能都会发生很大变化，生产者对产品的安全使用期的担保，一般不超过产品出厂日期10年，且在10年中生产工艺、技术水平等都有很大的发展，如果要让生产者或销售者承担超过10年以上的产品责任显失公平，不利于他们的生产积极性发挥和自身的发展，当然，生产者明示产品的安全期在10年以上的不适用这一规定。因此，在产品标识、产品说明等明示保证中，明确规定安全使用期超过10年的，在生产者明示担保的安全使用期内，受害人都有权要求赔偿。根据法律规定，请求权自"缺陷产品交付最初消费者满10年丧失"。据此，交付最初消费者之日就是请求权期间的起算日。

（四）产品质量纠纷的处理办法

《产品质量法》第四十七条规定，因产品质量问题发生民事纠纷时，当事人可以通过协商或者调解解决；当事人不愿意通过协商、调解解决或者协商、调解不成的，可以根据当事人各方的协议向仲裁机构申请仲裁；当事人各方没有达成仲裁协议或者仲裁协议无效的，可以直接向人民法院起诉。据此，处理产品质量民事纠纷有四种途径：协商、调解、仲裁和诉讼。当事人对这四种途径可以自由选择。

课堂笔记

六、行政和刑事责任

（一）生产者、销售者的行政和刑事责任

1. 生产和销售不符合标准产品的行政和刑事责任

（1）责令停止生产、销售，没收违法生产、销售的产品，并处违法生产、销售产品（包括已售或未售的产品）货值金额等值以上3倍以下的罚款；

（2）有违法所得的，并处没收违法所得；

（3）情节严重的，吊销营业执照；

（4）构成犯罪的，依法追究刑事责任。

2. 生产销售掺杂、掺假、以次充好或者以不合格产品冒充合格产品的行政和刑事责任

（1）责令停止生产、销售，没收违法生产、销售的产品，并处违法生产、销售产品（包括已售或未售的产品）货值金额50%以上3倍以下的罚款；

（2）有违法所得的，并处没收违法所得；

（3）情节严重的，吊销营业执照；

（4）构成犯罪的，依法追究刑事责任。

3. 生产国家明令淘汰的产品的或者销售国家明令淘汰并停止销售的产品的行政责任和刑事责任

（1）责令停止生产、销售，没收违法生产、销售的产品，并处违法生产、销售产品（包括已售或未售的产品）货值金额等值以下的罚款；

（2）有违法所得的，并处没收违法所得；

（3）情节严重的，吊销营业执照；

（4）构成犯罪的，依法追究刑事责任。

4. 销售失效、变质产品的行政责任和刑事责任

（1）责令停止生产、销售，没收违法生产、销售的产品，并处违法生产、销售产品（包括已售或未售的产品）货值金额等值2倍以下的罚款；

（2）有违法所得的，并处没收违法所得；

（3）情节严重的，吊销营业执照；

（4）构成犯罪的，依法追究刑事责任。

5. 以欺诈手段生产、销售产品的行政法律责任

生产者、销售者伪造产品的产地的，伪造或者冒用他人厂名、厂址的，伪造或者冒用认证标志等质量标志的，责令改正，没收违法生产、销售的产品，并处以违法生产、销售产品货值金额等值以下的罚款；有违法所得的，并处没收违法所得；情节严重的，吊销营业执照。

6. 产品标识不当的法律责任

产品标识不符合产品或其包装上的标识的要求的，应依法责令改正；有包装的产品标识，不符合有关警示标志或者中文警示说明规定的，情节严重的，责令停止生产、销售，并处以违法生产、销售产品货值金额30%以下的罚款；有违法所得的，并处没收违法所得。

第二节　消费者权益保护法

在商品经济社会，消费者是弱者，各国普遍重视消费者权益保护方面的立法工作。消费者权益保护法不仅保护消费者个体的利益，而且保障社会经济秩序和社会整体利益。

一、消费者权益保护法概述

（一）消费者的概念和特征

所谓消费者，就是为个人或家庭的生活消费需要购买、使用商品和接受服务的个体社会成员。消费者与生产者及销售者不同，他们必须是产品和服务的最终使用者，他们购买商品或者接受服务的目的主要是用于个人或家庭生活需要而不是经营或销售，这是消费者最本质的一个特点。

消费者具有以下特征：（1）消费者的消费性质属于生活消费；（2）消费者的消费客体是商品和服务；（3）消费者的消费方式包括购买、使用（商品）和接受（服务）；（4）消费者的主体是个体社会成员。

（二）消费者权益保护法

消费者权益保护法是保障消费者合法权益、规范经营者经营活动、调整生活消费关系的法律规范的总称。广义的消费者权益保护法是指调整生活消费关系的所有法律法规，包括《中华人民共和国消费者权益保护法》《中华人民共和国反不正当竞争法》《中华人民共和国产品质量法》《中华人民共和国商标法》《中华人民共和国食品卫生法》以及其他法律、法规中有关消费者权益保护的规范。狭义的消费者权益保护法仅指《中华人民共和国消费者权益保护法》（1993 年 10 月 31 日由中华人民共和国第八届全国人民代表大会常务委员会第四次会议通过，自 1994 年 1 月 1 日起施行，分别于 2009 年 8 月 27日第十一届全国人民代表大会常务委员会第十次会议和 2013 年 10 月 25 日第十二届全国人民代表大会常务委员会第五次会议修正，以下简称《消费者权益保护法》），这是我国保护消费者权益的基本法律。

1. 消费者权益保护法的适用范围

根据《消费者权益保护法》的规定，消费者权益保护法的适用范围是：

（1）消费者为生活消费需要购买、使用商品或者接受服务，其权益受本法保护；

（2）经营者为消费者提供其生产、销售的商品或服务，应当遵守本法；

（3）在消费者权益保护法对某些问题未作出规定时，经营者应当遵守其他有关法律、法规；

（4）农民购买、适用直接用于农业生产的生产资料，参照本法执行。

2. 消费者权益保护法的基本原则

消费者权益保护法的基本原则，是指能全面反映消费者权益保护法所调整的生活消费关系的客观要求，并贯穿于消费者权益保护法之中的，保障消费者合法权益、规制经营者活动过程必须遵循的基本准则。

（1）经营者依法提供商品或服务的原则。《消费者权益保护法》第三条规定："经营者为消费者提供其生产、销售的商品或者提供服务，应当遵守本法；本法未作出规定的，应当遵守其他有关法律、法规。"经营者在经营活动中严格履行法律的各项义务，是实现消费者有关权利的条件和前提。经营者向消费者提供商品或服务，应当符合有关法律、法规所规定的标准，应当保证其提供的商品或者服务符合保障人身、财产安全的要求。

（2）公平交易原则。《消费者权益保护法》第四条规定，"经营者与消费者进行交易，应当遵循自愿、平等、公平、诚实信用的原则。"这些原则都是民商法的基本原则，《消费者权益保护法》加以强调并确认为本法的基本原则，对于强化保护消费者合法权益的功能，显得尤为重要。

（3）国家保障原则。《消费者权益保护法》第五条规定，"国家保护消费者的合法权益不受侵害。国家采取措施，保障消费者依法行使权利，维护消费者的合法权益。国家倡导文明、健康、节约资源和保护环境的消费方式，反对浪费。"这一原则是由国家的职能和性质以及消费者的弱者地位决定的，体现了国家对生活消费关系的适度干预，是《消费者权益保护法》最为重要的原则。体现在以下几个方面：第一，国家通过消费者权益保护立法保障消费者的合法权益；第二，国家通过行政管理手段保障消费者合法权益；第三，国家通过司法工作保障消费者的合法权益。

（4）行政监督和社会监督相结合的原则。《消费者权益保护法》第六条规定："保护消费者的合法权益是全社会的共同责任。国家鼓励、支持一切组织和个人对损害消费者合法权益的行为进行社会监督。"一方面，应充分发挥国家有关行政管理机关的监督管理职能；另一方面，社会组织和公民应通过各种渠道和途径对经营者损害消费者合法权益的行为进行社会监督。

二、消费者的权利和经营者的义务

消费者的权利和经营者的义务是对应的，消费者所享有的权利一般就是经营者所承担的义务。消费者的权利是消费者为了满足生活消费需要，依法为或不为一定行为，以及要求经营者和其他有关主体为或不为一定行为的法律权利。经营者的义务是指经营者依法必须为一定行为或不为一定行为，以满足和实现消费者的生活消费需要的责任。

（一）消费者的权利

根据《消费者权益保护法》第二章的内容，将消费者应当享有的权利归纳为以下几项。

1. 保障安全权

保障安全权是消费者最基本和最核心的权利，它是消费者在购买、使用商品和接受服务时所享有的保障其人身、财产安全不受损害的权利。由于消费者取得商品和服务是用于生活消费，因此必须绝对保证商品和服务的质量不会损害消费者的生命与健康。消费者依法有权要求经营者提供的商品和服务必须符合保障人身、财产安全的条件。

2. 知悉真情权

知悉真情权，或称获取信息权、知情权、了解权，是消费者享有的知悉其购买、使用的商品或者接受的服务的真实情况的权利。依据法律规定，消费者有权根据商品或服务的不同情况，要求经营者提供商品的价格、产地、生产者、用途、性能、规格、等级、主要成分、生产日期、有效期限、检验合格证明、使用方法说明书，售后服务，或者服务的内容、规格、费用等有关情况。

3. 自主选择权

自主选择权，是指消费者享有的自主选择商品或者服务的权利。该权利包括以下几个方面：（1）自主选择提供商品或者服务的经营者的权利；（2）自主选择商品品种或者服务方式的权利；（3）自主决定购买或者不购买任何一种商品、接受或者不接受任何一种服务的权利；（4）在自主选择商品或服务时所享有的进行比较、鉴别的权利。

4. 公平交易权

消费者享有的公平交易的权利，是指消费者在购买商品或者接受服务时所享有的获得质量保障和价格合理、计量正确等公平交易条件的权利。

5. 依法求偿权

依法求偿权，是指消费者在因购买、使用商品或者接受服务而受到人身、财产损害时，依法享有的要求获得赔偿的权利。依法求偿权是弥补消费者所受损害的必不可少的救济性权利。

6. 依法结社权

依法结社权，是指消费者享有的依法成立维护自身合法权益的社会组织的权利。政府对合法的消费者团体不应加以限制，并且在制定有关消费者方面的政策和法律时，还应当向消费者团体征求意见，以求更好地保护消费者权利。消费者的依法结社权能促使消费者从分散、弱小走向集中和强大，并通过集体的力量改变自己的弱者地位，以与实力雄厚的经营者相抗衡。

7. 接受教育权

接受教育权，也称获取知识权，是从知悉真情权中引申出来的一种消费者权利，它是消费者所享有的获得有关消费和消费者权益保护方面知识的权利。只有保障消费者的受教育权，才能使消费者更好地掌握所需商品或服务的知识和使用技能，以便正确使用商品，提高自我保护意识。

8. 获得尊重权

获得尊重权，是指消费者在购买、使用商品或接受服务时所享有的其人格尊严、民族风俗习惯得到尊重的权利，享有个人信息依法得到保护的权利。尊重消费者人格尊严和民族风俗，保护公民个人信息不被泄露和滥用是社会文明进步的表现，也是尊重和保障人权的重要内容。

9. 监督批评权

依据《消费者权益保护法》的规定，消费者享有对商品和服务以及保护消费者权益工作进行监督的权利。此外，消费者有权检举、控告侵害消费者

课堂笔记

权益的行为和国家机关及其工作人员在保护消费者权益工作中的违法失职行为，有权对保护消费者权益工作提出批评、建议。

（二）经营者的义务

经营者，是指以营利为目的向消费者提供其生产、销售的商品或者提供服务的单位和个人。在消费活动中，消费者权利的实现在很大程度上依赖于经营者的合法经营。因此，《消费者权益保护法》在规定消费者权利的同时，也规定了经营者的义务。根据该法第三章的内容，将经营者的义务归纳为以下几项。

1. 依法定或约定履行义务

经营者向消费者提供商品或服务，应当依照我国的相关法律、法规的规定履行义务。经营者和消费者有约定的，应当依照约定履行义务，但双方的约定不得违背法律、法规的规定，应当恪守社会公德，诚信经营，保障消费者的合法权益；不得设定不公平、不合理的交易条件，不得强制交易。

2. 保障消费者人身和财产安全的义务

这是与消费者的安全保障权相对应的经营者的义务。经营者应当保证其提供的商品或者服务符合保障人身、财产安全的要求。对可能危及人身、财产安全的商品或服务，应当向消费者作出真实的说明和明确的警示，并说明和标明正确使用商品或接受服务的方法以及防止危害发生的方法。宾馆、商场、餐馆、银行、机场、车站、港口、影剧院等经营场所的经营者，应当对消费者尽到安全保障义务。

经营者发现其提供的商品或者服务存在严重缺陷，即使正确使用商品或接受服务仍然可能对人身、财产安全造成危害的，应当立即向有关行政部门报告和告知消费者，并采取防止危害发生的措施，采取召回措施的，经营者应当承担消费者因商品被召回支出的必要费用。

3. 提供商品或服务真实信息的义务

《消费者权益保护法》第十九条规定，经营者应当向消费者提供有关商品或者服务的真实信息，不得作引人误解的虚假宣传；经营者对消费者就其提供的商品或服务的质量和使用方法提出的询问应当作出真实、明确的答复；商店提供的商品应当明码标价。

4. 标明真实名称和标记的义务

经营者应当标明其真实名称和标记。租赁他人柜台或者场地的经营者，应当标明其真实名称和标记。即使租赁期满后，在法律规定的情况下，消费者仍有权要求其承担责任。

5. 出具凭证、单据的义务

《消费者权益保护法》第二十一条规定，经营者提供商品或者服务，应当按照国家有关规定或者商业惯例向消费者出具发票等购货凭证或服务单据；消费者索要发票等购货凭证或者服务单据的，经营者必须出具。

6. 品质担保的义务

《消费者权益保护法》第二十二条规定，经营者应当保证在正常使用商品或者接受服务的情况下其提供的商品或者服务应当具有的质量、性能、用途和有效期限；但消费者在购买该商品或服务前已经知道其存在瑕疵，且存在该瑕疵不违反法律强制性规定的除外。这里的正常使用是指一般消费者合理使用的情况。同时还规定，经营者以广告、说明、实物样品或者其他方式表明商品或服务质量状况的，应当保证其提供的商品或者服务的实际质量与表明的质量相符。经营者提供的机动车、计算机、电视机、电冰箱、空调器、洗衣机等耐用商品或者装饰装修等服务，消费者自接受商品或者服务之日起六个月内发现瑕疵，发现争议的，由经营者承担有关瑕疵的举证责任。

7. 售后服务的义务

《消费者权益保护法》第二十三条规定，经营者提供商品或服务，按照国家规定或者与消费者的约定，承担包修、包换、包退或者其他责任的，应当按照国家规定或者约定履行，不得故意拖延或者无理拒绝。没有国家规定和当事人约定的，消费者可以自收到商品之日起七日内退货；不符合法定解除合同条件的，可以要求经营者履行更换、修理等义务。经营者应当承担运输等必要费用。

8. 电子商务环境下经营者的义务

经营者采用网络、电视、电话、邮购等方式销售商品，消费者有权自收到商品之日起七日内退货，且不需说明理由，但下列商品除外：消费者定做的；鲜活易腐的；在线下载或者消费者拆封的音像制品、计算机软件等数字化商品；交付的报纸、期刊及其他根据商品性质并经消费者在购买时确认不宜退货的商品。经营者应当自收到退回商品之日起七日内返还消费者支付的商品价款。退回商品的运费由消费者承担；经营者和消费者另有约定的，按照约定。

采用网络、电视、电话、邮购等方式提供商品或者服务的经营者，以及提供证券、保险、银行等金融服务的经营者，应当向消费者提供经营地址、联系方式、商品或者服务的数量和质量、价款或者费用、履行期限和方式、安全注意事项和风险警示、售后服务、民事责任等信息。

9. 不得从事不公平、不合理交易的义务

经营者不得以格式合同、通知、声明、店堂告示等方式作出对消费者不公平、不合理的规定，或者减轻、免除其损害消费者合法权益应当承担的民事责任。格式合同、通知、店堂告示等含有对消费者作出的不公平、不合理的规定或减轻、免除损害赔偿责任等内容的，其内容无效。

10. 不得侵犯消费者的人身权的义务

经营者不得对消费者进行侮辱、诽谤，不得搜查消费者的身体及其携带的物品，不得侵犯消费者的人身自由。

11. 信息使用安全义务

经营者收集、使用消费者个人信息，应当遵循合法、正当、必要的原则，明示收集、使用信息的目的、方式和范围，并经消费者同意。经营者及其工作人员对收集的消费者个人信息必须严格保密，不得泄露、出售或者非法向他人提供。经营者应当采取技术措施和其他必要措施，确保信息安全，防止消费者个人信息泄露、丢失。在发生或者可能发生信息泄露、丢失的情况时，应当立即采取补救措施。经营者未经消费者同意或者请求，或者消费者明确表示拒绝的，不得向其发送商业性信息。

12. 接受监督的义务

《消费者权益保护法》第十七条的规定，经营者应当听取消费者对其提供的商品或者服务的意见，接受消费者的监督。消费者不但在购买商品或接受服务时，而且在不购买商品或不接受服务时，均有权对经营者或经营者提供的商品或服务提出意见与建议。经营者不仅要接受消费者的监督，而且还要接受全社会的监督。

三、消费者合法权益的保护

在消费者权益的保护方面，不仅经营者应当依法承担责任，而且国家、社会也都负有相应的义务和责任。只有国家和全社会各个方面的力量形成一个规范、完整的保护体系，消费者的各项权益才能得到有效的保障。为此，《消费者权益保护法》对于国家和社会在保护消费者权益方面的义务也都作出了规定。

（一）消费者合法权益的国家保护

国家采取各项措施，保障消费者依法行使权利，维护消费者的合法权益。根据《消费者权益保护法》第四章的规定，国家对消费者合法权益的保护主要体现在以下几个方面。

1. 立法保护

立法是保护消费者合法权益的基础。《消费者权益保护法》是保护消费者合法权益的基本法律。此外，我国制定和颁布的《中华人民共和国产品质量法》《中华人民共和国反不正当竞争法》《中华人民共和国广告法》《中华人民共和国食品卫生法》等也都体现了对消费者合法权益的保护。

2. 行政保护

政府的行政管理工作与消费者权益的保护水平直接相关。各级人民政府应当加强领导、组织、协调、督促有关行政部门做好保护消费者合法权益的工作；应当加强监督，预防和及时制止危害消费者人身、财产安全的行为。

各级人民政府、各级工商行政管理部门以及物价、质量技术监督、卫生、食品检验、商检等行政管理机关，均应在各自的职责范围内采取各种措施，保护消费者的合法权益。有关行政管理部门应当听取消费者和消费者协会等组织对经营者的交易行为、商品和服务质量问题的意见，并及时调查处理。

3. 司法保护

对违法犯罪行为有惩处权力的有关国家机关，应当依照法律、法规的规定，惩处经营者在提供商品和服务质量中侵害消费者合法权益的违法犯罪行为。人民法院应当采取措施，方便消费者提起诉讼。对符合《民事诉讼法》规定的起诉条件的消费者权益争议，必须及时审理，以使消费者权益争议尽快得到解决。

（二）消费者合法权益的社会保护

保护消费者的合法权益是全社会的共同责任，国家鼓励、支持一切组织和个人对损害消费者合法权益的行为进行社会监督。尤其是各种大众传播媒介应当作好维护消费者合法权益的宣传，对损害消费者合法权益的行为进行舆论监督。

在保护消费者合法权益方面，各种消费者组织起着至为重要的作用。《消费者权益保护法》第五章专门对消费者组织作了规定。依据法律规定，消费者组织包括消费者协会和其他消费者组织。消费者协会和其他消费者组织是依法成立的对商品和服务进行社会监督的保护消费者合法权益的社会团体。它们不得从事商品经营和营利性服务，不得以收取费用或者其他牟取利益的方式向消费者推荐商品和服务。

中国消费者协会成立于1984年12月，并于1987年加入国际消费者联盟。目前，各省、市、县都普遍设立了消费者协会，根据《消费者权益保护法》的规定，消费者协会的职能包括下列八个方面：（1）向消费者提供消费信息和咨询服务，提高消费者维护自身合法权益的能力，引导文明、健康、节约资源和保护环境的消费方式；（2）参与制定有关消费者权益的法律、法规、规章和强制性标准；（3）参与有关行政部门对商品和服务的监督、检查；（4）就有关消费者合法权益的问题，向有关部门反映、查询、提出建议；（5）受理消费者的投诉，并对投诉事项进行调查、调解；（6）投诉事项涉及商品和服务质量问题的，可以委托具备资格的鉴定人鉴定，鉴定部门应当告知鉴定结论；（7）就损害消费者合法权益的行为，支持受损害的消费者提起诉讼；（8）对损害消费者合法权益的行为，通过大众媒介予以揭露、批评。

四、消费争议的解决

消费争议是指消费者与经营者之间因商品或服务质量造成消费者人身、财产损失而引发的纠纷。

（一）消费争议的解决途径

《消费者权益保护法》第三十四条规定了解决争议的5种途径和方式，这5种方式的约束力度和效力是依次增强的。

（1）与经营者协商和解。协商和解是消费者与经营者在平等自愿的基础上，就有关争议进行协商，最终达成解决争议的方案。这是发生争议的初期常用的方法，具有方便、简捷、节约、及时等优点。

（2）请求消费者协会或者依法成立的其他调解组织调解。消费者协会作为中间的调解人，在消费者和经营者之间进行调解，使双方自愿达成和解协议。消费者协会的调解是一种民间性质的调解，其调解形成的和解协议不具有法律强制力，履行依赖于双方的自愿。

（3）向有关行政部门投诉。争议发生后，消费者可以根据商品或服务的性质及侵害事由向有关工商行政管理机关、产品质量监督部门及其他相关专业行政管理部门申诉。有关行政部门对消费者的申诉应予以接受，并及时答复和处理。

（4）向仲裁机构申请仲裁。对于符合仲裁条件的消费者权益争议，不论是否经过了协商、调解、申诉，消费者都可以向仲裁机构申请仲裁，通过仲裁来解决纠纷。

（5）向人民法院起诉。消费者权益争议双方如果没有签订仲裁条款或协议，可以直接向人民法院起诉，通过诉讼程序来解决争议。

（二）求偿主体和赔偿主体的确定

当消费者的合法权益受到损害时，消费者可以依法要求经营者承担损害赔偿责任。《消费者权益保护法》是按过错责任原则确定经营者的损害赔偿责任的，而《产品质量法》则按严格责任原则确定经营者的产品责任。对于确定承担损害赔偿责任的主体，一般按以下原则进行。

1. 由生产者、销售者、服务者承担。

具体有以下四种情况。

（1）消费者在购买、使用商品时，其合法权益受到损害的，可以向销售者要求赔偿。销售者赔偿后，属于生产者的责任或者属于向销售者提供商品的其他销售者的责任，销售者有权向生产者或其他销售者追偿。

（2）消费者或其他受害人因商品缺陷造成人身、财产损害的，可以向销售者要求赔偿，也可以向生产者要求赔偿。属于生产者责任的，销售者赔偿后，有权向生产者追偿。属于销售者责任的，生产者赔偿后，有权向销售者追偿。

（3）消费者在接受服务时，其合法权益受到损害的，可以向提供服务者要求赔偿。

（4）消费者在展览会、租赁柜台购买商品或接受服务，其合法权益受到损害的，可以向销售者或者服务者要求赔偿。展览会结束或者柜台租赁期满后，也可以向展览会的举办者、柜台的出租者要求赔偿。展览会的举办者、柜台的出租者赔偿后，有权向销售者或者服务者追偿。

（5）消费者通过网络交易平台购买商品或者接受服务，其合法权益受到损害的，可以向销售者或者服务者要求赔偿。网络交易平台提供者不能提供销售者或者服务者的真实名称、地址和有效联系方式的，消费者也可以向网络交易平台提供者要求赔偿；网络交易平台提供者作出更有利于消费者的承诺的，应当履行承诺。网络交易平台提供者赔偿后，有权向销售者或者服务者追偿。网络交易平台提供者明知或者应知销售者或者服务者利用其平台侵害消费者合法权益，未采取必要措施的，依法与该销售者或者服务者承担连带责任。

2. 由变更后的企业承担

消费者在购买、使用商品或者接受服务时，其合法权益受到损害，因原企业分立、合并的，可以向变更后承受其权利义务的企业要求赔偿。

3. 由营业执照的使用人或持有人承担

使用他人营业执照的违法经营者提供商品或服务，损害消费者合法权益的，消费者可以要求其赔偿，也可以向营业执照的持有人要求赔偿。

4. 由从事虚假广告行为的经营者和广告经营者承担

消费者因经营者利用虚假广告或者其他虚假宣传方式提供商品或接受服务，其合法权益受到损害的，可以向经营者要求赔偿。广告的经营者、发布者发布虚假广告的，消费者可以请求行政主管部门予以惩处。广告的经营者、发布者不能提供经营者的真实名称、地址的和有效联系方式的，应当承担赔偿责任。

广告经营者、发布者设计、制作、发布关系消费者生命健康商品或者服务的虚假广告，造成消费者损害的，应当与提供该商品或者服务的经营者承担连带责任。

5. 由社会团体、社会中介机构承担连带责任

社会团体或者其他组织、个人在关系消费者生命健康商品或者服务的虚假广告或者其他虚假宣传中向消费者推荐商品或者服务，造成消费者损害的，应当与提供该商品或者服务的经营者承担连带责任。

五、法律责任

(一) 民事责任

1. 承担民事责任的概括性规定

经营者提供商品或服务有下列情形之一的，除《消费者权益保护法》另有规定外，应当依照《中华人民共和国产品质量法》和其他有关法律、法规的规定，承担民事责任：(1) 商品或者服务存在缺陷的；(2) 不具备商品应当具备的使用性能而出售时未作说明的；(3) 不符合在商品或者其包装上注明采用的商品标准的；(4) 不符合商品说明、实物样品等方式表明的质量状况的；5) 生产国家明令淘汰的商品或者销售失效、变质的商品的；(6) 销售的商品数量不足的；(7) 服务的内容和费用违反约定的；(8) 对消费者提出的修理、重作、更换、退货、补足商品数量、退还货款和服务费用或者赔偿损失的要求，故意拖延或者无理拒绝的；(9) 法律、法规规定的其他损害消费者权益的情形。

2. 侵犯消费者人身权的民事责任

(1) 经营者提供商品或者服务，造成消费者或者其他受害人人身伤害的，应当赔偿医疗费、护理费、交通费等为治疗和康复支出的合理费用，以及因误工减少的收入，造成残疾的，还应当赔偿残疾生活辅助具费和残疾赔偿金。

(2) 经营者提供商品或者服务，造成消费者或者其他受害人死亡的，应当赔偿丧葬费和死亡赔偿金。

(3) 经营者侵害消费者的人格尊严、侵犯消费者人身自由或者侵害消费者个人信息依法得到保护的权利的，应当停止侵害、恢复名誉、消除影响、赔礼道歉，并赔偿损失。经营者有侮辱诽谤、搜查身体、侵犯人身自由等侵害消费者或者其他受害人人身权益的行为，造成严重精神损害的，受害人可以要求精神损害赔偿。

3. 侵犯消费者财产权的民事责任

(1) 经营者提供商品或者服务，造成消费者财产损害的，应当按照法律规定或者当事人约定通过修理、重作、更换、退货、补足商品数量、退还货款和服务费用或者赔偿损失等方式承担民事责任。

(2) 对国家规定或者经营者与消费者约定包修、包换、包退的商品，经

营者应当负责修理、更换或者退货。在保修期内两次修理仍不能正常使用的，经营者应当负责更换或者退货。对包修、包换、包退的大件商品，消费者要求经营者修理、更换、退货的，经营者应当承担运输等合理费用。

（3）经营者以邮购方式提供商品的，应当按照约定提供。未按照约定提供的，应当按照消费者的要求履行约定或者退回货款；并应当承担消费者必须支付的合理费用。

（4）经营者以预收款方式提供商品或者服务的，应当按照约定提供。未按照约定提供的，应当按照消费者的要求履行约定或者退回预付款；并应当承担预付款的利息、消费者必须支付的合理费用。

（5）依法经有关行政部门认定为不合格的商品，消费者要求退货的，经营者应当负责退货。

（6）经营者提供商品或者服务有欺诈行为的，应当按照消费者的要求增加赔偿其受到的损失，增加赔偿的金额为消费者购买商品的价款或者接受服务的费用的三倍。增加赔偿的金额不足五百元的，为五百元。法律另有规定的，依照其规定。经营者明知商品或者服务存在缺陷，仍然向消费者提供，造成消费者或者其他受害人死亡或者健康严重损害的，受害人有权要求经营者依照《消费者权益保护法》第四十九条、第五十一条等法律规定赔偿损失，并有权要求所受损失两倍以下的惩罚性赔偿。

（二）行政责任

经营者有下列情形之一，除承担相应的民事责任外，其他有关法律、法规对处罚机关和处罚方式有规定的，依照法律、法规的规定执行；法律、法规未作规定的，由工商行政管理部门或者其他有关行政部门责令改正，可以根据情节单处或者并处警告、没收违法所得、处以违法所得一倍以上十倍以下的罚款，没有违法所得的，处以五十万元以下的罚款；情节严重的，责令停业整顿、吊销营业执照：（1）生产、销售的商品不符合保障人身、财产安全要求的；（2）在商品中掺杂、掺假，以假充真，以次充好，或者以不合格商品冒充合格商品的；（3）生产国家明令淘汰的商品或者销售失效、变质的商品的；（4）伪造商品的产地，伪造或者冒用他人的厂名、厂址，篡改生产日期，伪造或者冒用认证标志等质量标志的；（5）销售的商品应当检验、检疫而未检验、检疫或者伪造检验、检疫结果的；（6）对商品或者服务作虚假或者引人误解的虚假宣传的；（7）拒绝或者拖延有关行政部门责令对缺陷商品或者服务采取停止销售、警示、召回、无害化处理、销毁、停止生产或者服务等措施的；（8）对消费者提出的修理、重作、更换、退货、补足商品数量、退还货款和服务费用或者赔偿损失的要求，故意拖延或者无理拒绝的；（9）侵害消费者人格尊严或者侵犯消费者人身自由或者侵害消费者个人信息依法得到保护的权利的；（10）法律、法规规定的对损害消费者权益应当予以处罚的其他情形。

经营者有前款规定情形的，除依照法律、法规规定予以处罚外，处罚机关应当记入信用档案，向社会公布。

（三）刑事责任

（1）经营者提供商品或服务，造成消费者或者其他受害人人身伤害或死亡，构成犯罪的，依法追究刑事责任。

（2）以暴力、威胁等方法阻碍有关行政部门工作人员依法执行职务的，依法追究刑事责任；拒绝、阻碍有关行政部门工作人员依法执行职务，未使用暴力、威胁方法的，由公安机关依照《中华人民共和国治安管理处罚条例》的规定处罚。

（3）国家机关工作人员玩忽职守或者包庇经营者侵害消费者合法权益的行为的，由其所在单位或者上级机关给予行政处分；情节严重，构成犯罪的，依法追究刑事责任。

思考练习

1. 什么是企业质量体系认证？什么是企业产品质量认证？两者有何区别和联系？

2.《产品质量法》如何规定关于国家监督抽查制度的范围和方式？

3.《产品质量法》对生产者、销售者的产品质量的责任和义务是如何规定的？

4. 产品瑕疵责任和产品缺陷责任有何区别？产品质量责任和产品责任有何区别？

5. 我国《消费者权益保护法》的调整对象是什么？

6.《消费者权益保护法》的基本原则是什么？

7. 消费者的权利有哪些？经营者的义务有哪些？

8. 消费者维护自身合法权益的途径有哪些？

课堂笔记

第九章 工业产权法

重点掌握内容

专利法；专利权；专利制度；专利权的主体和客体；专利权的申请、审查和批准法律规定；专利权的期限、终止和无效法律规定；专利权的保护；专利权的强制许可法律制度；商标法；商标及其种类；商标权；注册商标的申请与审批法律规定；驰名商标；注册商标的保护。

第一节 专利法

一、专利法概述

（一）专利权的概念

专利权是指按照专利法的规定，由国务院专利行政部门授予发明人、外观设计人或其所属单位，在法定期限内对其发明创造成果享有的专有权利。专利权包括两方面内容。

（1）人身权。人身权是指知识产权人因发明创造而产生的人身权利，是指与知识产权人不可分割的非财产权利。法律赋予知识产权人某种荣誉称号，例如在发明物上冠以发明人的姓名，接受奖章、学衔及其他职称等。这种人身权不能转让和继承。

（2）财产权。财产权是指法律规定和赋予知识产权人因发明创造而取得的物质权利。这是具有物质财富内容、直接与经济利益相联系的权利。发明人有权制造、使用和出售发明物，或转让发明，从而取得物质利益。

（二）专利法的概念

专利法是指调整因发明创造的开发、实施和保护等发生的各种社会关系的法律规范的总称，即国家制定的用于调整确认发明创造的权利归属及利用而产生的各种社会关系的法律规范的总称。

专利法有广义和狭义之分。广义的专利法除了《中华人民共和国专利法》外，还包括国家有关法律、行政法规和政府规章中有关专利的法律规定。狭义的专利法仅指的是 1984 年 3 月 12 日第六届全国人民代表大会常务委员会第四次会议通过且公布并分别于 1992 年和 2000 年修订的《中华人民共和国专利法》（以下简称《专利法》）。

二、专利权法律关系

（一）专利权的主体

专利法的主体就是有权提出专利申请和获得专利并承担相应义务的人。根据我国《专利法》的规定，发明人或者设计人、职务发明创造的单位、外国人和外国企业或者外国其他组织以及专利权的合法受让人都可以是专利权主体。专利权可以为一个自然人或法人所有，也可以为两个或两个以上的自然人或法人共有。

外国人、外国企业或外国其他组织依照其所属国同中国签订的协议或者共同参加的国际公约或者依照互惠原则，可以在我国申请专利。

我国专利法明确规定了专利法的主体。

1. 发明人或设计人

《专利法》所称发明人或设计人，是指对发明创造的实质性特点作出创造性贡献的人。发明人或设计人对其完成的非职务发明创造，有权申请专利。申请被批准后，专利权归发明人或设计人个人所有。在完成发明创造过程中，只负责组织工作的人、为物质技术条件的利用提供方便的人或者从事其他辅助工作的人，不是发明人或者设计人。如果非职务发明创造是由两个或两个以上的人共同完成的，专利申请应当由全体发明人或设计人共同提出。被批准后，专利权归全体发明人或设计人共有。

2. 职务发明创造的单位

职务发明创造，是指发明人或者设计人执行本单位的任务或者主要利用本单位的物质条件所完成的发明创造。凡属下列条件之一的均属于职务发明创造：在本职工作中所作出的发明创造；履行本单位交付的本职工作之外的任务所作出的发明创造；退职、退休或调动工作一年内作出的，与其在原单位承担的本职工作或分配的任务有关的发明创造；主要利用本单位的物质技术条件完成的发明创造。这里所指的本单位物质技术条件是指本单位的资金、设备、零部件、原材料或不向外公开的技术资料等。

职务发明的专利申请权属于单位，申请被批准后，该单位是专利权人。对于非职务发明创造，申请专利的权利属于发明人或者设计人，申请被批准后，该发明人或者设计为专利权人。利用本单位的物质技术条件所完成的发明创造，单位与发明人或者设计人订有合同，对申请专利的权利和专利权的归属作出约定的，从其约定。

3. 外国人、外国企业或者外国其他组织

（1）在中国有经常居所或营业所的外国人、外国企业或者外国其他组织在中国申请专利的，根据《巴黎公约》的规定和国际惯例，享有与中国公民同等的待遇。

（2）在中国没有经常居所或营业所的外国人、外国企业或者外国其他组织在中国申请专利的，依照其所属国同中国签订的协议或者共同参加的国际公约，或者依照互惠原则，根据专利法的规定处理。外国人在中国申请专利的，应当根据我国《专利法》第十九条的规定委托中国国务院专利行政部门

課堂笔记

167

指定的专利代理机构代理。

（3）在中国境内的外资企业和中外合资企业的外籍职员完成的职务发明创造，其专利申请权属于该企业；非职务发明创造，其专利申请权属于发明人本人。

（二）专利权的客体

专利法的客体指专利法保护的范围或对象，是指可以获得专利法保护的发明创造。我国《专利法》规定的保护对象是指发明、实用新型和外观设计。

1. 发明

专利法所称的发明，是指对产品、方法或者其改进所提出的新的技术方案。发明具有两个特征：利用自然规律而进行的创造，是一种具体的技术方案。发明一般分为产品发明和方法发明两类。产品发明是人们通过研究，开发出来的各种新产品、新材料。后者包括制造产品方法的发明、使用产品方法的发明、测量方法和通讯方法的发明，等等。

2. 实用新型

实用新型是指对产品的形状、构造或者其结合所提出的实用的新的技术方案。实用新型有以下特征：是一种新的技术方案；仅限于产品，不包括方法，且要求产品必须具有固定的形状。

3. 外观设计

外观设计是指对产品的形状、图案或者其结合以及色彩与形状、图案的结合所作出的富有美感并适于工业应用的新设计。外观设计具有以下特征：必须与产品相结合；必须能在产业上应用；富有美感。

（三）专利权的内容

1. 专利权人的权利

（1）实施权，即专利权人享有的实施或禁止他人实施其专利的权利。除法律另有规定外，任何单位或者个人未经专利权人许可，不得为生产、经营目的制造、使用、销售其专利产品，或者使用其专利方法以及使用、销售依照该专利方法直接获得的产品，或者为生产经营目的进口其专利产品等。

（2）处分权，即专利权人享有将其专利权进行转让、赠与或放弃的权利。专利权的处分权只能在专利权的有效期内进行，而且要受到地域性的限制。对专利权的处分必须履行必要的法定程序，否则其处分行为无效。

（3）许可权：专利权人有许可他人实施其专利并收取使用费的权利，实施许可必须订立书面合同，被许可人只能在许可范围内实施该专利。

（4）标记权：专利权人享有在其专利产品、该产品包装或其专利文件上标明专利标记和专利号的权利。

2. 专利权人的义务

（1）按照规定缴纳专利费；

（2）公开发明创造；

（3）实施专利。

三、授予专利权的条件

1. 新颖性

新颖性是指在申请日以前没有同样的发明或者实用新型在国内外出版物上公开发表过、在国内公开使用过或者以其他方式为公众所知，也没有同样的发明或者实用新型由他人向国务院专利行政部门提出过申请并且记载在申请日以后公布的专利申请文件中。

2. 创造性

创造性是指同申请日以前已有的技术相比，该发明有突出的实质性特点和显著的进步，该实用新型有实质性特点和进步。所谓实质性特点，是指发明创造具有一个或者几个技术特征，与现有技术相比有本质的区别。所谓进步性，是指与现有技术相比有所发展和前进。一项发明创造是否具有创造性及创造性程度的高低，是以所属技术领域的普通技术人员的评价来确定的。

3. 实用性

实用性是指一项发明或实用新型能够制造和使用，并且能产生积极效果。实用性一般应该具备以下条件：可实施性；可再现性；有益性。不能在生产中得到应用的技术方案，即使具备新颖性和创造性，也不能授予专利权。凡是能够用工业方法加以实施的，不论是工业生产领域的发明创造，还是农业、交通运输业、矿业、林业、渔业、畜牧业、教科文卫等领域的发明创造，都可被认为具有工业实用性。

四、不授予专利权的项目

《专利法》规定，下列各项不授予专利权：（1）科学发现；（2）智力活动的规则和方法；（3）疾病的诊断和治疗方法；（4）动物和植物品种；（5）用原子核变换方法获得的物质。

五、专利的申请、审查与批准

专利权不能自动取得，申请人必须履行专利法规定的专利申请手续，向国务院专利行政部门提交必要的申请文件。世界各国专利局在授予专利之前，都要对专利进行审查，以便决定是否授予专利权。

（一）专利的申请

专利的申请是指具有申请资格的单位或个人就某项发明创造向专利局依法提出授予专利权的请求。申请是取得专利权所必须履行的法律程序和重要环节。

专利的申请应遵循下列四个原则。

1. 书面原则

专利申请的书面原则是指申请人为获得专利权所需履行的各种法定手续都必须依法以书面形式办理。申请发明或实用新型专利的，应当提交请求书、说明书、摘要和权利要求书四类文件。申请外观设计专利的，应当提交请求书及该外观设计的图片或者照片说明。申请专利时，应向专利局提交申请文

课堂笔记

169

件一式两份。专利法和专利法实施细则规定的各种手续，都应当以书面形式办理。

2. 先申请原则

先申请原则是指在两个或两个以上的申请人分别就同样的发明创造申请专利的情况下，对先提出申请的申请人授予专利权。先申请的判断标准是专利申请日。如果两个或两个以上的申请人在同一日分别就同样的发明创造申请专利的，应当在收到专利行政管理部门的通知后自行协商确定申请人。

3. 单一性原则

单一性原则也称作"一发明一申请原则"，即一份专利申请文件只能就一项发明创造提出专利申请。属于一个总的发明构思的两项或两项以上的发明或者实用新型的，可以作为一件申请提出但该两项以上的发明或者实用新型应当在技术上相互关联，包含一个或者多个相同或者相应的特定技术特征，其中特定技术对现有技术作出贡献。

4. 优先权原则

优先权是指专利申请人首次提出专利申请的日期，视为后来一定期限内专利申请人就相同主题在他国或本国提出专利申请的日期。我国《专利法》规定，申请人自发明或者实用新型在国外第一次提出专利申请之日起 12 个月内，或者自外观设计在国外第一次提出专利申请之日起 6 个月内，又在中国就相同主题提出专利申请的，依照该国同中国签订的协议或共同参加的国际条约，或者依照互相承认优先权原则，可享有优先权。

（二）专利的审查和批准

专利的审查和批准是指国家专利管理机关依法对提出的专利申请进行审查，并决定是否授予专利。世界各国对专利申请进行审查的制度分为登记制、审查制和延迟审查制。我国对发明专利申请采用"先期公开，延迟审查"的制度。

我国《专利法》规定，专利的审批一般要经过以下程序。

1. 初步审查并公布

初步审查主要包括以下内容：专利申请是否具备专利法规定的申请文件和其他必要的文件，这些文件是否符合规定的格式；发明专利申请是否明显属于违反国家法律、社会公德或者妨害公共利益的发明创造；发明专利申请是否明显属于不授予专利权的项目；专利申请人是否符合申请人主体资格；申请是否明显不符合申请主题单一性原则；等等。初步审查结果在发明专利申请收到后 18 个月内予以公布，也可根据申请人的请求早日公布其申请。公布发明专利申请，是指将申请专利的发明的内容刊登在专利公报上，供公众自由阅览。实用新型和外观设计申请专利，只进行初步审查，不进行实质审查。

2. 实质审查

实质审查是国务院专利行政部门根据申请人的请求，对发明的新颖性、创造性、实用性等实质条件进行的审查。我国《专利法》规定，发明专利申请自申请日起 3 年内，国务院专利行政部门可以根据申请人随时提出的请求，对其申请进行实质审查。国务院专利行政部门认为必要的时候，可以自行对发明专利申请进行实质审查。

3. 授权决定

我国《专利法》第三十九条规定，发明专利申请经实质审查没有发现驳回理由的，由国务院专利行政部门作出授予发明专利权的决定，发给发明专利证书，并予以登记和公告。发明专利自公告之日起生效。认为不符合专利法规定的，应当通知申请人，要求其在指定的期限内陈述意见，或者对其申请进行修改；无正当理由逾期不答复的，该申请即被视为撤回。发明专利申请经申请人陈述意见或者进行修改后，国务院专利行政部门仍然认为不符合专利法规定的，应当予以驳回。

4. 复　审

国务院专利行政部门设立专利复审委员会。专利申请人对国务院专利行政部门驳回申请的决定不服的，可以自收到通知之日起 3 个月内，向专利复审委员会请求复审，专利复审委员会复审后，作出决定，并通知专利申请人。专利申请人对专利复审委员会的复审决定不服的，可以自收到通知之日起 3 个月内向人民法院起诉。

六、专利权的终止和无效

专利权的终止是指专利权因期限届满或者其他原因在期限届满前失去法律效力。专利权终止后，被授予专利权的发明创造成为人类的共同财富，任何单位和个人都可以无偿使用。根据《专利法》的规定，有下列情形的，专利权终止：专利权期限届满；专利权人没有按期缴纳年费；专利权人以书面声明放弃专利权；专利权人死亡，无继承人或受赠人的。专利权终止应由专利局登记公告。

专利权的无效是指已经取得的专利因其不符合专利法规定，而由专利复审委员会根据有关单位或个人的请求通过审查而宣告为无效。

我国《专利法》规定，自国务院专利行政管理部门公告授予专利权之日起，任何单位或者个人认为该专利权授予不符合本法规定的，都可以请求专利复审委员会宣告该专利权无效。

专利复审委员会对宣告专利权无效的请求进行审查，作出决定，并通知请求人和专利权人。宣告专利权无效的决定，由专利局登记和公告。

七、专利权的期限

专利权的期限又称专利保护期，是指专利局授予专利权具有法律效力的时间界限。我国《专利法》规定，发明专利权的期限为 20 年，实用新型和外观设计专利权的期限为 10 年。专利权的期限均自申请日起算。超过保护期限的专利权进入公共领域，成为社会的公共财富，任何人都可以使用。

八、专利权的法律保护

（一）专利侵权行为

专利权的法律保护是指国家通过法律采取行政和司法程序保障专利权人

课堂笔记

依法独立自主地实施其权利，制止和制裁侵犯其专利权的行为，在专利的申请、审批、实施、转让等方面给予专利申请人和专利权人以法律保护的制度。

侵犯专利权的行为是指未经专利权人的许可，为生产经营目的制造、使用或销售其专利产品，使用其专利方法以及使用、销售依照该专利方法直接获得的产品或制造、销售其外观设计专利产品的行为。

侵犯专利权的具体行为有以下四个方面。

（1）以生产经营为目的制造、使用、销售或进口专利产品，或使用专利方法及使用、销售进口以该方法获得的产品，或制造、销售或进口外观设计专利产品，而又未经专利权人许可。

（2）假冒他人专利、未经许可而使用专利标记。根据专利法律制度规定，下列行为属于假冒他人专利的行为：①未经许可，在其制造或者销售的产品、产品的包装上标注他人的专利号；②未经许可，在广告或者其他宣传材料中使用他人的专利号，使公众将所涉及的技术误认为是他人的专利技术；未经许可，在合同中使用他人的专利号，使公众将合同涉及的技术误认为是他人的专利技术；伪造或者变造他人的专利证书、专利文件或者专利申请文件。

（3）以非专利产品冒充专利产品，以非专利方法冒充专利方法。以下行为属于以非专利产品冒充专利产品、以非专利方法冒充专利方法的行为：（1）制造或者销售标有专利标记的非专利产品；（2）专利权被宣告无效后，继续在制造或者销售的产品上标注专利标记；（3）在广告或者其他宣传材料中将非专利技术称为专利技术；（4）在合同中将非专利技术称为专利技术；（5）伪造或者变造专利证书、专利文件或者专利申请文件。

（4）侵害发明人或者设计人的非职务发明创造专利申请权以及其他权益的行为。

（二）不视为侵犯专利权的行为

根据我国《专利法》第六十九条的规定，有下列情形之一的，不视为侵犯专利权：

（1）专利产品或者依照专利方法直接获得的产品，由专利权人或者经其许可的单位、个人售出后，使用、许诺销售、进口该产品的；

（2）在专利申请日前已经制造相同产品、使用相同方法或者已经作好制造、使用的必要准备，并且仅在原有范围内继续制造、使用的；

（3）临时通过中国领陆、领水、领空的外国运输工具，依照其所属国同中国签订的协议或者共同参加的国际条约，或者依照互惠原则，为运输工具自身需要而在其装置和设备中使用有关专利的；

（4）专为科学研究和实验而使用有关专利的；

（5）为提供行政审批所需要的信息，制造、使用、进口专利药品或者专利医药器械的，以及专门为其制造、进口专利药品或者专利医疗器械的。

另外，我国《专利法》第七十条规定，为生产经营目的使用、许诺销售或者销售不知道是未经专利权人许可而制造并售出的专利侵权产品，能证明该产品合法来源的，不承担侵权责任。

第二节　商标法

一、商标的概念和分类

（一）商标的概念

商标是指商品的生产经营者或者服务提供者用以标明自己所生产经营的商品或者提供的服务，并使其商品或服务与他人制造或销售的商品和服务有所区别的文字、图案、颜色、声音或上述各种因素的组合的一种标志。它是代表特定商品生产者、经营者或者服务提供者的专用符号。商标既具有表示商品来源的作用，同时也具有便于宣传商品的作用。另外，商标有利于国家监督管理、保护消费者的权益。

（二）商标的分类

（1）按商标结构组成或形态划分——文字商标、图形商标、数字商标、声音商标、三维商标以及组合商标。文字商标是指以文字组成的商标。如可口可乐、海信、长虹等。文字的组合可以是生造的，无任何含义。商标的字体可以任选，笔画可以艺术变形。图形商标是指以图形构成的商标，包括人、动物或自然界各种各样的事物。图形商标不受语言文字的限制，无论使用何种语言的国家或地区，人们只要一看到图形，就会形成印象，识别其商标。数字商标是以阿拉伯数字组成的商标，如"555"等。三维商标即立体商标，如商品的包装、装潢等。组合商标是指以文字、图形或者数字组成的商标。组合商标的使用较为广泛，图文并茂，引人注目，有利于识别记忆。

（2）按商标的作用和功能——证明商标、集体商标、联合商标、防御商标。证明商标是指由对某种商品或者服务具有检测和监督能力的组织所控制，而由该组织以外的单位或个人使用在商品或服务上，用以证明该商品或者服务的原产地、原料、制造方法、质量或其他特定品质的标志，如绿色食品标志、真皮标志等。集体商标是指以团体、协会或者其他组织的名义注册，供该组织成员在商事活动中使用，以表明使用者在该组织中的成员资格的标志。从世界范围来看，集体商标的使用在现实中非常普遍。许多国家对集体商标予以保护。联合商标是指同一商标所有人在同一种或同类商品上注册的若干个近似商标。联合商标的注册不是为了每一个商标都使用，其目的是为了保护正商标，防止他人影射、近似或雷同。防御商标是指驰名商标或者已被公众熟知的商标的所有人在不同类别的商品或服务上注册若干相同商标。原商标为正商标，注册在另外类别商品或服务上的这种商标称为防御商标，注册这种商标的目的就是为了防御。

（3）按商标在相关市场上的知名度——普通商标和驰名商标。驰名商标是指在消费者心目中享有崇高信誉、知名度高的商标。驰名商标是企业的宝贵财富，代表着企业的形象和技术实力，具有一定的竞争力。在国际惯例中，驰名商标受到严格的保护。

二、商标权和商标法

（一）商标权的概念

商标权即商标专用权的简称，是指商标所有人对其商标拥有的独占、排他的权利。

商标权的具体内容包括：

（1）使用权，是指商标注册人在其注册商标所核定的商品上使用该商标并从中取得合法权益；

（2）转让权，是指商标所有人可以根据自己的意愿，有偿或无偿地依法转让其注册商标；

（3）许可使用权，是指商标权所有人可以通过签订许可合同，允许他人使用其注册商标；

（4）禁止权，是指当商标权受到侵犯时，商标所有人可依法向商标管理机关或司法机关请求法律保护，要求侵权人停止侵权行为和赔偿经济损失，甚至追究刑事责任。

（二）商标法的概念

商标法是调整在商标的组成、注册、申请、使用、管理和商标专用权的保护过程中所发生的社会关系的法律规范的总称。商标法有广义和狭义之分。狭义的商标法仅指1982年8月23日第五届全国人大常委会第二十四次会议通过的《中华人民共和国商标法》（以下简称《商标法》）。广义的商标法除《中华人民共和国商标法》外，还包括国家有关法律、行政法规和政府规章中关于商标的法律规定。

三、商标的注册

商标的注册就是对商标权的确认。商标注册是指商标使用人将使用的商标依照《商标法》及《商标法实施细则》规定的注册条件、程序，向商标管理机关提出注册申请，经商标局依法审核批准，在商标注册簿登录，发给商标注册证，并予以公告，授予注册人以商标专用权。商标所有人经过注册这一法律事实取得商标权，该商标权受到国家法律的保护。

（一）商标注册的原则

根据《商标法》的规定，商标注册应遵循以下四个基本原则。

（1）申请注册和使用商标，应当遵循诚实信用原则。

（2）多类商品一项商标一件申请的原则。

新《商标法》第二十二条第二款规定，"商标注册申请人可以通过一份申请就多个类别的商品申请注册同一商标"

（3）申请在先的原则。

两个或两个以上的申请人在同一种商品或类似商品上，以相同或者近似的商标申请注册的，初步审定并公告申请在先的商标；同一天申请的，初步审定并公告使用在先的商标，驳回他人的申请。同日使用或者均未使用的，申请人应当协商解决；如果超过 30 天达不成协议，商标局通知各申请人以抽签的方式确定一个申请人，驳回他人的注册申请。

（4）自愿注册与强制注册相结合的原则。

我国对大部分商品和服务项目的商标采取自愿注册的原则，由商标使用人自主决定是否进行注册。与此同时，对部分商品实行强制注册原则。我国《商标法》规定："国家规定必须使用注册商标的商品，必须申请商标注册，未经核准注册的，不得在市场上销售。"国家规定必须使用注册商标的商品，一般限于与人民生活关系密切、涉及人身安全和健康的少数商品，如人用药品和烟草制品等。

新《商标法》规定，商标权属于首先注册的申请人。但商标注册人申请商标注册前，他人已经在同一种商品或者类似商品上先于商标注册人使用与注册商标相同或者近似并有一定影响的商标的，注册商标专用权人无权禁止该使用人在原适用范围内继续使用该商标，但可以要求其附加适当区别标识。同时，新《商标法》第十五条规定，"就同一种商品或者类似商品申请注册与他人在先使用的未注册商标相同或者近似，申请人与该他人具有前款规定以外的合同、业务往来关系或其他关系而明知该他人商标存在，该他人提出异议的，不予注册"。

（二）商标注册的审查及核准

1. 形式审查

商标局收到商标注册申请文件后，应当首先进行形式审查。形式审查的内容主要包括：申请手续是否齐备；申请人是否具备申请资格；申请文件是否齐全，填写是否正确；是否按规定缴纳了申请注册费等。经过形式审查，符合规定的，商标局予以受理，编定申请号，发给受理通知书。申请手续不齐备者或者未按规定填写申请文件的，予以退回，申请日期不予保留。对于申请手续和申请文件基本符合规定，但需要补正的，予以退回，申请日期不予保留。

2. 实质审查

实质审查的内容主要包括：申请注册的商标是否具有显著特征，便于识别；申请注册的商标是否与已注册在相同或类似商品或服务上的商标相同或近似；申请注册的商标是否违背商标法的禁止性规定；等等。

我国《商标法》规定商标不得使用下列文字、图形：

（1）同中华人民共和国的国家名称、国旗、国徽、军旗、勋章相同或者近似，以及同中央国家机关所在地特定地点的名称或者标志性建筑物的名称、图形相同；

（2）同外国的国家名称、国旗、国徽、军旗相同或者近似，但该国政府同意的除外；

（3）同政府间国际组织的名称、旗帜、徽记相同或者近似，但经该组织同意或者不易误导公众的除外；

（4）与表明实施控制、予以保证的官方标志、检验印记相同或者近似，但经授权的除外；

(5) 同"红十字""红新月"的名称、标志相同或者近似；

(6) 带有民族歧视性；

(7) 夸大宣传并带有欺骗性；

(8) 有害于社会主义道德风尚或者有其他不良影响；

(9) 县级以上行政区划的地名或者公众知晓的外国地名，不得作为商标，但是地名具有其他含义的除外；已经注册的使用地名的商标继续有效。

3. 公告核准

申请注册的商标，凡符合《商标法》规定的，由商标局初步审定，予以公告。对于两个或两个以上的商标注册申请人，在同一种商品或类似商品上，以相同或近似的商标申请注册的，初步审定并公告申请在先的商标；同一天申请的，初步审定并公告使用在先的商标，驳回其他人的申请，不予公告。商标局应自收到商标申请文件9个月内作出决定，并书面通知申请人，有特殊情况需要延长的，经国务院工商行政管理部门批准，可以延长3个月。

对初步审查的商标，自公告之日起3个月内，任何人均可以提出异议。商标局认为商标注册申请内容可以修正的，发给审查意见书，限其在收到通知之日起15日内予以修正。对初审公告的商标提出异议的，商标局应当听取异议人和被异议人陈述事实和理由，经调查核实后，自公告期满之日起12个月内作出是否准予注册的决定，并书面通知异议人和被异议人。有特殊情况需要延长的，经国务院工商行政管理部门批准，可以延长6个月。

4. 复审或者裁定

对驳回申请、不予公告的商标，商标局应当书面通知商标注册申请人。商标注册申请人不服的，可以自收到通知之日起15日内向商标评审委员会申请复审，由商标评审委员会作出决定，并书面通知申请人。当事人对商标评审委员会的决定不服的，可以自收到通知之日起30日内向人民法院起诉。

四、注册商标的转让及许可使用

注册商标的转让是指注册商标所有人依法将因注册商标产生的商标权转让给他人的行为。根据《商标法》的规定，转让注册商标的，转让人和受让人应当签订转让协议，并共同向商标局提出申请。注册商标转让后，原注册商标人不再享有该注册商标的专有权，受让人成为该注册商标的所有人，享有商标专有权。

注册商标的使用许可是指注册商标所有人通过签订商标使用许可合同，许可他人使用其注册商标并收取一定许可使用费。注册商标的使用许可，包括以下三类：(1) 独占使用许可，是指商标注册人在约定的期间、地域和以约定的方式，将该注册商标仅许可一个被许可人使用，商标注册人依约定不再使用该注册商标；(2) 排他使用许可，是指商标注册人在约定的期间、地域和以约定的方式，将该注册商标权仅许可一个被许可人使用，商标注册人依约定可以使用该注册商标；(3) 普通使用许可，是指商标注册人在约定的期间、地域和以约定的方式，许可他人使用其注册商标，并可自行使用该注册商标和许可他人使用其注册商标。

五、商标使用的管理

（一）注册商标使用的管理

根据《商标法》的规定，商标行政管理部门对注册商标的使用依法实行管理。

（1）对使用注册商标的管理。使用注册商标，有下列行为之一的，由商标局责令限期改正或者撤销其注册商标：自行改变注册商标的；自行改变注册商标的注册人名义、地址或者其他注册商标的；自行转让注册商标的；连续 3 年停止使用的。

（2）对按照国家必须使用注册商标的商品，未申请注册而在市场销售的，由地方工商行政管理部门责令限期申请注册，可以并处罚款。

（3）使用注册商标，其商品粗制滥造，以次充好，欺骗消费者的，由各级工商行政管理部门分别不同情况，责令限期改正，并可以予以通报或者处以罚款，或者由商标局撤销其注册商标。

（4）注册商标被撤销的或者期满不再续展的，自撤销或者注册之日起一年内，商标局对于该商标相同或者近似的商标注册申请，不予批准。

（二）对未注册商标使用的管理

未注册的商标不享有商标专用权，除国家规定必须使用注册商标的商标外，允许商品生产者、经营者或者服务提供者合法使用未注册商标。根据《商标法》的规定，使用未注册商标，有下列行为的，由地方工商行政管理部门予以制止，限期改正，并可以予以通报或者处以罚款：冒充注册商标的；违反商标法中不得作为商标使用的标志的规定的；粗制滥造，以次充好，欺骗消费者的。

（三）商标印制管理

根据《商标印制管理暂行办法》的规定，商标印制工作必须由持有工商行政管理机关核发的营业执照，并经核定允许承揽商标印制业务的企业承担，严格禁止无照或者超越经营范围承揽商标印制业务。

需印制注册商标的使用者，凭《商标注册证》到所在地县级工商行政管理局开具《注册商标印刷证明》，凭证明委托商标印制单位印制。需印制未注册商标的使用者，凭营业执照到所在地县级工商行政管理局开具《未注册商标印制委托书》，凭委托书委托商标印制单位印制。

任何人不得非法印制或者买卖商标标识。违反者可根据情节予以通报，收缴商标标识及印制模具，没收违法所得，罚款。

六、驰名商标

驰名商标是指在市场上享有较高声誉并被相关公众所熟知的注册商标。《保护工业产权巴黎公约》规定，公约的任何成员国，对于其他成员国在本国法律允许的情况下，对于其他成员国主管机关认定的该国驰名商标，有义务予以保护。在我国，驰名商标的认定与管理工作由国家工商行政管理局商标局负责。只有经过商标局依法认定的商标，才可称为驰名商标。任何组织和个人不得认定或者采取其他变相方式认定驰名商标。驰名商标比普通商标更易招致假冒、不正当竞争等行为的侵害。我国商标法对驰名商标予以特别保护。

认定驰名商标应当考虑下列因素：

（1）相关公众对该商标的知晓程度；

（2）该商标使用的持续时间；

（3）该商标的任何宣传工作的持续时间、程度和地理范围；

（4）该商标作为驰名商标受保护的记录。

驰名商标保护范围如下。

（1）对相同或者类似商品，申请注册的商标是复制、模仿或者翻译他人未在中国注册的驰名商标，容易导致混淆的，不予注册并禁止使用。

（2）对不相同或者不相类似商品，申请注册的商标是复制、模仿或者翻译他人已经在中国注册的驰名商标，误导公众，致使该驰名商标注册人的利益可能受到损害的，不予注册并禁止使用。

（3）已经注册的商标，违反商标法相关规定的，自商标注册之日起 5 年内，商标所有人或者利害关系人可以请求商标评审委员会裁定撤销该注册商标。对恶意注册的商标，驰名商标所有人不受 5 年的时间限制。

（4）违反《商标法》第十三条规定使用商标的，有关当事人可以请求工商行政管理部门禁止使用。经商标局依照《商标法》第十四条的规定认定为驰名商标的，由工商行政管理部门责令侵权人停止违反《商标法》第十三条的规定使用该驰名商标的行为，收缴、销毁其商标标识；商标标识与商品难以分离的，一并收缴、销毁。

（5）驰名商标所有人认为他人将其驰名商标作为企业名称登记，可能欺骗公众或者对公众造成误解的，可以向企业名称登记主管机关申请撤销该企业名称登记。企业名称登记主管机关应当依照《企业名称登记管理规定》处理。

（6）他人的域名或其主要部分构成对驰名商标的复制、模仿、翻译或音译的，应当认定其注册、使用域名等行为构成侵权或者不正当竞争。

为了防止一些企业为求认定驰名商标弄虚作假或者已经获得驰名商标称号的企业放松对产品的监管，新《商标法》第十四条规定，生产、经营者不得将"驰名商标"字样用于商品、商品包装或者容器上，或者用于广告宣传、展览以及其他商业活动中。

七、注册商标专用权的保护

注册商标专用权的保护范围，以核准注册的商标和核定使用的商品为限。有下列行为之一的，均属侵犯注册商标专用权：

（1）未经商标注册人的许可，在同一种商品或者类似商品上使用与其注册商标相同或者近似的商标；

（2）销售侵犯注册商标专用权的商品；

（3）伪造、擅自制造他人注册商标标识或者销售伪造、擅自制造的注册商标标识；

（4）未经商标注册人同意，更换其注册商标并将该更换商标的商品又投入市场；

（5）给他人的注册商标专用权造成其他损害。

对侵犯商标专用权的行为，被侵权人可以向县级以上工商行政管理部门要求处理，也可以向人民法院起诉。有关工商行政管理部门有权责令侵权人立即停止侵权行为，赔偿被侵权人的损失，赔偿额为侵权人在侵权期间所获得的利润或者被侵权人在被侵权期间因被侵权所受到的损失。侵犯商标专用权，未构成犯罪的，工商行政管理部门可以处以罚款。

假冒他人注册商标，伪造、擅自制造他人注册商标标识等，构成犯罪的，除赔偿被侵权人的损失外，依法追究刑事责任。

八、商标保护的期限和续展

我国商标法规定，注册商标的有效期为 10 年，自核准注册之日起计算。商标注册有效期届满后，可以申请续展。每次续展注册的有效期为 10 年，续展的次数不受限制。

思考练习

1. 什么是专利？取得专利应具备哪些条件？
2. 简述我国商标法的内容。
3. 专利权的申请原则有哪些？
4. 专利权法律关系的主体、客体和内容分别有哪些？
5. 简述专利权的保护期限。
6. 我国《商标法》对商标的注册有哪些具体规定？
7. 我国《商标法》对驰名商标的保护有哪些具体规定？

第十章　银行法

🎯 **重点掌握内容**

中央银行；中国人民银行的职责；货币政策；商业银行；商业银行经营原则；商业银行的基本业务；票据；汇票；本票；支票。

第一节　中央银行法

一、中央银行及中央银行法

中央银行是指在国家金融体系中居于核心地位，依法制定和执行国家调控经济、货币政策，实施国家金融监管职能的特殊机构。

中央银行法是指调整中央银行的性质、职能、组织体系和业务范围等内容的法律规范的总称。鉴于中央银行的特殊性，各国对中央银行一般采取专门立法。我国的中央银行法为 1995 年 3 月 18 日第八届全国人民代表大会第 3 次会议通过的《中华人民共和国人民银行法》（以下简称《中国人民银行法》）。2003 年 12 月 27 日第 10 届全国人民代表大会常务委员会第 6 次会议对其进行了修改，自 2004 年 2 月 1 日起施行。

二、中央银行的法律性质和法律地位

中央银行的法律性质和法律地位，是指法律规定的中央银行区别于其他金融机构的根本属性和其在国家机构体系中的地位。世界各国中央银行法律制度一般都规定中央银行为独立的法人机构，享有独立的金融权利（力）和义务，是一国金融监管机构和货币发行机构，同时也承担着通过监管金融活动达到调控经济运行和实现国民经济健康有序增长的任务。

我国的中央银行即中国人民银行具有双重法律性质和角色，既是国家机关，同时又是从事法定金融业务的特殊金融机构。《中国人民银行法》第二条明确规定："中国人民银行是中华人民共和国的中央银行。中国人民银行在国务院领导下，制定和实施货币政策，防范和化解金融风险，维护金融稳定。"《中国人民银行法》第五章规定中国人民银行对金融市场实施宏观调控，对金融机构以及其他单位和个人有监督管理权。因此，中国人民银行是货币发行的银行、银行的银行和国家的银行，同时又可以从事普通银行的某些业务。中国人民银行制定、执行货币政策，履行职责、开展业务具有独立性，不受

地方政府、各级政府部门、社会团体和个人的干涉。

三、中国人民银行的职责

根据《中国人民银行法》第 4 条的规定，中国人民银行依法履行以下 13 项职责：（1）发布和履行与职责有关的命令和规章；（2）依法制定和执行货币政策；（3）发行人民币、管理人民币流通；（4）监督管理银行间同业拆借市场和银行间债券市场；（5）实施外汇管理，监督管理银行间外汇市场；（6）监督管理金融市场；（7）持有、管理、经营国家外汇储备、黄金储备；（8）经理国库；（9）维护支付、清算系统的正常运行；（10）指导、部署金融业反洗钱工作，负责反洗钱的资金监督；（11）负责金融业的统计、调查、分析和预测；（12）作为国家的中央银行，从事有关的国际金融活动；（13）国务院规定的其他职责。

四、人民币的发行与管理

（一）人民币的法律地位

根据《中国人民银行法》第十六条的规定，中华人民共和国的法定货币是人民币。以人民币支付中华人民共和国境内的一切公共的和私人的债务，任何单位和个人不得拒收。

我国目前的人民币单位为"元"，辅币单位为"角"和"分"。人民币票面额有 1 分、2 分、5 分、1 角、2 角、5 角、1 元、2 元、5 元、10 元、20 元、50 元和 100 元 13 种币值。

（二）人民币的发行

1. 人民币的发行机关

依据我国法律规定，中国人民银行是我国唯一的货币发行机关。除中国人民银行外，任何单位和个人都不得发行或变相发行货币；未经国家批准，任何单位或个人都无权动用国家的货币发行基金；人民币发行的数额、票券和铸币的种类、式样等都须报国务院批准决定。

2. 人民币发行基金管理

人民银行总行根据国家核准的货币发行计划，结合毁损货币销毁和发行基金库存变动等因素，制定货币需要量计划，由货币印制管理部门根据货币需要量计划，编制货币印制计划并组织实施。

3. 人民币的印制

货币印制单位必须按照国家货币印刷要求严格货币印制管理。各类券别的印制数量须控制在货币印制计划允许范围内。货币印制单位按计划完成的所有合格货币，必须全数解缴总行指定发行库。

4. 人民币发行库管理

人民币的具体发行由中国人民银行设置的发行基金保管库即发行库来办理。中国人民银行总行设总库，各分行设分库，各分支行设支库。各级发行库主任均由同级人民银行行长兼任。发行库对保管的发行基金实行严格的管理。

5. 人民币的发行运行具体程序

人民银行的货币发行主要通过普通银行的现金收付业务活动实现。商业银行存取款必须在人民银行开立存款户。

（三）人民币的管理

（1）禁止伪造、变造人民币和禁止运输、持有、使用伪造、变造的人民币。

（2）禁止故意毁损人民币。

（3）禁止非法使用人民币图样。《中国人民银行法》第十九条明确规定，禁止在宣传品、出版物或者其他商品上非法使用人民币图样。

（4）残缺、污损的人民币不得流通使用，必须按照中国人民银行的规定兑换，并由中国人民银行负责收回、销毁。

五、中国人民银行的货币政策

货币政策是指中央银行为了实现既定的经济目标而采取的关于调节和控制货币供应量以及货币流通组织管理的各种政策与措施的总和。货币政策的内容主要包括货币政策目标和实现这些目标所运用的工具或手段。

（一）货币政策的目标

货币政策的目的是：稳定物价、经济增长、充分就业和国际收支平衡。

（二）货币政策工具

《中国人民银行法》第三条规定，中国人民银行为执行货币政策，可以运用以下货币政策工具。

1. 存款准备金政策

中国人民银行要求金融机构按照规定的比例缴存存款准备金。所谓存款准备金政策，是指中央银行通过改变法定准备金率的办法，增加或减少商业银行缴存的存款准备金以控制商业银行的信用创造能力，借以达到调节货币供应量的目的。

2. 再贴现政策

所谓再贴现政策，是指中央银行通过变更再贴现率（一般称为贴现率）和再贷款利率的办法，来影响借款的成本，促使商业银行实现信用扩张或收缩的目的。

3. 公开市场业务

公开市场业务，是指中央银行通过在公开市场上买进或卖出有价证券，借以控制信用规模、调节货币供应量的一种政策措施。中央银行在公开市场上买卖有价证券不仅可以调节货币存量，还会影响有价证券的价格和金融市场的利率。

4. 基准利率政策

基准利率是指利率体系中起主导作用的基础利率，其水平变动决定着其他各种利率的水平和变化。在我国，各种存款和贷款利率由中国人民银行拟定，报经国务院批准后，再由中国人民银行根据国家政策，分别制定差别利率，并根据情况变化进行调整。

课堂笔记

第二节　商业银行法

一、商业银行和商业银行法的概念

商业银行是指以经营存贷款和支付结算为主要业务并以资金的营利性、安全性和流动性为主要经营原则的，提供多样化服务的综合信用中介机构。在我国，商业银行必须是依照《中华人民共和国商业银行法》和《中华人民共和国公司法》所设立的企业法人。

商业银行法是指调整商业银行的设立、变更、终止，规定商业银行的组织机构、职责、权利义务和经营行为，规范和调整商业银行和客户、商业银行和中央银行、商业银行与其他金融机构之间关系的法律规范的总称。我国于1995年5月10日由第8届全国人民代表大会常务委员会第13次会议通过了《中华人民共和国商业银行法》（以下简称《商业银行法》），并于同年7月1日起施行。2003年12月27日第10届全国人民代表大会常务委员会第6次会议修正并自2004年2月1日起施行。

二、商业银行的经营范围

商业银行的经营范围由商业银行章程规定，报中国人民银行批准。根据我国《商业银行法》第三条的规定，商业银行可以经营下列部分或者全部业务：吸收公众存款；发放短期、中期和长期贷款；办理国内外结算；办理票据承兑与贴现；发行金融债券；代理发行、代理兑付、承销政府债券；买卖政府债券、金融债券；从事同业拆借；买卖、代理买卖外汇；从事银行卡业务；提供信用证服务及担保；代理收付款项及代理保险业务；提供保管箱服务；经中国人民银行批准的其他业务。

根据《商业银行法》第四十三条的规定，商业银行在中华人民共和国境内不得从事信托投资和股票业务，不得投资于非自用不动产。商业银行在中华人民共和国境内不得向非银行金融机构和企业投资。

三、商业银行的经营原则

（1）商业银行业务经营的"三性原则"：安全性、流动性和效益性原则。

（2）商业银行与客户之间平等、自愿、公平和诚实信用的原则。

（3）保障存款人的合法权益不受任何单位和个人侵犯的原则。

（4）开展信贷业务，严格审查借款人资信，实行担保，保障按期收回贷款的原则。

（5）商业银行开展业务应当合法，不得损害国家利益和社会公共利益的原则。

(6) 商业银行应当公平竞争，不得从事不正当竞争的原则。

四、商业银行的设立

1. 设立条件

设立商业银行，应当具备以下条件：有符合《商业银行法》和《公司法》规定的章程；有符合法律规定最低限额的注册资本。根据《商业银行法》第十三条的规定，设立全国性商业银行的注册资本最低限额为 10 亿元人民币，设立城市商业银行的注册资本最低限额为 1 亿元人民币，设立农村商业银行的注册资本最低限额为 5000 万元人民币。注册资本应当是实缴资本。国务院银行业监督管理机构根据审慎监管的要求可以调整注册资本最低限额，但不得少于前述规定的限额；有具备任职专业知识和业务工作经验的董事、高级管理人员；有健全的组织机构和管理制度；有符合要求的营业场所、安全防范措施和与业务有关的其他设施。设立商业银行，还应当符合其他审慎性条件。

2. 商业银行的设立程序

设立商业银行，申请人应当经国务院银行业监督管理机构审查批准。根据《商业银行法》第十四条的规定，设立商业银行，申请人应当向国务院银行业监督管理机构提交申请书、可行性研究报告及国务院银行业监督管理机构规定提交的其他文件、资料。经审查符合条件的，申请人应填写正式申请表，并提交章程草案，拟任职的董事、高级管理人员的资格证明，法定验资机构出具的验资证明，股东名册及其出资额、股份等法律规定的文件、资料。对正式批准设立的商业银行，由国务院银行业监管机构颁发经营许可证。申请人凭该经营许可证，向工商行政管理机关办理注册登记，领取营业执照。经批准设立的商业银行及其分支机构，由中国人民银行予以公告。

设立商业银行分支机构也必须经国务院银行业监督管理机构审查批准。商业银行在中国境内设立分支机构，应当按照规定拨付与其经营规模相适应的营运资金。拨付各分支机构营运资金额的总和，不得超过总行资本金总额的 60%。商业银行对其分支机构实行全行统一核算、统一调度资金、分级管理的财务制度。商业银行分支机构不具备法人资格，在总行授权范围内依法开展业务，民事责任由总行承担。

五、商业银行的变更、接管和终止

（一）商业银行的变更

商业银行设立后，在经营过程中，因某些特殊原因，会发生变更。根据《商业银行法》第二十四、二十五条的规定，商业银行有下列事项之一发生变更的，应当经中国人民银行批准：变更名称；变更注册资本；变更总行或者分支行所在地；调整业务范围；变更持有资本总额或者股份总额 5%以上的股东；修改章程；国务院银行业监督管理机构规定的其他变更事项。更换董事长、高级管理人员时，应当报请国务院银行业监管机构审查其任职条件。

（二）商业银行的接管

根据《商业银行法》第六十四条的规定，当商业银行发生以下事由时由国务院银行业监管机构对该银行采取整顿和改组等措施，以保护存款人的利益，恢复商业银行的正常经营能力：（1）商业银行已经发生信用危机，严重影响存款人利益；（2）可能发生信用危机，严重影响存款人利益。

接管决定由国务院银行业监管机构予以公告。接管自接管决定实施之日起开始。自接管开始之日起，由接管组织行使商业银行的经营管理权力。

根据《商业银行法》第六十七、六十八条的规定，接管期限届满，国务院银行业监管机构可以决定延期，但接管期限最长不得超过两年。有下列情形之一的，接管终止：（1）接管决定规定的期限届满或者国务院银行业监管机构决定的接管延期届满；（2）接管期限届满前，该商业银行已恢复正常经营能力；（3）接管期限届满前，该商业银行被合并或者被依法宣告破产。

（三）商业银行的终止

我国《商业银行法》第七十二条规定，商业银行因下列原因终止而导致在组织上解体并丧失其主体资格：（1）商业银行因解散而终止；（2）商业银行因被撤销而终止；（3）商业银行因破产而终止。

商业银行终止应当依法成立清算组，进行清算，按照清偿计划及时偿还存款本金和利息等债务。商业银行被宣告破产的，由人民法院组织国务院银行业监管机构等有关部门和有关人员成立清算组，进行清算。商业银行破产清算时，在支付清算费用、所欠职工工资和劳动保险费用后，应当优先支付个人储蓄存款的本金及利息。

六、商业银行的基本业务法律制度

（一）存款制度

存款是商业银行和具有经营存款业务法律资格的其他金融机构接受其客户存入资金，并保证随时或者在约定时间可支取本金、利息的一种信用活动，是银行对存款人的一种以货币表示的债务。

1. 存款制度的基本原则

（1）存款业务特许经营原则。（2）依法交存存款准备金原则。（3）存款利率法定与公告原则。（4）财政性存款专营原则。（5）合法正当吸存原则。（6）保护存款人合法权益原则。

2. 存款业务的基本规则

（1）商业银行办理个人储蓄业务，实行存款自愿、取款自由、存款有息、为储户保密的原则。

（2）对于存款，商业银行有权拒绝任何单位或者个人查询、冻结、扣划，但法律另有规定的除外。

（3）存款利率由中国人民银行拟定，经国务院批准后公布，或者由国务院授权中国人民银行制定、公布。商业银行应当按照中国人民银行规定的存款利率的上下限，确定存款利率，并予以公告。

（4）存单、存折如有遗失，存款人应立即持本人居民身份证明，并提供姓名、存款时间、种类、金额、账号及住址等所有情况，书面向原储蓄机构声明挂失止付。若存款在挂失前或挂失失效后被他人支取，储蓄机构不负责任。

（5）存款实行实名制。任何单位和个人不得将公款以个人名义转为储蓄存款，不得将个人或其他单位的款项以本单位名义存入金融机构，任何个人不得将私款以单位名义存入金融机构。

（6）商业银行应当保证存款本金和利息的支付，不得拖延、拒绝支付。

3. 存款人的权利和义务

（1）存款人有存款自由的权利。（2）存款人存款时应填写存款凭条，有权留下地址，也可以预留印鉴及使用密码；取款时，储户也应当自己填写取款凭条，并按银行要求回答家庭地址、密码、出示印鉴等。（3）存款人有要求储蓄机构正确开具存单、存折的权利。（4）存款人有取款自由的权利。（5）存款人有请求依法、准确支付利息的权利。（6）存款人有要求储蓄机构对自己的存款情况保密的权利。（7）存款人有对存单、存折、印鉴等的挂失权。（8）存款人有如实交付真币的义务。

4. 存款机构的义务

（1）保证存款人支取存款，除法律有特殊规定外不得拒付或冻结、扣划存款，否则应当承担支付迟延履行的利息以及其他民事责任。（2）按法律法规规定或与存款人的合法约定向存款人支付利息。（3）在存款人申请并符合法律规定时，为其办理存单、存折、印鉴挂失止付，并对已挂失止付的存款的冒领负责。（4）为符合规定的存款人办理整存整取和活期储蓄的转移手续。（5）为存款人保密。

（二）贷款制度

1. 贷款制度的基本原则

（1）合法原则；（2）自主经营原则；（3）安全性、流动性、效益性原则；（4）平等、自愿、公平、诚实信用原则；（5）公平竞争原则；（6）有担保原则。

2. 贷款业务的基本规则

（1）商业银行贷款，应当对借款人的借款用途、偿还能力、还款方式等情况进行严格审查。商业银行贷款，实行审贷分离、分级审批的制度。

（2）商业银行贷款，要求借款人提供担保。商业银行应当对保证人的偿还能力，抵押物、质押物的权属和价值以及实现抵押权、质押权的可行性进行严格审查。但是经商业银行审查、评估，确定借款人资信良好，确能偿还贷款的，可以不提供担保。

（3）按《贷款通则》的规定，贷款程序包括申请、信用等级评估、贷款调查、审批、签订借款合同、贷款发放、贷后检查、贷款归还8个阶段。

（4）按照相关法律、法规的规定，中国人民银行是我国利率主管机关，代表国家依法行使利率管理权。中国人民银行制定、调整中国人民银行对金融机构存、贷款利率和再贴现率，金融机构存、贷款利率，优惠贷款利率，罚息利率，同业存款利率，利率浮动幅度，其他利率。

（5）贷款期限根据借款人的生产经营周期、还款能力和贷款人的资金供给能力由借贷双方协商确定，并在借款合同中载明。但是，自营贷款期限最长一般不超过10年，否则，应报银行监管部门备案；票据贴现最长不得超过6个月。

（6）银行贷款采取书面合同约定规则。

3. 借款人的权利和义务

（1）借款人的权利：可以自主向主办银行或者其他银行的经办机构申请贷款并依条件取得贷款；有权按合同约定提取和使用全部贷款；有权拒绝借款合同以外的附加条件；有权向贷款人的上级和人民银行反映、举报有关情况；在征得贷款人同意后，有权向第三人转让债务。

（2）借款人的义务：如实提供贷款人要求的资料（法律规定不能提供者除外），如实提供所有开户行、账号及存贷款余额情况，配合贷款人的调查、审查和检查；接受贷款人对其使用信贷资金情况和有关生产经营、财务活动的监督；按借款合同约定用途使用贷款；按借款合同约定及时清偿贷款本息；将债务全部或部分转让给第三人的，应取得贷款人的同意；有危及贷款人债务安全情况时，应及时通知贷款人，同时采取保全措施。

（3）对借款人的限制：不得在同一贷款人同一辖区内的两个或两个以上同级分支机构取得贷款；不得向贷款人提供虚假的或者隐瞒重要事实的资产负债表、损益表等；不得用贷款从事股本权益性投资，国家另有规定的除外；不得用贷款在有价证券、期货等方面从事投机经营；除依法取得经营房地产资格的借款人以外，不得用贷款经营房地产业务；依法取得经营房地产资格的借款人，不得用贷款从事房地产投机；不得套取贷款用于借贷牟取非法收入；不得违反国家外汇管理规定使用外币贷款；不得采取欺诈手段骗取贷款。

4. 贷款人的权利和义务

（1）贷款人的权利：有权要求借款人提供与借款有关的资料；有权根据借款人的条件，决定贷与不贷、贷款金额、期限和利率等，根据贷款条件和贷款程序自主审查和决定贷款，除国务院批准的特定贷款外，有权拒绝任何单位和个人强令其发放贷款或者提供担保；有权了解借款人的生产经营活动和财务状况；有权依合同约定从借款人账户上划收贷款或者提供担保；借款人未能履行借款合同规定义务的，贷款人有权依合同约定要求借款人提前归还贷款或停止支付借款人尚未使用的贷款；在贷款将受或已受损失时，可依合同规定，采取使贷款免受损失的措施。

（2）贷款人的义务：公布所经营的贷款种类、期限和利率，并向借款人提供咨询；公开贷款审查的资信内容和发放贷款的条件；审议借款人的借款申请，并及时答复贷与不贷，其中，短期贷款答复时间不得超过1个月，中长期贷款答复时间不得超过6个月，国家另有规定的除外；应当对借款人的债务、财务、生产、经营情况保密，但对依法查询者除外。

（3）对贷款人的限制：贷款的发放必须严格执行《商业银行法》关于资产负债比例管理的有关规定，关于不得向关系人发放信用贷款、向关系人发放担保贷款的条件不得优于其他借款人同类条件的规定；不具备《贷款通则》第四章第十七条所规定的资格和条件的不得对其发放贷款；不得向生产、经营或投资国家明文禁止的产品、项目发放贷款；不得向违反国家外汇管理规定的项目发放贷款；不得向未取得环境保护部门许可的生产经营或投资项目发放贷款；在实行承包、租赁、联营、合并（兼并）、合作、分立、产权有偿转让、股权制改造等变更过程中，为清偿、落实原有贷款债务或提供相应担保的不得对其发放贷款；等等。未经人民银行批准，不得对自然人发放外币币种贷款；自营贷款和特定贷款，除按照规定计收利息外，不得收取其他任何费用；委托贷款，除按规定计收手续费外，不得收取其他任何费用；不得给委托人垫付资金，国家另有规定的除外；严格控制信用贷款，积极推广担保贷款。

思考练习

1. 简述我国中央银行的法律地位和主要职责。
2. 中国人民银行货币政策工具有哪些？
3. 人民币的发行和管理有什么规定？
4. 我国商业银行的经营范围有哪些？
5. 我国商业银行的经营原则有哪些？
6. 我国商业银行的存贷款制度有哪些主要规定？

第十一章　保险法

重点掌握内容

　　保险；保险合同的概念及特征；保险合同的种类；保险合同的当事人和关系人；保险合同的订立、形式和效力的法律规定；保险合同的变更、解除、终止、中止和复效的法律规定；保险合同当事人的权利和义务；财产保险合同的相关法律规定；人身保险合同的相关法律规定；保险公司的相关法律规定；保险经营的法律规定。

第一节　保险法概述

一、保险与保险法概述

（一）保险与保险法的概念

　　保险是以合同形式确定双方经济法律关系，以缴纳保险费建立起保险基金，对保险合同规定范围内的灾害事故所造成的损失，进行经济补偿或给付的一种经济活动。《中华人民共和国保险法》第二条定义，"本法所称保险，是指投保人根据合同约定，向保险人支付保险费，保险人对于合同约定的可能发生的事故因其发生所造成的财产损失承担赔偿保险金责任，或者当被保险人死亡、伤残、疾病或者达到合同约定的年龄、期限时承担给付保险金责任的商业保险行为。"

　　保险法是调整保险经营关系和保险监管关系的法律规范的总称。我国的保险法即《中华人民共和国保险法》，它于 1995 年 6 月 30 日第 8 届全国人民代表大会常务委员会第 14 次会议通过，自 1995 年 10 月 1 日起施行。2009 年 2 月 28 日第 11 届全国人大常委会第 7 次会议对该法进行了修订，新修订的保险法自 2009 年 10 月 1 日起正式施行。此外，广义的保险法还包括《公司法》《合同法》《民法通则》《海商法》等中有关调整保险机构组织设立，保险经营活动的法律规范及相关司法解释。

（二）保险的经营原则

1. 保险合法原则

　　合法原则是保险法必须遵循的首要基本准则，保险合法原则要求保险机构的组织设立、保险经营活动等必须遵守法律、行政法规及其他的规章制度，并同时不违反社会公德。

2. 保险自愿原则

保险自愿，是指保险活动的当事人出于自身意愿和利益考量参加保险活动，不受任何形式、任何组织和个人的强制、胁迫，否则由此订立的保险合同无效。

3. 保险诚实信用原则

诚实信用原则是进行市场交易活动的最低道德底线。在保险法中是指保险当事人在保险活动中应讲诚实守信用，以诚待人。遵守保险合同的有关约定，恪守诺言，善意行事，不进行欺诈活动，认真履行约定的义务，在不损害他人利益和社会利益的前提下追求自己的利益。

4. 公平竞争原则

保险公司开展业务，应当遵循公平竞争的原则，不得从事不正当竞争行为。保险机构不得捏造、散布虚假信息损害其他保险机构的信誉。不得利用政府及其所属相关部门、垄断性企业或者组织，排挤、阻碍其他保险机构开展保险业务，等等。

5. 保险利益原则

保险利益是指投保人或被保险人对保险标的具有法律上承认和保护的利益，又称可保利益。对保险标的具有保险利益是投保的前提条件。我国《保险法》规定，投保人应当对保险标的具有保险利益；投保人对保险标的不具有保险利益的，保险合同无效。规定保险利益原则的意义在于避免将保险变成赌博行为，预防道德风险，确定保险赔偿范围。

6. 近因原则

近因原则是指危险事故的发生与损害结果之间必须存在着因果关系，否则保险人不承担保险责任。当存在着多个原因时，造成保险标的的损害的最主要、起到决定性作用的原因即属近因。只有近因属于保险责任时，保险人才承担保险赔偿责任。

7. 境内保险机构优先原则

在中华人民共和国境内的法人和其他组织需要办理境内保险的，应当向中华人民共和国境内的保险公司投保。保险公司需要办理再保险分出业务的，应当优先向中国境内的保险公司办理，保险监督管理机构有权限制或禁止保险公司向中国境外的保险公司办理再保险分出业务或者接受中国境外再保险分入业务。

二、保险经营的基本规则

1. 保险经营业务专营规则

根据我国《保险法》的规定，保险业务实行保险专营原则，即只有依照保险法设立的保险公司以及法律、行政法规规定的其他保险组织才有权经营保险业务，其他任何单位和个人都不得经营保险业务。保险公司的保险经营的业务范围是财产保险业务和人身保险业务。

2. 保险经营业务兼营规则

根据我国《保险法》的有关规定，同一个保险人不得同时兼营财产保险业务和人身保险业务两项业务。但是，经营财产保险业务的保险公司经保险监督管理机构核定，可以经营短期健康保险业务和意外伤害保险业务。

《保险法》规定，保险人不得同时兼营其他非保险业务。保险公司的业务范围由保险监督管理机构依法核定，保险公司只能在被核定的业务范围内从事保险经营活动，不得兼营《保险法》及其他法律、行政法规规定以外的业务。

第二节　保险合同

一、保险合同的概念及其特征

保险合同是指投保人与保险人约定保险权利义务关系的协议。

保险合同具有以下特征。

1. 保险合同是双务有偿合同

保险合同是投保人和保险人按照合同的约定互负债权、互担债务的合同，即合同各方当事人相互享有权利并承担义务。同时投保人只有在缴纳了相应的保险费后才能将一定范围内的危险转移给保险人。

2. 保险合同属于诺成性合同

诺成性合同是指只要当事人之间达成一致意见合同即告成立而不需要具备其他条件。保险合同的成立取决于投保人与保险人之间就保险合同的条款达成的合意，而不需要采取或者履行其他特定方式。保险人签发保单或其他保险凭证的行为并非合同成立的要件，同时，保险合同的成立不以保险费的交付为条件。

3. 保险合同是不要式合同

保险合同的成立无须采用特定的方式，因此保险合同属不要式合同。

4. 保险合同是射性合同

射性合同是一种碰运气的机会性合同。保险人仅在特定的不可预料的保险事故发生时才承担给付保险金的义务，若保险事故不发生，则投保人丧失所交保险费。

5. 保险合同是格式合同

格式合同是指由一方当事人预先拟定的，在订立合同时对方当事人不能就合同条款与拟定方进行协商的合同。保险合同由保险人事先拟定出保险合同的基本条款，投保人只需在印制的表格上填写有关事项即可。由于保险合同在订立时缺乏双方协商的过程，为了保护投保人的利益，对于保险合同的解释，应当采取有利于被保险人的原则。

课堂笔记

二、保险合同的种类

根据不同的标准，可以将保险合同进行不同的分类。

（1）根据保险标的的不同性质，可以将保险合同分为财产保险合同和人身保险合同。

财产保险合同是以财产及其有关利益为保险标的的保险合同。其又可分为财产损失保险合同、运输工具保险合同、货物运输保险合同、农业保险合同、责任保险合同、信用保险合同、保证保险合同和海上保险合同。人身保险是指以人的寿命和身体作为保险标的的保险合同。其又可分为寿险合同、意外伤害保险合同和健康保险合同。

（2）根据保险合同实施的形式，可以将保险合同分为强制性保险合同和自愿性保险合同。

强制性保险合同是指根据法律的有关规定而强制要求某部分人必须参加的保险合同。例如轮船、飞机旅客意外伤害强制保险等。自愿性保险合同是指投保人根据自己的意愿和保险人订立的保险合同。除法律、行政法规规定必须参加保险的以外，保险公司、其他社会组织均不得强制他人订立保险合同。

（3）根据设立保险合同的不同目的，可以将保险合同分为补偿性保险合同和给付性保险合同。

补偿性保险合同是指危险事故发生后由保险人根据被保险人所受实际损失而支付的具有赔偿性质的保险合同。这种保险合同设立的目的是为了补偿被保险人因遭受灾害事故所承受的经济损失。大多数财产保险合同都属于补偿性保险合同。给付性保险合同是指该保险合同设立的目的是为了满足被保险人的特殊需要。该种合同不以补偿损失为目的而仅以给付一定的保险金额为目的。大多数人身保险合同都属于给付性保险合同。

（4）根据保险人的责任次序，可以将保险合同分为原保险合同和再保险合同。

原保险合同又可称为第一次保险合同，是指保险人对被保险人的保险危险直接承担责任的原始保险合同。再保险合同又称为第二次保险合同，是指原始保险人将其承担的保险业务，以分保形式，部分转移给其他保险人承担保险责任的保险合同。

（5）根据保险合同中是否事先确定保险价值，可以将保险合同分为定值保险合同和不定值保险合同。

定值保险合同是指当事人双方事先确定保险标的的价值并载明于保险单中，当保险事故发生后，保险人应当以保险合同中约定的保险价值进行赔偿，而不论其实际损失，也不需要对保险标的进行重新估价的一种保险合同。如果是部分损失，则按损失比例予以赔偿。不定值保险合同是指合同当事人事先并没有确定保险标的，仅记载保险金额，只有在危险发生后需要确定保险赔偿的限额时才评估保险标的的实际价值的一种保险合同。实践中，大多数财产保险都采用不定值保险合同。

三、保险合同的当事人和关系人

（一）保险合同的当事人

保险合同的当事人是指订立保险合同、享有保险合同约定的权利和承担保险合同约定的义务的人，包括保险人和投保人。

1. 保险人

保险人又可称为承保人，是指与投保人订立保险合同，收取保险费，并在发生保险事故时或保险期限届满时，承担赔偿或给付保险金责任的保险公司。只有依照保险法设立的保险公司才有权经营商业保险业务，其他的任何单位和个人不得私自经营商业保险业务。

2. 投保人

投保人是指与保险人订立保险合同，并按照保险合同的约定支付保险费用的公民或社会组织。投保人可以是被保险本人，也可以是被保险人以外的第三人。投保人必须具备相应的民事权利能力和民事行为能力，并对保险标的具有保险利益。

根据《保险法》的规定，保险合同的当事人承担以下主要义务。

投保人的义务如下。

（1）按照保险合同的约定缴纳保险费用。

保险合同成立后，投保人应当按照约定交付保险费，保险人按照约定的时间开始承担保险责任。根据保险合同的约定，保险费用可以一次性付清，也可以分期支付。保险费一般由投保人缴纳，但是在人身保险中，被保险人或受益人可以代替投保人缴纳保险费，保险人不得拒绝。在保险合同的有效期内，如果出现保险标的危险增加的情况，保险人有权要求投保人增加保险费；当危险程度降低时，投保人可以减交保险费。

（2）保证保险标的的安全。

被保险人在保险合同的有效期内应当按照有关约定保护保险标的的安全，保险人也可以对保险标的的安全情况进行必要的检查，并及时地向投保人或被保险人提出清除不安全因素和隐患的书面建议。若投保人或被保险人没有按照保险合同的有关约定履行其对保险标的应尽的职责，保险人有权要求投保人增加保险费或解除合同。

（3）保险标的危险程度增加时及时通知保险人。

在保险合同有效期内，当保险标的危险程度增加时，投保人或被保险人应当及时通知保险人。如果投保人或被保险人没有及时通知保险人，对于因保险标的危险程度增加而发生的保险事故，保险人不承担赔偿责任。

（4）发生保险事故时及时通知保险人。

在保险合同的有效期内，当保险事故发生时，投保人、被保险人或受益人应当及时通知保险人，以便保险人及时采取必要措施。

（5）采取必要措施防止或减少损失的发生。

当保险事故发生时，投保人或被保险人有义务采取必要的措施防止或减少损失的发生。由此支付的必要、合理的费用，由保险人承担。

保险人的义务如下。

（1）按照保险合同的约定支付保险金。

当保险事故出现时或保险合同约定的条件成立时，保险人按照约定支付保险金是保险人应当履行的最基本的保险义务。

根据《保险法》的有关规定，保险人收到被保险人或者受益人的赔偿或者给付保险金的请求后，应当及时作出核定，并将核定结果通知被保险人或者受益人。对属于保险责任的，在与被保险人或者受益人达成有关赔偿或者给付保险金额协议后10日内，履行赔偿或者给付保险金义务。保险合同对保险金额及赔偿或者给付期限有约定的，保险人应当依照保险合同的约定，履行赔偿或者给付保险金义务。保险人未及时履行规定义务的，除支付保险金外，应当赔偿被保险人或者受益人因此受到的损失。被保险人或受益人向保险人请求支付保险金受法定时效限制。根据《保险法》的规定，人寿保险以外的其他保险的被保险人或者受益人，请求保险人赔偿或者给付保险金的权利，自其知道保险事故发生之日起两年不行使则消灭；人寿保险的被保险人或者受益人请求保险人给付保险金的权利，自其知道保险事故发生之日起5年不行使则消灭。

（2）保守秘密的义务。

根据《保险法》第三十二条规定，保险人或者再保险接受人对在办理保险业务中知道的投保人、被保险人、受益人或者再保险分出人的业务和财产情况及个人隐私，负有保密的义务。保险人违反保密义务，应当承担相应的法律责任。

（二）保险合同的关系人

保险合同的关系人是指保险合同当事人以外的，在约定的保险事故发生或保险合同约定的期限届满时，对保险合同约定的利益享有独立请求权的人，包括被保险人和受益人。

1. 被保险人

被保险人是指根据保险合同，其财产利益或人身受保险合同保障，在保险事故发生或保险合同约定的期限届满后，享有保险金请求权的人。被保险人是保险事故发生时受到损害的人，也是依据保险合同享有权利和保险金请求权的人。但是保险法对被保险人作了一定的限制。根据《保险法》第55条规定，投保人不得为无民事行为能力人投保以死亡为给付保险金条件的人身保险，保险人也不得承保。父母为其未成年子女投保的人身保险，不受前款规定限制，但是死亡给付保险金额总和不得超过保险监督管理机构规定的限额。

2. 受益人

受益人是指人身保险合同中由被保险人或者投保人指定的享有保险金请求权的人。受益人既可以是自然人，也可以是法人。投保人、被保险人都可以成为受益人。被保险人或者投保人可以指定一人或者数人为受益人。受益人为数人的，被保险人或者投保人可以确定受益顺序和受益份额；未确定受益份额的，受益人按照相等份额享有受益权。受益人故意造成被保险人死亡或伤残的，或故意杀害被保险人未遂的，丧失受益权。

四、保险合同的内容

根据《保险法》第十九条的规定，保险合同应当具备以下内容：（1）保险人名称和住所；（2）投保人、被保险人名称和住所以及人身保险的受益人的名称和住所；（3）保险标的；（4）保险责任和责任免除；（5）保险期间和保险责任开始时间；（6）保险价值；（7）保险金额；（8）保险费及支付办法；（9）保险金赔偿或者给付办法；（10）违约责任和争议处理；（11）订立合同的年、月、日；（12）其他有关的事项。

五、保险合同的订立

（一）保险合同的订立程序

合同法规定，合同的订立应经过两个阶段：要约和承诺。《保险法》第十三条规定："投保人提出保险要求，经保险人同意承保，并就合同的条款达成协议，保险合同成立。"因此，保险合同的订立也需要经过投保和承保两个阶段。

投保是投保人向保险人提出请求，并希望和保险人订立保险合同的单方面意思表示，也即投保人发出的要约。承保是保险人接受投保人希望和自己订立保险合同的意思表示，也即保险人的承诺，只要保险人同意承保，保险合同即告成立。

（二）保险合同的形式

虽然保险合同属于不要式合同，但实务中保险合同多采用书面形式订立。保险合同一般由保险单、保险凭证、暂保单和投保单等构成。

保险单简称"保单"，是指保险合同成立后，保险人向投保人签发的正式保险合同，是保险合同的法定形式。保险单应当载明保险合同的全部内容，是认定保险合同当事人权利和义务的依据，也是被保险人在发生保险事故时进行索赔的凭证。保险凭证又称小保单，是内容和形式简化了的保险单。保险凭证和保险单具有相同的法律效力。暂保单又称为"临时保单"，是保险人正式签发保险单之前不能即时出具保险单时签发的保险凭证。暂保单和保险单具有相同的法律效力，但正式保险单签发后，暂保单就会失效。投保单其实属于一种要约，是指投保人向保险人提交的，希望和保险人订立保险合同的书面申请。投保单一般是由保险人事先按照统一格式制订的书据。

（三）订立保险合同时当事人的义务

1. 保险人的说明义务

在订立保险合同时，保险人应当向投保人说明保险合同的有关条款内容。保险合同中可以规定保险人责任免除条款，但保险人在订立保险合同时应当向投保人明确说明，未明确说明的，该条款不产生效力。

2. 投保人的告知义务

在订立保险合同时，保险人可以就保险标的或者被保险人的有关情况提出询问，投保人应当如实告知。如果投保人故意隐瞒事实，不履行如实告知义务，或者因过失未履行如实告知义务，足以影响保险人决定是否同意承保或者提高保险费率的，保险人有权解除保险合同。但保险人的解除权自其知道有解除事由之日起，超过三十日不行使则消灭。自合同成立之日起超过两年的，保险人不得解除合同。发生保险事故的，保险人应当承担赔偿或者给付保险金的责任。若投保人故意不履行如实告知义务，保险人对于保险合同解除前发生的保险事故，不承担赔偿或者给付保险金的责任，且不退还保险费。若投保人因过失未履行如实告知义务，对保险事故的发生有严重影响的，保险人对于保险合同解除前发生的保险事故，不承担赔偿或者给付保险金的责任，但应当退还保险费。保险人在合同订立时已经知道投保人未如实告知的情况的，保险人不得解除合同；发生保险事故的，保险人应当承担赔偿或者给付保险金的责任。

（四）无效保险合同

无效保险合同是指由于保险合同不具备有效合同应具备的条件，自始至终不具备法律效力。根据保险合同无效的不同情况或不同条件，可将保险合同分为绝对无效合同和相对无效合同、全部无效合同和部分无效合同。

1. 绝对无效合同和相对无效合同

绝对无效的保险合同是指该保险合同自始至终不发生法律效力，任何人都可以主张其无效。绝对无效保险合同主要包括以下几种：（1）采用胁迫、欺诈等方式订立的保险合同；（2）违反保险法禁止性规定的保险合同；（3）内容违背社会公共利益的保险合同；（4）未经他人授权而代替他人订立的保险合同；（5）保险代理人与投保人恶意串通危害保险人利益的保险合同。

相对无效保险合同是指保险合同依法成立之后，该合同由于具备可撤销的原因而被享有撤销权的当事人依法撤销，使该合同不发生效力。相对无效的保险合同可分为两种：第一，因发生重大误解而订立的保险合同；第二，内容显失公平的保险合同。

2. 全部无效保险合同和部分无效保险合同

全部无效保险合同是指保险合同因为不具备法律所规定的有效成立条件而全部不发生法律效力。

部分无效的保险合同是指由于保险合同的部分条款不符合法律规定，致使该合同部分条款不具备法律效力，而其他合同条款具备法律效力。

六、保险合同的变更

保险合同的变更是指在保险合同存续期间，由于出现了法定事由或经双方当事人的协商，使保险合同的主体、内容、效力等发生了变化。

保险合同主体的变更是指投保人、被保险人、受益人的变更。主要指的是在保险合同的有效期内，投保人或被保险人将自己的权利和义务转让给第三人而保险合同的内容不变。根据《保险法》的规定，投保人或被保险人发生变更的，应当通知保险人，经保险人同意后，依法变更保险合同。保险合同内容的变更是指双方权利义务关系的变更。即在保险合同的有效期内，保险合同的有关条款发生变更而保险合同的主体不变。根据《保险法》的规定：在保险合同有效期内，投保人和保险人经协商同意，可以变更保险合同的有关内容；变更保险合同的，应当由保险人在原保险单或者其他保险凭证上批注或者附贴批单，或者由投保人和保险人订立变更的书面协议。

七、保险合同的解除和终止

（一）保险合同的解除

保险合同的解除是指在保险合同的有效期内，由于法定的或约定的事由，投保人和保险人之间提前终止保险合同的法律行为。

保险合同解除的类型可以分为法定解除和约定解除。

法定解除是指在保险合同的有效期内，出现了法律规定保险合同解除的情况时，当事人解除保险合同。根据保险法的有关规定，下列情况发生时，保险人有权解除保险合同：（1）被保险人或者受益人在未发生保险事故的情况下，谎称发生了保险事故，向保险人提出赔偿或者给付保险金的请求，保险人有权解除保险合同，并不退还保险费；（2）投保人、被保险人或者受益人故意制造保险事故，保险人有权解除保险合同，不承担赔偿或者给付保险金的请求，也不退还保险费；（3）被保险人的年龄不真实且年龄不符合合同约定的年龄限制的，但合同成立超过两年的除外；（4）在保险期内，保险标的危险程度增加，被保险人未及时通知保险人。

约定解除是指保险合同的当事人事先在合同中约定了合同解除的条件，当约定的条件成立时，双方当事人可以解除保险合同。

（二）保险合同的终止

保险合同的终止是指由于某种法定情况的出现，导致当事人之间的权利义务关系消灭从而不需要再履行保险合同的情形。

保险合同终止的主要原因如下。（1）保险合同约定的期限届满。（2）保险合同被依法解除。在保险合同有效期内，无论是投保人还是保险人都有权依照有关法律规定解除保险合同，一旦保险合同被依法解除，保险合同即告终止。（3）保险人按约定履行了保险给付义务。在保险合同的有效期内发生了保险事故之后，保险人按照约定履行了保险义务，如向被保险人和受益人支付了保险合同中约定的保险赔偿金或保险金，保险合同也可以终止。（4）保险标的灭失或被保险人死亡。在财产保险合同中，保险标的因保险事故以外的原因而全部灭失的，保险合同应当终止；在人身保险合同中，被保险人因保险责任范围外的原因死亡的，保险合同也应当终止。

八、保险合同的中止及复效

（一）保险合同的中止

保险合同的中止是指在保险合同的有效期内，由于出现了某些原因而使保险合同的效力暂时发生中止。保险合同的中止是保险合同效力的暂时中断，将来投保人可以通过一定的方式使保险合同重新恢复效力。但是在保险合同中止期间，保险人对保险事故不负保险责任。

如果合同约定分期支付保险费，投保人支付首期保险费后，除合同另有约定外，投保人超过规定的期限 60 日未支付当期保险费的，合同效力中止，或者由保险人按照合同约定的条件减少保险金额。保险合同中止须具备以下几个条件：（1）投保人逾期未按约定交付保险费用；（2）投保人逾期未交付保险费用的时间已经超过 60 天；（3）在保险合同中没有约定其他补救措施。

（二）保险合同的复效

保险合同的复效是指保险合同中止后重新恢复效力。我国《保险法》第五十九条规定："依法规定合同效力中止的，经保险人与投保人协商并达成协议，在投保人补交保险费后，合同效力恢复。但是，自合同效力中止之日起两年内双方未达成协议的，保险人有权解除合同。"

第三节　财产保险

一、财产保险合同的概念和特征

财产保险合同是指以财产及其有关利益作为保险标的的保险合同。

财产保险合同具有以下四个特征。

（1）财产保险合同是以特定的财产或与财产有关的利益作为保险标的的。财产保险合同的标的，既可以是物质财富，也可以是与财产有关的利益。

（2）财产保险合同是补偿性的合同。财产保险合同以补偿被保险人的实际财产损失为目的，这充分地体现了财产保险合同的补偿性。

（3）财产保险合同根据保险标的的价格来确定保险金额。保险人只在保险标的的保险价值范围内承担保险赔偿责任，对于超过保险标的保险价值范围外的损失，保险人不承担责任。

（4）财产保险实行保险代位的原则。在财产保险合同中，如果保险事故是由于第三人造成的，被保险人在保险人那里获得了赔偿之后，被保险人必须将对第三人的求偿权转让给保险人，保险人取得代位求偿权。

二、财产保险合同的种类

根据不同的标准，可以将财产保险合同分为不同的种类。

（一）根据投保人的身份划分

以投保人身份为标准，可以将财产保险合同分为企业财产保险合同和家庭财产保险合同。

（1）企业财产保险合同是以集体所有制企业、全民所有制企业等企业作为投保人的财产保险合同。

（2）家庭财产保险合同是以家庭作为投保人的财产保险合同。

（二）根据保险标的划分

以保险标的为标准，可以将财产保险合同分为运输工具保险合同、货物运输保险合同、工程保险合同、农业保险合同和责任保险合同。

（1）运输工具保险合同是指以各种运输工具作为保险标的的保险合同。

（2）货物运输保险合同是指以运输过程中的货物为保险标的的保险合同。

（3）工程保险合同是指以承包的工程项目为保险标的的保险合同。

（4）农业保险合同是指以农业生产者种植的农作物或养殖的畜禽等为保险标的的保险合同。

（5）责任保险合同是指以被保险人对第三人应承担的赔偿责任作为保险标的的保险合同。

三、财产保险合同的代位求偿权

（一）代位求偿权的概念

代位求偿权是指在财产保险合同中，保险人在向被保险人赔偿了损失之后，所获得的被保险人所具有的依法向负有民事责任的第三者追偿的权利。在财产保险合同中，若保险事故造成的损失是第三人造成的，投保人可以要求第三人赔偿，也可要求保险人赔偿，如果投保人选择了后者，保险人承担了保险责任后，便取得了对第三人追偿的权利。

（二）代位求偿权的条件

根据《保险法》第四十五条的规定，因第三人对保险标的的损害而造成保险事故的，保险人自向被保险人赔偿保险金之日起，在赔偿金额范围内代为行使被保险人对第三人请求赔偿的权利。因此，保险人取得代位求偿权的条件如下：

（1）保险事故是由于第三人的行为造成的；

（2）保险人已经向被保险人承担了保险责任；

（3）保险人只能在赔偿金额的范围内向第三人行使追偿权。

四、财产保险合同的内容

财产保险合同的内容应当包括保险标的、保险金额和保险责任。

1. 保险标的

保险标的是投保人投保的，由保险人承保的对象。财产保险合同的保险标的应当具备以下条件：

（1）被投保的财产或利益必须是合法的；

（2）被投保的财产或利益必须与被保险人之间有保险利益；

（3）被投保的财产或利益必须能够用货币衡量其价值；

（4）被投保的财产或利益必须是保险人同意承保的。

2. 保险金额

保险金额是投保人在订立合同时对保险标的实际投保的货币金额，也是保险人向被保险人履行保险赔偿责任的最高限额。保险金额是财产保险合同中的一项主要条款，对于财产保险合同具有十分重要的意义。

3. 保险责任和除外责任

保险责任是指当保险标的因保险事故而遭受损失时，保险人依照财产保险合同的约定进行赔偿的义务。保险责任也是财产保险合同的一项主要条款。根据《保险法》的规定，保险人对以下危险给保险标的造成的损害承担保险责任：

（1）自然灾害造成的损害；

（2）不可预见的意外事故造成的损害；

（3）为了抢救或防止灾害损失而采取必要措施时所发生的施救、保护、整理等支付的合理费用。

除外责任又叫责任免除，是指在合同中列明的保险人不予承担的保险赔偿与保险金给付责任，是对保险责任的限制。如人身意外伤害保险的保险责任规定，只对因意外事故导致的死亡、伤残负责任，对因疾病、自杀自残导致的死亡、残废等，不提供保险保障。财产保险合同的当事人可以在合同中约定除外责任的情况，一般将战争、军事行动、核辐射污染、被保险人的故意行为等列为除外责任的条款。

第四节　人身保险

一、人身保险合同的概念和特点

人身保险合同是指以人的寿命和身体为保险标的的保险合同。在人身保险合同中，保险人向投保人收取保险费，并对被保险人在保险期内由于保险事故所造成的人身伤亡，或在保险期届满时符合约定的给付保险金条件时，向被保险人或受益人支付保险金。

人身保险合同具有以下特点：

（1）人身保险合同的保险标的是被保险人的寿命或身体；

（2）被保险人只能是自然人，不能是法人或其他社会组织；

（3）人身保险不适用代位求偿权；

（4）保险人不得以强制方式要求投保人缴纳保险费；

（5）保险金额须由投保人和保险人协商确定一个固定的数额。

二、人身保险合同的种类

按照保险标的、承保危险、给付方法上的划分，可将人身保险合同分为人寿保险合同、健康保险合同和意外伤害保险合同。

1. 人寿保险合同

人寿保险合同是指投保人和保险人进行约定，被保险人在约定的有效期内死亡，或在约定的有效期届满仍生存，由保险人按照合同的约定向被保险人或受益人支付保险金的合同。人寿保险合同以人的寿命为保险标的。人寿保险又可分为死亡保险、生存保险、生死两全保险、简易人身保险等。

2. 健康保险合同

健康保险合同是指投保人和保险人约定，在被保险人由于疾病、分娩及因疾病或分娩致残或丧失劳动能力时，由保险人支付保险金的保险合同。

3. 意外伤害保险合同

意外伤害保险合同是指投保人和保险人进行约定，当被保险人受到意外伤害时，由保险人按照有关约定向被保险人或受益人支付保险金的保险合同。

三、人身保险合同的内容

1. 人身保险合同的当事人

人身保险合同的当事人主要有投保人、保险人、被保险人和受益人。

2. 人身保险合同的客体

人身保险合同的客体是保险利益。根据保险法的规定，投保人对下列人员具有保险利益：本人、配偶、子女、父母，与投保人有抚养、赡养或者扶养关系的家庭其他成员、近亲属。

3. 保险费及其交纳

根据保险法的规定，保险合同成立后，投保人可以向保险人一次性支付全部保险费，也可以按照合同约定分期支付保险费。合同中约定分期支付保险费的，投保人应当于合同成立时支付首期保险费，并按期支付其余各期的保险费。

4. 保险责任和除外责任

保险责任是指保险人支付保险金的保险事故种类及支付的比例。除外责任是指当保险事故发生时，保险人不承担支付保险金义务的情况。

除外责任的范围包括以下几个方面：（1）被保险人自杀，但是以死亡为给付保险金条件的合同，自成立之日起满2年后，如果被保险人自杀，保险人可以按照合同给付保险金；（2）投保人、受益人故意造成被保险人死亡、伤残或者疾病；（3）被保险人故意犯罪导致其自身伤残或者死亡。

5. 年龄误报的法律后果

（1）如果投保人申报的被保险人年龄不真实，并且其真实年龄不符合合同约定的年龄限制，保险人可以解除合同，并在扣除手续费后，向投保人退还保险费，但是自合同成立之日起逾2年的除外。

（2）如果投保人申报的被保险人年龄不真实，致使投保人支付的保险费少于应付保险费，保险人有权更正并要求投保人补交保险费，或者在给付保险金时按照实付保险费与应付保险费的比例支付。

（3）如果投保人申报的被保险人年龄不真实，致使投保人实付保险费多于应付保险费，保险人应当将多收的保险费退还投保人。

6. 保险合同的中止和复效

若合同约定分期支付保险费，投保人支付首期保险费后，除合同另有约定外，投保人超过规定的期限60日未支付当期保险费的，合同效力中止，或者由保险人按照合同约定的条件减少保险金额。合同效力中止后，经保险人与投保人协商并达成协议，在投保人补交保险费后，合同效力恢复。但是，自合同效力中止之日起 2 年内双方未达成协议的，保险人有权解除合同。

7. 保险金的支付

投保人和保险人应当在合同中约定，在发生保险事故时，由保险人向被保险人或受益人支付保险金。

8. 保险金的继承

根据保险法的有关规定，被保险人死亡后，遇有下列情形之一的，保险金作为被保险人的遗产，由保险人向被保险人的继承人履行给付保险金的义务：（1）没有指定受益人；（2）受益人先于被保险人死亡，没有其他受益人；（3）受益人依法丧失受益权或者放弃受益权，没有其他受益人。

第五节　保险公司和保险中介

一、保险公司

保险公司是指依法成立的专门从事经营保险业务的公司。保险公司一般包括人寿保险公司、财产保险公司和再保险公司。根据我国《保险法》的规定，保险公司的组织形式是股份有限公司和国有独资公司。

（一）保险公司的设立

1. 保险公司设立的条件

根据《保险法》的规定，设立保险公司应当具备下列条件：（1）有符合保险法和公司法规定的章程；（2）有符合保险法规定的注册资本最低限额。目前设立保险公司，其注册资本的最低限额为人民币 2 亿元，且保险公司注册资本最低限额必须为实缴货币资本；（3）有具备任职专业知识和业务工作经验的高级管理人员；（4）有健全的组织机构和管理制度；（5）有符合要求的营业场所和与业务有关的其他设施。

2. 保险公司设立的程序

（1）申请。设立保险公司，应当向保险监督管理机构提出申请，并提交下列文件资料。①设立申请书。申请书应当载明拟设立的保险公司的名称、注册资本、业务范围等。②可行性研究报告。③保险监督管理机构规定的其他文件、资料。

（2）审查。

保险监督管理机构收到保险公司设立申请后，应当对提供的有关资料进行初步审查。经初步审查合格后，申请人应当向保险监督管理机构提交正式申请表和下列有关文件、资料：

①保险公司的章程；

②股东名册及其股份，或者出资人及其出资额；

③持有公司股份 10% 以上的股东资信证明和有关资料；

④法定验资机构出具的验资证明；

⑤拟任职的高级管理人员的简历和资格证明；

⑥经营方针和计划；

⑦营业场所和与业务有关的其他设施资料；

⑧保险监督管理机构规定的其他文件、资料。

（3）批准和登记。

根据保险法的有关规定，保险监督管理机构自收到设立保险公司的正式申请文件之日起6个月内，应当作出批准或者不批准的决定。经批准设立的保险公司，由批准部门颁发经营保险业务许可证，并凭经营保险业务许可证向工商行政管理机关办理登记，领取营业执照。保险公司自取得经营保险业务许可证之日起6个月内无正当理由未办理公司登记的，其经营保险业务许可证自动失效。保险公司成立后应当按照其注册资本总额的20%提取保证金，存入保险监督管理机构指定的银行，除保险公司清算时用于清偿债务外，不得动用。

（二）保险公司的变更、终止和清算

1. 保险公司的变更

保险公司的变更是指在保险公司经营期间，其名称、组织机构、业务范围等方面发生改变。保险公司成立后，不得任意变更批准的事项，需要变更法定事项的，必须经保险监管机构批准。根据《保险法》第八十二条的规定，保险公司变更以下事项时，应当经保险监督管理机关批准：（1）变更名称；（2）变更注册资本；（3）变更公司或者分支机构的营业场所；（4）撤销分支机构；（5）公司分立或者合并；（6）修改公司章程；（7）变更出资额占有限责任公司资本总额5%以上的股东，或者变更持有公司股份5%以上的股东；（8）国务院保险监督管理机构规定的其他变更事项。

2. 保险公司的终止

保险公司的终止是指保险公司的消灭。保险公司终止的原因主要有以下三种。

（1）解散。保险公司因分立、合并或者公司章程规定的解散事由出现，经保险监督管理机构批准后解散。但是经营有人寿保险业务的保险公司，除分立、合并外，不得解散。

（2）依法被撤销。保险公司如果从事了违反法律、行政法规的行为，保险监督管理机构可以依法吊销其经营保险业务的许可证，撤销该保险公司。保险公司被撤销后，该保险公司终止。

（3）依法宣告破产。保险公司不能支付到期债务，经保险监督管理机构同意，由人民法院依法宣告破产。保险公司被宣告破产的，保险公司终止。

3. 保险公司的清算

保险公司无论是因解散而终止，还是因撤销、破产而终止，都应当依法对保险公司进行清算。根据保险法的有关规定，保险公司因分立、合并或者公司章程规定的解散事由出现而解散，保险公司应当依法成立清算组，进行清算；保险公司因违反法律、行政法规，被保险监督管理机构依法吊销经营保险业务许可证而依法撤销的，由保险监督管理机构依法及时组织清算组，进行清算；保险公司因不能支付到期债务，经保险监督管理机构同意，由人民法院依法宣告破产的，由人民法院组织保险监督管理机构等有关部门和有关人员成立清算组，进行清算。

经营人寿保险业务的保险公司被依法撤销的或者被依法宣告破产的，其持有的人寿保险合同及准备金，必须转移给其他经营有人寿保险业务的保险公司；不能与其他保险公司达成转让协议的，由保险监督管理机构指定经营有人寿保险业务的保险公司接收。转让或者由保险监督管理机构指定接收上述规定的人寿保险合同及准备金的，应当维护被保险人、受益人的合法权益。

（三）保险公司偿付能力的维持

保险公司的偿付能力是指保险公司对承担的保险责任所具有的赔偿或者给付能力。保险公司要顺利从事保险业务，维持正常的偿付能力，必须具备与其业务规模相适应的最低偿付能力。根据《保险法》的规定，保险公司应当按规定提取保证金、保险公司公积金、责任准备金、保险保障金等。

（1）保证金是为了保证保险公司在清算时有能力清偿债务，根据保险法的规定由保险公司在成立时向国家所交纳的一定数额的基金。保证金应当按照保险公司注册资本的20%提取，存入保险监管机构指定的银行，只有在保险公司用来清偿债务时方可动用。

（2）保险公司公积金是保险公司为了扩大经营范围、预防意外亏损和提高自身的财力，按照有关法律的规定从保险公司的税后利润中提取的积累资金。

（3）责任准备金是保险公司为了将来有能力承担未到期的责任或未决的赔款而从保险费中提取的准备资金。

（4）保险保障金是为了保障被保险人的利益，保证保险公司的健康发展，应付将来可能出现的巨大灾害和危险而提取的资金。

（四）保险公司风险管理规则

1. 风险自留责任管理规则

《保险法》第一百零二条规定："经营财产保险业务的保险公司可以自留保险费，但是不得超过其实有资本金加公积金总和的四倍。"但是对于经营人身保险业务的保险公司，其当年自留的保险费不受上述限制。

2. 再保险的分出规则

《保险法》第一百零五条规定："保险公司应当按照保险监督管理机构的有关规定办理再保险分出。"若保险公司需要办理再保险分出业务，应当优先向中国境内的保险公司申请办理。如果保险公司向中国境外的保险公司办理再保险分出业务或者接受中国境外再保险分入业务的，保险监督管理机构有权限制或者禁止。

3. 保险公司承保责任规则

根据保险法的有关规定，保险公司对每一危险单位，即对一次保险事故可能造成的最大损失范围所承担的责任，不得超过其实有资本金加公积金总和的10%；超过的部分，应当办理再保险。

4. 保险公司资金运营规则

为了确保保险公司资金营运的安全性和流动性，我国《保险法》对保险公司的资金营运有一定的限制。保险公司的资金运用仅限于银行存款、买卖政府债券、金融债券和国务院规定的其他资金运用形式。《保险法》第一百零七条规定："经国务院保险监督管理机构会同国务院证券监督管理机构批准，保险公司可以设立保险资产管理公司。保险资产管理公司从事证券投资活动，应当遵守《中华人民共和国证券法》等法律、行政法规的规定。"保险公司运用的资金和具体项目的资金占其资金总额的具体比例，由保险监督管理机构予以确定。

二、保险中介

保险中介是指介于保险人之间或保险人与投保人、被保险人或者受益人之间的，专门从事保险业务的咨询与招揽、风险管理与安排、价值衡量与评估、损失鉴定及理算等中介服务活动，并依法获取佣金或手续费的组织或个人。保险中介主要包括保险代理人、保险经纪人和保险公估人等。

保险代理人是指在委托代理权限内，向保险人收取代理手续费，以被代理人（保险人）的名义实施代为办理保险业务，由保险人对其代理行为承担民事责任的保险活动辅助者。保险经纪人是基于投保人的利益，为投保人与保险人订立保险合同提供中介服务，并依法收取佣金的保险活动辅助者。保险公估人是指依照《保险法》等有关法律、行政法规以及《保险公估机构管理规定》等经中国保监会批准设立的，接受保险当事人委托，专业从事保险标的的评估、勘验、鉴定、估损、理算等业务，据此向保险当事人合理收取费用的保险活动辅助者。

（一）保险代理权行使的法律规定

（1）保险代理人只能为经中国保监会批准设立的保险公司代理保险业务，不得为无权经营保险业务的组织和个人代理保险业务。

（2）保险代理人只能在中国保监会批准的行政区域内，为在该行政区域内注册登记的保险公司代理保险业务。

（3）代理人寿保险业务的保险代理人只能为一家人寿保险公司代理业务。

（4）保险代理人不得滥用代理权，如擅自变更保险条款，提高或者降低保险费率，挪用或者侵占保险费，向投保人收取保险费以外的其他不合理费用等。

（5）保险代理人自身向保险公司投保的，均视为保险公司的直接业务，保险代理人不得从中收取代理手续费。

（6）保险代理人不得擅自转委托，将代理事项的一部分或者全部再委托给他人。

（二）保险代理人、保险经纪人的经营规则

根据《保险法》的相关规定，保险代理人、保险经纪人从事保险业务，应该遵循以下经营规则。

205

（1）保险代理人、保险经纪人应当具备保险监督管理机构规定的资格条件，并取得保险监督管理机构颁发的经营保险代理业务许可证或者经纪业务许可证，向工商行政主管机关办理登记，领取营业执照，并缴存保证金或者投保职业责任保险。

（2）保险代理人、保险经纪人应当具有自己的营业场所，设立专门账簿记载保险代理业务或者保险经纪业务的收支情况，并接受保险监督管理机构的监督。

（3）保险代理人、保险经纪人在办理保险业务活动中不得从事下列行为：欺骗保险人、投保人、被保险人或者受益人；隐瞒与保险合同有关的重要情况；阻碍投保人履行《保险法》规定的如实告知义务，或者诱导其不履行《保险法》规定的如实告知义务；承诺向投保人、被保险人或者受益人给予保险合同规定以外的其他利益；利用行政权力、职务或者职业便利以及其他不正当手段强迫、引诱或者限制投保人订立保险合同。

（4）保险监督管理机构有权检查保险代理人和保险经纪人的业务状况、财务状况及资金运用状况，有权要求保险代理人和保险经纪人在规定的期限内提供有关的书面报告和资料。保险代理人和保险经纪人应当在每一会计年度终了后 3 个月内，将上一年度的营业报告、财务会计报告及有关报表报送保险监督管理机构，并依法予以公布。

第六节　保险经营规则

一、保险经营的业务范围及其限制

（一）保险经营的业务范围

根据我国《保险法》的规定，保险业务实行保险专营原则，即只有依照保险法设立的保险公司以及法律、行政法规规定的其他保险组织才有权经营保险业务，其他单位和个人都不得经营保险业务。保险公司的保险经营的业务范围是财产保险业务和人身保险业务。财产保险业务包括财产损失保险、责任保险、信用保险等保险业务，人身保险业务包括人寿保险、健康保险、意外伤害保险等保险业务。

（二）保险经营业务范围的限制

1. 保险人同时兼营财产保险业务和人身保险业务的限制

根据我国《保险法》的有关规定，同一个保险人不得同时兼营财产保险业务和人身保险业务两项业务。但是，经营财产保险业务的保险公司经保险监督管理机构核定，可以经营短期健康保险业务和意外伤害保险业务。

2. 保险人兼营其他业务的限制

《保险法》规定，保险人不得同时兼营其他非保险业务。保险公司的业务范围由保险监督管理机构依法核定，保险公司只能在被核定的业务范围内从事保险经营活动，而不得兼营《保险法》及其他法律、行政法规规定以外的业务。

二、保险公司经营活动的限制

1. 对于保险公司自留保险费的限制

根据保险法的有关规定，经营财产保险业务的保险公司可以自留保险费，但是不得超过其实有资本金加公积金总和的 4 倍。但是对于经营人身保险业务的保险公司，其当年自留的保险费不受上述限制。

2. 对于保险公司再保险的限制

根据保险法的有关规定，保险公司应当按照保险监督管理机构的有关规定办理再保险分出。若保险公司需要办理再保险分出业务，应当优先向中国境内的保险公司申请办理。如果保险公司向中国境外的保险公司办理再保险分出业务或者接受中国境外再保险分入业务的，保险监督管理机构有权限制或者禁止。

3. 对于保险公司承保责任的限制

根据保险法的有关规定，保险公司对每一危险单位，即对一次保险事故可能造成的最大损失范围所承担的责任，不得超过其实有资本金加公积金总和的 10%；超过的部分，应当办理再保险。

4. 对于保险公司资金运营的限制

根据保险法的有关规定，保险公司的资金运用必须稳健，遵循安全性原则，并保证资产的保值增值。在保险公司资金运用的过程中，仅仅限于银行存款以及买卖政府债券、金融债券和国务院规定的其他资金运用形式。而且保险公司的资金不得用于设立证券经营机构，不得用于设立保险业以外的企业。同时对于保险公司运用的资金和具体项目的资金占其资金总额的具体比例，由保险监督管理机构予以确定。

5. 对于保险公司及其工作人员经营行为的限制

根据保险法的有关规定，保险公司及其工作人员在保险业务活动中不得有下列行为：欺骗投保人、被保险人或者受益人；对投保人隐瞒与保险合同有关的重要情况；阻碍投保人履行保险法规定的如实告知义务，或者诱导其不履行保险法规定的如实告知义务；承诺向投保人、被保险人或者受益人给予保险合同规定以外的保险费回扣或者其他利益；故意编造未曾发生的保险事故进行虚假理赔，骗取保险金。

思考练习

1. 什么是保险？保险法的基本原则是什么？
2. 什么是保险合同？保险合同主要有哪些分类？
3. 保险合同双方当事人各有哪些权利与义务？
4. 什么是财产保险和人身保险？财产保险和人身保险各有哪些特征？

5. 人身保险有哪些特殊法律规则？

6. 什么是财产保险的代为求偿权？

7. 什么是保险中介？保险中介主要有哪些？他们经营业务有哪些基本规则需要遵循？

8. 保险公司的主要经营规则有哪些？

第十二章 证券法

重点掌握内容

证券；证券的分类；证券法的基本原则；股票发行；债券发行；证券承销；证券交易；证券上市；禁止的内幕交易；证券交易所；证券公司；证券服务机构。

第一节 证券法概述

一、证券的概念及其分类

证券是指记载并证明一定权利的各类凭证的总称。它用以证明持有人有权依照其所持有的凭证上记载的内容获取某种权益。证券有广义和狭义之分。广义的证券一般包括商品证券（如货物单、提单等）、货币证券（如汇票、本票和支票等）、资本证券（如股票、债券、投资基金份额等）。狭义的证券仅指资本证券。我国证券法上所规定的证券一般是指狭义证券，即股票、公司债券和国务院依法认定的投资基金份额、非公司企业债券、国家政府债券等其他证券。

证券法上规定的证券具有以下特征。（1）证券是一种投资凭证。投资者可凭该证券的记载获取相应的收益。（2）证券是一种权益凭证。证券体现了一定的权利，如股票体现的是股权，债券则代表着债权。（3）证券是一种可转让的权利凭证。证券具有流通性，其持有者可以随时将证券转让出售，以实现某种权利和收益。

按照不同的标准，证券有如下分类。

（1）按照发行主体的不同，证券可分为政府证券、金融机构证券和公司证券。它们分别是政府、商业银行或非银行金融机构及公司、企业为了筹措资金而发行的有价证券。

（2）按照募集方式的不同，证券可分为公募证券和私募证券。其中公募证券是指发行人通过向不特定的社会公众投资者公开发行的证券，其有严格的审批和公示制度。私募证券是指向少数特定的投资者发行的证券，其审查条件相对宽松，一般不采取公示制度。

（3）按照是否在证券交易所挂牌交易，证券可分为上市证券和非上市证券。上市证券是指经证券监管机构审查批准，在向证券交易所办理备案登记手续后获准在证券交易所内公开买卖的证券。由于借助公开集中交易的证券市场，上市证券流动性较强，必须遵守证券法及证券交易所制定的严格交易规则。非上市证券是指未在证券交易所挂牌交易，允许证券投资者在证券交易所外协议转让的证券。与上市证券相比，非上市证券流通性较差，交易规则相对简单。

二、证券法的概念及基本原则

证券法是指调整证券的募集、发行、交易和国家对证券、证券市场的监督、管理、协调、干预过程中发生的各种社会关系的法律规范的总称。证券法有广义和狭义之分。狭义的证券法仅指 1998 年 12 月 29 日通过，并于 1999 年 7 月 1 日正式生效的《中华人民共和国证券法》（以下简称《证券法》）。广义的证券法除狭义证券法外，还包括其他法律法规中有关证券管理的规定，国家行政机关制定的有关证券方面的行政法规、部门规章和地方立法部门颁布的有关证券管理方面的地方性法规和规章以及证券交易所、证券同业公会制定的组织章程、营业规则和其他自律性规范。

证券法的基本原则包括如下几方面。

1. 合法原则

证券发行、交易活动必须遵守法律、行政法规，禁止欺诈、内幕交易和操纵证券市场的行为。

2. 公开、公平、公正原则

公开主要指信息公开，是指在证券发行和交易过程中凡是可能影响投资者决策的信息都应向社会公众和证券监管机构公开，并且公开的信息必须真实、准确、完整、及时。公平是指在证券发行和交易的过程中，所有参与者都具有平等的地位，其合法权益都应受到公平平等的对待，享有机会均等，待遇相同，享受同股同权、同股同利、同股同价。公正是指在证券发行和交易的有关事务处理上客观公正，一视同仁。证券活动的立法者应制定公正的规则，执法者和监管者应给予一切投资者和被监管者公正的待遇，从而保障证券市场参与者公平地竞争，公正地交易。

3. 自愿、有偿、诚实信用原则

《证券法》第四条规定，证券发行、交易活动中当事人具有平等的法律地位，应当遵循自愿、有偿、诚实信用的原则。

4. 国家统一监管和行业自律相结合原则

《证券法》规定："国务院证券监督管理机构依法对全国证券市场实行集中统一监督管理。国务院证券监督管理机构根据需要可以设立派出机构，按照授权履行监督管理职则。""在国家对证券发行、交易活动实行集中统一监督管理的前提下，依法设立证券业协会，实行自律性管理。"因此，我国实行政府统一监管和行业自律相结合的监管模式，从而更好地制约和化解市场风险，维护正常的市场秩序。

5. 证券业和其他金融业分业经营、分业管理原则

《证券法》第六条规定："证券业和银行业、信托业、保险业分业经营、

分业管理。证券公司与银行、信托、保险业务机构分别设立。国家另有规定的除外。"

6. 国家审计监督原则

《证券法》第九条规定:"国家审计机关依法对证券交易所、证券公司、证券登记结算机构、证券监督管理机构,进行审计监督。"该原则有利于国家对证券市场的监督,以加强证券机构依法开展经营活动,保护投资者的合法权益。

第二节　证券发行

证券发行是指发行主体以筹措资金为目的,依照法律规定的程序和条件向社会投资者出售代表一定权利的资本证券的行为。一般也称证券发行市场为"一级市场",与被称为"二级市场"的证券流通市场相对应。

一、证券发行的一般规定

(一) 证券发行的基本法律规定

《证券法》第十条规定:"公开发行证券,必须符合法律、行政法规规定的条件,并依法报经国务院证券监督管理机构或者国务院授权的部门核准;未经依法核准,任何单位和个人不得公开发行证券。"

《证券法》第二十五条规定:"证券发行申请经核准或者经审批,发行人应当依照法律、行政法规的规定,在证券公开发行前,公告公开发行募集文件,并将该文件置备于指定场所供公众查阅。发行证券的信息依法公开前,任何知情人不得公开或者泄露该信息。发行人不得在公告公开发行募集文件前发行证券。"

有下列情形之一的,为公开发行:向不特定对象发行证券的;向特定对象发行证券累计超过 200 人的;法律、行政法规规定的其他发行行为的。非公开发行证券,不得采用广告、公开劝诱和变相公开方式。

(二) 证券发行的基本程序

1. 证券发行人提出申请

证券发行人必须向证监会提交《公司法》规定的申请文件及其他相关文件。发行公司债券,必须依照《公司法》规定的条件,报经国务院授权部门批准。发行人按照证监会颁布的《公司公开发行股票申请文件标准格式》制作申请文件,经省级人民政府或国务院有关部门同意后,由主承销商推荐并向证监会申报。证监会收到申请文件后 5 个工作日内作出是否受理的决定。

2. 证监会审议

证监会受理申请文件后,对发行人申请文件的合规性进行初审,并在 30日内将初审意见函告发行人及其主承销商。主承销商自收到初审意见之日起10 日内将补充完善的申请文件报给证监会。

证监会对按初审意见补充完善后的申请文件进一步审核，并在受理申请文件后 60 日内，将初审报告和申请文件报送发行审核委员会审核。发行审核委员会按照国务院批准的工作程序开展审核工作，在充分讨论后，以投票表决的方式决定是否允许发行。予以核准的，出具核准公开发行的文件；不予核准的，出具书面意见，说明不予核准的理由。

3. 复议

发行申请经核准不予批准的企业，接到证监会的书面决定之日起 60 日内，可提出复议申请。证监会自收到复议申请后 60 日内，对复议申请作出决定。

二、股票的发行

（一）首次公开发行股票并上市的条件

（1）发行人应当是依法成立且合法存续一定期限的股份有限公司。第一，该股份有限公司应自成立后，持续经营时间在 3 年以上；第二，有限责任公司按原账面净资产值折股整体变更后为股份有限公司的，持续经营时间可以从有限责任公司成立之日起计算，并达 3 年以上（经国务院批准，有限责任公司在依法变更为股份有限公司时，可以采取募集设立方式公开发行股票）；第三，经国务院批准，可以不受上述时间的限制。

（2）发行人已合法并真实取得注册资本项下载明的资产。

（3）发行人的生产经营符合法律、行政法规和公司章程的规定，符合国家产业政策。

（4）发行人最近 3 年内主营业务和董事、高级管理人员没有发生重大变化，实际控制人没有发生变更。

（5）发行人的股权清晰，控股股东和受控股股东、实际控制人支配的股东持有的发行人股份不存在重大权属纠纷。

（6）发行人的资产完整，人员、财务、机构和业务独立。

（7）发行人具备健全且运行良好的组织机构。

（8）持续盈利能力。

（9）发行人财务状况良好。包括：财务管理规范；财务指标良好；依法纳税；发行人不存在重大偿债风险；财务资料真实完整。

（10）募集资金原则上应当用于主营业务。

（11）不存在以下法定的违法行为：①最近 36 个月内未经法定机关核准，擅自公开或者变相公开发行过证券；或者有关违法行为虽然发生在 36 个月前，但目前仍处于持续状态；②最近 36 个月内违反工商、税收、土地、环保、海关、以及其他法律、行政法规，受到行政处罚，且情节严重；③最近 36 个月内曾向中国证监会提出发行申请，但报送的发行申请文件有虚假记载、误导性陈述或重大遗漏；或者不符合发行条件以欺骗手段骗取发行核准；或者以不正当手段干扰中国证监会及其发行审核委员会的审核工作；或者伪造、变造发行人或其董事、监事、高级管理人员的签字、盖章；④本次报送的发行申请文件有虚假记载、误导性陈述或者重大遗漏；⑤涉嫌犯罪被司法机关立案侦查，尚未有明确结论意见；⑥严重损害投资者合法权益和社会公共利益的其他情形。

（二）已上市公司增资发行股票的条件

1. 上市公司增发股票的一般条件

（1）组织机构健全，运行良好；

（2）盈利能力具有可持续性；

（3）财务状况良好；

（4）财务会计文件无虚假记载；

（5）募集资金的数额和使用符合规定；

（6）上市公司不存在法律法规禁止的行为。

2. 上市公司向原股东配售股份的条件

配股除应当符合上市公司增发股票的一般条件外，还应当符合下列条件：

（1）拟配售股份数量不超过本次配售股份前股本总额的30%；

（2）控股股东应当在股东大会召开前公开承诺认购配股股份的数量；

（3）采用证券法规定的代销方式发行。

3. 上市公司向不特定对象公开募集股份的条件

上市公司向不特定对象公开募集股份，除了必须符合上市公司增发股票的一般条件外，还应当符合下列条件：

（1）最近3个会计年度加权平均净资产收益率平均不低于6%；

（2）除金融类企业外，最近一期期末不存在持有金额较大的交易性金融资产和可供出售的金融资产、借予他人款项、委托理财等财务性投资的情形；

（3）发行价格应不低于公告招股意向书前20个交易日公司股票均价或前一个交易日的均价。

4. 上市公司非公开发行股票的条件

（1）发行价格不低于定价基准日前20个交易日公司股票均价的90%；

（2）本次发行的股份自发行结束之日起，12个月内不得转让；控股股东、实际控制人及其控制的企业认购的股份，36个月内不得转让；

（3）募集资金使用符合有关规定；

（4）本次发行将导致上市公司控制权发生变化的，还应当符合中国证监会的其他规定。

上市公司存在下列情形之一的，不得非公开发行股票：

（1）本次发行申请文件有虚假记载、误导性陈述或重大遗漏；

（2）上市公司的权益被控股股东或控制人严重损害且尚未消除；

（3）上市公司及其附属公司违规对外提供担保且尚未解除；

（4）现任董事、高级管理人员最近36个月内受到过中国证监会的行政处罚，或者最近12个月内受到过证券交易所公开谴责；

（5）上市公司或其现任董事、高级管理人员因涉嫌犯罪正被司法机关立案侦查或者涉嫌违法违规正被中国证监会立案调查；

（6）最近一年及一期财务报表被注册会计师出具保留意见、否定意见或无法表示意见的审计报告。保留意见、否定意见或无法表示意见所涉及事项的重大影响已经消除或者本次发行涉及重大重组的除外；

（7）严重损害投资者合法权益和社会公共利益的其他情形。

（三）股票发行的方式和价格

（1）股票发行的方式：认购证方式；储蓄存款方式；全额预缴、比例配售方式；上网竞价方式。

（2）股票的价格。股票的价格是指公司在发行股票时所确定的价格。一般确定股票的价格应当等于或高于股票的票面价值，否则无法确保公司出售一定比例股票后获得相应比例的实收资本。确定股票发行价格一般有两种方式：累计订单式和固定价格方式。我国目前采用固定价格方式，由主承销商和发行人根据市场盈率法确定新股发行价格。

三、公司债券的发行

（一）公司债券的发行条件

（1）公司的生产经营符合法律、行政法规和公司章程的规定，符合国家产业政策；

（2）公司内部控制制度健全，内部控制制度的完整性、合理性、有效性不存在重大缺陷；

（3）经资信评级机构评定，债券信用级别良好；

（4）公司最近一期末经审计的净资产额应符合法律、行政法规和中国证监会的有关规定：其中，股份有限公司的净资产额不低于人民币3000万元，有限责任公司的净资产额不低于人民币6000万元；

（5）最近3个会计年度实现的年均可分配利润不少于公司债券1年的利息；

（6）本次发行后累计公司债券余额不超过最近一期末净资产额的40%，金融类公司的累计公司债券余额按金融企业的有关规定计算；

（7）发行公司债券筹集的资金，必须用于审批机关批准的用途，不得用于弥补亏损和非生产性支出。

上市公司有下列情形的，不得发行公司债券：最近36个月内公司财务会计文件存在虚假记载，或公司存在其他重大违法行为；本次发行申请文件存在虚假记载、误导性陈述或者重大遗漏；对已发行的公司债券或者其他债务有违约或者迟延支付本息的事实，仍处于继续状态；严重损害投资者合法权益和社会公共利益的其他情形。

（二）公司再次发行债券的禁止条件

前一次公开发行的公司债券尚未募足；对已公开发行的公司债券或者其他债务有违约或者延迟支付本息的事实，仍处于继续状态；违反本法规定，改变公开发行公司债券所募集资金的用途。

（三）公司发行可转换债券的条件

最近3个会计年度加权平均净资产收益率平均不低于6%。扣除非经常性损益后的净利润与扣除前的净利润相比，以低者作为加权平均净资产收益率的计算依据；本次发行后累计公司债券余额不超过最近一期末净资产额的

40%；最近 3 个会计年度实现的年均可分配利润不少于公司债券一年的利息。

四、证券投资基金的发行

（一）证券投资基金概述

证券投资资金是一种利益共享、风险共担的集合投资方式。它由基金管理人发行基金单位，集中不确定的投资者不等额的出资，汇集成一定规模的信托财产，由基金托管人托管，由基金管理人管理和运用资金，从事股票、债券等各类投资，收益由投资者按出资比例计算的一种投资工具。

证券投资基金的分类较多，主要分为契约型投资基金和公司型投资基金，开放式证券投资基金和封闭式证券投资基金。其中契约性投资基金是指根据《信托法》而设立的投资基金，由委托人与受托人和受益人之间按照订立投资基金信托契约，依照信托契约运用和管理信托财产的基金形态。公司型投资基金是指根据《公司法》成立的投资基金，委托人发起组织以投资为目的的投资公司，发行投资基金份额，投资者购买投资基金股份，参与共同投资的信托财产形态。开放式基金是指基金份额总额不固定，基金份额可以在基金合同约定的时间和场所申购或者赎回的一种基金。封闭式基金是指经核准的基金份额总额在基金合同期限内固定不变，基金份额可以在依法设立的证券交易场所交易，但基金份额持有人不得申请赎回的一种基金。

（二）申请设立证券投资基金的条件

根据《证券投资基金法》的规定，设立基金管理公司应当具备下列条件，并经国务院证券监督管理机构批准：有符合《证券投资基金法》和《公司法》规定的章程；注册资本不低于 1 亿元人民币，且必须为实缴货币资本；主要股东具有从事证券经营、证券投资咨询、信托资产管理或者其他金融资产管理的较好的经营业绩和良好的社会信誉，最近 3 年没有违法记录，注册资本不低于 3 亿元人民币；取得基金从业资格的人员达到法定人数；有符合要求的营业场所、安全防范设施和与基金管理业务有关的其他设施；有完善的内部稽核监控制度和风险控制制度；法律、行政法规规定的和经国务院批准的国务院证券监督管理机构规定的其他条件。

（三）投资基金的设立和招募程序

（1）基金发起人应当向中国证券会提交下列文件，并经国务院证监会核准：①申请报告；②发起人名单及协议；③基金契约和托管协议；④招募说明书；⑤证券公司、信托投资公司作为发起人的，经会计师事务所审计的基金管理人和基金托管人最近 3 年或者成立以来的财务会计报告；⑥律师事务所出具的法律意见书；⑦国务院证券监督管理机构规定提交的其他文件。

（2）国务院证监会应当自受理基金募集申请之日起 6 个月内依照法律、行政法规及国务院证券监管机构的规定和审慎性原则进行审查，作出核准或者不予核准的决定并书面通知申请人。

（3）基金管理人应当在基金份额发售的 3 日前公布招募说明书、基金合同及其他有关文件，并应当自收到核准文件之日起 6 个月内进行基金募集。

215

（4）基金募集不得超过国务院证券监管机构核准的基金募集期限。其中，封闭型基金在 3 个月内募集的资金超过该基金批准规模 80% 的，基金可以成立；开放型基金自批准之日起 3 个月内净销售额超过 2 亿元的，基金可以成立。

（5）基金管理人应当自募集期限届满之日起 10 日内聘请法定验资机构验资，自收到验资报告之日起 10 日内，向国务院证监会提交验资报告，办理基金备案手续，并予以公告。

五、证券承销

证券承销是指证券发行人通过协议方式，委托有证券承销资质的证券机构向社会公众投资者发行证券的行为。

根据我国《证券法》的规定，只有综合类证券公司才可以从事证券承销业务。《证券法》第三十二条规定，向不特定对象发行的证券票面总值超过人民币 5 千万元的，应当由承销团承销。承销团应当由主承销商和参与承销的证券公司组成。其中，主承销商应该满足法定的条件。

（一）证券承销的方式

1. 证券代销

证券代销即证券承销人代理证券发行人向社会投资者出售证券，当证券承销期届满时，证券承销人将没有售出的证券退还给发行人，由发行人自行承担风险的一种证券承销方式。证券代销在国外证券承销实践中往往适用于证券的私募发行。在我国，证券代销主要用于公司债券的发行。

2. 证券包销

证券报销即证券承销人将证券发行人的证券按照双方协议全部购入或在承销期结束时，将剩余证券全部自行购入的一种证券承销方式。由于证券包销可将证券发行失败的主要风险转移给证券承销机构，所以受到大多数证券发行人的欢迎，并成为我国证券实践中适用广泛的证券承销方式。

（二）证券承销的法律规则

（1）公开发行证券的发行人有权依法自主选择承销的证券公司。证券公司不得以不正当竞争手段招揽承销业务。

（2）证券公司承销证券，应当对公开发行募集文件的真实性、准确性、完整性进行核查；发现含有虚假记载、误导性陈述或者重大遗漏的，不得进行销售活动；已经销售的，必须立即停止销售活动，并采取纠正措施。

（3）证券公司在代销、包销期内，对所代销、包销的证券应当保证先行出售给认购人，证券公司不得为本公司预留所代销的证券和预先购入并留存所包销的证券。

（4）证券的代销、包销期最长不得超过 90 日。股票发行采用代销方式，代销期限届满，向投资者出售的股票数量未达到拟公开发行股票数量 70% 的，为发行失败，发行人应当按照发行价并加算银行同期存款利息返还股票认购人。证券公司包销证券的，应当在包销期满后的 15 日内，将包销情况报证监会备案。证券公司代销证券的，应当在代销期满后的 15 日内，与发行人共同将证券代销情况报证监会备案。

第三节　证券交易

一、证券交易的一般规则

（1）证券交易必须合法。证券交易当事人依法买卖的证券必须是依法发行并交付的证券。但是，依法发行的股票、公司债券及其他证券，法律对其转让期限是有限制的，在规定期限内不得买卖。法律、行政法规禁止参与证券交易的人员在任期或者法定期限内不得买卖证券。

（2）在合法的证券交易场所交易。依法公开发行的股票、公司债券及其他证券，应当在依法设立的证券交易所上市交易或者在国务院批准的其他证券交易场所转让。目前，我国的证券交易所有上海证券交易所和深圳证券交易所。其他交易场所有全国的证券交易自动报价系统（STAQ）、中国证券交易系统有限公司设立的场外交易市场（NET）以及各地的证券交易中心和证券公司的营业部。

（3）以合法方式交易。目前我国证券交易实行现货交易。上海证券交易所和深圳证券交易所对 A 股实行次日交割（T+1），对 B 股实行第 3 日交割（T+2）。证券在证券交易所挂牌交易，应当采用公开的集中竞价交易方式或者国务院证券监管机构批准的其他方式。证券交易的集中竞价应当实行价格优先、时间优先的原则。

（4）证券交易所、证券公司、证券登记结算机构必须依法为客户所开立的账户保密。

（5）证券交易的收费必须合理，并公开收费项目、收费标准和收费方法。证券交易的收费项目、收费标准和管理办理由国务院有关管理部门统一规定。

二、股票上市交易

（一）股票上市交易的条件

股票上市交易是指股份公司经申请和核准，将其公开发行的股票在证券交易所挂牌交易。根据《证券法》的规定，股份有限公司申请股票上市，应当符合以下条件：（1）股票经国务院证券管理部门批准已向社会公开发行；（2）公司股本总额不少于人民币 3000 万元；（3）公开发行的股份达到公司股份总数的 25% 以上；公司股本总额超过人民币 4 亿元的，公开发行股份的比例为 10% 以上；（4）公司最近 3 年无重大违法行为，财务会计报告无虚假记载。

（二）股票上市的程序

1. 向证券交易所提出上市申请，并报请证监会批准

根据《证券法》第五十二条的规定，申请股票上市交易，应当提交下列

文件；上市报告书；申请上市的股东大会决议；公司章程；公司营业执照；依法经会计师事务所审计的公司最近三年的财务会计报告；法律意见书和证券公司的推荐书；最近一次的招股说明书；证券交易所上市规则规定的其他文件。

2. 证券交易所审核

一般由证券交易所附设的上市审核委员会负责审核，审核时主要考虑上市的法定条件、产业政策因素、审核的期限限制等。

3. 签订上市协议

上市申请人收到证券交易所签发的上市通知后，应当与证券交易所签订《上市协议》。上市协议的内容主要包括上市证券的种类、发行日期、发行数额和面值、发行总额、累计上市总额等。

4. 上市公告

股票上市交易申请经证券交易所核准后，签订上市协议的公司应当在规定的期限内公告股票上市的有关文件，并将该文件置备于指定场所供公众查阅。证券交易所应当自接到该股票发行人提交的有关文件之日起 6 个月内，安排该股票上市交易。

三、债券上市交易

（一）债券上市交易的条件

（1）公司债券的期限为 1 年以上；（2）公司债券实际发行额不少于人民币 5 千万元；（3）公司申请其债券上市时仍符合法定的公司债券发行条件。

（二）债券上市交易的程序

（1）提出上市申请。

根据《证券法》第五十八条的规定，公司申请债券上市交易，应向证监会提出申请，并应当向证券交易所提交下列文件：上市报告；申请上市的董事会决议；公司章程；公司营业执照；公司债券募集办法；公司债券的实际发行数额。申请可转换为股票的公司债券上市交易，还应当报送保荐人出具的上市保荐书。

（2）证券交易所的审核。

（3）安排上市。

公司债券上市申请经证监会核准后，其发行人应当向证券交易所提交核准文件和上市申请文件，证券交易所应当自接到文件之日起 3 个月内，安排债券上市交易。

（4）上市公告。

债券上市交易申请经证券交易所核准后，签订上市协议的公司应当在规定的期限内公告债券上市的有关文件，并将该文件置备于指定场所供公众查阅。

四、证券上市的暂停与终止

（一）股票上市的暂停与终止

1. 股票上市的暂停

根据《证券法》第五十五条的规定，股票上市公司有下列情形之一的，由国务院证券管理部门决定暂停其股票上市：（1）公司股本总额、股权分布等发生变化不再具备上市条件；（2）公司不按照规定公开其财务状况，或者对财务会计作虚假记载，可能误导投资者；（3）公司有重大违法行为；（4）公司最近三年连续亏损；（5）证券交易所上市规则规定的其他情形。

2. 股票上市的终止

根据《证券法》第五十六条的规定，上市公司有下列情形之一的，由证券交易所决定终止其股票上市交易：（1）公司股本总额、股权分布等发生变化不再具备上市条件，在证券交易所规定的期限内仍不能达到上市交易条件；（2）公司不按照规定公开其财务状况，或者对财务会计报告作虚假记载，且拒绝纠正；（3）公司最近三年连续亏损，在其后一个年度内未能恢复盈利；（4）公司解散或者被宣告破产；（5）证券交易所上市规则规定的其他情形。

（二）债券上市的暂停与终止

根据《证券法》第六十条的规定，公司债券上市交易后，公司有下列情形之一的，由证券交易所决定暂停其公司债券上市：（1）公司有重大违法行为；（2）公司情况发生重大变化不符合公司债券上市条件；（3）发行公司债券所募集的资金不按照核准的用途使用；（4）未按照公司债券募集办法履行义务；（5）公司最近两年连续亏损。

公司存在上述第（1）项、第（4）项所列情形之一经查实后果严重的，或者有上述第（2）项、第（3）项、第（5）项所列情形之一的，在期限内未能消除的，由证券交易所决定终止其公司债券上市交易。公司解散或者被宣告破产的，由证券交易所终止其公司债券上市交易。

五、禁止的交易行为

（一）内幕交易行为

内幕交易是指证券交易内幕信息的知情人和非法获取内幕信息的人利用内幕信息买卖其所持有的该公司的证券，或者泄露该信息或建议他人买卖该证券的行为。

根据《证券法》第七十四条的规定，下列人员为知悉证券交易内幕信息的知情人员：（1）发行人的董事、监事、高级管理人员；（2）持有公司5%以上股份的股东及其董事、监事、高级管理人员，公司的实际控制人及其董事、监事、高级管理人员；（3）发行人控股的公司及其董事、监事、高级管理人员；（4）由于所任公司职务可以获取公司有关内幕信息的人员；（5）证券监督管理机构工作人员以及由于法定职责对证券的发行、交易进行管理的其他人员；（6）保荐人、承销的证券公司、证券交易所、证券登记结算机构、

课堂笔记

证券服务机构的有关人员；（7）国务院证券监督管理机构规定的其他人。

内幕信息是指证券交易活动中，涉及公司的经营、财务或者对公司证券的市场价格有重大影响的尚未公开的信息。根据《证券法》第七十五条的规定，内幕信息包括：（1）《证券法》第六十七条第二款所列重大事件；（2）公司分配股利或者增资的计划；（3）公司股权结构的重大变化；（4）公司债务担保的重大变更；（5）公司营业用主要资产的抵押、出售或者报废一次超过该资产的30%；（6）公司董事、监事、高级管理人员的行为可能依法承担重大损害赔偿责任；（7）上市公司收购的有关方案；（8）国务院证券监管机构认定的对证券交易价格有显著影响的其他重要信息。

（二）禁止操纵证券市场的行为

操纵证券市场，是指以获取利益或者减少损失为目的，利用手中掌握的资金等优势影响证券市场价格，制造证券市场假象，诱导或者致使投资者在不了解事实真相的情况下作出证券投资决定，扰乱证券市场秩序的行为。

根据《证券法》第七十七条的规定，操纵市场包括：（1）单独或者通过合谋，集中资金优势，持股优势或者利用信息优势联合或者连续买卖，操纵证券交易价格或者证券交易量；（2）与他人串通，以事先约定的时间、价格和方式相互进行证券买卖，影响证券交易价格或者证券交易量；（3）在自己实际控制的账户之间进行证券交易，影响证券交易价格或者证券交易量；（4）以其他手段操控证券市场。

（三）禁止虚假陈述和信息误导的行为

虚假陈述和信息误导，是指国家工作人员、媒体传播从业人员和有关人员编造、传播虚假信息，扰乱证券市场的行为。禁止证券交易所、证券公司、证券登记结算机构、证券交易服务机构、社会中介机构及其从业人员，证券业协会、证券监督管理机构及其工作人员，在证券交易活动中作出虚假陈述或者信息误导。传播证券信息必须真实、客观。

（四）欺诈客户的行为

欺诈客户，是指证券公司及其从业人员在证券交易及相关活动中，为了谋取不法利益，违背客户真实意思进行代理行为，或者诱导客户进行不必要的证券交易行为。《证券法》规定，禁止证券公司及其工作人员在证券交易中从事下列损害客户的行为：（1）违背客户的委托为其买卖证券；（2）不在规定时间内向客户提供交易的书面确认文件；（3）挪用客户所委托买卖的证券或者客户账户上的资金；（4）私自买卖客户账户上的证券，或者假借客户的名义买卖证券；（5）为谋取佣金收入，诱使客户进行不必要的证券买卖；（6）其他违背客户真实意思表示，损害客户利益的行为。

（五）其他禁止的行为

主要包括：禁止任何人挪用公款买卖证券；禁止法人以个人名义开立账户，买卖证券；国有企业和国有资产控股企业，不得炒作上市交易的股票。

第四节　证券交易所和证券中介机构

一、证券交易所

（一）证券交易所概述

证券交易所是为证券集中竞价交易提供场所和设施，组织和监督证券交易，实行自律管理的法人。证券交易所有会员制证券交易所和公司制证券交易所两种形式。会员制证券交易所是以会员协会形式成立的不以营利为目的的法人组织，只有会员以及有特许权的经纪人，才有资格在交易所中交易。其会员主要为证券商。目前，多数国家的证券交易所都实行会员制。公司制证券交易所是以营利为目的的公司法人。公司制证券交易所对在本所内的证券交易负有担保责任。公司制证券交易所的证券商及其股东不得担任证券交易所的董事、监事或经理。我国的证券交易所是会员制证券交易所。

证券交易所的设立和解散由国务院决定。申请设立证券交易所应当提交申请书、章程和主要业务规则备案、拟加入会员名单、理事会候选人名单、场地、设备及资金情况说明和拟任用管理人员的情况说明等文件。

证券交易所必须在其名称中标明证券交易所字样。其他任何单位或者个人不得使用证券交易所或者近似的名称。

（二）证券交易所的职责

（1）证券交易所依照证券法律、行政法规制定上市规则、交易规则、会员规则、会员管理规则和其他有关规则，并报国务院证券监督管理机构批准；依据《证券法》的规定，办理证券的上市、暂停上市、恢复上市或者终止上市事务。

（2）证券交易所应当为组织公平的集中交易提供保障，公布证券交易所即时行情，并按交易日制作证券交易市场行情表，予以公布。

（3）证券交易所对证券交易实行实时监控，并按照国务院证券监督管理机构的要求，对异常交易情况提出报告。

（4）因突发性事件而影响证券交易的正常进行时，证券交易所可以采取技术性停牌的措施；因不可抗力的突发性事件或者为维护证券交易的正常秩序，证券交易所可以决定临时停市。采取此措施必须及时报告国务院证券监督管理机构备案。

（5）证券交易所应当从其收取的交易费用和会员费、席位费中提取一定比例的金额设立风险基金。

（6）证券交易所可以自行支配的各项费用收入，应当首先用于保证其证券交易场所和设施的正常运行并逐步改善。

（三）证券交易所交易规则

（1）根据《证券法》第一百一十条的规定，进入证券交易所参与集中交易的，必须是证券交易所的会员。

（2）《证券法》第一百一十一条规定，投资者应当在证券公司开立证券交易账户，以书面、电话以及其他方式，委托为其开户的证券公司代其买卖证券。投资者通过其开户的证券公司买卖证券的，应当采用市价委托或者限价委托。

（3）《证券法》第一百一十二条规定，证券公司根据投资者的委托，按照证券交易规则提出交易申报，参与证券交易所场内的集中交易，并根据成交结果承担相应的清算交收责任；证券登记结算机构根据成交结果，按照清算交收规则，与证券公司进行证券和资金的清算交收，并为证券公司客户办理证券的登记过户手续。

（4）《证券法》第一百一十九条规定，证券交易所的负责人和其他从业人员在执行与证券交易有关的职务时，凡与其本人或者其亲属有利害关系的，应当回避。

（5）《证券法》第一百二十条规定，按照依法制定的交易规则进行的交易，不得改变其交易结果，对交易中违规交易者应负的民事责任不得免除；在违规交易中所获利益，依照有关规定处理。

（6）《证券法》第一百二十一条规定，在证券交易所内从事证券交易的人员，违反证券交易所有关交易规则的，由证券交易所给予纪律处分；情节严重的，撤销其资格，禁止其入场进行证券交易。

二、证券公司

证券公司是指依照《证券法》和《公司法》规定设立的经营证券业务的有限责任公司或者股份有限公司。设立证券公司，必须经国务院证券监督管理机构审查批准。未经国务院证券监督管理机构批准，任何单位和个人都不得经营证券业务。

（一）证券公司的设立条件

（1）有符合法律、行政法规规定的公司章程；（2）主要股东具有持续营利能力，信誉良好，最近3年无重大违法违规记录，净资产不低于人民币2亿元；（3）有符合《证券法》规定的注册资本；（4）董事、监事、高级管理人员具备任职资格，从业人员具有证券从业资格；（5）有完善的风险管理与内部控制制度；（6）有合格的经营场所和业务设施；（7）法律、行政法规规定的和经国务院批准的国务院证券监督管理机构规定的其他条件。

证券公司必须在其名称中标明有限责任公司或者证券股份有限公司字样。

（二）证券公司的登记

证券公司设立申请获得批准后，申请人应当在规定的期限内向公司登记机关申请设立登记，领取营业执照。证券公司应当自领取营业执照之日起15日内，向国务院证券管理机构申请经营证券业务许可证。未取得经营证券业务许可证，证券公司不得经营证券业务。

（三）证券公司的经营范围

经国务院证券监督管理机构批准，证券公司可以经营下列部分或者全部业务：（1）证券经纪；（2）证券投资咨询；（3）与证券交易、证券投资活动有关的财务顾问；（4）证券承销与保荐；（5）证券自营；（6）证券资产管理；（7）其他证券活动。其中，证券公司经营上述第（1）至第（3）项业务的，注册资本最低限额为人民币 5000 万元；经营第（4）至第（7）项业务之一的，注册资本最低限额为人民币 1 亿元；经营第（4）项至第（7）项业务中两项以上的，注册资本最低限额为人民币 5 亿元。证券公司的注册资本应当是实缴资本。

（四）证券公司的经营管理

1. 人员管理要求

证券公司的高级管理人员应符合法定的任职资格。《证券法》第一百三十一条规定，有《公司法》第一百四十七条情形或者下列情形之一的，不得担任证券公司的董事、监事或者经理：（1）因违法行为或者违纪行为被解除职务的证券交易所、证券登记结算机构的负责人或者证券公司的董事、监事、高级管理人员，自被解除职务之日起未逾 5 年；（2）因违法行为或者违纪行为被撤销资格的律师、注册会计师或者投资咨询机构、财务顾问机构、资信评级机构、资产评估机构、验证机构的专业人员，自被撤销资格之日起未逾 5 年；（3）因违法行为或者违纪行为被开除的证券交易所、证券登记结算机构、证券服务机构、证券公司的从业人员和被开除的国家机关工作人员，不得招聘为证券公司的从业人员；（4）国家机关工作人员和法律、行政法规规定的禁止在公司中兼任的其他人员，不得在证券公司中兼任职务。

2. 资产管理要求

《证券法》第一百三十条规定，国务院证券监督管理机构应当对证券公司的净资产，净资本与负债的比例，净资本与净资产的比例，净资本与自营、承销、资产管理等业务规模的比例，负债与净资产的比例，以及流动资产与流动负债的比例等风险控制指标作出规定。

3. 业务管理要求

证券公司的自营业务必须以自己的名义进行，不得假借他人名义或者以个人名义进行，必须使用自有资金和依法筹集的资金。证券公司不得将其自营账户借给他人使用。

证券公司客户的交易结算资金应当存放在商业银行，以每个客户的名义单独立户管理，具体办法和实施步骤由国务院规定。证券公司不得将客户的交易结算资金和证券归入其自有财产。禁止任何单位或者个人以任何形式挪用客户的交易结算资金和证券。证券公司破产或者清算时，客户的交易结算资金和证券不属于其破产财产或者清算财产。非因客户本身的债务或者法律规定的其他情形，不得查封、冻结、扣划或者强制执行客户的交易结算资金和证券。

证券公司接受证券买卖的委托，应当根据委托书载明的证券名称、买卖数量、出价方式、价格幅度等，按照交易规则代理买卖证券，如实进行交易记录；买卖成交后，应当按照规定制作买卖成交结果报告单交付客户。

证券交易中确认交易行为及其交易结果的对账单必须真实，并由交易经办人员以外的审核人员逐笔审核，保证账面证券余额与实际持有的证券相一致。

证券公司办理经纪业务，不得接受客户的全权委托而决定证券买卖、选择证券种类、决定买卖数量或者买卖价格。证券公司不得以任何方式对客户证券买卖的收益或者赔偿证券买卖的损失作出承诺。

证券公司及其从业人员不得未经过其依法设立的营业场所私下接受客户委托买卖证券。证券公司的从业人员在证券交易活动中，执行所属的证券公司的指令或者利用职务违反交易规则的，由所属的证券公司承担全部责任。

证券公司应当妥善保存客户开户资料、委托记录、交易记录和与内部管理、业务经营有关的各项资料，任何人不得隐匿、伪造、篡改或者毁损。上述资料保存期限不得少于 20 年。

4. 风险管理要求

《证券法》规定，国家设立证券投资者保护基金。证券公司从每年的税后利润中提取交易风险准备金，用于弥补证券交易的损失，其提取的具体比例由国务院证券监督管理机构规定。

证券公司应当健全内部控制制度，采取有效隔离措施，防范公司与客户之间、不同客户之间的利益冲突。证券公司必须将其证券经纪业务、证券承销业务、证券自营业务和证券资产管理业务分开办理，不得混合操作。

三、证券登记结算机构

证券登记结算机构是为证券交易提供集中登记、存管与结算服务，不以营利为目的的具有法人资格的证券中介服务机构。

（一）证券登记结算机构的设立

根据《证券法》第一百五十五条、第一百五十六条的规定，设立证券登记结算机构应当经证监会批准并符合以下条件：自有资金不少于人民币 2 亿元；具有证券登记、托管和结算服务所必需的场所和设施；主要管理人员和业务人员必须具有证券从业资格；国务院证券监督管理机构规定的其他条件。

证券登记结算机构的名称中应当标明证券登记结算字样。

（二）证券登记结算机构的职能

根据《证券法》第一百五十七条的规定，证券登记结算机构履行下列职能：证券账户、结算账户的设立；证券的托管和过户；证券持有人名册登记；证券交易所上市证券交易的清算和交收；受发行人的委托派发证券权益；办理与上述业务有关的查询；证监会批准的其他业务。

（三）证券登记结算机构的业务规则

（1）投资者委托证券公司进行证券交易，应当申请开立证券账户。证券登记结算机构应当按照规定以投资者本人的名义为投资者开立证券账户。投资者申请开立账户，必须持有证明中国公民身份或者中国法人资格的合法证件。国家另有规定的除外。

（2）证券持有人持有的证券，在上市交易时，应当全部存管在证券登记结算机构。证券登记结算机构不得挪用客户的证券。

（3）证券登记结算机构为证券交易提供净额结算服务时，应当要求结算参与人按照货银对付的原则，足额交付证券和资金，并提供交收担保。在交收完成之前，任何人不得动用用于交收的证券、资金和担保物。结算参与人未按时履行交收义务的，证券登记结算机构有权按照业务规则处理上述资产。

（四）证券登记结算机构的管理规则

（1）证券登记结算机构应当采取以下措施保证业务的正常进行：具有必备的服务设施和完善的数据安全保护措施；建立完善的业务、财务和安全防范等管理制度；建立完善的风险管理系统。

（2）证券登记结算机构应当向证券发行人提供证券持有人名册及其有关资料。证券登记结算机构应当根据证券登记结算的结果，确认证券持有人持有证券的事实，提供证券持有人登记资料。证券登记结算结构应当保证证券持有人名册和登记过户记录真实、准确、完整，不得隐匿、伪造、篡改或者毁损。

（3）证券登记结算机构应当妥善保存登记、存管和结算的原始凭证及有关文件和资料。保存期限不得少于50年。

（4）证券登记结算机构应当设立结算风险基金，用于垫付或者弥补因违约交收、技术故障、操作失误、不可抗力造成的证券登记结算机构的损失。

四、证券服务机构

证券服务机构是指为证券交易提供证券投资咨询和资信评估的机构，包括专业的证券服务机构和其他证券服务机构。专业的证券服务机构包括证券投资咨询机构、资信评估机构。其他证券服务机构主要是经批准可以兼营证券投资咨询服务的资产评估机构、会计师事务所以及律师事务所。

（一）证券服务机构及其人员的资格

《证券法》规定，投资咨询机构、财务顾问机构、资信评级机构、资产评估机构、会计师事务所从事证券服务业务，必须经国务院证券监督管理机构和有关主管部门批准。

投资咨询机构、财务顾问机构、资信评级机构、资产评估机构、会计师事务所从事证券服务业务的审批管理办法，由国务院证券监督管理机构和有关主管部门制定。投资咨询机构、财务顾问机构、资信评级机构、资产评估机构从事证券服务业务的人员，必须具备证券专业知识和从事证券业务或者证券服务业务2年以上的经验。

（二）证券服务机构行为规范

投资咨询机构及其从业人员从事证券服务业务不得有以下行为：代理委托人从事证券投资；与委托人约定分享证券投资收益或者分担证券投资损失；买卖本咨询机构提供服务的上市公司股票；利用传媒或者通过其他方式提供、传播虚假或者误导投资者的信息；法律、行政法规禁止的其他行为。有上述行为之一的，给投资者造成损失的，依法承担赔偿责任。

从事证券服务业务的投资咨询机构和资信评级机构，应当按照国务院有关主管部门规定的标准或者收费办法收取服务费用。

证券服务机构为证券的发行、上市、交易等证券业务活动制作、出具审计报告、资产评估报告、财务顾问报告、资信评级报告或者法律意见书等文件，应当勤勉尽责，对其制作、出具的文件内容的真实性、准确性、完整性进行核查和验证。其制作、出具的文件有虚假记载、误导性陈述或者重大遗漏，给他人造成损失的，应当与发行人、上市公司承担连带赔偿责任，但能够证明自己没有过错的除外。

第五节　证券监督管理机构和证券业协会

一、证券监督管理机构

《证券法》规定："国务院证券监督管理机构依法对证券市场实行监督管理，维护证券市场秩序，保障其合法运行。"《证券法》中所称国务院证券监督管理机构是指中国证券监督管理委员会（以下简称证监会）。证监会是国务院直属事业单位，是全国证券期货市场的主管部门。

（一）证券监督管理机构的职责

（1）依法制定有关证券市场监督管理的规章、规则，并依法行使审批或者核准权；

（2）依法对证券的发行、上市、交易、登记、存管、结算，进行监督管理；

（3）依法对证券发行人、上市公司、证券交易所、证券公司、证券登记结算机构、证券投资基金管理公司、证券服务机构的证券业务活动，进行监督管理；

（4）依法制定从事证券业务人员的资格标准和行为准则，并监督实施；

（5）依法监督检查证券发行、上市和交易的信息公开情况；

（6）依法对证券业协会的活动进行指导和监督；

（7）依法对违反证券市场监督管理法律、行政法规的行为进行查处；

（8）法律、行政法规规定的其他职责。

国务院证券监督管理机构可以和其他国家或者地区的证券监督管理机构建立监督管理合作机制，实施跨境监督管理。

（二）国务院证券监督管理机构依法履行职责时有权采取的措施

（1）对证券发行人、上市公司、证券公司、证券投资基金管理公司、证券服务机构、证券交易所、证券登记结算机构进行现场检查；

（2）进入涉嫌违法行为发生场所调查取证；

（3）询问当事人和与被调查事件有关的单位和个人，要求其对与被调查事件有关的事项作出说明；

（4）查阅、复制与被调查事件有关的财产权登记、通讯记录等资料；

（5）查阅、复制当事人和与被调查事件有关的单位和个人的证券交易记录、登记过户记录、财务会计资料以及其他相关文件和资料；对于可能被转移、隐匿或者毁损的文件和资料，可以予以封存；

（6）查询当事人和与被调查事件有关的单位和个人的资金账户、证券账户和银行账户；对有证据证明已经或者有可能转移或者隐匿违法资金、证券等涉案财产或者隐匿、仿造、毁损重要证据的，经国务院证券监督管理机构主要负责人批准，可以冻结或者查封；

（7）在调查操纵证券市场、内幕交易等重大证券违法行为时，经国务院证券监督管理机构主要负责人批准，可以限制与被调查事件有关当事人的证券买卖，但限制的期限不得超过 15 个交易日；案情复杂的，可以延长 15 个交易日。

证监会依法履行职责，被检查、调查的单位和个人应当予以积极配合，如实提供有关文件和资料，不得拒绝、阻碍和隐瞒。

（三）国务院证券监督管理机构的工作规则

（1）国务院证券监督管理机构的工作人员必须忠于职守，依法办事，公正廉洁，不得利用职务便利谋取不正当利益，不得泄露所知悉的有关单位和个人的商业秘密。

（2）国务院证券监督管理机构的工作人员不得在被监管的机构中任职。

（3）国务院证券监督管理机构依法履行职责，进行监督检查或者调查时，其监督检查、调查的人员不得少于 2 人，并应当出示合法证件和监督检查、调查通知书。

（4）国务院证券监督管理机构依法制定的规章、规则和监督管理工作制度应当公开。国务院证券监督管理机构依据调查结果，对证券违法行为作出的处罚决定，应当公开。

（5）国务院证券监督管理机构应当与国务院其他金融监管机构建立监督管理信息共享机制。

二、证券业协会

证券业协会是证券业的自律性组织，是由证券经营机构组成的，对证券业进行管理的自律性组织和社会团体法人。我国于 1991 年 8 月 28 日成立了中国证券业协会，总部设在北京。《证券法》第一百七十四条规定，证券公司应当加入证券业协会。

中国证券业协会的会员分为团体会员和个人会员，团体会员为证券公司；个人会员仅限于证券市场管理部门有关领导以及从事证券研究及业务工作的专家，由证券协会根据需要吸收。

证券业协会履行以下职责：（1）协助证券监督管理机构教育和组织会员执行法律、行政法规；（2）依法维护会员的合法权益，向证券监督管理机构反映会员的建议和要求；（3）收集整理信息，为会员提供服务；（4）制定会员应遵循的规则，组织会员单位从业人员的业务培训，开展会员间的业务交

课堂笔记

流；（5）调解会员之间、会员与客户之间发生的纠纷；（6）组织会员就证券业的发展、运作及有关内容进行研究；（7）监督、检查会员行为，对违反法律、行政法规或者协会章程的，按规定予以纪律处分；（8）国务院证券监督管理机构赋予的其他职责。

思考练习

1. 证券的分类有哪些？
2. 证券法的基本原则是什么？
3. 股票和公司债券发行的条件和程序分别是什么？
4. 股票和公司债券上市交易的条件和程序分别是什么？
5. 我国《证券法》中规定的禁止性交易行为有哪些？
6. 简述证券投资基金及其分类。
7. 证券承销的方式有哪些？
8. 证券交易所的职责及其交易规则有哪些？
9. 证券公司的设立条件、经营范围有哪些？
10. 证券公司的经营管理有哪些方面的规定？

第十三章 税收法律制度

重点掌握内容

税法的构成要素；增值税法的基本内容；消费税法的基本内容；营业税的基本问题；所得税法的基本内容；财产税法的基本内容；税务登记；纳税申报；税款征收；账簿凭证管理；税收征管；税务代理制度。

第一节 税法概述

一、税收的概念

税收是国家为了实现其职能，凭借政治权力，按照法律规定的标准和程序，无偿地、强制性地取得财政收入的一种特定分配方式，是国家财政收入的最基本形式和调节经济的重要杠杆。

同国家取得财政收入的其他方式相比，税收具有强制性、无偿性和固定性的特征。

二、税法的概念

税法是调整税收关系的法律规范的总称。

税法调整的税收关系主要包括以下三个基本方面。（1）税收征纳关系，即国家税务机关向纳税人无偿征收货币或实物而形成的法律关系。大致包括流转税法律关系、所得税法律关系、财产税法律关系、行为税法律关系、资源税法律关系等。（2）国家权力机关与其授权的行政机关之间、中央与地方之间因税收管理权限而形成的关系。（3）征税纳税程序关系。如税务登记程序关系、纳税申报程序关系等。

三、税法的构成要素

（一）纳税主体

纳税主体又称纳税义务人，是指税法规定的直接负有纳税义务的社会组织和个人。每个税种都有明确的纳税义务人。纳税义务人可以是自然人，也可以是法人和其他社会组织。

（二）征税对象

征税对象又称征税客体，即对什么征税。每一种税法都规定了明确而具体的征税对象。根据征税对象的不同，税收可分为流转税类、所得税类、财产税类、行为税类、资源税类。

（三）税　目

税目是征税对象的具体化，是一个税种在税法中具体规定应当纳税的项目，反映了具体的征税范围。制定税目的基本方法一般有两种：一是列举法，即按照每种商品或经营项目分别设置税目，必要时还可以在一个税目下设若干个子目；二是概括法，即把性质相近的产品或项目归类设置税目。

（四）税　率

税率是纳税额与征税对象之间的比例，是计算税额的尺度。我国现行的税率有三种：比例税率、累进税率、定额税率。比例税率是不分征税对象的大小，只限定一个比例的税率。累进税率是随课税对象数额增大而提高的税率。累进税率根据划分级距的标准不同和累进方式的不同又可分为全额累进税率、超额累进税率和超率累进税率。全额累进税率，是对征税对象的全部数额都按照与之相适应的等级税率征税，我国现行税法不采用这种税率。超额累进税率，是根据征税对象数额的不同级距规定不同的税率，对同一纳税人按照不同的等级税率征税。我国的个人所得税即采用这种税率。超率累进税率，是把纳税客体的一定数额作为一个计税基数，以此基数为一倍，按不同超倍数额采用不同的累进税率计征。我国土地增值税即采用此种税率。定额税率，又称固定税额，是按单位征税对象直接固定税额的一种税率形式，一般适用于从量计征的税种，如车船使用税、资源税等。

（五）纳税环节

纳税环节是指在商品生产和流转过程中应当交纳税款的环节。商品流转一般要经过生产、采购、批发、零售等若干环节，具体确定应当缴纳税款，则该环节为纳税环节。

（六）纳税期限

纳税期限是指纳税单位和个人交纳税款的期限。纳税期限可分为两种：一是按期纳税，二是按次纳税。纳税人不按纳税期限缴纳税款的，应依法加收滞纳金并补缴税款。

（七）税收优惠

税收优惠是指国家为了体现鼓励和扶持政策，在税收方面采取的激励和照顾措施。我国税法规定的税收优惠形式主要有减税、免税、退税、投资抵免、快速折旧、亏损结转抵补和延期纳税等。

（八）法律责任

法律责任是税法规定的纳税人和征税工作人员违反税法规范应当承担的法律后果，是规定对纳税人和征税工作人员违反税法的行为采取的惩罚措施。主要包括加收滞纳金、处以罚款、罚没并处、税收保全措施、强制执行措施、提请司法机关处理等。

第二节 税收实体法

一、流转税法律制度

流转税是以商品流转额和非商品（劳务）的流转额为征税对象的税。商品流转额是指在商品交换过程中，因销售或购进商品而支出的数额。流转税的种类主要有增值税、消费税、营业税、关税等。

（一）增值税法律制度

增值税是以商品生产流通和劳务服务各个环节的增值额为征税对象的一种流转税。

1. 纳税主体

增值税的纳税主体是在我国境内销售货物或者提供加工、修理修配劳务以及进口货物的单位和个人。出于征税管理的需要，税法将纳税人分为小规模纳税人和一般纳税人。小规模纳税人是指：（1）以从事货物生产或提供劳务为主的纳税人，年应征增值税销售额在 100 万元以下的；（2）从事货物批发或零售的纳税人，年应税销售额在 180 万元以下的。年应税销售额超过上述标准的个人、非企业性单位，不经常发生应税行为的企业，视为小规模纳税人。

2. 税　率

增值税率分为基本税率 17%、低税率 13% 和零税率三种。适用低税率的产品主要是与生活紧密相关的必需品。包括：粮食、食用植物油；自来水、暖气、冷气、热水、煤气、石油液化气、天然气、居民用煤制品；图书、杂志、报纸；饲料、化肥、农药、农机、农膜；国务院规定的其他货物。除此之外的其他应税产品和劳务均适用基本税率。零税率适用于出口产品（即产品报关出口后退还全部税款）。

3. 计税方法

（1）一般纳税人。

对一般纳税人实行根据增值税专用发票上注明的税款抵扣制度。即以商品销售额为计税依据，同时允许从税额中扣除上一道环节已经缴纳的税款，以实现按增值税因素征税的原则。其计算公式为：

$$应纳税额 = 当期销项税额 - 当期进项税额$$

$$销项税额 = 销售额 \times 税率$$

当期销项税额小于当期进项税额不足抵扣时，其不足部分可以结转下期继续抵扣。

（2）小规模纳税人。

小规模纳税人应纳增值税额采取简单方法计算：

$$应纳税额 = 销售额 \times 征收率 6\% 或 4\%$$

因销货退回或折让退还给购买方的销售额，应从销货退回或折让当期的销售额中扣减。

进口货物，按照组成计税价格和税率计算应纳税额，不得抵扣任何税额。

$$组成计税价格 = 关税完税价格 + 关税 + 消费税$$

$$应纳税额 = 组成计税价格 \times 税率$$

4. 纳税义务履行的时间

增值税的纳税义务履行时间：销售货物或提供应税劳务的，为收讫销售款或者取得索取销售凭据的当天；进口货物，为报关进口的当天。

5. 减免税

增值税减免项目都由国务院规定。免税项目有：农业生产者销售的自产农产品；避孕用品；古旧图书；直接用于科学研究、科学实验和教学的进口仪器、设备；外国政府、国际组织无偿援助的进口物资和设备等。

（二）消费税法律制度

消费税是对特定的消费品和消费行为征收的一种流转税。它根据不同消费品的种类、档次、结构、功能等情况，制定不同的税率。消费税税负最终将转嫁到消费者身上，由消费者负担。

1. 纳税主体

消费税的纳税人是在中华人民共和国境内生产、委托加工和进口《消费税暂行条例》规定的消费品的单位和个人。

2. 征税对象和税目

消费征税对象是生产、委托加工和进口的应税消费品的销售额或销售数量。《消费税暂行条例》附有一个税目税率（税额）表，将消费税分为 11 个税目、13 个子税目。税目有烟、酒、化妆品、护肤护发品、贵重首饰及珠宝宝石、鞭炮焰火、汽油、柴油、汽车轮胎、摩托车和小汽车等。

3. 税　率

消费税税率采用比例税率和定额税率两种，根据不同应税消费品的种类、档次、结构、功能以及供求、价格等情况，实行高低不同的税率、税额。比例税率最低为 3%（如小排量汽车），最高为 45%（如甲类卷烟）。对黄酒、啤酒、汽油、柴油等实行定额税率。

4. 应纳税额计算

$$实行从价定率办法计算的应纳税额 = 销售额 \times 税率$$

$$实行从量定额办法计算的应纳税额 = 销售数量 \times 单位税额$$

自产自用应税消费品的应纳税额＝按纳税人生产的同类消费品的销售价确定的销售额×税率（或销售数量×单位税额）

$$进口应税消费品的应纳税额 = 组成计税价格 \times 税率$$

5. 纳税地点

消费税的纳税期限分别为 1 日、3 日、5 日、10 日、15 日或者一个月。进口应税消费品的，自海关填发税款缴纳证的次日起 7 日内缴纳税款。

（三）营业税法律制度

营业税是对经营《中华人民共和国营业税暂行条例》所规定的应税劳务、

转让无形资产或者销售不动产的营业额征收的一种流转税。营业税征税范围广、税负低而均衡。

1. 纳税主体

凡在我国境内提供应税劳务、转让无形资产或者销售不动产的单位和个人，均为营业税的纳税义务人。

2. 税目和税率

营业税共设9个税目：交通运输业、建筑业、金融业、邮电通讯业、文化体育业、娱乐业、服务业、转让无形资产和销售不动产。

营业税全部税目只有3档税率：娱乐业适用5%~20%的税率，由省、市、自治区人民政府在该幅度范围内具体确定；转让无形资产、销售不动产和服务业的税率为5%；其他税率为3%。对《营业税暂行条例》规定的相关项目免征营业税。

3. 应纳税额的计算

营业税的计税依据为提供劳务或销售商品的收入。

应纳税额＝销售额×税率

4. 纳税义务发生时间

营业税的纳税义务发生时间，为纳税人收讫营业收入款项或者取得营业收入款项凭据的当天。

（四）关税法律制度

关税是对进出国境的货物和物品所征收的一种税。关税分为进口税和出口税。

1. 纳税主体

关税的纳税主体是进口货物的收货人、出口货物的发货人和进境物品的所有人。

2. 征税客体和税目

关税的征税客体是进出国境的货物或物品。所谓货物是贸易性物品，物品是指入境旅客随身携带的行李和物品、个人邮递物品、各种运输工具上的服务人员携带进口和自用的物品、馈赠物和以其他方式进出我国关境的个人物品。2003年《海关进出口税则》规定我国进出口税目共计7445个税目。

3. 税　率

关税税率分为进口税率和出口税率两类。在进口税率中，分别设置最惠国税率、协定税率、特惠税率、普通税率、关税配额税率、报复性税率等税率。对进出口地货物，在一定期限内可以实行暂定税率。

4. 应纳税额的计算

关税的计税依据是完税价格。进口货物以海关审定的成交价格为基础的到岸价格为完税价格。出口货物以海关审定的货物离岸价格、扣除出口关税后为完税价格。进出口货物的成交价格不能确定的，由海关与纳税义务人协商后，估定该货物的完税价格。

从价计征的应纳税额＝完税价格×关税税率

从量计征的应纳税额＝货物数量×单位税率

5. 纳税期限和地点

进口货物的纳税义务人应当自运输工具申报进境之日起 14 日内，出口货物的纳税义务人除海关特准的外，应当在货物运抵海关监管区后、装货的 24 小时以前，向货物出入境地海关申报纳税。纳税义务人应当自海关填发税款缴纳书之日起 15 日内向指定银行缴纳税款。

二、所得税法

所得税又称收益税，是以纳税人的收益额为征税对象的税。所得税是按纳税人的负担能力来确定税收负担的，税负不能转嫁，体现了国家对社会成员收入水平的调节。所得税一般采用按年所得额征税、分期预缴、年终汇算清缴。我国现行所得税法主要由《企业所得税暂行条例》《个人所得税法》《外商投资企业和外国企业所得税法》构成，所得税的种类有企业所得税、外商投资企业和外国企业所得税、个人所得税以及农牧业税。

（一）企业所得税

企业所得税是指对中国境内内资企业，就其生产、经营的纯收益、所得额和其他所得额征收的一种税。

1. 纳税主体

纳税主体为在中国境内实行独立经济核算的内资企业或其他组织。具体包括：国有企业、集体企业、私营企业、联营企业、股份制企业及有生产、经营所得和其他所得的其他组织。

2. 征税对象

征税对象为纳税人每一年度的收入总额减去准予扣除的成本、费用和损失后的余额，纳税人的收入总额包括：生产、经营收入，财产转让收入，利息收入，租赁收入，特许权使用费收入，股息收入，其他收入。准予扣除的项目包括：纳税人在生产经营期间，向金融机构借款的利息支出，按照实际发生数扣除；向非金融机构借款的利息支出，不高于按照金融机构同类、同期贷款利率计算的金额部分，准予扣除；纳税人支付给职工的工资，按照计税工资扣除；纳税人的职工工会经费、职工福利费、教育费，分别按照计税工资总额的 2%、14%、1.5% 计算扣除；纳税人用于公益、救济性的捐款，在年度应纳税所得额 3% 以内的部分准予扣除。

3. 税　率

《中华人民共和国企业所得税法》规定，企业所得税税率为 25%。非居民企业所得税税率为 20%。符合条件的小型微利企业，减按 20% 的税率征收企业所得税；国家重点扶持的高新技术企业，减按 15% 的税率征收企业所得税。

4. 应纳企业所得税额的计算

$$应纳税额 = 应纳税所得额 \times 适用税率$$
$$应纳税所得额 = 年收入总额 - 减免和抵免的税额$$

（二）个人所得税

个人所得税，是指对个人（自然人）取得的各项应税所得额征收的一种税。

1. 纳税主体

居民纳税人，是指在中国境内有住所或者无住所而在境内居住满一年的个人，从中国境内和境外取得的所得，均应依法缴纳个人所得税。

非居民纳税人，是指在中国境内无住所又不居住，或无住所而在境内居住不满一年的个人，只对从中国境内取得的所得缴纳个人所得税。

2. 征税对象

个人所得税的征税对象为：工资、薪金所得；个体工商户的生产、经营所得；对企事业单位的承包经营、承租经营所得；劳务报酬所得；稿酬所得；特许权使用费所得；利息、股息、红利所得；财产租赁所得；财产转让所得；偶然所得；经国务院财政部门确定征税的其他所得。

3. 个人所得税税率

（1）工资、薪金所得，适用 3%~45% 的超额累进税率。

个人所得税税率表（工资、薪金所得人民币适用）

级数	全月应纳税所得额	税率	速算扣除数
1	不超过 1500 元的部分	3%	0
2	超过 1500 元~4500 元的部分	10%	105
3	超过 4500~9000 元的部分	20%	555
4	超过 9000~35000 元的部分	25%	1005
5	超过 35000~55000 元的部分	30%	2755
6	超过 55000~80000 元的部分	35%	5505
7	超过 80000 元的部分	45%	13505

（2）个体工商户的生产、经营所得和对企事业单位的承包经营、承租经营所得，适用 5%~35% 的五级超额累进税率。

（3）稿酬所得，适用 20% 的比例税率，并按应纳税额减征 30%，稿酬所得每次收入不超过 4000 元人民币的，减除费用 800 元；4000 元以上的，减除 20% 的费用后的余额为应纳税所得额。

（4）劳务报酬所得，适用 20% 的比例税率，对劳务报酬所得每次收入不超过 4000 元人民币的，减除费用 800 元；4000 元以上的，减除 20% 的费用后的余额为应纳税所得额。对劳务报酬所得畸高的，可以实行加成征收，具体办法由国务院规定。收入畸高时指个人一次取得超过 20000 元以上的劳务报酬。

（5）利息、股息、红利所得、偶然所得和其他所得，以每次收入额为应纳税所得额，适用 20% 的比例税率。

4. 减免税

有下列情形之一的，经批准可以减税：残疾、孤老人员和烈属的所得；因严重自然灾害造成重大损失的；其他经国务院财政部门批准减税的。

下列各项个人所得免税：省级政府、国务院各部委和中国人民解放军军以上单位，以及外国组织、国际组织颁发的科学、教育、技术、文化、卫生、体育、环境保护等方面的奖金；特种储蓄存款利息，国债和国家发行的金融债券利息；按照国家统一规定发给的补贴、津贴；福利费、抚恤金、救济金；保险赔款；军人转业费、复员费；职工的安家费、退职费、离退休工资、离休生活补助费等。

三、财产税

（一）房产税

房产税是以房产为征税对象，按照房产的计税价值或房产租金收入向产权所有人征收的一种税。

房产税的课税对象为城市、县城、建制镇和工矿区的房产，不包括农村的房产。

房产税以房产的计税价值或房产的租金收入为计税依据，其中房产的计税价值为房产原值一次减除 10%~30% 后的余额。

我国现行房产税实行比例税率。房产税的税率有两种形式。

从价计征，税率为 1.2%；依照房产余额缴纳。

$$应纳税额 = 房产原值 × （1-扣除率） × 1.2\%$$

从租计征，税率为 12%；依照房产租金收入计算缴纳；对个人按照市场价格出租的房屋，用于居住的，可暂减按 4% 税率征收房产税。

$$应纳税额 = 房产全年租金收入 × 12\%$$

（二）城镇土地使用税

城镇土地使用税是国家在城市、县城、建制镇和工矿区范围内，对使用土地的单位和个人，以其实际占用的土地面积为计税依据，按照规定的税额计算征收的一种税。

城镇土地使用税税率采用分类分级的幅度定额税率，城镇土地使用税每平方米年税额为：大城市 1.5~30 元；中等城市 1.2~24 元；小城市 0.9~18 元；县城、建制镇、工矿区 0.6~12 元。

四、资源税

资源税是以各种自然资源及其极差收入为课税对象的一种税。资源税的征收原则上以开采者取得的原料产品或自然资源的初级产品为征收范围，不包括经过加工的产品。具体包括：原油、天然气、煤炭、其他非金属矿原矿；固体盐。

凡在中华人民共和国境内开采上述应征税的矿产品或生产盐的单位和个人，均为资源税的纳税人。

资源税的税目按照不同性质的资源确定了 7 个税目，即原油、天然气、煤炭、其他非金属矿原矿；黑色金属矿原矿、有色金属矿原矿、盐。盐税目下还设置了固体盐、液体盐两个子税目。

资源税实行定额幅度税率，即按照开采或生产应税产品的课税数量，规定有上下限幅度的单位税额。纳税人开采或生产不同税目应税产品的，应当分别核算不同的税目应税产品的课税数量；未分别核算或者不能准确提供不同税目应税产品的课税数量的，从高适用税额。

$$应税税额 = 课税数量 \times 单位税额$$

五、行为税

（一）契　税

契税是指不动产（土地、房屋）产权发生转移变动时，以其价值或交换差价为征税对象，对承受该权属的单位和个人所征收的一种税。

契税征税范围具体包括：国有土地使用权出让；土地使用权转让；房屋买卖；房屋赠予；房屋交换。国有土地使用权出让、土地使用权出售、房屋买卖，为成交价格；土地使用权赠予、房屋赠予，由征收机关参照土地使用权出售、房屋买卖的市场价格核定；土地使用权交换、房屋交换，为所交换的土地使用权、房屋的价格的差额。成交价格明显低于市场价格并且不正当理由的，或者所交换土地使用权，房屋的价格的差额明显不合理并且不正当理由的，由征收机关参照市场价格核定。

《契税暂行条例》规定，契税税率由省级人民政府在此幅度内按照本地区的实际情况确定，报财政部和国家税务总局备案。

$$应纳税额 = 计税依据 \times 税率$$

（二）印花税

印花税是对经济活动中和经济交往中书立或受领的应税凭证而征收的一种税。因为购买并粘贴印花的形式缴纳而得名。其特点是征税面广、轻税重罚。

印花税的纳税义务人是在我国境内书立、领受应税凭证的单位和个人。同一凭证由两个或两个以上当事人书立的，各方应就其所执的一份分别全额贴花。

印花税的征税范围包括合同、产权转移书据、营业账簿、权力、许可证照和经财政部确定征税的其他凭证。

印花税的税率分为从价比例税率和按件定额税率两种。对合同、记载资金的账簿和产权转移数据，按金额比例贴花；对权力、许可证照和其他营业账簿，按件每件贴花 5 元。其中，比例税率分为千分之一、万分之五、万分之三、万分之零点五和万分之零点三等五档。

从价定率征收：

$$应纳税额 = 凭证所载应税金额 \times 适用税率$$

从量定额征收：

$$应纳税额 = 应税凭证件数 \times 适用单位税额$$

（三）车船使用税

车船使用税是指在我国境内，依法在车辆、船舶管理部门登记并使用的车船，由车船使用地政府部门或税务主管部门根据实际情况确定车船使用税范围和税额幅度，并由地方税务机关负责征收的一种税金。

车船使用税的纳税主体是在我国境内，车辆、船舶的所有人或者管理者、使用人。车船使用税的适用税额，依照《车船使用税暂行条例》的规定税目执行。

第三节　税收征收管理法

一、税收征收管理机关

我国的税收征收管理机关包括税务机关、地方财政局和海关。

国家税务局是国务院主管国家税收工作的职能机构。根据分税制财政管理体制的需要，省级以下税务机构分为国家税务局和地方税务局两个系统。各级国税局、地税局负责除由地方财政局和海关负责征收的各种税收的征管工作。

国家税务机关主要负责下列税种的征收和管理：增值税；消费税；中央企业所得税；铁路、保险总公司、各银行及其金融企业的营业税、所得税；资源税；外商投资企业和外国企业的各项税收及外籍人员缴纳的个人所得税；证券交易税。

地方税务系统主要负责下列税种的征收和管理：营业税；个人所得税；城市建设维护税；资源税；地方企业所得税；城镇土地使用税；按地方营业税附征的教育税附加；各种行为税等。

地方财政局目前主要负责下列税种的征收和管理：农业税、农林特产税；牧业税；耕地占用税；契税。

海关主要负责关税的征收和管理。

二、税务管理制度

税务管理包括税务登记管理，账簿、凭证管理，纳税申报管理三个部分。

（一）税务登记管理

税务登记又称纳税登记，是指纳税人向税务机关办理书面登记的法定手续。凡税法规定应当纳税的纳税义务人，都必须在领取营业执照之日起 30 日内，持有关证件向当地税务机关申请办理税务登记，税务机关应当自收到申报资料起 30 日内审核并发给税务登记证。工商行政主管机关应当将办理登记注册、合法营业执照的情况定期向税务机关通报。从事生产、经营的纳税人应当按照国家有关规定，持税务登记证，在银行或者其他金融机构开立基本存款账户和其他存款账户，并将全部账号向税务机关报告。

（二）账簿、凭证管理

纳税人必须按照国家财务会计法规和税务机关的要求，建立健全财务会计制度，办理纳税事项，按规定完整地保存账簿、记账凭证、完税凭证等纳税资料。发票必须由国务院税务主管部门以及省、自治区、直辖市人民政府税务机关指定的企业印制，未经县级或县级以上税务机关批准，任何单位、个人都不得自行印制、发售或承印发票。单位、个人在购销商品、提供或者接受经营服务以及从事其他经营活动中，应当按照规定开具、使用、取得发票。

（三）纳税申报管理

纳税申报，是指纳税人或者扣缴义务人必须在法定期限内向税务机关报送纳税申报表，财务会计报表，代扣代缴、代收代缴税务报告表以及税务机关根据实际需要要求纳税人和扣缴义务人报送其他有关资料的法律行为。纳税人、扣缴义务人可以直接到税务机关办理纳税申报或者报送报告表，也可以按照规定采取邮寄、数据电文或者其他方式办理申报、报送事项。需要延期申报的，必须报告主管税务机关，由主管税务机关重新核定纳税额。延期办理纳税申报的，应当在纳税期内按照上期实际缴纳的税额或者税务机关核定的税额预缴税款，并在核定的延期内办理税款结算。

三、税款征收制度

税款征收是税务机关按照税法规定将纳税人应纳的税款收缴入库。

（一）税款征收的方式

根据《税收征收管理法》及其实施细则的规定，税款征收有以下几种方式：（1）查账征收；（2）查定征收；（3）查验征收；（4）定期定额征收；（5）其他征收方式。

（二）税款缴纳的法律规定

（1）纳税人未按照规定期限缴纳税款的，扣缴义务人未按照规定期限解缴税款的，税务机关除责令限期缴纳外，从滞纳税款之日起，按日加收滞纳税款万分之五的滞纳金。

（2）纳税人因有特殊困难，不能按期缴纳税款的，应当在规定的缴纳期限内，向主管税务机关提出书面申请，经县以上税务机关批准后，可按批准的期限延期缴纳税款，不加收滞纳金。但延期缴纳税款的时间最长不超过3个月。

（3）纳税人可以依法申请减税、免税。税务机关应依法定权限和条件审批减免税申请，并具体落实减免税事项。

（4）主管机关可依法责成纳税人提供纳税担保，以保证其履行纳税义务。

（5）纳税人超过应纳税额缴纳的税款，税务机关发现后应当立即退还。纳税人自结算缴纳税款之日起3年内发现的，可以向税务机关要求退还多缴纳的税款并加算银行同期存款利息，税务机关查实后应当立即退还。

（6）纳税人有合并、分立情形的，应当向税务机关报告，并依法缴清税款。

四、税务代理制度

税务代理制度是指通过会计师事务所、律师事务所、税务咨询机构等社会中介机构代理纳税人办税的一种制度。

税务代理人受纳税人、扣缴义务人的委托，可以是全面代理、单项代理、临时代理或常年代理。税务代理关系一经成立，税务代理人就可以在代理范围内从事代理工作。税务代理人可以接受委托办理的代理业务包括：税务登记、变更税务登记和注销税务登记；发票领购手续；纳税申报或扣交税款报告；缴纳税款和申请退税；制作涉税文书；审查纳税情况；建章建制，办理账务；税务咨询，受聘税务顾问；提起税务行政复议或税务行政诉讼；国家税务总局规定的其他业务。

第四节 违反税法的法律责任

一、违反税收管理的法律责任

纳税人有下列行为之一的，由税务机关责令限期改正，逾期不改正的，可处以 2000 元以下的罚款。情节严重的，处 2000 元以上 1 万元以下的罚款：未按照规定期限办理开业税务登记、变更或注销登记的；未按照规定设置、保管账簿或者保管记账凭证和有关资料的；未按照规定将财务、会计制度或者财务、会计处理办法和会计核算软件报送税务机关备查的；未按照规定将其全部银行账号向税务机关报告的；未按照规定安装、使用税控装置，或者损毁或者擅自改动税控装置的。

扣缴义务人未按照规定设置、保管代扣代缴、代收代缴税款账簿或者保管代扣代缴、代收代缴税款记账凭证及有关资料的，由税务机关责令限期改正，可处以 2000 元以下的罚款；情节严重的，处 2000 元以上 5000 元以下的罚款。

二、违反纳税申报规定的法律责任

纳税人未按照规定的期限办理纳税申报和报送纳税资料的，或者扣缴义务人未按照规定的期限向税务机关报送代扣代缴、代收代缴税款报告表和有关资料的，由税务机关责令限期改正，可处以 2000 元以下的罚款；情节严重的，处 2000 元以上 1 万元以下的罚款。

三、偷税的法律责任

偷税是指纳税人采用欺骗、隐瞒等手段逃避纳税的行为。包括纳税人采取伪造、变造、隐匿以及擅自销毁账簿、记账凭证，在账簿上多列支出或者不列、少列收入，或者进行虚假的纳税申报的手段，不缴或少缴应纳税款的；扣缴义务人采取上述偷税手段，不缴或少缴已扣、已收税款；纳税人欠缴应纳税款，采用转移或者隐匿手段，致使税务机关无法追缴所欠税款。纳税人偷税的，由税务机关追缴其应缴税款和滞纳金，并处应缴税款 50% 以上的 5 倍以下的罚款；构成犯罪的，依法追究刑事责任。

四、逃税的法律责任

纳税人不进行纳税申报，不缴或者少缴应纳税款的，由税务机关追缴其不缴或者少缴的税款、滞纳金，并处应缴税款的50%以上5倍以下的罚款；纳税人、扣缴义务人编造虚假计税依据的，由税务机关责令限期改正，并处5万元以下的罚款。

扣缴义务人应扣未扣、应收未收税款的，由税务机关向纳税人追缴税款，对扣缴义务人处应扣缴税款50%以上3倍以下的罚款。

五、拖欠税款的法律责任

纳税人、扣缴义务人在规定期限内不缴或者少缴应纳或者应解缴的税款，经税务机关责令限期缴纳，逾期仍未缴纳的，税务机关除依法采取强制措施追缴其不缴或者少缴的税款外，还可处以不缴或者少缴税款50%以上5倍以下的罚款。

六、逃避追缴欠款的法律责任

纳税人欠缴应纳税款，采取转移或者隐匿财产的手段，妨碍税务机关追缴欠缴税款的，由税务机关追缴欠缴的税款、滞纳金，处以欠缴税款50%以上5倍以下的罚款；构成犯罪的，依法追究刑事责任。

七、抗税、阻挠税务检查的法律责任

纳税人以暴力、威胁方法拒不缴纳税款，由税务机关追缴其拒缴的税款、滞纳金，并处以拒缴税款1倍以上5倍以下的罚款；构成犯罪的，依法追究刑事责任。

纳税人、扣缴义务人逃避、拒绝或者以其他方式阻挠税务机关检查的，由税务机关责令改正，可处以1万元以下的罚款；情节严重的，处1万元以上5万元以下的罚款。

思考练习

1. 什么是税收和税法？
2. 税法的构成要素包括哪些？
3. 流转税法规定了哪些基本内容？
4. 企业所得税法规定了哪些基本内容？
5. 个人所得税法规定了哪些基本内容？
6. 财产税法规定了哪些基本内容？
7. 我国税务登记的主要规定是什么？
8. 账簿、凭证管理的主要内容是什么？
9. 纳税申报的基本要求是什么？
10. 如何进行税款征收？

第十四章 会计法

🎯 **重点掌握内容**

会计的概念、职能和分类；会计法的立法宗旨和基本原则；会计机构及会计人员的职责要求；会计核算的基本内容；会计监督体系；会计凭证、会计账簿、会计报告的规定；会计法的调整对象；会计机构和会计人员的设置；会计人员从业资格的管理；会计人员的回避和交接；违反会计法的法律责任。

第一节 会计法概述

一、会计的概念与职能

（一）会计的概念

会计是以货币为主要计量单位，以凭证为依据，按照规定的程序，借助于专业的技术方法，对一定的经济主体的经济活动和财务开支进行全面、系统、连续、综合的记录、核算、分析、检查和监督，以达到对经济活动的组织、控制、调节和指导，促使经济主体加强经济管理、提高经济效益的一种管理和监督活动。

（二）会计的基本职能

（1）会计核算，它是会计的最基本职能，贯穿于经济活动的全过程，是指会计人员以货币为主要计量单位，通过确认、记录、计量、报告等环节，对特定主体的经济活动进行记账、算账和报账，为各有关方面提供会计信息。

（2）会计监督，是指会计人员在进行会计核算的同时，对特定主体的经济活动的合法性、合理性进行审查的职能。通过审查，达到一定的管理、控制目标。

（三）会计的分类

现代会计一般被分为财务会计和管理会计。财务会计，又称对外报告会计，主要是对企业等单位的日常经济业务进行记录、整理、汇总和定期编制财务报告，向其外部的国家宏观经济管理部门、债权人、各方投资者及其他利益关系人定期提供关于企业等单位的财务状况和经营成果的信息。管理会计，又称对内会计，主要是通过对财务会计资料、统计核算资料和业务核算资料在内的有关经济活动的资料进行加工、整理、对比、分析，向企业等单位的内部管理者提供借以决策和有效经营管理的经济信息。

二、会计法的概念和基本原则

（一）会计法的概念及调整对象

会计法是指调整会计关系的法律，有广义和狭义之分。广义的会计法是指国家颁布的有关会计方面的法律规范的总称，狭义的会计法仅指《中华人民共和国会计法》（以下简称《会计法》）。

《会计法》调整国家机关、社会团体、公司、企事业单位和其他组织，在办理会计事务中产生的经济管理关系。这种关系包括单位内部的会计事务管理关系，单位之间在办理会计事务中产生的经济关系，单位与国家会计管理机关和有关行政管理机关之间在会计事务管理中产生的行政关系等。

（二）会计法的基本原则

（1）依法进行原则。根据《会计法》的相关规定，无论何种单位在进行独立核算、独立记载经济业务、独立办理会计事务时，都必须依照《会计法》的规定进行。各单位都必须依法设置会计账簿，并保证其真实、完整。会计机构会计人员依法进行会计核算，实行会计监督。

（2）统一领导、分级管理的原则。《会计法》第七条规定："国务院财政部门主管全国的会计工作。县级以上地方各级人民政府的财政部门管理本行政区域内的会计工作。"

（3）统一性原则。《会计法》第八条规定了会计制度的统一性。国务院财政部门根据《会计法》的有关规定制定国家统一的会计制度。国家有关部门可以依照《会计法》和国家统一的会计制度制定对会计核算和会计监督有特殊要求的行业实施国家统一的会计制度的具体办法或者补充规定，报国务院财政部门审批。

三、会计机构和会计人员

（一）会计机构及会计人员的设置

会计机构是指各单位办理会计事务的内部职能部门。会计人员是指直接从事会计工作的人员。

《会计法》第三十六条规定："各单位应当根据会计业务的需要，设置会计机构，或者在有关机构中设置会计人员并指定会计主管人员；不具备设置会计机构条件的单位，应当委托经批准设立从事会计代理记账业务的中介机构代理记账。国有的和国有资产占控股地位或者主导地位的大、中型企业必须设置总会计师。总会计师的任职资格、任免程序、职责权限由国务院规定。"设置会计机构，应当配备会计机构负责人，在有关机构中配备专职会计人员，应当在专职会计人员中指定会计主管人员。

会计机构内部应当建立稽核制度。出纳人员不得兼任稽核、会计档案保管和收入、支出、费用、债权债务账目的登记工作。

（二）会计人员从业资格的管理

为保证会计工作质量，规范会计人员行为，从事会计工作的人员，必须取得会计从业资格证书。《会计法》和《会计从业资格管理办法》对会计从业资格的管理、取得条件、年检等作了相关规定。担任单位会计机构负责人（会计主管人员）的，除取得会计从业资格证书外，还应当具备会计师以上专业技术职务资格或者从事会计工作 3 年以上的经历。因提供虚假财务会计报告，做假账，隐匿或者故意销毁会计凭证、会计账簿、财务会计报告以及贪污、挪用公款、职务侵占等与会计职务有关的违法行为被依法追究刑事责任的人员，不得取得或者重新取得会计从业资格证书。除前款规定的人员外，因违法违纪行为被吊销会计从业资格证书的人员，自被吊销会计从业资格证书之日起 5 年内，不得重新取得会计从业资格证书。

国家对会计从业资格实行考试制度。考试科目主要有财经法规与会计职业道德、会计基础、初级会计电算化（或者珠算五级）。会计从业资格考试大纲由财政部统一制定并公布。

（三）会计人员的回避与交接制度

为了保证会计工作的公正性，我国对会计人员的任职规定了回避制度。《会计基础工作规范》规定，国家机关、国有企业、事业单位任用会计人员应当实行回避制度；单位领导人的直系亲属不得担任本单位的会计机构负责人、会计主管人员；会计机构负责人、会计主管人员的直系亲属不得在本单位会计机构中担任出纳工作。

《会计法》及其相关法规规定，会计人员因工作调动或因故离职时与接替人员应办理工作交接手续。移交人员在办理移交时，要按移交清册逐项移交，接管人员要逐项核对点收。会计机构负责人、会计主管人员移交时，还必须将全部财务会计工作、重大财务收支和会计人员的情况等，向接替人员详细介绍。

（四）会计机构和会计人员的职责

根据《会计法》和《会计人员职权条例》的规定，会计机构和会计人员的主要职责有：

（1）拟定本单位办理会计事务的具体办法；

（2）按照国家财务制度的规定，认真编制并严格执行财务计划、预算，遵守各项收入制度、费用开支范围和开支标准，分清资金渠道，合理使用资金，保证完成财政上缴任务；

（3）按照国家会计制度的规定，记账、算账、报账做到手续完备，内容真实，数字准确，账目清楚，日清月结，按期报账；

（4）按照银行制度的规定，合理使用贷款，加强现金管理，做好结算工作；

（5）按照经济核算制原则，定期检查，分析财务计划和预算的执行情况，挖掘增收节支的潜力，考核资金使用效果，揭露经营管理中的问题，及时向领导提出建议；

（6）按照国家会计制度的规定，妥善保管会计凭证、账簿、报表等档案资料；

（7）遵守宣传维护国家财政制度和财经纪律，同一切违法乱纪行为作斗争；

（8）会计人员对于上级机关和审计、财政、税务等部门来本单位了解检查财务会计工作，要负责提供有关资料，如实反映情况。

第二节　会计核算

一、会计核算的概念及内容

（一）会计核算的概念

会计核算是指以货币为主要计量工具，运用专门的会计方法，对各单位的生产经营活动或预算执行的过程及其结果进行及时、连续、系统的记录、计算、分析，如实反映其财务状况和经营成果，定期编制会计报表，形成一系列会计指标，据以考核目标或计划的完成情况，为经营决策和宏观经济管理提供可靠信息的一项会计管理活动。

（二）会计核算的内容

会计核算的内容，是指应当进行会计核算的经济业务事项。根据《会计法》第十条的规定，下列经济业务事项，应当办理会计手续，进行会计核算：（1）款项和有价证券的收付；（2）财物的收发、增减和使用；（3）债权债务的发生和结算；（4）资本、基金的增减；（5）收入、支出、费用、成本的计算；（6）财务成果的计算和处理；（7）需要办理会计手续、进行会计核算的其他事项。

（三）会计核算的基本要求

1. 依法建账

依法建账有以下三个方面的要求：第一，各单位必须依法设置会计账簿，进行会计核算；第二，设置会计账簿的种类和具体要求，应当符合《会计法》和国家统一会计制度的规定；第三，各单位发生的各项经纪业务事项应当在依法设置的会计账簿上统一登记、核算。

2. 采用正确的会计处理办法

《会计法》第十八条和国家统一的会计制度规定：各单位采用的会计处理方法，前后各期应当一致，不得随意变更；确有必要变更的，应按照国家统一会计制度的规定变更，并将变更的原因、情况及影响在财务会计报告中说明。《会计法》第十三条第二款、第十五条第三款规定：使用电子计算机进行会计核算的，其软件及其生成的会计凭证、会计账簿、财务会计报告和其他会计资料及会计账簿的登记、更正均应当符合国家统一的会计制度的规定。

3. 正确使用会计记录文字

《会计法》第二十二条规定：会计记录的文字应使用中文；民族自治地方的会计记录可以同时使用当地通用的一种民族文字；在中国境内的外商投资企业、外国企业和其他外国组织的会计记录可以同时使用一种外国文字。

4. 保证会计资料的真实性和完整性

《会计法》第九条规定，各单位必须根据实际发生的经济业务事项进行会计核算，填制会计凭证，登记会计账簿，编制财务会计报告。会计资料的内容和要求必须符合国家统一的会计制度的规定，任何单位不得以虚假的经济业务事项或者资料进行会计核算，任何单位和个人不得伪造、变造会计凭证、会计账簿及其他会计资料，不得提供虚假的财务会计报告。

二、会计年度与记账本位币

根据《会计法》第十一条的规定，我国会计年度采用公历制，自公历1月1日起到12月31日止，这与我国的财政年度是一致的。每一个会计年度还可以根据公历日期划分为半年度、季度、月度等。会计年度要求在以一年为单位的会计期限内定期总结各个单位的经济活动和财务收支的结果，并在会计制度上必须将生产经营和业务活动按时间划分期限（年、季、月），从而便于加强管理。

根据《会计法》十二条的规定，会计核算以人民币为记账本位币。《会计法》同时还规定，业务收支以人民币以外的货币为主的单位，还可以选定其中一种货币作为记账本位币，但是编报的财务会计报告应当折算为人民币。

三、会计凭证、会计账簿和财务会计报告

（一）会计凭证

1. 会计凭证的概念

会计凭证是指具有一定格式，用以记录经济业务的发生和完成情况，作为记账依据，明确经济责任的书面证明。它是各单位办理会计手续、进行会计核算的凭据，在经济管理活动中具有提供会计信息、监控会计活动和证明财务收支发生情况的重要作用，对于保证会计核算任务的完成有着重要作用。

会计凭证分原始凭证和记账凭证。

2. 会计凭证的相关法律规定

（1）根据《会计法》的规定，凡应当办理会计手续、进行会计核算的事项，必须填制或者取得原始凭证并及时送交会计机构。会计机构、会计人员必须对原始凭证进行审核，对于不真实、不合法的原始凭证有权拒绝接受，并向单位负责人报告；对于记载不准确、不完整的原始凭证有权予以退回，并要求按照国家统一的会计制度的规定更正、补充。

（2）原始凭证记载的各项内容均不得涂改；原始凭证有错误的，应当由出具单位重开或者更正，更正后应当加盖出具单位印章。原始凭证金额有错误的，应当由出具单位重开，不得在原始凭证上更正。

（3）记账凭证应当根据经过审核的原始凭证及有关资料编制。

（二）会计账簿

1. 会计账簿的概念

会计账簿是指由一定格式、相互联系的账页所组成，把大量分散的数据或资料加以归类整理，序时性地全面记录和反映一个单位的经济业务事项的会计簿籍。

2. 会计账簿的相关法律规定

（1）所有实行独立核算的国家机关、社会团体、公司、企业、事业单位和其他组织都必须依法设置登记会计账簿，以保证会计信息真实、完整。任何单位都不得在法定会计账簿之外另行设置会计账簿。

（2）会计账簿登记必须以经过审核的会计凭证为依据，并符合有关法律法规和国家统一会计制度的规定。

（3）会计账簿应当按照连续编号的页码顺序登记；会计账簿记录发生错误或者隔页、缺号、跳行的，应当按照国家统一的会计制度规定的方法更正，并由会计人员和会计机构负责人在更正处盖章。

（4）使用电子计算机进行会计核算的，其会计账簿的登记、更正，应当符合国家统一的会计制度的规定。

（5）会计账簿记录出现错误时，不准涂改、挖补、刮擦或者用药水消除字迹，不准重新抄写。当记账出现错误时，应将错误的文字或数字画红线注销，但必须使原有字迹仍然能辨认，然后在红线上方填写正确的内容，并由记账人员在更正处盖章。对于错误的数字，应全部画红线更正，不得只更正其中的错误数字。对于文字错误，可只画去错误部分。由于记账凭证错误而使账簿记录发生错误的，应按照更正的记账凭证登记账簿。

（6）各单位应定期将会计账簿记录与实物、款项及有关资料相互核对，保证会计账簿记录与实物、款项的实有数额相符，会计账簿记录与会计凭证的有关内容相符，会计账簿之间相对应的记录相符，会计账簿记录与会计报表的有关内容相符。

（三）财务会计报告

1. 财务会计报告的概念

财务会计报告是指会计主体对外公布的、反映企业财务状况和经营成果的报告文件。

财务会计报告由会计报表、会计报表附注、财务情况说明书组成，其中会计报表是财务会计报告的基本部分，会计报表附注和财务情况说明书是会计报告的补充说明。会计报表按经济内容分类可分为财务报表、成本报表和综合报表，按服务对象分类可分为内部报表和对外报表，按编报的单位可分为基层报表、汇总报表和合并会计报表。

2. 财务会计报告的相关法律规定

（1）《会计法》规定，财务会计报告应根据经过审核的会计账簿记录和有关资料编制，并符合会计法和国家统一的会计制度关于财务会计报告的编制要求、提供对象和提供期限的规定；其他法律、行政法规另有规定的，从其规定。向不同的会计资料使用者提供的财务会计报告，其编制的依据应该一致。

（2）有关法律、行政法规规定会计报表、会计报表附注和财务情况说明书须经注册会计师审计的，注册会计师及其所在的会计事务所所出具的审计报告应当随同财务会计报告一并提供。

（3）财务会计报告应当由单位负责人和主管会计工作的负责人、会计机构负责人签名并盖章；设置总会计师的单位，还必须由总会计师签名并盖章。单位负责人应当保证财务会计报告真实和完整。

第三节　会计监督

一、会计监督的概念

会计监督是指会计机构和会计人员依照法律的规定，通过会计手续对经济活动的合法性、合理性和有效性进行的一种监督。目前我国《会计法》确定了单位内部会计监督、国家监督和社会监督三位一体的会计监督体制。

二、单位内部的会计监督

（一）单位内部会计监督的主要内容

（1）内部会计管理体系。主要包括：单位领导人、总会计师对会计工作的领导职责；会计部门及其会计机构负责人、会计主管人员的职责、权限；会计部门与其他职能部门的关系；会计核算的组织形式等。

（2）会计人员岗位责任制度。主要包括：会计人员的工作岗位设置；各会计工作岗位的职责和标准；各会计工作岗位的人员和具体分工；会计工作岗位轮换办法；对各会计工作岗位的考核办法。

（3）原始记录管理制度。主要包括：原始记录的内容和填制方法；原始记录的格式；原始记录的签署、传递、汇集、审核等要求。

（4）账务处理程序制度。主要包括：会计科目及其明细科目的设置和使用；会计凭证的格式、审核要求和传递程序；会计核算方法；会计账簿的设置；编制会计报表的种类和要求；单位会计指标体系。

（5）财务收支审批制度。主要包括：财务收支审批人员和审批权限；财务收支审批程序；财务收支审批人员的责任。

（6）内部牵连制度。主要包括：内部牵连制度的原则；组织分工；出纳岗位的职责和限制条件；有关岗位的职责和权限。

（7）成本核算制度。主要包括：成本核算的对象、方法和程序；成本分析等。

（8）稽核制度。主要包括：稽核工作的组织形式和具体分工；稽核工作的职责、权限；审核会计凭证和复核会计账簿、会计报表的方法。

（9）财产清查制度。主要包括：财产清查的范围；财产清查的组织；财产清查的期限和方法；对财产清查中发现问题的处理办法；对财产管理人员的奖罚办法。

（10）财务会计分析制度。主要包括：财务会计分析的基本要求和组织程序；财务会计分析的具体方法；财务会计分析报告的编写要求等。

（二）单位内部会计监督的要求

（1）记账人员与经济业务事项和会计事项的审批人员、经办人员、财务保管人员的职责权限应当明确，并相互分离、相互制约；

（2）重大对外投资、资产处置、资金调度和其他重要经济业务事项的决策和执行的相互监督、相互制约程序应当明确；

（3）财产清查的范围、期限和组织程序应当明确；

（4）对会计资料定期进行内部审计的办法和程序应当明确。

（三）单位内部会计监督主体的职权

1. 会计机构、会计人员的主要职权

（1）对不真实、不合法的原始凭证，不予受理。对弄虚作假、严重违法的原始凭证，在不予受理的同时，应予以扣留，并及时向单位领导报告。对记载不准确、不完整的原始凭证，予以退回，要求经办人员更正、补充。

（2）对伪造、变造、故意毁灭会计账簿或者账外设账行为，应当制止和纠正；制止和纠正无效的，应当向上级主管部门报告，请求处理。

（3）对实物、款项进行监督，督促建立并严格执行财产清查制度。

（4）对指使、强令编造、篡改财务报告的行为，应当制止和纠正；制止和纠正无效的，应当向上级主管部门报告，请求处理。

（5）对财务收支进行监督。

（6）对违反单位内部会计管理制度的经济活动，应当制止和纠正；制止、纠正无效的，向单位领导人报告，请求处理。

（7）对单位制定的预算、财务计划、经济计划、业务计划的执行情况进行监督。

（8）各单位必须依法接受财政、审计、税务等机关的监督，如实提供会计凭证、会计账簿、会计报表和其他会计资料及有关情况，不得拒绝隐匿和谎报。

（9）按照法律规定应当委托注册会计师进行审计的单位，应当委托注册会计师进行审计，并配合注册会计师的工作，如实提供相关资料，不得拒绝、隐匿和谎报，不得示意注册会计师出具不当的审计报告。

2. 单位负责人的义务

（1）应当保证会计机构、会计人员依法履行职责；

（2）不得授意、指使、强令会计机构、会计人员违法办理会计事项。

三、会计工作的国家监督

会计工作的国家监督，是指包括财政部门、审计部门、税务部门、人民银行、证券监管部门、保险部门在内的国家机关对各单位及其相关人员的会计工作及行为实施的监督检查和违法处罚。其中主管会计工作的财政部门对会计工作的监管表现在以下几个方面：（1）监督各单位是否依法设置会计账簿；（2）监督各单位的会计凭证、会计账簿、财务会计报告和其他资料是否真实、完整；（3）监督各单位的会计核算是否符合《会计法》和国家统一的会计制度的规定；（4）监督各单位是否依法管理会计档案；（5）监督从事会计工作的人员是否具备从业资格。

税务部门对各单位会计工作的监督的职责和权限表现在以下几个方面：（1）对依规定可以不设置账簿的、依规定应当设置但未设置账簿的，以及虽设置账簿，但账目混乱或者成本资料、收入凭证、费用凭证残缺不全，难以查账的，有权核定其应纳税额；（2）调整应纳税的收入或者所得额；（3）账簿、凭证管理；（4）从事生产、经营的纳税人的财务、会计制度或者财务、会计处理办法，应当报送税务机关备案；（5）专用发票管理；（6）对纳税人的会计账簿、记账凭证、会计报表和其他有关资料进行检查。（7）对纳税人的生产经营场所和货物存放地进行检查等。

思考练习

1. 什么是会计？什么是会计法？

2. 会计法的立法宗旨和立法原则分别是什么？

3. 会计核算包含哪些内容？

4. 会计监督有哪些主要内容？单位内部会计监督的内容包括哪些？

5. 会计机构、会计人员的工作职责有哪些？

6. 什么是会计凭证、会计账簿、会计报表？会计法对填制会计凭证、登记会计账簿和制作会计报告是如何规定的？

第十五章　房地产法

重点掌握内容

我国土地权属的基本状况；获得国有土地使用权的几种方式；城市建设用地管理的基本规定；房地产开发制度的基本内容；房地产交易制度的基本内容；房地产权属登记制度；物业管理法规的主要内容。

第一节　土地管理法

一、土地所有权

（一）土地所有权的概念

土地所有权是国家或者农民集体依法对其所有的土地所享有的占有、使用、收益和处分的支配性权利。

我国的土地所有权有以下几个特征。

（1）我国实行土地的社会主义公有制，在土地所有权方面，确立了国有土地和农民集体土地所有制两种所有权。

（2）土地所有权的取得和丧失依法律规定，不得约定。集体土地所有权的取得须经县级人民政府登记造册，核发证书，确认所有权；集体土地所有权可因国家征用而丧失。

（3）土地所有权禁止交易。我国地产市场的土地交易仅为土地使用权交易。

（二）国家土地所有权

国家土地所有权是以国家为所有权人，由其代表代为行使对国有土地的支配性权利。

1. 国家土地所有权的客体

依据《土地管理法实施条例》的规定，下列土地属于国家所有：（1）城市市区的土地；（2）农村和城市郊区中已经被国家依法没收、征收、征购为国有的土地；（3）国家依法征用的原集体所有的土地；（4）依法不属于集体所有的林地、草地、荒滩、荒山及其他土地；（5）农村集体经济组织全部成员转为城镇居民的，原属于其成员集体所有的土地；（6）因国家组织移民、自然灾害等原因，农民成建制地集体迁移后不再使用的原属于迁移农民集体所有的土地。

2. 国家土地所有权的主体及其代表

《土地管理法》规定，国家土地所有权由国务院代表国家行使。同时，国务院可通过制定行政法规或发布行政命令授权地方人民政府或其职能部门行使国家土地所有权。国有土地所有者代表行使国有土地的收益权能、处分权能应依法经有审批权的人民政府审批，下级人民政府应依法向上级人民政府上缴土地收益。

（三）集体土地所有权

集体土地所有权是以符合法律规定的农村集体经济组织的农民集体为所有权人，对归其所有的土地所享有的受法律限制的支配性权利。农民集体所有的土地，由县级人民政府登记造册，核发证书，确认所有权。

依据土地管理法的规定，我国集体土地所有权的主体及其代表有三个层次：（1）农民集体所有的土地依法属于村农民集体所有的，由村集体经济组织或者村民委员会作为所有者代表经营、管理；（2）在一个村范围内存在两个以上农村集体经济组织，且农民集体所有的土地已经分别属于该两个以上组织的农民集体所有的，由村内各该农村集体经济组织或者村民小组作为所有者代表经营、管理；（3）农民集体所有的土地，已经属于乡（镇）农民集体所有的，由乡（镇）农村集体经济组织作为所有者代表经营、管理。

集体土地所有权的限制如下。（1）受国家法律和政府管理的限制。在收益方面，集体所有的土地不能直接用于房地产开发，若用于房地产开发，必须先由国家征用转变为国有后再由国家出让给发展商。在处分权方面，集体土地不得出让、转让、出租于非农业建设，集体土地所有者不得擅自改变土地用途，其向用地者提供土地使用权须经人民政府审批。（2）受农民集体意志的限制。一般来说，对集体土地的重大处分应当依法经农村集体经济组织成员表决同意。

二、国有土地使用权

（一）概　述

国有土地使用权，是指土地使用人根据法律规定或者合同约定，对国家所有的土地所享有的占有、使用，一定的收益、处分的权利。

国有土地使用权的特征如下。

1. 取得方式的多样性

国有土地所有者代表可依法通过出让、租赁或划拨等方式将国有土地使用权让与土地使用者。用地者也可依法通过市场交易的方式，取得国有土地使用权。

2. 国有土地使用权的确认

国有土地使用权需经法定登记程序予以确认。土地管理法规定，单位和个人使用的国有土地，由县级以上人民政府登记造册，核发证书，确认使用权。

3. 国有土地使用权的内容与限制

国有土地使用权人对国有土地享有占有权、使用权，并依权利取得方式不同享有不同的收益权和处分权。处分权有三种形式：国有土地使用权的转让、抵押和出租。国有土地使用人在行使权利时不得违反法律、行政法规规定的义务和设定时约定的义务。

4. 国有土地使用权的终止

国有土地使用权因法律规定的情形而终止。《土地管理法》第五十八条规定，有下列情形之一的，由有关人民政府土地行政主管部门经原批准用地的人民政府或者有批准权的人民政府批准，可以收回国有土地使用权：（1）为公共利益需要使用土地的；（2）为实施城市规划进行旧城区改造，需要调整使用土地的；（3）土地出让等有偿使用合同约定的使用期限届满，土地使用者未申请续期或者申请续期未获批准的；（4）因单位撤销、迁移等原因，停止使用原划拨的国有土地的；（5）公路、铁路、机场、矿场等经核准报废的。依照前述第（1）项、第（2）项的规定收回国有土地使用权的，对土地使用权人应当给予适当补偿。另外，土地的灭失也可导致国有土地使用权的终止。

（二）土地使用权出让

土地使用权出让，是指国家将国有土地使用权在一定年限内出让给土地使用者，由土地使用者向国家支付土地使用权出让金的行为。土地使用权出让，应当签订书面出让合同，该合同由市、县人民政府土地管理部门与土地使用者签订，并且要向县级以上地方人民政府土地管理部门登记。

1. 出让土地使用权的取得

取得出让土地使用权的方式有拍卖、招标、协议。《房地产管理法》规定，商业、旅游、娱乐和豪华住宅用地，应当采取拍卖、招标方式出让土地使用权。采取协议方式出让土地使用权的，出让金不得低于按国家规定所确定的最低价。

土地使用者应在签订土地使用权出让合同后 60 日内支付全部土地使用权出让金。依约定分期付款的，在未全部付清之前土地使用者领取临时土地使用权证。《房地产管理法》第十六条规定，土地使用者必须按照出让合同约定，支付土地使用权出让金；未按照出让合同约定支付土地使用权出让金的，土地管理部门有权解除合同，并可以请求违约赔偿。

2. 出让土地使用权的年限

根据国务院的现行规定，城镇国有土地使用权出让的最高年限，按土地用途分为以下几种情况：居住用地 70 年；工业用地，教育、科技、文化、卫生、体育用地 50 年；商业、旅游、娱乐用地 40 年；综合或其他用地 50 年。另外，开发国有荒山、荒地、荒滩从事广义的农业生产的，使用期限最长不得超过 50 年。《房地产管理法》第二十二条规定，土地使用权出让合同约定的使用年限届满，土地使用者需要继续使用土地的，应当至迟于届满前一年申请续期，除根据社会公共利益需要收回该幅土地的，应当予以批准。经批准准予续期的，应当重新签订土地使用权出让合同，按照规定支付土地使用权出让金。《物权法》第一百四十九条第一款规定，住宅建设用地使用权期间届满的，自动续期。

3. 出让土地使用权的内容与限制

出让土地使用权人在其权利存续期间内依法对土地享有占有权、使用权、收益权和一定的处分权。分期付款取得出让土地使用权的，在领取临时土地使用权证期间，土地使用者对土地不享有部分处分权。

土地使用者需要改变土地使用权出让合同约定的土地用途的，必须取得出让方和市、县人民政府城市规划行政主管部门的同意，并签订土地使用权出让合同变更协定或者重新签订土地使用权出让合同，相应调整土地使用权出让金。

土地使用者必须依土地使用权出让合同的约定开发利用土地，不得在法定或约定的期限内闲置土地。土地使用者转让土地使用权必须符合法定条件。

（三）土地使用权划拨

土地使用权划拨，是指县级以上人民政府依法批准，在土地使用者缴纳补偿、安置等费用后将该幅土地交付其使用，或者将土地使用权无偿交付给土地使用者使用的行为。以划拨方式取得土地使用权的，除法律、行政法规另有规定外，没有使用期限的限制。

1. 划拨土地使用权的范围

下列用地的土地使用者可以依法取得划拨土地使用权：（1）国家机关用地和军事用地；（2）城市基础设施用地和公益事业用地；（3）国家重点扶持的能源、交通、水利等项目用地；（4）法律、行政法规规定的其他用地。

2. 划拨土地使用权的取得

用地者申请取得划拨土地使用权需征用集体土地或者占用其他用地者正在使用的国有土地的，申请用地者应向集体土地所有者或原国有土地使用者支付土地补偿安置费。申请用地者取得划拨土地使用权的土地为国有荒地、空地的，经依法批准后，可无偿取得。

3. 内容与限制

划拨土地使用权人对划拨土地享有占有权、使用权和部分收益权。划拨土地使用权人占有、使用划拨土地所获收益归其享有，依法经批准处分土地所获得收益按有关规定上缴国家后，余额归其享有。划拨土地使用权人对其投资建造的地上建筑物、其他附着物享有所有权。

划拨土地使用权人不得擅自改变土地用途，转让、出租和抵押其权利须符合法定条件并履行法定手续。

三、集体土地使用权

（一）概　述

集体土地使用权是符合法律规定的用地者按照一定土地用途而以一定方式使用集体土地的权利。

1. 集体土地使用权的特征

（1）主体的特定性。农村集体经济组织及其成员，农村集体经济组织投资设立的企业，乡镇，村公益性组织及法律、行政法规规定的其他单位和个人，可以依法取得集体土地使用权。只有法律规定允许的个别情况下，可由农村集体经济组织以外的单位和个人取得。

（2）用途、取得与权利内容的相关性。不同用途的土地，其使用权采用不同方式取得，因而具有不同的权利内容。

集体土地所有者及其代表可依法通过承包、分配、投资、拨付等方式向符合法律规定的用地者提供集体土地使用权。此外也可采用招标、拍卖及公开协商等承包方式；宅基地使用权的取得方式为分配；非农经营用地使用权的取得方式为投资；非农公益用地使用权的取得方式为拨付。

（3）权利交易的受限制性。土地管理法规定，农民集体所有的土地使用权不得出让、转让或者出租用于非农业建设，但是符合土地利用总体规划并依法取得建设用地的企业，因破产、兼并等情形致使土地使用权依法发生转移的除外。

2. 集体土地使用权的确认

集体土地使用权经登记确认，分两种情况：

（1）土地承包经营权。农村土地承包法规定：县级以上地方人民政府应当向承包方颁发土地承包经营权或者林权证等证书，并登记造册，确认土地承包经营权。

（2）非农用地使用权。土地管理法规定：农民集体所有的土地依法用于非农业建设的，由县级人民政府登记造册，核发证书，确认建设用地使用权。

3. 集体土地使用权的终止

依据土地管理法的规定，集体土地使用权因下列情形而终止：（1）国家征用集体所有的土地；（2）乡村公共设施和公益事业建设需要收回集体土地使用权的；（3）用地者撤销、迁移等而停止使用集体土地的；（4）用地者违法或违约被集体土地所有者收回土地使用权的。

（二）土地承包经营权

土地承包经营权是农村集体经济组织成员或者其他单位、个人依法以家庭承包或者其他方式承包取得的，用于农、林、牧、渔等生产经营活动的有期限限制的集体土地使用权。

1. 土地承包经营权的主体

土地承包经营权可由本农村集体经济组织成员依法取得，也可由本农村集体经济组织以外的单位和个人依法取得。

农村土地承包采取集体经济组织内部家庭承包方式，不宜采取家庭承包方式的荒山、荒丘、荒沟、荒滩等农村土地，可以采取招标、拍卖、公开协商等方式承包。

本农村集体经济组织成员通过承包方式取得农用地使用权的，耕地的承包期限为30年，草地的承包期限为30~50年，林地的承包期限为30~70年。特殊林木的林地承包期，经国务院林业行政主管部门批准可以延长。

2. 土地承包经营权的内容与限制

土地承包经营权人在承包期限内，承包方享有下列权利：依法享有承包地使用收益和土地承包经营权流转的权利，有权自主组织生产经营和处置产品；承包地被依法征用、占用的，有权依法获得相应补偿；对土地享有占有权、使用权、收益权；土地承包经营权人可将其享有的土地权利转包、出租、互换、转让或以其他方式流转。

土地承包经营权人不得擅自改变权利取得时确定的农业土地用途，不得擅自将农用地转变为非农用地。

3. 土地承包经营权收回、调整与保护

承包期内，发包方一般不得收回承包地。承包期内，承包方全家迁入小城镇落户的，应当按照承包方的意思，保留其土地承包经营权或者允许其依法进行土地承包经营权流转。承包期内，承包方全家迁入设区的市，转为非农业户的，应当将承包的耕地和草地交回发包方。承包方不交回的，发包方可以收回承包的耕地和草地。承包期内，妇女结婚，在新居住地未取得承包地的，发包方不得收回其原承包地；妇女离婚或者丧偶，仍在原居住地生活或者不在原居住地生活但在新居住地未取得承包地的，发包方不得收回其原承包地。

承包方在承包期内交回承包地的，在承包期内不得再要求承包土地。承包期内，发包方一般不得调整承包地，法律、行政法规另有规定的除外。

（三）宅基地使用权

宅基地使用权是依法经审批由农村集体经济组织分配给其内部成员用于建造住宅的，没有使用期限限制的集体土地使用权。非农村集体经济组织内部成员，不得申请取得宅基地使用权。农村村民申请住宅用地的，应经依法审批。经依法审批后，农村集体经济组织向宅基地申请者无偿提供宅基地使用权。农村村民一户只能拥有一处宅基地。宅基地使用权人转让、出租房屋及宅基地使用权再申请宅基地的，不予批准。

四、建设用地管理

（一）概　述

建设用地是指用于建造建筑物或构筑物的土地。

1. 建设用地的分类

我国将建设用地分为国家建设用地和乡村建设用地。国家建设用地的来源包括三方面：征用农民集体所有土地；使用国有荒山、荒地；收回他人享有使用权的国有土地。

2. 我国建设用地管理制度的特点

对国家建设用地和乡村建设用地实行严格的用地审批制度，特别控制非农建设占用农用地；严格限制占用集体土地进行非农建设。

（二）国家建设用地

1. 国家建设征地的批准权限

国家建设征用农民集体土地，应依法报国务院或省、自治区、直辖市人民政府批准。

征用以下土地应由国务院批准：基本农田；基本农田以外的耕地超过 35 公顷的；其他土地超过 70 公顷的。征用上述规定以外的土地的，由省、自治区、直辖市人民政府批准，并报国务院备案。

2. 国家建设征地的程序

国家征收土地，先依照法定程序经有审批权的人民政府审批，再由县级以上地方人民政府土地管理部门确定征地补偿安置方案，并由同级人民政府予以公告后，听取被征地的农村集体经济组织和农民的意见并组织实施。

3. 征地补偿安置标准

征收土地的，按照被征收土地的原有用途给予补偿。征收耕地，用地者需支付、缴纳下列费用：（1）土地补偿费：为该耕地被征收前 3 年平均年产值的 6～10 倍；（2）安置补助费：每一个需要安置的农业人口的安置补助费，为该耕地被征用前 3 年平均年产值的 4～6 倍，但是每公顷被征收耕地的安置补助费，最高不得超过被征收前 3 年平均年产值的 15 倍；（3）新菜地开发建设基金；（4）被征用土地上的附着物和青苗补助费。

（三）乡村建设用地

1. 乡村建设用地的审批权限

（1）乡村兴办企业需要使用土地的，应当持有关批准文件，向县级以上地方人民政府土地行政主管部门提出申请，按照省、自治区、直辖市规定的批准权限，由县级以上人民政府批准；其中，涉及占用农地的，依法办理农用地转用审批手续。

（2）乡村公共设施、公益事业建设，需要使用土地的，先经乡、镇人民政府审核，其他审批程序同乡村兴办企业用地。

（3）农村村民住宅用地，经乡、镇人民政府审核，由县级人民政府批准；其中，涉及占用农用地的，依法办理农用地转用审批手续。

2. 乡村建设用地的控制原则

（1）乡村兴办企业的建设用地，严格控制，其用地面积不得超过省、自治区、直辖市按照乡镇企业的不同行业和经营规模分别规定的控制标准。

（2）农村村民一户只能拥有一处宅基地，其宅基地的面积不得超过省、自治区、直辖市规定的控制标准。

第二节　城市房地产管理法

一、房地产开发制度

房地产开发，一般是对土地和地上建筑物进行的投资开发建设活动。在我国，依照《中华人民共和国城市房地产管理法》的规定，房地产开发是指在依法取得土地使用权的国有土地上进行基础设施、房屋建设的行为。

（一）房地产开发项目管理

城市房地产管理法对此作出以下几方面的规定。

1. 执行城市规划

房地产开发商必须严格执行我国的城市规划。按照经济效益、社会效益、环境效益相统一的原则，实行全面规划、合理布局、综合开发、配套建设。

2. 开发土地使用权用途与开发期限要求

以开发方式取得土地使用权进行房地产开发的，必须按照土地使用权出让合同约定的土地用途动工开发期限开发土地。超过出让合同约定的动工开发日期1年未动工开发的，可以征收相当于土地使用权出让金20%以下的土地闲置费；满2年未动工开发的，可以无偿收回土地使用权。但是，因不可抗力或者政府、政府有关部门的行为或者动工开发必需的前期工作造成动工开发迟延的除外。

3. 开发安全性要求

房地产开发项目的设计、施工，必须符合国家的有关标准和规范；房地产开发项目竣工，经验收合格后，方可交付使用。

4. 房地产开发的联建

依法取得的土地使用权，可以将其作价入股，与他人合资合作开发房地产，即联建。

（二）建设规划管理

1. 城乡规划

我国实行城乡规划管理制度。所谓城乡规划，包括城镇体系规划、城市规划、镇规划、乡规划和村庄规划。经依法批准的城乡规划，是城乡建设和规划管理的依据，未经法定程序不得修改。

2. 建设规划许可

建设规划许可制度是我国城乡规划管理的重要制度。城乡规划主管部门不得在城乡规划确定的建设用地范围以外作出建设规划许可。建设规划许可分为建设用地规划许可、建设工程规划许可和乡村建设规划许可。

3. 建设规划变更

建设单位应当按照规划条件进行规划，确需变更的，必须向城市、县人民政府城乡规划主管部门提出申请。变更内容不符合控制性详细规划的，城乡规划主管部门不得批准。城市、县人民政府城乡规划主管部门应当及时将依法变更后的规划条件通报给同级土地主管部门并公示。

二、房地产交易制度

（一）概　述

房地产交易是房地产交易主体之间以房地产这种特殊商品作为交易对象所从事的市场交易活动。房地产交易是一种极具专业性的交易。房地产交易的形式、种类很多，每一种交易都需要具备不同的条件，遵守不同的程序及办理相关手续。

（二）房地产交易的一般规则

（1）房地产转让、抵押时，房屋所有权和该房屋占用范围内的土地使用权同时转让、抵押。

（2）实行房地产价格评估。

（3）实行房地产成交价格申报。

（4）房地产转让、抵押当事人应当依法办理权属变更或抵押登记，房屋租赁当事人应当依法办理租赁登记备案。

（5）房地产交易时，土地使用权出让合同载明的权利、义务随之转移；房地产交易中，前一权利人负载于房地产上的权利义务依法或依约按序承接给后一权利人。

（三）房地产转让

1. 房地产转让的禁止条件

《房地产管理法》明确规定，下列房地产不得转让：（1）以出让方式取得土地使用权，不符合转让法定条件的；（2）司法机关和行政机关依法裁定、决定查封或者以其他形式限制房地产权利的；（3）依法收回土地使用权的；（4）共有部分，未经其他共有人书面同意的；（5）权属有争议的；（6）未依法登记领取权属证书的；（7）法律、行政法规规定禁止转让的其他情形的。

2. 房地产转让的一般条件与程序

房地产转让，转让人应持有合法取得的土地使用权证书；转让房地产时房屋已经建成的，还应当持有房屋所有权证书。被转让的房地产权利属于可依法转让的类型并具备依法转让的条件。

房地产转让一般经过洽谈、审核、估价和定价、签订转让合同（或发生、确定转让的法律事实）、缴纳税费、产权过户登记等程序。

3. 出让土地使用权的转让

为防止用地者单纯实施土地投机、炒卖地皮、哄抬地价，《城市房地产管理法规定》规定，以出让方式取得土地使用权的，转让房地产时，应当符合下列条件：按照出让合同约定已经支付全部土地使用权出让金，并取得土地使用权证书；按照出让合同约定进行投资开发，属于房屋建设工程的，完成开发投资总额的25%以上的，属于成片开发土地的，形成工业用地或者其他建设用地的。

《房地产管理法》规定，以出让方式取得土地使用权的，转让房地产后，受让人改变原土地使用权出让合同约定的土地用途的，必须取得原出让方和市、县人民政府城市规划行政主管部门的同意，签订土地使用权出让合同变更协议或者重新签订土地使用权出让合同，相应调整土地使用权出让金。

4. 划拨土地使用权的转让

《房地产管理法》规定，以划拨方式取得土地使用权的，转让房地产的，应当按照国务院规定，报有批准权的人民政府审批。有批准权的人民政府准予转让的，应当由受让方办理土地使用权出让手续，并依照国家的有关规定缴纳土地使用权出让金。转让报批时，有批准权的人民政府按照国务院规定决定可以不办理土地使用权出让手续的，转让方应当按照国务院规定将转让房地产所获收益中的土地收益上缴国家或者作其他处理。

目前，划拨土地使用权转让主要进入土地有形市场，由政府统一组织实施土地使用权招标、拍卖、挂牌交易。交易完成后，国家将交易所得，部分返还给原划拨土地使用权人。

（四）房地产抵押

房地产抵押，是指房地产抵押人以其合法的房地产以不转移占有的方式向抵押权人提供债务履行担保的行为。债务人不履行债务时，抵押权人有权依法以抵押的房地产拍卖、变卖或折价所得价款优先受偿。

《城市房地产管理法》规定，以下两类房地产可以设定抵押：（1）依法取得的房屋所有权连同该房屋所占范围内的国有土地使用权；（2）以出让方式取得的国有土地使用权。房地产抵押，应当凭土地使用权证书、房屋所有权证书办理，抵押人和抵押权人应当签订书面抵押合同。

以划拨方式取得的土地使用权不得单纯设定抵押，但如果该土地上有房产，以房产设定抵押时需同时抵押房屋所占用的划拨土地使用权。房地产抵押合同签订后，土地上新增的房屋不属于抵押财产。需要拍卖该抵押的房地产时，因新增房屋与抵押财产无法实际分割，可以依法将土地上新增的房屋与抵押财产一同拍卖，但对拍卖新增房屋所得，抵押权人无权优先受偿。

（五）房屋租赁

房屋租赁，是房地产所有权人作为出租人将其房屋出租给承租人使用，由承租人向出租人支付租金的行为。

房屋租赁，出租人和承租人应当签订书面租赁合同，约定租赁期限、租赁用途、租赁价格、修缮责任等条款，以及双方的其他权利和义务，并向房产管理部门登记备案。以营利为目的，房屋所有权人将以划拨方式取得使用权的国有土地上建成的房屋出租的，应当将租金中所含土地收益上缴国家。

（六）商品房预售与按揭

1. 商品房预售

商品房预售性质为期房买卖，是指房地产开发商（即预售人）将期房预先出售给购房人（即预购人），由预购人根据预售合同支付房款；在期房竣工验收合格后，交付购房人占有使用，并由预售人负责将房屋所有权及其占用的出让土地使用权转移至预购人名下的房地产买卖形式。

商品房预售，应当符合下列条件：已支付全部土地使用权出让金，取得土地使用权证书；持有建设工程规划许可证；按提供预售的商品房计算，投入开发建设的资金达到工程建设总投资的25%以上，并已经确定施工进度和竣工交付日期；向县级以上人民政府房产管理部门办理预售登记，取得商品房预售许可证明。

2. 商品房按揭

在我国，商品房按揭一般是指不能或不愿一次性支付房款的按揭购房借贷人将其与开发商已签订的商品房预售或销售合同项下的所有权益作为向商业银行贷款的担保。

商品房按揭的流程如下：

（1）开发商选定按揭贷款银行，并与之签订按揭贷款合作协议书，银行承诺在特定条件下向开发商的客户（购房借贷人）提供贷款；

（2）购房人选定欲购买的商品房，与开发商签订商品房预售或销售合同；

（3）银行委托律师或自行对购房合同、购房借贷人贷款资格予以审查；

（4）购房借贷人、开发商与银行签订按揭保证贷款合同，开放商为购房借贷人向银行按揭贷款提供保证担保；

（5）银行审核商品房预售或销售合同，并办理按揭备案；

（6）银行一次性向开发商支付购房借贷人的贷款；

（7）购房借贷人依约按月向银行交纳贷款本息；

（8）开发商负责将购房借贷人的《房屋所有权证》和《土地使用权证》交银行收押并办理正式的抵押登记。

三、房地产权属登记制度

房地产权属登记，是指法律规定的管理机构对土地所有权、土地使用权、房屋所有权和房地产其他权利进行登记并向权利人颁发权属证书的行为。房地产权属登记确认房地产权利归属状态，赋予房地产权属以法律效力，受国家强制力保护，具有权利公示功能和房地产管理功能。

根据《城市房屋权属登记管理办法》的规定，房屋权属登记，包括总登记、初始登记、转移登记、变更登记、他项权利登记和注销登记。其中总登记是县级以上地方人民政府根据需要，在一定期限内对本行政区域内的房屋进行统一的权属登记。总登记、验证或者换证，应当由县级以上地方人民政府在规定期限开始之日30日前发布公告。初始登记又称新建登记，是指对新取得的土地使用权或新建的房屋所进行的权属登记。新建房屋申请人应当在房屋竣工后3个月内向登记机关申请登记。转移登记，又称过户登记，是指因房屋买卖、交换、赠与、继承、划拨、转让、分割、合并等原因致使其权属发生转移的，须办理产权过户手续时所进行的登记。当事人应自事实发生之日起90日内申请转移登记。变更登记，是指权利人名称变更或房屋发生面积增加或减少，翻建，房屋坐落的街道、门牌号或房屋名称发生变更等情况时所进行的登记。他项权利登记，是指对设定房地产抵押权等他项权利的情况所进行的登记。注销登记，是指因房屋灭失、土地使用年限届满、他项权利终止等情况所进行的登记。其中变更登记、他项权利登记和注销登记都是权利人应当自事实发生之日起30日内进行申请相应的登记。

四、物业管理制度

（一）概　述

物业管理，是指业主通过选聘物业服务企业，由业主和物业服务企业按照物业服务合同的约定，对房屋及配套的设施设备和相关场地进行维修、养护、管理，维护物业管理区域内的环境卫生和相关秩序的活动。

（二）物业法律关系的主体

1. 业　主

业主是物业所有权人。按其拥有的物业所有权的状况，又可分为独立所有权人和区分所有权人。

业主享有以下权利：按照物业服务合同的约定，接受物业管理企业提供的服务；提议召开业主大会会议，并就物业管理的有关事项提出建议；提出制订和修改业主公约、业主大会议事规则的建议；参加业主大会会议，行使投票权；选举业主委员会委员长，并享有被选举权；监督业主委员会的工作；监督物业管理企业履行物业服务合同；对物业共有部分、公用设施设备和相关场地使用情况享有知情权和监督权；监督物业共用部分、公用设施设备专项维修资金的管理和使用；法律、法规规定的其他权利。

业主负有以下义务：遵守管理规约、业主大会议事规则；遵守物业管理区域内物业共用部分和公用设施设备的使用、公共秩序和环境卫生的维护等方面的规章制度；执行业主大会的决定和业主大会授权业主委员会作出的决定；按照国家有关规定缴纳专项维修资金；按时缴纳物业服务费用；法律、法规规定的其他义务。

2. 业主大会和业主委员会

业主大会由物业管理区域内的全体业主组成。同一个物业管理区域内的业主，应当在物业所在地的区、县人民政府房地产行政管理部门或者街道办事处、乡镇人民政府的指导下成立业主大会，并选举产生业主委员会。业主大会应当代表和维护物业管理区域内全体业主大会在物业管理活动中的合法权益。

物业管理区域内全体业主第一次大会，在物业已交付使用的建筑面积达到一定比例时召开。业主大会会议分为定期会议和临时会议。业主大会定期召开，应当按照业主大会议事规则的规定召开。业主大会的临时会议，经20%以上的业主提议，由业主委员会组织召开。

下列事项由业主召开业主大会共同决定：制订和修改业主大会议事规则；制订和修改管理规约；选举业主委员会或者更换业主委员会成员；选聘和解聘物业服务企业；筹集和使用专项维修资金；改建、重建建筑物及其附属设施；有关共有和共同管理权利的其他重大事项。

业主委员会是物业区域内全体业主对物业实施自治管理的组织，由业主大会选举产生，是业主大会的常设执行机构，对业主大会负责。业主委员会的委员应当由业主担任，其成员不得兼任本物业区域内物业管理公司的工作。业主委员会执行业主大会的决定事项。业主委员会应当自选举产生之日起30日内，向物业所在地的区、县人民政府房地产行政主管部门和街道办事处、乡镇人民政府备案。

业主大会或者业主委员会的决定，对业主具有约束力；侵害业主合法权益的，受侵害的业主可以请求人民法院予以撤销；违反法律、法规的，物业所在地的区、县人民政府房地产行政主管部门或者街道办事处、乡镇人民政府，应当责令限期改正或者撤销其决定，并通告全体业主。业主大会、业主委员会应当依法履行职责，不得作出与物业管理无关的决定，不得从事与物业管理无关的活动。

3. 物业管理企业

物业管理企业是对物业实施专业化、企业化、社会化管理服务的，具有法人地位的经济实体。物业管理企业一般以公司形式出现，依合同实施物业管理，其管理服务权源于业主大会及业主委员会的委托授权。物业管理企业与业主在法律地位上是平等的，物业管理企业与业主必须合作，实施对物业的管理。

国家对物业管理企业的管理主要体现在两个方面：国家对从事物业管理活动的企业实行资质等级管理制度，一般分为一、二、三级，每两年核定一次；从事物业管理的人员应当按照国家有关规定取得职业资格证书。

物业管理企业的权利和义务由《物业管理条例》和《城市新建住宅小区管理办法》予以规定，此外由物业服务合同具体规定。

（三）物业管理业务

1. 前期物业管理

前期物业管理是指在房地产开发项目销售前及过程中（业主、业主大会选聘物业管理企业之前），由建设开发单位代替未来业主选聘物业管理企业，并与之签订物业服务委托合同，由该物业管理企业所实施的物业管理。

前期物业服务合同可以约定期限；但是，期限未满、业主委员会与物业管理企业签订的物业服务合同生效的，前期物业服务合同终止。

建设开发单位应当在销售物业之前，制订临时管理规约，对有关物业的使用、维护、管理、业主的共同利益、业主应当履行的义务，违反临时管理规约应当承担的责任等事项依法作出约定，建设开发单位制订的临时管理规约，不得侵害物业买受人的合法权益。业主依法享有的物业共有部位、共用设施设备的所有权或者使用权，建设单位不得擅自处分。建设单位应当在物业销售前将临时管理规约向物业买受人明示，并予以说明。物业买受人在与建设单位签订物业买卖合同时，应当对遵守临时管理规定予以书面承诺。建设单位与物业买受人签订的买卖合同应当包含前期物业服务合同约定的内容。

物业服务企业承接物业时，应当对物业共用部分、共用设施设备进行查验。在办理物业承接验收手续时，建设单位应当向物业服务企业移交与物业管理相关的资料。物业服务企业应当在前期物业服务合同终止时将相关资料移交给业主委员会。

建设单位应当规定在物业管理区域内配置必要的物业管理用房。建设单位应当按照国家规定的保修期限和保修范围，承担物业的保修责任。

2. 物业管理服务

业主委员会应当与业主大会选聘的物业服务企业签订书面的物业服务合同。物业服务合同应当对物业管理事项、服务质量、服务费用、双方的权利义务、专项维修资金的管理和使用、物业管理用房、合同期限、违约责任等内容进行约定。

物业服务企业应当按照物业服务合同的约定，提供相应的服务。物业服务企业未能履行物业服务合同的约定，导致业主人身、财产安全受到损害的，应当依法承担相应的法律责任。物业管理企业可以将物业管理区域内的专项服务业务委托给专业性服务企业，但不得将该区域内的全部物业管理一并委托给他人。

物业服务收费应当遵循合理、公开以及费用与服务水平相适应的原则，区别不同物业的性质和特点，由业主和物业服务企业按照国务院价格主管部门会同国务院建设行政主管部门制定的物业服务收费方法，在物业服务合同中约定。

第三节　土地法律责任和房地产法律责任

一、违反土地管理规定的法律责任

1. 非法土地交易的法律责任

在我国，土地所有权禁止交易，土地使用权可以交易，但必须依法进行。土地管理法规定了一系列土地使用权交易的条件和程序规则，有些土地使用权交易为法律所禁止或限制，违反了上述法律规定，即为非法土地交易，违法人应承担相应的法律责任。土地管理法对此有以下两项规定。

（1）买卖或者以其他形式非法转让土地的，由县级以上人民政府土地行政主管部门没收违法所得；对违反土地利用总体规划擅自将农用地改为建设用地的，限期拆除在非法转让的土地上新建的建筑物和其他设施，恢复土地原状；对符合土地利用总体规划的，没收在非法转让的土地上新建的建筑物和其他设施，可以并处罚款；对直接负责的主管人员和其他直接责任人员，依法给予行政处分；构成犯罪的，依法追究刑事责任。

（2）擅自将农民集体所有的土地使用权出让、转让或者出租于非农业建设的，由县级以上人民政府土地行政主管部门责令限期改正，没收违法所得，并处罚款。

2. 非法占用土地的法律责任

在我国，使用土地实行严格审批制度。非经符合法律规定的人民政府审批，或虽经审批但超过批准的数量或法定标准占用土地，一切土地使用行为均为非法占用，违法人均应承担相应的法律责任。土地管理法有以下三项规定。

（1）未经批准或者采取欺骗手段骗取批准，非法占有土地的，由县级以上人民政府土地行政主管部门责令退还非法占用的土地；对违反土地利用总体规划擅自将农用地改为建设用地的，限期拆除在非法占用的土地上新建的建筑物和其他设施，恢复土地原状；对符合土地利用总体规划的，没收在非法占用的土地上新建的建筑物和其他设施，可以并处罚款。对非法占用土地单位的直接负责的主管人员和其他直接责任人员，依法给予行政处分；构成犯罪的，依法追究刑事责任，超过批准的数量占用土地，多占的土地以非法占用土地论处。

（2）农村村民未经批准或者采取欺骗手段骗取批准，非法占用土地新建住宅的，由县级以上人民政府土地行政主管部门责令退还非法占用的土地，限期拆除在非法占用的土地上新建的房屋。超过省、自治区、直辖市规定的标准，多占的土地以非法占用土地论处。

（3）责令限期拆除在非法占用的土地上新建的建筑物和其他设施的，建设单位或者个人必须立即停止施工，自行拆除；对继续施工的，作出处罚决定的机关有权制止。建设单位或者个人对责令限期拆除的行政处罚决定不服的，可以在接到责令限期拆除决定之日起15日内，向人民法院起诉；限期不起诉又不自行拆除的，由作出处罚决定的机关依法申请人民政府强制执行，费用由违法者承担。

3. 非法征用、使用土地的法律责任

在我国批准征用、使用土地的法定审批权限、条件与程序极为严格，违反下述任何一项规定即为非法批准征用、使用土地，违法人均应承担相应的法律责任：（1）无权批准征用、使用土地的单位或者个人非法批准征用、使用土地的；（2）超越批准权限征用、使用土地的；（3）不按照土地利用总体规划确定的用途批准征用、使用土地的；（4）违反法律规定的程序批准征用、使用土地的。有以上违法行为的，批准文件无效。对非法批准征用、使用土地的直接负责的主管人员和其他直接责任人员，依法给予行政处分，构成犯罪的，依法追究刑事责任。非法批准征用、使用的土地应当收回，有关当事人拒不归还的，以非法占用土地论处。非法批准征用、使用土地的，对当事人造成损失的，应当依法承担赔偿责任。

4. 非法发包、承包土地的法律责任

发包方实施干涉承包方依法享有的生产经营自主权，违反本法规定收回、调整承包地，强迫或者阻碍承包方进行土地承包经营权流转，假借少数服从多数强迫承包方放弃或者变更土地承包经营权而进行土地承包经营权流转，以划分"口粮田"和"责任田"等为由收回承包地搞招标承包，将承包地收回欠款；剥夺、侵害妇女依法享有的土地承包经营权等行为之一的，应当承担停止侵害、返还原物、恢复原状、排除妨害、消除危险、赔偿损失等责任。

承包合同中违背承包方意愿或者违反法律、行政法规有关不得收回、调整承包地等强制性规定的约定无效。任何组织和个人强迫承包方进行土地承包经营权流转的，该流转无效。

任何组织和个人截留、扣缴土地承包经营权流转收益的，应当退还。

承包方给承包地造成永久性损害的，发包方有权制止，并有权要求承包方赔偿由此造成的损失。

承包方违法将承包地用于非农建设的，由县级以上地方人民政府有关行政主管部门依法予以处罚。

二、违反房地产管理规定的法律责任

1. 擅自从事房地产开发业务的法律责任

擅自从事房地产开发业务的行为，是指未取得房地产开发企业营业执照的单位或个人，擅自从事房地产开发的行为。作出上述行为的，由县级以上人民政府工商行政管理部门责令停止房地产开发业务活动，没收违法所得，可以并处罚款。

2. 违法预售商品房的法律责任

违法预售商品房的行为，包括预售人未交全部土地使用权出让金或者取得土地使用权证书而预售商品房的行为，未持有建设工程规划许可证而预售商品房的行为，投入预售商品房开发建设资金未达到工程建设总投资的25%、未确定施工进度和竣工交付日期而预售商品房的行为，以及未向县级以上人民政府房产管理部门办理预售登记或未取得商品房预售许可证明而预售商品房的行为。有以上行为的，由县级以上人民政府房产管理部门责令停止预售活动，没收违法所得，可以并处罚款。

3. 擅自从事房地产中介服务的法律责任

擅自从事房地产中介服务的行为，是指未领取房地产中介服务机构营业执照而从事房地产中介服务的行为。有以上行为的，由县级以上人民政府房产管理部门责令停止房地产中介服务活动，没收违法所得，可以并处罚款。

4. 违反出让土地转让条件转让土地使用权的法律责任

违反出让土地转让条件转让土地使用权的行为，包括未全部支付土地使用权出让金或者未取得土地使用权转让土地使用权的行为，以及未按照出让合同约定进行投资开发或者投资开发不足总额25%而转让土地使用权的行为。有上述行为的，由县级以上人民政府土地管理部门没收违法所得，可以并处罚款。

5. 违反划拨土地转让条件转让房地产的法律责任

违反划拨土地转让条件转让房地产的行为，是指以划拨方式取得土地使用权的房地产转让时，未经批准进行转让的行为，以及虽经批准但受让方未依法办理土地使用权出让手续或者未缴纳土地使用权出让金的行为。有上述行为的，由县级以上人民政府土地管理部门没收违法所得，可以并处罚款。

思考练习

1. 我国土地权属的基本状况是怎样的？
2. 国有土地使用权的获得有哪些途径？
3. 国家建设用地规定的基本内容是什么？
4. 房地产开发制度的基本内容是什么？
5. 房地产交易制度的基本内容是什么？
6. 我国的物业管理制度有哪些主要规定？
7. 违反土地管理法的主要表现形式有哪些？分别应承担什么法律责任？
8. 违反房地产管理法的主要表现形式有哪些？分别应承担什么法律责任？

第十六章　劳动法

重点掌握内容

劳动法的调整对象；劳动基准法的主要规定；劳动合同法的主要规定；劳动争议的解决；劳动法的概念；劳动法的适用范围；劳动者权益保护过程中国家机关的作用；违反劳动法的法律责任。

第一节　劳动法概述

一、劳动法的概念和调整对象

（一）劳动法的概念

劳动法是调整劳动关系以及与劳动关系密切联系的其他社会关系的法律规范的总称。

目前我国调整劳动关系的法律规范主要有：1994 年 7 月 5 日通过，并于 1995 年 1 月 1 日实施的《中华人民共和国劳动法》；2008 年 1 月 1 日起生效的《中华人民共和国劳动合同法》；国务院制定的劳动行政法规；国务院各部委制定的劳动规章；各地方制定的地方性劳动法规及劳动规章等。

（二）劳动法的调整对象

劳动法调整的对象为劳动关系和与劳动关系密切联系的其他社会关系。

劳动法调整的劳动关系具有以下特征。

（1）劳动关系的当事人是特定的，一方是劳动者，另一方是用人单位。其中劳动者包括在法定劳动年龄内具有劳动能力的我国公民、外国人、无国籍人，劳动者只能是自然人。依我国劳动法规定，凡年满 16 周岁、在法定劳动年龄内有劳动能力的公民是具有劳动权利能力和劳动行为能力的人。即劳动者的法定最低就业年龄为 16 周岁，退休年龄为男年满 60 周岁，女工人年满 50 周岁，女干部年满 55 周岁。除法律另有规定以外，任何单位不得与未满 16 周岁的未成年人发生劳动法律关系。对有可能危害未成年人健康、安全或者道德的职业或工作，最低就业年龄不应低于 18 周岁，用人单位不得招用已满 16 周岁未满 18 周岁的未成年人从事过重、有毒、有害的劳动或者危险作业。

根据劳动法的规定，劳动者的权利主要有：①平等就业和选择职业的权

267

利；②取得劳动报酬的权利；③休息休假的权利；④获得劳动安全卫生保护的权利；⑤接受职业技能培训的权利；⑥享受社会保险和福利的权利；⑦依法参加工会和职工民主管理的权利；⑧提请劳动争议处理的权利；⑨法律规定的其他劳动权利。

劳动法规定用人单位为依法成立的企业、个体经济组织、国家机关、事业单位、社会团体、民办非企业单位等组织。用人单位应具有相应的主体资格，即同时具有用人权利能力和用人行为能力。

（2）劳动关系是指在职业劳动、集体劳动、工业劳动过程中发生的社会关系，私人雇佣劳动关系、农业劳动关系和家庭成员的共同劳动关系等不由劳动法调整。

（3）劳动关系具有财产、人身关系的属性。劳动关系的财产属性是指劳动者有偿提供劳动力，用人单位向劳动者支付劳动报酬，不具有财产关系属性的无偿、义务、慈善性劳动关系不由劳动法调整。

（4）劳动关系具有平等、从属关系的属性。劳动关系的平等性是指劳动关系具有平等性，不具有惩罚性和强制性。劳动关系的从属性是指劳动关系一经确立，劳动者成为用人单位的职工，与用人单位存在身份、组织和经济上的从属关系，用人单位按照其劳动规章制度管理和使用劳动者，双方形成管理与被管理、支配与被支配的关系。

劳动法调整的与劳动关系密切联系的其他社会关系包括：①管理劳动力方面的社会关系；②社会保险方面的社会关系；③工会组织关系、工会监督方面的关系；④处理劳动争议方面的社会关系；⑤劳动监督检查方面的社会关系。

二、我国劳动法的适用范围

（一）我国劳动法的空间适用范围

由于我国劳动法的立法层次不同，因而其适用的地域范围也不同。凡由全国人民代表大会及其常务委员会通过的劳动法律和由国务院发布的劳动行政条例、规定、决定，除法律、法规有特别规定的外，统一适用于我国的全部领域；凡属地方性的劳动法规，只适用于当地人民政府行政管辖区域范围内。我国劳动法不适用于香港、澳门特别行政区。

（二）我国劳动法的适用范围

（1）中华人民共和国境内的企业、个体经济组织、民办非企业单位等组织与劳动者建立的劳动关系，适用劳动法。

（2）国家机关、事业单位、社会团体和与其建立劳动关系的劳动者，订立、履行、变更、解除或者终止劳动合同关系，依照劳动法的有关规定执行。

（3）实行聘用制度的事业单位与其工作人员的关系，法律、行政法规或国务院另有规定的，不适用劳动法；如果没有特别规定，适用劳动法。国家机关的公务员，事业单位和社会团体中除工勤人员以外的纳入公务员编制或者参照公务员进行管理的工作人员，适用《中华人民共和国公务员法》，不适用劳动法。农村劳动者（乡镇企业职工和进城务工、经商的农民除外）、现役军人和家庭雇佣劳动关系、在中华人民共和国境内享有外交特权和豁免权的外国人等不适用我国劳动法。

第二节　劳动基准法

劳动基准法就是在劳动法中规定和确认一系列劳动标准，要求用人单位向劳动者提供的劳动条件只能等于或优于劳动基准，劳动合同和集体合同中约定的劳动条件不得低于劳动基准，以保证劳动者权益的实现。

一、工作时间和休息休假

（一）工作时间的法律规定

工作时间又称劳动时间，是指法律规定的劳动者在一昼夜和一周内从事劳动的时间。它包括每日工作的小时数，每周工作的天数和小时数。

工作时间包括以下几类。

1. 标准工作时间

标准工作时间又称标准工时，是指法律规定的在一般情况下普遍适用的，按照正常作息办法安排的工作日和工作周的工时制度。我国的标准工时为劳动者每日工作 8 小时，每周工作 40 小时，在一周（7 日）内工作 5 天。实行计件工作的劳动者，用人单位应当根据每日工作 8 小时、每周工作 40 小时的工时制度，合理确定其劳动定额和计件报酬标准。

2. 缩短工作时间

缩短工作时间是指法律规定的在特殊情况下劳动者的工作时间长度少于标准工作时间的工时制度，即每日工作少于 8 小时。缩短工作日适用于：（1）从事矿山井下、高山、有毒有害、特别繁忙或过度紧张等作业的劳动者；（2）从事夜班工作的劳动者；（3）哺乳期内的女职工。

3. 延长劳动时间

延长劳动时间是指超过标准工作日的工作时间，即日工作时间超过 8 小时，每周工作时间超过 40 小时。延长工作时间必须符合法律、法规的规定。

4. 不定时工作时间和综合计算工作时间

不定时工作时间，又称不定时工作制，是指无固定工作时数限制的工时制度。适用于工作性质和职责范围不受固定工作时间限制的劳动者，如企业中的高级管理人员、外勤人员、推销人员、部分值班人员，从事交通运输的工作人员以及其他因生产特点、工作特殊需要或职责范围的关系，适合实行不定时工作制的职工等。综合计算工作时间，又称综合计算工时工作制，是指以一定时间为周期，集中安排并综合计算工作时间和休息时间的工时制度。即分别以周、月、季、年为周期综合计算工作时间，但其平均日工作时间和平均周工作时间应与法定标准工作时间基本相同。对符合下列条件之一的职工，可以实行综合计算工作日：（1）交通、铁路、邮电、水运、航空、渔业等行业中因工作性质特殊，需连续作业的职工；（2）地质及资源勘探、建筑、制盐、制糖、旅游等受季节和自然条件限制的行业的部分职工；（3）其他适合实行综合计算工时工作制的职工。

（二）休息休假的法律规定

休息休假是指劳动者为行使休息权在国家规定的法定工作时间以外，不从事生产或工作而自行支配的时间。

1. 休息时间的种类

（1）工作日内的间歇时间，是指工作日内给予劳动者休息和用膳的时间。一般为1~2小时，最少不得少于半小时。（2）工作日间的休息时间，即两个临近工作日之间的休息时间。一般不少于16小时。（3）公休假日。又称周休息日，是劳动者在1周（7日）内享有的休息日，公休假日一般为每周两日，一般安排在周六和周日休息。不能实行国家标准工时制度的企业和事业单位，可根据实际情况灵活安排周休息日，应当保证劳动者每周至少休息1日。

2. 休假的种类

（1）法定节假日，是指法律规定用于开展纪念、庆祝活动的休息时间。如：清明节、劳动节、春节等节日。（2）探亲假，是指劳动者享有的保留工资、工作岗位而同分居两地的父母或配偶团聚的假期。探亲假适用于在国家机关、人民团体、全民所有制企业、事业单位工作满一年的固定职工。（3）年休假，是指职工工作满一定年限，每年可享有的带薪连续休息的时间。根据劳动法的规定，机关、团体、企业、事业单位、民办非企业单位、有雇主的个体工商户等单位的职工连续工作1年以上的，享受带薪年休假。单位应当保证职工享受年休假。职工在年休假期间内享受与正常工作期间相同的工资收入。职工累计工作已满1年不满10年的，年休假5天；已满10年不满20年的，年休假10天；已满20年的，年休假15天。国家法定休假日、休息日不计入年休假的假期。

（三）加班加点的主要法律规定

加班是指劳动者在法定节日或公休日从事生产或工作。加点是指劳动者在标准工作日以外延长工作的时间。加班加点又统称延长劳动时间。为保证劳动者休息权的实现，劳动法规定任何单位和个人不得擅自延长职工工作时间。

1. 加班加点的时间规定。

《劳动法》第四十一条规定：用人单位由于生产经营需要，经与工会和劳动者协商后可以延长工作时间，一般每日不得超过1小时；因特殊原因需要延长工作时间的，在保障劳动者身体健康的条件下延长工作时间每日不得超过3小时，但是每月不得超过36小时。特殊情况下，延长劳动时间不受《劳动法》第四十一条的限制。

2. 加班加点的工资标准

劳动法规定：（1）安排劳动者延长工作时间的，支付不低于工资的150%的工资报酬；（2）休息日安排劳动者工作又不能安排补休的，支付不低于工资的200%的工资报酬；（3）法定休假日安排劳动者工作的，支付不低于工资的300%的工资报酬。

3. 监督检查措施

县级以上各级人民政府劳动保障行政部门对本行政区域内的用人单位组织劳动者加班加点的情况依法监督检查，对违法行为分别不同情况，予以行政处罚：（1）用人单位未与工会或劳动者协商，强迫劳动者延长工作时间的，给予警告，责令改正，并可按每名劳动者延长工作时间每小时罚款100元以下的标准处罚；（2）用人单位每日延长劳动者工作时间超过3小时或每月延长工作时间超过36小时的，给予警告，责令改正，并可按每名劳动者每超过工作时间1小时罚款100元以下的标准处罚。

二、工资法律制度

工资是用人单位依据国家有关规定和集体合同、劳动合同约定的标准，根据劳动者提供劳动的数量和质量，以货币形式支付给劳动者的劳动报酬。工资的支付是以劳动者提供的劳动数量和质量为依据的，须以法定货币形式定期支付给劳动者本人。

（一）工资形式

工资形式是指计量劳动和支付劳动报酬的方式。企业可根据本单位的生产经营特点和经济效益，依法自主确定本单位的工资分配形式。我国的工资形式主要有：（1）计时工资，主要有小时工资、日工资、月工资；（2）计件工资；（3）奖金；（4）津贴，主要有岗位津贴、保健性津贴、技术性津贴；（5）补贴，主要有物价补贴、边远地区生活补贴等；（6）特殊情况下的工资，主要有加班加点工资，事假、病假、婚假、探亲假等工资以及履行国家和社会义务期间的工资等。

（二）工资支付保障

（1）工资应以法定货币支付，不得以实物及有价证券代替。

（2）工资应在用人单位与劳动者约定的日期支付。工资一般按月支付，至少每月支付一次。实行周、日、小时工资制的，可按周、日、小时支付。

（3）劳动者依法享受年休假、探亲假、婚假、丧假期间，以及依法参加社会活动期间，用人单位应按劳动合同规定的标准支付工资。

（4）工资应依法足额支付，除法定或约定允许扣除工资的情况外，严禁非法克扣或无故拖欠劳动者工资。

（5）对代扣工资的限制。用人单位不得非法克扣劳动者工资，有下列情况之一的，用人单位可以代扣劳动者工资：①用人单位代扣代缴的个人所得税；②用人单位代扣代缴的应由劳动者个人负担的社会保险费用；③用人单位依审判机关判决、裁定扣除劳动者工资。依照人民法院判决、裁定，用人单位可以从应负法律责任的劳动者工资中扣除其应负担的抚养费、赡养费、扶养费和损害赔偿等款项；④法律、法规规定可以从劳动者工资中扣除的其他费用。

（6）对扣除工资金额的限制。因劳动者本人原因给用人单位造成经济损失的，用人单位可以按照劳动合同的约定要求劳动者赔偿其经济损失。经济损失的赔偿，可从劳动者本人的工资中扣除，但每月扣除的金额不得超过劳动者月工资的20%；若扣除后的余额低于当地月最低工资标准的，则应按最低工资标准支付。用人单位对劳动者违纪罚款，一般不得超过本人月工资标准的20%。

（7）用人单位依法破产，解散时，劳动者有权获得其工作报酬。

（三）最低工资保障

最低工资是指劳动者在法定工作时间内提供了正常劳动的前提下，其所在用人单位应支付的最低劳动报酬。最低工资的支付以劳动者在法定工作时间内提供了正常劳动为条件。劳动者因探亲、结婚、直系亲属死亡按照规定休假期间，以及依法参加国家和社会活动，视为提供了正常劳动，用人单位支付给劳动者的工资不得低于其适用的最低工资标准。劳动者与用人单位形成或建立劳动关系后，试用、熟练、见习期间，在法定工作时间内提供了正常劳动，其所在的用人单位应当支付其不低于最低工资标准的工资。最低工资的具体标准由省、自治区、直辖市人民政府规定，报国务院备案。

《劳动法》第四十八条第二款明确规定："用人单位支付劳动者的工资不得低于当地最低工资标准。"用人单位支付给劳动者的工资低于最低工资标准的，由当地人民政府劳动保障行政部门责令其限期改正，逾期未改正的，由劳动保障行政主管部门对用人单位和责任者给予经济处罚，并视其欠付工资时间的长短向劳动者支付赔偿金。

三、职业安全卫生法

职业安全卫生法，是指以保护劳动者在职业劳动过程中的安全和健康为宗旨，以劳动安全卫生规则等为内容的法律规范的总称。职业安全卫生法的立法目的是减少和避免因公伤亡事故以及职业危害、职业中毒和职业病。

1. 职业安全卫生工作的方针和制度

职业安全卫生，包括职业安全、职业卫生两类。职业安全是为了防止和消除劳动过程中的伤亡事故而制定的各种法律规范。职业卫生是为了保护劳动者在劳动过程中的健康，预防和消除职业病、职业中毒和其他职业危害而制定的各种法律规范。我国职业安全卫生工作方针是：安全第一，预防为主。

2. 女职工的特殊劳动保护

女职工特殊劳动保护是指根据女职工生理特点和抚育子女的需要，对其在劳动过程中的安全健康所采取的有别于男子的特殊保护。法律规定禁止安排女职工从事矿山井下作业、国家规定的第四级体力劳动强度的劳动和其他禁忌从事的劳动；不得安排女职工在经期从事高处、高温、低温、冷水作业和国家规定的第三级体力劳动强度的劳动；不得安排女职工在怀孕期间从事国家规定的第三级体力强度的劳动和孕期禁忌从事的劳动；对怀孕 7 个月以上的女职工，不得安排其延长工作时间和夜班劳动；女职工生育享受不少于 90 天的产期；不得安排女职工在哺乳未满 1 周岁的婴儿期间从事国家规定的第三级体力劳动强度的劳动和哺乳期禁忌从事的其他劳动，不得安排其延长工作时间和夜班劳动。

3. 未成年工的特殊劳动保护

未成年工是指年满 16 周岁未满 18 周岁的劳动者。对未成年工特殊劳动保护的措施主要有：（1）上岗前培训。未成年工上岗，用人单位应对其进行有关的职业安全卫生教育、培训。（2）禁止安排未成年人从事有害健康的工作。用人单位不得安排未成年工从事矿山井下、有毒有害、国家规定的第四级体力的劳动强度和其他禁忌从事的劳动。（3）提供适合未成年工身体发育的生产工具等。（4）对未成年工定期进行健康检查。

第三节　劳动合同法

劳动合同，是指劳动者与用人单位之间确立劳动关系、明确双方权利和义务的书面协议。劳动合同是用人单位与劳动者履行劳动权利义务的依据。

一、劳动合同的类型

1. 固定期限劳动合同

固定期限劳动合同是指用人单位与劳动者约定合同终止时间的劳动合同。根据劳动合同法的规定，固定期限的劳动合同期满，如果双方有续订劳动合同的意思表示，可以续订。但是连续两次订立固定期限劳动合同后，劳动者提出要求签订无固定期限劳动合同的，用人单位应当按照法律规定签订无固定期限的劳动合同。

2. 无固定期限劳动合同

无固定期限劳动合同是指用人单位与劳动者约定无确定终止时间的劳动合同。在不出现法律、法规规定的或当事人约定的变更、解除劳动合同的条件或法定终止情形时，无固定期限劳动合同可持续至劳动者法定退休年龄为止。

根据劳动合同法规定，有下列情形之一的，劳动者提出或者同意续订、订立劳动合同的，除劳动者提出订立固定期限劳动合同外，用人单位应当与劳动者订立无固定期限劳动合同：（1）劳动者在该用人单位连续工作满 10 年的。（2）用人单位初次实行劳动合同制度或者国有企业改制重新订立劳动合同时，劳动者在该用人单位连续工作满 10 年且距法定退休年龄不足 10 年的。（3）连续订立两次固定期限劳动合同的，且劳动者没有《劳动合同法》第三十九条规定的过错性辞退和第四十条第一项、第二项规定的非过错辞退情形，续订劳动合同的。（4）用人单位自用工之日起满 1 年不与劳动者订立书面劳动合同的，视为用人单位与劳动者已订立无固定期限劳动合同。《劳动合同法》第八十二条规定，用人单位违反劳动合同法规定不与劳动者订立无固定期限劳动合同的，自应当订立无固定期限劳动合同之日起向劳动者每月支付两倍的工资。

3. 以完成一定工作任务为期限的劳动合同

以完成一定工作任务为期限的劳动合同是指用人单位与劳动者约定以某项工作任务的完成时间为合同期限的劳动合同。

二、劳动合同的订立

（一）劳动合同的形式

《劳动合同法》第十条规定："建立劳动关系，应当订立书面劳动合同。"同时劳动合同法规定，用人单位自用工之日起超过 1 个月不满 1 年未与劳动者订立书面劳动合同的，应当向劳动者每月支付两倍的工资。用人单位未在用工的同时订立书面劳动合同的，与劳动者的劳动报酬应当按照企业的或者行业的集体合同固定标准执行；没有集体合同的，用人单位应当对劳动者实行同工同酬。

（二）劳动合同订立的原则

（1）合法性原则。即劳动合同必须依法订立，不得违反法律、行政法规的规定，不得违反国家强制性、禁止性的规定。

（2）公平原则。即订立、履行、变更、解除或者终止劳动合同时，应公平合理、利益均衡，不得使某一方的利益过于失衡。

（3）平等自愿、协商一致原则。平等，是指在订立劳动合同过程中，双方当事人的法律地位平等，有双向选择权，不存在管理与服从的关系，任何一方不得凭借事实上的优势地位强迫对方接受不合理、不公平、不合法的条款；自愿，是指在劳动合同的订立及其合同内容的达成，完全出于当事人自己的意愿，任何一方不得将自己的意志强加于对方，也不允许第三者非法干预；协商一致，是指经过双方当事人充分协商，达成一致意见。劳动者被迫签订的劳动合同或未经协商一致签订的劳动合同属无效合同。

（4）诚实信用原则。是指劳动合同的双方当事人订立、履行、变更、解除或者终止劳动合同过程中，应当诚实守信，以善意的方式履行义务，不得损人利己。

（三）劳动合同的条款

1. 必备条款

劳动合同的必备条款是法律规定劳动合同必须具备的条款，它是劳动合同生效所必需的条款，必备条款的不完善，会导致合同的不能成立。

必备条款包括：（1）用人单位的名称、住所和法定代表人或者主要负责人；（2）劳动者的姓名、住址和居民身份证或者其他有效身份证件号码；（3）劳动合同期限；（4）工作内容和工作地点；（5）工作时间和休息休假；（6）劳动报酬；（7）社会保险；（8）劳动保护、劳动条件和职业危害防护；（9）法律、行政规定应当纳入劳动合同的其他事项。

2. 可备条款

可备条款是劳动合同的约定条款，是指除法定必备条款外劳动合同当事人可以协商约定也可以不约定的条款。约定条款的缺少，并不影响劳动合同的成立。但约定条款不得违反法律、法规的规定。

（1）试用期条款。

对于劳动合同的试用期，劳动合同法有以下规定：①不能任意约定试用期的长短。劳动合同法规定，劳动合同期限3个月以上不满1年的，试用期不得超过1个月；劳动合同期限1年以上3年以下的，试用期不得超过2个月；3年以上固定期限和无固定期限的劳动合同，试用期不得超过6个月。②同一用人单位与同一劳动者只能约定一次试用期。劳动者在同一用人单位调整或变更工作岗位的，用人单位不得再次约定试用期。③以完成一定工作任务为期限的劳动合同或者劳动合同期限不满3个月的，不得约定试用期。非全日制用工不得约定试用期。④劳动合同仅约定试用期的，试用期不成立，该期限为劳动合同期限。⑤劳动者在试用期的工资不得低于本单位相同岗位最低档工资或者劳动合同约定工资的80%，并不得低于用人单位所在地的最低工资标准。⑥试用期内用人单位为试用者提供的劳动条件不得低于劳动法律、法规规定的标准，用人单位应为试用者缴纳社会保险费。⑦对在试用期中的劳动者，用人单位不得滥用解雇权。除有证据证明劳动者不符合录用条件、劳动者有违规违纪违法行为，不能胜任工作等情形外，用人单位不得解除劳动合同。用人单位在试用期解除劳动合同的，应当向劳动者说明理由。⑧用人单位违反劳动合同法规定与劳动者约定的试用期无效，由劳动行政部门责令改正；违法约定的试用期已经履行的，由用人单位以劳动者试用期满月工资为标准，按已经履行的超过法定试用期的期限向劳动者支付赔偿金。

（2）保守商业秘密条款。

用人单位可以和劳动者就商业秘密的范围、保密期限、保密措施、保密义务及违约责任和赔偿责任等进行约定，劳动者因违反约定保密事项给用人单位造成损失的，应承担赔偿责任。

（3）竞业禁止条款。

竞业禁止条款是指双方当事人在劳动合同中约定的劳动者在劳动关系存续期间或在解除、终止劳动关系后的一定期限内不得自营或者为他人经营与原用人单位有竞争关系的业务。我国法律规定竞业限制的期限最长不得超过2年，且在竞业限制期间内，用人单位应按月给予劳动者一定的经济补偿。

（4）服务期限协议。

服务期，是指法律规定的因用人单位为劳动者提供专业技术培训，双方约定的劳动者为用人单位必须服务的期限。法律规定用人单位为劳动者提供专项培训费用，对其进行专业技术培训的，可以与该劳动者订立协议约定服务期限，并约定劳动者违反服务期限的，应当按照约定向用人单位支付违约金。用人单位与劳动者约定服务期的，不影响按正常的工资调整机制提高劳动者在服务期期限内的劳动报酬。

（5）违约金条款。

劳动合同法对违约金条款进行了限制，规定只有在用人单位与劳动者约定服务期限、约定竞业禁止条款时，才能与劳动者约定违约金，且对因劳动者违反服务期限协议而约定的违约金的数额不得超过用人单位提供的培训费用，用人单位要求劳动者支付的违约金不得超过服务期尚未履行部分所应分摊的培训费用。

三、劳动合同的效力

劳动合同依法成立，即具有法律效力，对双方当事人都有约束力。双方必须履行劳动合同中规定的义务。

以下劳动合同无效：（1）以欺诈、胁迫的手段使对方在违背真实意思的情况下订立或者变更劳动合同的；（2）用人单位免除自己的法定责任、排除劳动者权利的；（3）违反法律、行政法规强制性规定的。

劳动合同无效将导致以下法律后果。（1）撤销劳动合同。尚未履行的不得履行，正在履行的停止履行。劳动者已付出劳动的，用人单位应当向劳动者支付劳动报酬。劳动报酬的数额，参照本单位相同或者相近岗位劳动者的劳动报酬确定。（2）因用人单位原因订立的无效劳动合同，对劳动者造成的损害的，应承担赔偿损失。（3）修改劳动合同。被确认部分无效的劳动合同及程序不合法而无效的劳动合同可以通过修改而重新生效。

四、劳动合同的履行、变更

（一）劳动合同的履行

劳动合同的履行是指劳动合同的双方当事人按照合同规定，履行各自应承担义务的行为。履行劳动合同应保障劳动者报酬权的实现，向劳动者及时足额支付劳动报酬；用人单位拖欠或者未足额支付劳动报酬的，劳动者可以依法向当地人民法院申请支付令，人民法院应当依法发出支付令；用人单位安排加班的，应当按照国家有关规定向劳动者支付加班费；劳动者对危害生命安全和身体健康的劳动条件，有权对用人单位提出批评、检举和控告；用人单位变更名称、法定代表人、投资人、合并或者分立等情况的，原劳动合同继续有效，劳动合同由承继其权利和义务的用人单位继续履行。

（二）劳动合同的变更

劳动合同的变更是指当事人双方对尚未履行或尚未完全履行的劳动合同，依照法律规定的条件和程序，对原劳动合同进行修改或增删的法律行为。用人单位与劳动者协商一致，可以变更劳动合同约定的内容。变更劳动合同，应当采用书面形式。

五、劳动合同的解除和终止

（一）劳动合同的解除

劳动合同的解除是指劳动合同当事人在劳动合同期限届满之前依法提前

终止劳动合同关系的法律行为。

1. 双方协商解除劳动合同

用人单位与劳动者协商一致，可以解除劳动合同。但如果用人单位提出解除协议的，用人单位应向劳动者支付解除劳动合同的经济补偿。

2. 用人单位单方解除劳动合同

用人单位单方解除劳动合同，应当事先将理由通知工会。用人单位违反法律、行政法规规定或者劳动合同约定的，工会有权要求用人单位纠正。用人单位应当研究工会的意见，并将处理结果书面通知工会。

用人单位单方解除劳动合同有三种情况。

（1）过错性解除。即在劳动者有过错性情形时，用人单位有权单方解除劳动合同。劳动者有下列情形之一的，用人单位可以解除劳动合同：在试用期间被证明不符合录用条件的；严重违反用人单位的规章制度的；严重失职，营私舞弊，给用人单位造成重大损害的；劳动者同时与其他用人单位建立劳动关系，对完成本单位的工作任务造成严重影响，或者经用人单位提出，拒不改正的；因以欺诈、胁迫的手段使对方在违背真实意思的情况下订立或者变更劳动合同的；因劳动者以欺诈、胁迫的手段或者乘人之危，使对方在违背真实意思的情况下订立或者变更劳动合同的情形致使劳动合同无效的；被依法追究刑事责任的。

（2）非过错性解除。即劳动者本人无过错，但由于主客观原因致使劳动合同无法履行的，用人单位在符合法律规定的情形下，履行法律规定的程序后有权单方解除劳动合同。根据《劳动合同法》第四十条的规定，有下列情形适用非过错性解除：①劳动者患病或者非因公负伤，医疗期满后，不能从事原工作也不能从事由用人单位另行安排的工作的。根据劳动法的规定，医疗期根据劳动者工作年限的长短确定为 3~24 个月。②劳动者不能胜任工作的，经过培训或者调整工作岗位后，仍不能胜任工作的。③劳动合同订立时所依据的客观情况发生重大变化，致使劳动合同无法履行，经用人单位与劳动者协商，未能就变更劳动合同内容达成协议。对非过错性解除劳动合同，用人单位应履行提前 30 日以书面形式通知劳动者本人的义务或者以额外支付劳动者一个月工资代替提前通知义务后，可以解除劳动合同。用人单位还应承担支付经济补偿金的义务。

（3）裁员。是指用人单位为降低劳动成本，改善经营管理，因经济或技术等原因一次裁减 20 人以上或者裁减不足 20 人但占企业职工总数 10% 以上的劳动者。根据《劳动合同法》第四十一条的规定，裁员的法定情形限定为：依照企业破产法规定进行重整的；生产经营发生严重困难的；企业转产、重大技术革新或者经营方式调整，经变更劳动合同后，仍需裁减人员的；其他因劳动合同订立时所依据的客观经济情况发生重大变化，致使劳动合同无法履行的。为保护劳动者的利益，法律规定用人单位裁减人员时，应当优先留用下列人员：与本单位订立较长期限的固定期限劳动合同的；家庭无其他就业人员，有需要抚养的老人或者未成年人的。用人单位依法裁减人员，在 6 个月内重新招用人员的，应当通知被裁减的人员，并在同等条件下优先招用被裁减的人员。用人单位应当依法向被裁减的人员支付经济补偿金。

劳动法规定，有下列情形之一的，用人单位不得依据《劳动合同法》第四十条、第四十一条的规定进行非过错性解除劳动合同或裁员。劳动合同到期也不得终止，应当延续至相应的情形消失时终止：从事接触职业病危害作业的劳动者未进行离岗前职业健康检查，或者疑似职业病病人在诊断或者医学观察期间内的；在本单位患职业病或者因公负伤并被确认丧失或者部分丧失劳动能力的；患病或者非因公负伤，在规定的医疗期内的；女职工在孕期、产期、哺乳期的，在本单位连续工作满 15 年，且距法定退休年龄不足 5 年的；法律、行政法规规定的其他情形。

3. 劳动者单方解除劳动合同

具备法律规定的条件时，劳动者享有单方解除权，无须双方协商达成一致意见，也无须征得用人单位的同意。劳动者单方解除劳动合同有两种情况。

（1）预告解除。即劳动者履行预告程序后单方解除劳动合同。有两种方式：劳动者提前 30 日以书面形式通知用人单位，可以解除劳动合同；劳动者在试用期内提前 3 日通知用人单位，可以解除劳动合同。

（2）用人单位有违法、违约情形，劳动者有权单方解除劳动合同。《劳动合同法》第三十八条规定，用人单位有下列情形之一的，劳动者可以解除劳动合同：未按照劳动合同的约定提供劳动保护或者劳动条件的；未及时足额支付劳动报酬的；未依法为劳动者缴纳社会保险费的；用人单位的规章制度违反法律、法规的规定，损害劳动者权益的；因用人单位以欺诈、胁迫的手段使劳动者在违背真实意思的情况下订立或者变更劳动合同而致使劳动合同无效的；法律、行政法规规定劳动者可以解除劳动合同的其他情形。

在用人单位有危及劳动者人身自由和人身安全的情形时，劳动者有权立即解除劳动合同，在此种情况下，劳动者可以立即解除劳动合同，不需事先告知用人单位。

（二）劳动合同的终止

有下列情形之一的，劳动合同终止：劳动合同期满的；劳动者开始依法享受基本养老保险待遇的；劳动者死亡，或者被人民法院宣告死亡或者宣告失踪的；用人单位被依法宣告破产的；用人单位被吊销营业执照，责令关闭、撤销或者用人单位决定提前解散的；法律、行政法规规定的其他情形。

（三）经济补偿金

经济补偿金是用人单位解除或终止劳动合同的同时，给予劳动者的一次性货币补偿。

1. 补偿标准

经济补偿按劳动者在本单位工作的年限，每满一年支付 1 个月工资的标准向劳动者支付。6 个月以上不满 1 年的，按 1 年计算；不满 6 个月的，向劳动者支付半个月工资的经济补偿。经济补偿金最高数额的限制：劳动者月工资高于用人单位所在直辖市、设区的市级人民政府公布的本地区上年度职工月平均工资的 3 倍，向其支付经济补偿的标准按职工月平均工资 3 倍的数额支付，向其支付经济补偿的年限最高不得超过 12 年。

2. 用人单位应当支付经济补偿金的法定情形

根据《劳动合同法》第四十六条的规定，用人单位应当在下列情形下，向劳动者支付经济补偿金：（1）因用人单位违法、违约迫使劳动者依照《劳动合同法》第三十八条解除劳动合同的。（2）用人单位依照《劳动合同法》第三十六条的规定向劳动者提出解除劳动合同并与劳动者协商一致解除劳动合同的。（3）用人单位依照《劳动合同法》第四十条的规定解除劳动合同的。（4）用人单位依照《劳动合同法》第四十一条第一款的规定解除劳动合同的。（5）除用人单位维持或者提高劳动合同约定的条件续订劳动合同，劳动者不同意续订的情形外，依照劳动法第四十四条第一项的规定终止固定期限劳动合同的。即在劳动合同期满时，用人单位以低于原劳动合同约定的条件要求与劳动者续订劳动合同，而劳动者不同意续订的，用人单位须向劳动者支付经济补偿金。反之，用人单位则不必向劳动者支付经济补偿金。（6）依照《劳动合同法》第四十四条第四项、第五项的规定终止劳动合同的。即在用人单位因被依法宣告破产，被吊销营业执照，责令关闭、撤销或者用人单位决定提前解散的而终止劳动合同的，用人单位应向劳动者支付经济补偿金。（7）法律、行政法规规定的其他情形。经济补偿金应在劳动者离职办工作交接时支付给劳动者。

第四节　劳动争议的解决

一、劳动争议的概念

劳动争议又称劳动纠纷，是指劳动关系双方当事人因执行劳动法律、法规或履行劳动合同、集体合同发生的纠纷。劳动争议发生在劳动者与用人单位之间。劳动争议的主体与劳动法、劳动合同法规定的劳动关系的主体相同。

下列纠纷不属于劳动争议：劳动者请求社会保险经办机构发放社会保险金的纠纷；劳动者与用人单位因住房制度改革产生的公有住房转让纠纷；劳动者对劳动能力鉴定委员会的伤残等级鉴定结论或者对职业病诊断鉴定委员会的职业病诊断鉴定结论的异议纠纷；家庭或者个人与家政服务人员之间的纠纷；个体工匠与帮工、学徒之间的纠纷；农村承包经营户与受雇人之间的纠纷。

二、劳动争议的处理机构

（一）劳动争议调解委员会

劳动争议调解委员会是依法成立的调解本单位发生的劳动争议的群众性组织。我国的劳动争议调解委员会主要有：企业劳动争议调解委员会；依法设立的基层人民调解组织；在乡镇、街道设立的具有劳动争议调解职能的组织。

（二）劳动争议仲裁委员会

劳动争议仲裁委员会是国家授权、依法独立地对劳动争议案件进行仲裁的专门机构。劳动争议由劳动合同履行地或者用人单位所在地的劳动争议仲裁委员会管辖。双方当事人分别向劳动合同履行地和用人单位所在地的劳动争议仲裁委员会申请仲裁的，由劳动合同履行地的劳动争议仲裁委员会管辖。劳动争议仲裁不收费。

劳动争议仲裁委员会负责管辖本区域内发生的劳动争议。仲裁委员会受理本行政区域内的下列劳动争议案件：因确认劳动关系发生的争议；因订立、履行、变更、解除和终止劳动合同发生的争议；因除名、辞退和辞职、离职发生的争议；因工作时间、休息休假、社会保险、福利、培训以及劳动保护发生的争议；因劳动报酬、工伤医疗费、经济补偿或者赔偿金等发生的争议；法律、法规规定的其他劳动争议。

（三）人民法院

人民法院是审理劳动争议案件的司法机构。我国尚未设立劳动法院或劳动法庭，由各级人民法院的民事审判庭审理劳动争议案件。其受案范围为：属于《劳动法》第二条规定的劳动争议，当事人不服劳动争议仲裁委员会作出的裁决，依法向人民法院起诉的，人民法院应当受理：（1）劳动者与用人单位在履行劳动合同过程中发生的纠纷。（2）劳动者与用人单位之间没有订立书面劳动合同，但已形成劳动关系后发生的纠纷。（3）劳动者退休后，与尚未参加社会保险统筹的原用人单位因追索养老金、医疗费、工伤保险待遇和其他社会保险费而发生的纠纷。（4）用人单位和劳动者因劳动关系是否已经解除或者终止，以及应否支付解除或终止劳动关系经济补偿产生的争议，经劳动争议仲裁委员会仲裁后，当事人依法起诉的，人民法院应予受理。（5）劳动者与用人单位解除或者终止劳动关系后，请求用人单位返还其收取的劳动合同定金、保证金、抵押金、抵押物产生的争议，或者办理劳动者的人事档案、社会保险关系等转移手续产生的争议，经劳动争议仲裁委员会仲裁后，当事人依法提起起诉的。（6）劳动者因为工伤、职业病，请求用人单位依法承担给予工伤保险待遇的争议，经劳动争议仲裁委员会仲裁后，当事人依法起诉的，人民法院应予受理。

三、劳动争议的解决方式

我国劳动法规定，用人单位与劳动者发生劳动争议，当事人可以申请调解、仲裁、提起诉讼，也可以协商解决。

（一）协商

发生劳动争议，劳动者可以与用人单位协商，也可以请工会或者第三方共同与用人单位协商，达成和解协议。协商不是处理劳动争议的必经程序，当事人不愿协商或协商不成，可以向本单位劳动争议调解委员会申请调解或向劳动争议仲裁委员会申请仲裁。

（二）调　解

发生劳动争议，当事人不愿协商、协商不成或者达成和解协议后不履行的，可以向调解组织申请调解。当事人双方不愿意调解的，可以书面或口头形式向调解委员会申请调解。调解委员会调解劳动争议，应当自当事人申请调解之日起 15 日内结束；到期未结束的，视为调解不成，当事人可以向当地劳动争议仲裁委员会申请仲裁。达成调解协议后，一方当事人在协议约定期限内不履行调解协议的，另一方当事人可以依法申请仲裁。

调解不是劳动争议解决的必经程序，不愿调解、调解不成的或者达成调解协议后不履行的，可以向劳动争议仲裁委员会申请仲裁。

（三）仲　裁

仲裁是处理劳动争议案件必经的法律程序：发生劳动争议，当事人不愿调解、调解不成或者达成调解协议后不履行的，可以向劳动争议仲裁委员会申请仲裁。劳动争议发生后，当事人任何一方都可直接向劳动争议仲裁委员会申请仲裁。

劳动争议申请仲裁的时效期间为 1 年。仲裁时效期间从当事人知道或者应当知道其权利被侵害之日起计算。劳动关系存续期间因拖欠劳动报酬发生争议的，劳动者申请仲裁不受 1 年仲裁时效期间的限制；但是，劳动关系终止的，应当自劳动关系终止之日起 1 年内提出。仲裁时效的计算适用中止和中断的法律规定。

劳动争议仲裁委员会接到仲裁申请后，应当在 5 日内作出是否受理的决定。受理后，应当在收到仲裁申请的 45 日内作出仲裁裁决。案情复杂需要延期的，经劳动争议仲裁委员会主任批准，可以延长并书面通知当事人，但是延长期限不得超过 15 日。逾期未作出仲裁裁决的，当事人可以就该劳动争议事项向人民法院提出诉讼。

发生劳动争议，当事人对自己提出的主张，有责任提供证据。在劳动争议案件中，用人单位的举证责任重大，与争议事项有关的证据属于用人单位掌握的，用人单位应当提供；用人单位不提供的，应当承担不利后果。

仲裁委员会对下列案件有先于执行的裁决权：仲裁庭对追索劳动报酬、工伤医疗费、经济补偿或者赔偿金的案件，根据当事人的申请，可以裁决先于执行，移送人民法院执行。

劳动争议仲裁委员会对下列案件实行一裁终局：追索劳动报酬、工伤医疗费、经济补偿或者赔偿金，不超过当地月最低工资标准 12 个月金额的争议；因执行国家的劳动标准在工作时间、休息休假、社会保险等方面发生的争议。劳动者对一裁终局的仲裁裁决不服的，可以自收到仲裁裁决书之日起 15 日内向人民法院起诉。而用人单位对一裁终局的仲裁裁决，不能再向法院起诉，也不能申请再次仲裁，但在具备法定情形时，用人单位可以向人民法院申请仲裁。

除一裁终局的仲裁裁决以外的其他劳动争议案件的仲裁裁决，当事人不服的，可以自收到仲裁裁决书之日起 15 日内向人民法院提起诉讼；期满不起

课堂笔记

诉的，裁决书发生法律效力。一方当事人逾期不履行的，另一方当事人可以向人民法院申请强制执行。

（四）诉　讼

当事人对可诉的仲裁裁决不服的，可自收到仲裁裁决书之日起 15 日内向人民法院提起诉讼。对经过仲裁裁决的，当事人向法院起诉的劳动争议案件，人民法院应当受理。

劳动争议案件由用人单位所在地或者劳动合同履行地的基层人民法院管辖。劳动合同履行地不明确的，由用人单位所在地的基层人民法院管辖。

因用人单位作出的开除、除名、辞退、解除劳动合同、减少劳动报酬、计算劳动者工作年限等决定而发生的劳动争议，由用人单位负举证责任。

人民法院审理劳动争议案件实行两审终审制。人民法院一审审理终结后，对一审判决不服的，当事人可在 15 日内向上一级人民法院提起上诉；对一审裁定不服的，当事人可在 10 日内向上一级人民法院提起上诉。经二审审理所作出的裁决是终审裁决，自送达之日起发生法律效力，当事人必须履行。

思考练习

1. 我国劳动法的调整对象是什么？
2. 我国劳动法的适用范围是什么？
3. 劳动法对劳动者的工作时间和休息休假是如何规定的？
4. 劳动法对劳动者的工资报酬是如何规定的？
5. 劳动合同有哪些种类？分别是如何规定的？
6. 劳动合同的主要条款有哪些？
7. 劳动合同法对劳动合同的解除和终止有哪些规定？
8. 劳动者和用人单位出现劳动纠纷、劳动争议应如何解决？

第十七章 对外贸易法

重点掌握内容

我国对外贸易法的基本原则；货物进出口管理法律制度；技术进出口管理法律制度；国际服务贸易管理法律制度；对外贸易秩序法律制度；对外贸易救济法律制度；海关法律制度；对外贸易调查法律制度。

第一节　对外贸易法概述

一、对外贸易与对外贸易法的概念

对外贸易是指一个国家或地区与世界上其他国家或地区之间所进行的商品、服务和技术的交易活动。按照我国《对外贸易法》第二条的规定，对外贸易包括货物进出口、技术进出口和国际服务贸易三个方面。

对外贸易法是确认对外贸易主管机关和对外贸易经营者的法律地位，调整它们之间对外贸易关系的法律规范的总称，它是关于国家对进出口采取鼓励、限制或禁止等措施的法。

我国的对外贸易法依制定机关的不同可以分为国内立法和我国参加或承认的有关国际贸易的国际公约、国际条约和国际惯例等。前者包括《对外贸易法》《反倾销条例》《反补贴条例》《保障措施条例》《海关法》等有关规范对外贸易及其管理活动的行政法规、地方性法规和规章等相关立法，后者有《中华人民共和国加入世界贸易组织议定书》《联合国国际货物销售合同公约》等。

二、我国《对外贸易法》确认的基本原则

（1）实行统一的对外贸易制度，维护公平、自由的对外贸易秩序的原则；

（2）鼓励发展对外贸易，充分发挥地方积极性，保障对外贸易经营者的经营自主权的原则；

（3）在平等互利的基础上促进和发展我国同其他国家和地区的贸易活动的原则；

（4）根据互惠原则给予外贸相对方最惠国待遇或国民待遇的原则；

（5）在对等原则下，根据实际情况，采取相应报复性措施，以维护我国企业利益和国家利益。

三、对外贸易经营者

对外贸易经营者是指依法取得对外贸易经营资格从事对外贸易经营活动的自然人、法人和其他组织。

根据我国《对外贸易法》的规定，对外贸易经营者依法自主经营、自负盈亏。对外贸易经营者的主要权利包括：对外经营自主权；自主使用外汇权；反补贴、反倾销和保障措施的请求权；外贸代理权。外贸经营者的义务主要有依法经营、信守合同、结汇、提供资料等。

除法律、行政法规和国务院对外贸易主管部门有特别规定外，从事货物进出口或者技术进出口的对外贸易经营者，应当向国务院对外贸易主管部门或者其委托的机构办理备案登记，未按规定办理备案登记的，海关不予办理进出口货物的报关验放手续。另外，根据《中华人民共和国加入议定书》的相关承诺，国务院商务主管部门会同国务院有关部门可以授予对外贸易经营者在特定贸易领域从事国营贸易的专营权或者特许权。

四、海关法

（一）海关与海关法的基本概念

海关是一个国家为了维护国家主权和经济利益所设置的对进出关境实施监督管理、征收关税、查缉走私和有关统计的国家机关。国务院设立海关总署，统一管理全国海关，国家在对外开放的口岸和海关监管业务集中的地点设立海关。海关依法独立行使职权，向海关总署负责，不受行政区划的限制。

海关法是规定海关的地位和调整进出关境活动中发生的海关监督管理关系的法，与行政法、税法、进出口商品检验和动植物检疫法等有着密切的联系。

（二）海关法的基本内容

1. 对进出境运输工具的监管

《海关法》规定，进出境运输工具到达或者驶离设立海关的地点时，运输工具负责人应当向海关如实申报，交验单证，并接受海关监管和检查。运输工具装卸进出境货物、物品或者上下进出境旅客，应当接受海关监管。停留在设立海关的地点的进出境运输工具，未经海关同意，不得擅自驶离。进出境运输工具从一个设立海关的地点驶往另一个设立海关的地点的，应当符合海关监管要求，办理海关手续，未办结海关手续的，不得改驶境外。

2. 对进出境货物的监管

《海关法》规定，进口货物自进境起到办结海关手续止，出口货物自向海关申报起到出境止，过境、转运和通运货物自进境到出境止，应当接受海关监管。

（1）申报制度。

按照《海关法》的规定，一切进出境运输工具、货物、物品都必须由有关当事人或其代理人向海关如实申报，交验进出口许可证和有关单证。国家限制进出口的货物，没有进出口许可证件的，不予放行。对于应施行商品检验、文物鉴定或受其他管制的进出口货物，还应交验有关主管部门签发的证件。对于进口后满 3 个月尚未向海关申报、纳税的进口货物，海关可以根据《海关法》的相关规定进行处理。

（2）查验。

进出口货物应当接受海关查验。海关查验货物时，进口货物的收货人、出口货物的发货人应当到场，并负责搬移货物、开拆和重封货物的包装。海关认为必要时，可以径行开验、复验或者提取货样。经收、发货人申请，海关总署批准，其进出口货物可以免验。

（3）放行。

一般情况下，经过海关审核单证、查验货物，对于符合国家规定，没有发现不正常情况，货主已对应税货物按规定纳税的，海关在货运单据上签章放行，收、发货人据此向港口、民航、车站、邮局办理提取和托运手续。

3. 海关事务担保

海关事务担保是解决加速通关和防范风险这一海关基本矛盾的一种有效办法。《海关法》规定，在确定货物的商品归类、估价和提供有效报关单证或者办结其他海关手续前，收、发货人要求放行货物的，海关应当在其提供与其依法应当履行的法律义务相适应的担保后放行，法律、行政法规规定可以免除担保的除外。法律、行政法规对履行海关义务的担保另有规定的，从其规定。国家对进出境货物、物品有限制性规定的，应当提供许可证件而不能提供的，以及法律、行政法规规定不得担保的其他情形，海关不得办理担保放行。担保人应当在担保期限内承担担保责任。担保人履行担保责任的，不免除被担保人应当办理有关海关手续的义务。

第二节　货物进出口管理法律制度

一、货物进出口管理制度

我国《对外贸易法》对货物进出口实行统一的管理制度，并依国际惯例准许货物自由进出口，同时也根据国民经济发展需要，国家经济安全和维护对外贸易秩序等需要，对货物进出口保留了必要的限制和禁止。这种限制与世界贸易组织的数量限制相适应，并遵守非歧视性和透明度原则。相关进出口管理也适用《中华人民共和国货物进出口管理条例》。

现行的货物进出口管理制度主要包括以下内容。

（一）货物进出口管理

按照有关规定，属于限制进出口的货物，限制进出口。属于禁止进出口的货物，不得出口。对于数量有限制的货物，国家对其实行配额管理，对于其他限制进出口的货物，则实行许可证管理。国务院外经贸主管部门会同国务院有关部门制定、调整并公布限制进出口货物的目录。同时，国务院对外贸易主管部门基于监测进出口情况的需要，对部分自由进出口的货物实行进出口自动许可证并公布其目录；实行自动许可的进出口货物，收、发货人在办理海关报关手续前提出自动许可申请的，国务院对外贸易主管部门或者其委托的机构应当予以许可，未办理自动许可手续的海关不予放行。

（二）国营贸易管理

国营贸易管理是指国家授权某些企业主要是国有或国有控股企业垄断经营某些进出口业务，作为国家控制和限制货物或技术等进出口的一种手段。《对外贸易法》第十一条规定，国家可以对部分货物的进出口实行国营贸易管理。除另有许可证外，实行国营贸易管理货物的进出口业务只能由经授权的企业经营。实行国营贸易管理的货物和经授权经营企业的目录，由国务院外经贸主管部门会同其他部门确定、调整并公布。国务院外经贸主管部门基于维护进出口经营秩序的需要，可以在一定期限内对部分货物实行指定经营管理。国营贸易企业和指定经营企业应当根据正常的商业条件从事经营活动，不得以非商业因素选择供应商，不得以非商业因素拒绝其他企业或者组织的委托。

（三）进出口监测和临时措施

国务院外经贸主管部门负责对货物进出口情况进行监测、评估，并定期向国务院报告货物进出口情况，提出建议。当国际收支发生严重失衡或者受到严重失衡威胁，或者为维持与实施经济发展计划相适应的外汇储备水平或者为建立或者加快建立国内特定产业，在采取现有措施无法实现的情况下国家都可以对进出口货物的价值或者数量采取临时限制措施。国家为了执行下列一项或者数项措施，必要时可以对任何形式的农产品、水产品采取限制进口的临时措施：（1）对相同产品或者直接竞争产品的国内生产或者销售采取限制措施；（2）通过补贴消费的形式，消除国内过剩的相同产品或者直接竞争的产品；（3）对完全或者主要依靠进口农产品、水产品形成的动物产品采取限产措施。另外，有下列情形之一的，国务院外经贸主管部门可以对特定货物的出口采取限制或者禁止的临时措施：（1）发生严重自然灾害等异常情况，需要限制或者禁止出口的；（2）出口经营秩序严重混乱，需要限制出口的；（3）其他需要限制或者禁止出口的。

二、进出口商品检验制度

进出口商品检验是指在对外贸易活动中，由商品检验机构依法对买卖双方成交的商品的质量、数量、重量、包装、安全、卫生以及装运条件等进行检验的工作，通常简称为商检。

国务院设立进出口商品检验部门，主管全国进出口商品检验工作。国家商检部门设在各地的进出口商品检验机构管理所辖地区的进出口商品检验工作。商检机构和经国家商检部门许可的检验机构，依法对进出口商品实施检验。进出口商品检验应当根据保护人类健康和安全、保护动植物的生命和健康、保护环境、防止欺诈行为、维护国家安全的原则，由国家商检部门制定、调整必须实施检验的进出口商品目录并公布实施。列入目录的进出口商品，由商检机构实施检验。列入目录的进出口商品，按照国家技术规范的强制性要求进行检验；尚未制定国家技术规范的强制性要求的，应当依法及时制定，未制定之前，可以参照国家商检部门指定的国外有关标准进行检验。

必须经商检机构强制检验的进出口商品的收、发货人或者代理人，应当向报关地的商检机构报验，并在商检机构规定的地点和期限内，接受商检机构对进出口商品的检验。商检机构应当在国家商检部门统一规定的期限内检验完毕，并出具检验证单。海关凭商检机构签发的货物通关证明验放。

三、进出境动植物检疫制度

国务院设立动植物检疫机关，统一管理全国进出境动植物检疫工作。国家动植物检疫机关在对外开放的口岸和进出境动植物检疫业务集中的地点设立的口岸动植物检疫机关，依法实施进出境动植物检疫。国家质检总局是统一管理全国进出境动植物检疫工作的主管机关。

进出境动植物检疫的范围，是进出境的动植物、动植物产品和其他检疫物，装载动植物、动植物产品和其他检疫物的装载容器、包装物，以及来自动植物疫区的运输工具。口岸动植物检疫机关在实施检疫时可以行使下列职权：依法登船、登车、登机实施检疫；进入港口、机场、车站、邮局以及检疫物的存放、加工、养殖、种植场所实施检疫，并依照规定采样；根据检疫需要，进入有关生产、仓库等场所，进行疫情监测、调查和检疫监督管理；查阅、复制、摘录与检疫物有关的运行日志、货运单、合同、发票及其他单证。

第三节　技术和服务贸易管理法律制度

一、技术进出口管理制度

技术进出口，是指在我国境外向我国境内，或者从我国境内向我国境外，通过贸易、投资或者经济技术合作的方式转移技术的行为，包括专利权转让、专利申请权转让、专利实施许可、技术秘密转让、技术服务和其他方式的技术转移。我国对技术进出口实行统一的管理制度，依法维护公平、自由的技术进出口秩序。目前，我国关于技术进出口管理的制度主要包括技术进口管理和技术出口管理。适用的法律包括 2001 年 1 月 1 日施行的《中华人民共和国技术进出口管理条例》、2002 年 1 月 1 日施行的《中华人民共和国技术进出口合同登记管理办法》等。技术进出口必须符合国家的产业政策、科技政策和社会发展政策，必须有利于促进我国科技进步和对外经济技术合作的发展，有利于维护我国经济技术权益。国家准许技术的自由进出口，但是，法律、行政法规另有规定的除外。

课堂笔记

（一）技术进口管理

国家鼓励先进、适用的技术进口。属于禁止进口的技术，不得进口。属于限制进口的技术，实行许可证管理；未经许可，不得进口。国务院外经贸主管部门会同国务院有关部门，制定、调整并公布禁止或者限制进口的技术目录。进口属于限制进口的技术，应向国务院外经贸主管部门提出技术进口申请并附有关文件。技术进口项目需经有关部门批准的，还应提交有关部门的批准文件，技术进口申请经批准的，由国务院外经贸主管部门提交技术进口许可意向书，进口经营者取得技术进口许可意向书后，才可以对外签订技术进口合同。对于属于自由进口的技术，国家实行合同登记管理。

（二）技术出口管理

国家鼓励成熟的产业化技术出口。属于禁止出口的技术，不得出口。属于限制出口的技术，实行许可证管理；未经许可，不得出口。国务院外经贸主管部门会同国务院有关部门，制定、调整并公布禁止或者限制出口的技术目录。出口属于限制出口的技术，应当向国务院外经贸主管部门提出申请。国务院外经贸主管部门收到技术出口申请后，应当会同国务院科技主管部门对申请出口的技术进行审查，并作出批准或者不予批准的决定。限制出口的技术需经有关部门进行保密审查的，按照国家有关规定执行，技术出口申请经批准的，由国务院外经贸主管部门发给技术出口许可意向书，申请人取得技术出口许可意向书后，方可对外进行实质性谈判。对于属于自由出口的技术，国家实行合同登记管理。

二、国际服务贸易管理制度

国际服务贸易，是指一国服务提供者向另一国消费者提供服务并获得外汇收入，以及一国消费者接受另一国服务提供者提供的各项服务并支付报酬的贸易活动。国际服务贸易的内容十分广泛，包括国际运输、国际旅游、国际金融服务、国际保险、国际建筑和工程承包、国际劳务输出、国际电讯服务、教育、卫生、文化、艺术的国际交流服务以及广告设计、律师、会计等专业服务等。

（一）服务贸易的市场准入制度和国民待遇的给予

《对外贸易法》第二十四条规定，中华人民共和国在国际服务贸易方面根据所缔结或者参加的国际条约、协定中所作出的承诺，给予其他缔约方、参加方市场准入和国民待遇。

（二）国际服务贸易的限制和禁止

《对外贸易法》第二十六条规定，国家基于下列原因，可以限制或者禁止有关的国际服务贸易：（1）为维护国家安全、社会公共利益或者公共道德，需要限制或者禁止的；（2）为保护人的健康或者安全，保护动物、植物的生命或者健康，保护环境，需要限制或者禁止的；（3）为建立或者加快建立国内特定服务产业，需要限制的；（4）为保障国家外汇收支平衡，需要限制的；（5）依照法律、行政法规的规定，其他需要限制或者禁止的；（6）根据我国缔结或者参加的国际条约、协定的规定，其他需要限制或者禁止的。《对外贸易法》第二十七条还规定，国家对与军事有关的国际服务贸易，以及与裂变、聚变物质或者衍生此类物质的物质有关的国际服务贸易，可以采取任何必要的措施，维护国家安全。在战时或者为维护国际和平与安全，国家在国际服务贸易方面可以采取任何必要的措施。

第四节　对外贸易秩序和救济法律制度

一、对外贸易秩序法律制度

对外贸易秩序，是指国家运用法律手段对对外贸易进行管理，以使对外贸易经营者合法、公平地开展对外贸易活动，以形成健康有序的对外贸易发展局面。维护对外贸易秩序，不仅有利于打破贸易垄断，建立正当合理的竞争秩序，促进对外贸易的健康发展，而且有利于合理调节进出口贸易，维护国家的宏观经济利益。

（一）关于公平竞争的法律规定

《对外贸易法》规定，在对外贸易经营活动中，不得违法实施串通投标等垄断行为；不得进行不当低价销售、发布虚假广告、商业贿赂等不正当竞争行为。对外贸易经营者有垄断和不正当竞争行为的，除应承担竞争法上的责任外，国务院对外贸易主管部门可以禁止该经营者有关货物、技术进出口等措施。

（二）关于禁止破坏对外贸易秩序行为的法律规定

《对外贸易法》明确规定，禁止以下违法性活动：（1）伪造、变造进出口货物原产地标记，伪造、变造或者买卖进出口货物原产地证书、进出口许可证、进出口配额证明或者其他进出口证明文件。（2）骗取出口退税。（3）走私。（4）逃避法律、行政法规规定的认证、检验、检疫。

（三）关于遵守外汇管理的规定

对外贸易经营者在对外贸易经营活动中，应当遵守国家有关外汇管理的规定。

二、对外贸易调查法律制度

为了维护对外贸易秩序，应对其他国家或地区的贸易壁垒和不公平竞争，最大限度地保护国内产业的发展，我国在《对外贸易法》中规定了对外贸易调查制度，并在贸易壁垒、反倾销、反补贴、保障措施等方面制定了具体的调查规制。通过对外贸易调查，确定各种损害贸易秩序和产业发展的事实，以便采取适当的对外贸易救济措施。

（一）对外贸易调查的事项

为了维护对外贸易秩序，国务院对外贸易主管部门可以自行或者会同国务院其他有关部门，依照法律、行政法规的规定对下列事项进行调查。

（1）货物进出口、技术进出口、国际服务贸易对国内产业及其竞争力的影响。

（2）有关国家或者地区的贸易壁垒。

（3）为确定是否应当依法采取反倾销、反补贴或者保障措施等对外贸易救济措施，需要调查的事项。

（4）规避对外贸易救济措施的行为。

（5）对外贸易中有关国家利益的事项。

（6）任何国家或者地区在贸易方面对我国采取歧视性的禁止、限制或其他类似措施的。

（7）对外贸易中有关知识产权方面的侵权或滥用权利的行为。

（8）在对外贸易中危害市场公平竞争秩序、危害对外贸易秩序的行为。

（9）其他影响对外贸易秩序，需要调查的事项。

（二）对外贸易调查的程序和方式

（1）启动调查。《对外贸易法》规定，启动对外贸易调查，由国务院对外贸易主管部门发布公告。

（2）进行调查及调查方式。调查启动后，即开始进行调查。调查可以采取书面问卷、召开听证会、实地调查、委托调查等方式进行。

（3）提出调查报告或作出处理裁定。国务院对外贸易主管部门根据调查结果，提出调查或者作出处理裁定，并发布公告。

三、对外贸易救济法律制度

《对外贸易法》第四十条规定，国家根据对外贸易调查结果，可以采取适当的对外贸易救济措施。

1. 反倾销措施

《对外贸易法》规定，其他国家或者地区的产品以低于正常价值的倾销方式进入我国市场，对已建立的国内产业造成实质性损害或者产生实质损害威胁，或者对建立国内产业造成实质障碍的，国家可以采取反倾销措施，消除或者减轻这种损害或者损害的威胁或者障碍。

商务部根据调查初裁决定确定倾销成立，并由此对国内产业造成损害的，可以采取下列临时反倾销措施：（1）征收临时反倾销税；（2）要求提供保证金、保函或者其他形式的担保。临时反倾销措施实施的期限，自临时反倾销措施决定公告规定实施之日起，不超过4个月；在特殊情况下，可以延长至9个月。自反倾销立案调查决定公告之日起60天内，不得采取临时反倾销措施。

商务部经过调查终裁决定确定倾销成立，并由此对国内产业造成损坏的，可以征收反倾销税。反倾销税一般适用于终裁决定公告之日后进口的产品，其纳税人为倾销进口产品的进口经营者。反倾销税应当根据不同经营者的倾销幅度，分别确定。对未包括在审查范围内的出口经营者的倾销进口产品，需要征收反倾销税的，应当按照合理的方式确定对其适用的反倾销税。反倾销税税额不超过终裁决定确定的倾销幅度。终裁决定确定存在实质损害，并在此前已经采取临时反倾销措施的，反倾销税可以对已经实施临时反倾销措施的期间追溯征收。

《对外贸易法》还规定，其他国家或者地区的产品以低于正常价值出口至第三国（地区）市场，对我国已建立的国内产业造成实质损害或者产生实质损害威胁，或者对我国建立国内产业造成实质障碍的，应国内产业的申请，国务院对外贸易主管部门可以与该第三国（地区）政府进行磋商，要求其采取适当的措施。

2. 反补贴措施

《对外贸易法》规定，进口的产品直接或间接地接受出口国或者地区给予的任何形式的专项性补贴，对已建立的国内产业造成实质损害或者产生实质损害威胁，或者对建立国内产业造成实质障碍的，国家可以采取反补贴措施，消除或者减轻这种损害或者损害的威胁或者障碍。

商务部根据调查初裁决定确定补贴成立，并由此对国内产业造成损害的，可以采取下列临时反补贴措施：（1）征收临时反补贴税；（2）要求提供保证金、保函或者其他形式的担保。临时反补贴措施实施的期限，自临时反补贴措施决定公告规定实施之日起，不超过 4 个月。自反补贴立案调查决定公告之日起 60 天内，不得采取临时反补贴措施。

商务部经过调查终裁决定确定补贴成立，并由此对国内产业造成损坏的，可以征收反补贴税。反补贴税一般适用于终裁决定公告之日后进口的产品，其纳税人为补贴进口产品的进口经营者。反补贴税应当根据不同经营者的补贴幅度，分别确定。对未包括在审查范围内的出口经营者的补贴进口产品，需要征收反补贴税的，应当按照合理的方式确定对其适用的反补贴税。反补贴税税额不超过终裁决定确定的补贴幅度。终裁决定确定存在实质损害，并在此前已经采取临时反补贴措施的，反补贴税可以对已经实施临时反补贴措施的期间追溯征收。

第五节　违反《对外贸易法》的法律责任

一、对外贸易经营者的法律责任

（1）进出口属于禁止进出口的货物或技术的，或者未经许可擅自进出口属于限制进出口的货物或技术的，依照有关法律、行政法规的规定处理、处罚；法律、行政法规没有规定的，由国务院对外贸易主管部门责令改正，没收违法所得并处以罚款；构成犯罪的，依法追究刑事责任。

（2）擅自进出口实行国营贸易管理的货物，海关不予放行；未经授权擅自进出口实行国营贸易管理的货物的，国务院对外贸易主管部门或者其他有关部门可处以 5 万元以下罚款；情节严重的，可以自行政处罚决定生效之日起 3 年内，不受理违法行为人从事国营贸易管理货物进出口业务的申请，或者撤销已给予其从事其他国营贸易管理货物进出口的授权。

（3）从事属于禁止的国际服务贸易的，或者未经许可擅自从事属于限制的国际服务贸易的，依照有关法律、行政法规的规定处罚；法律、行政法规没有规定的，由国务院对外贸易主管部门责令改正，没收违法所得，并处违法所得1倍以上5倍以下罚款，没有违法所得或者违法所得不足1万元的，处1万元以上5万元以下罚款；构成犯罪的，依法追究刑事责任。国务院对外贸易主管部门可以禁止违法行为人自行政处罚决定生效之日或者刑事处罚判决生效之日起1年以上3年以下的期限内从事有关国际服务贸易经营活动。在禁止期限内，海关根据国务院对外贸易主管部门依法作出的禁止决定，对该对外贸易经营者的有关进出口货物不予办理报关验放手续，外汇管理部门或者外汇指定银行不予办理有关结汇、售汇手续。

（4）商检机构对必须经检验的进口商品未报经检验而擅自销售或者使用，或者将必须经检验的出口商品未报经检验合格而擅自出口，进口或者出口属于掺杂掺假、以假充真、以次充好的商品或者以不合格进出口商品冒充合格进出口商品，伪造、变造、买卖或者盗窃商检单证、印章、标志、封识、质量认证标志等行为，依法给予行政处罚。

（5）口岸动植物检疫机关对不报检或者未依法办理检疫审批手续，擅自将进境动植物、动植物产品或者其他检疫物卸离运输工具或者运递，擅自调离或者处理在口岸动植物检疫机关指定的隔离场所中隔离检疫的动植物，报检的动植物、动植物产品或者其他检疫物与实际不符，擅自开拆过境动植物、动植物产品或者其他检疫物的包装等行为，依法给予行政处罚。对逃避法律规定的认证、检验、检疫的，国务院对外贸易主管部门可以禁止违法行为人自行政处罚决定生效之日或者刑事处罚判决生效之日起1年以上3年以下的期限内从事有关对外贸易经营活动。在禁止期限内，海关根据国务院对外贸易主管部门依法作出的禁止决定，对该对外贸易经营者的有关进出口货物不予办理报关验放手续，外汇管理部门或者外汇指定银行不予办理有关结汇、售汇手续。

（6）海关对走私行为和申报不实、不按照规定接受检查查验等行为，依法给予没收货物和违法所得、责令补缴关税罚款等行政处罚。

（7）对伪造、变造进出口货物原产地标记，伪造、变造或者买卖进出口货物原产地证书、进出口许可证、进口配额证明或者其他进出口证明文件，骗取出口退税或走私，受到行政处罚或被追究刑事责任的，国务院对外贸易主管部门可以禁止行为人自行政处罚决定生效之日或者刑事处罚判决生效之日起1年以上3年以下的期限内从事有关国际服务贸易经营活动。在禁止期限内，海关根据国务院对外贸易主管部门依法作出的禁止决定，对该对外贸易经营者的有关进出口货物不予办理报关验放手续，外汇管理部门或者外汇指定银行不予办理有关结汇、售汇手续。

二、国家对外贸易主管部门工作人员的法律责任

（1）负责对外贸易管理工作的部门工作人员玩忽职守、徇私舞弊或者滥

用职权，构成犯罪的，依法追究刑事责任；尚不构成犯罪的，依法给予行政处分。

（2）负责对外贸易管理工作的工作人员利用职务上的便利，索取他人财物，或者非法收受他人财物为他人谋取利益，构成犯罪的，依法追究刑事责任；尚不构成犯罪的，依法给予行政处分。

思考练习

1. 什么是对外贸易和对外贸易法？
2. 我国对外贸易遵循哪些原则？
3 我国货物进出口法律制度有哪些主要内容？
4. 我国技术进出口法律制度有哪些主要内容？
5. 我国服务贸易进出口法律制度有哪些主要内容？
6. 我国对外贸易秩序管理法律制度有哪些主要内容？
7. 我国对外贸易救济制度有哪些主要内容？
8. 我国对外贸易调查制度有哪些主要内容？
9. 我国海关法有哪些主要规定？
10. 违反《对外贸易法》的表现形式有哪些？分别应承担什么法律责任？

课堂笔记

参考文献

[1] 曲振涛，王福友. 经济法 [M]. 北京：高等教育出版社，2007.

[2] 李昌麟. 经济法学 [M]. 北京：中国政法大学出版社，2011.

[3] 财政部注册会计师考试委员会办公室. 经济法 [M]. 北京：经济科学出版社，2013.

[4] 杨紫煊，徐杰. 经济法学 [M]. 北京：北京大学出版社，2009.

[5] 马洪. 经济法概论 [M]. 上海：上海财经大学出版社，2010.

[6] 曲振涛，黄洁 [M]. 经济法案例教程 [M]. 北京：经济科学出版社，2002.

[7] 张守文. 经济法学 [M]. 北京：北京大学出版社，2012.

[8] 黄河. 经济法概论 [M]. 北京：中国政法大学出版社，2002.

[9] 郭敬轩，罗爱玲. 经济法基础 [M]. 北京：中国农业出版社，2005.

[10] 梁敏，何辛. 新编经济法使用教程 [M]. 大连：大连理工大学出版社，2009.

[11] 崔保群，唐邦勋. 经济法概论 [M]. 北京：中国出版集团现代教育出版社，2013.

[12] 漆多俊. 经济法学 [M]. 上海：复旦大学出版社，2010.

[13] 王立波. 经济法教程 [M]. 北京：清华大学出版社，北京交通大学出版社，2007.

[14] 杨桂红，戴秀丽，金春. 经济法概论 [M]. 北京：中国人民公安大学出版社，2003.

[15] 中国注册会计师协会. 经济法 [M]. 北京：中国财政经济出版社，2008.

[16] 史际春. 经济法 [M]. 北京：中国人民大学出版社，2005.

[17] 国家司法考试辅导用书编辑委员会. 国家司法考试辅导用书[M]. 北京：法律出版社，2008.

[18] 胡志民，施延亮. 经济法原理 [M]. 上海：复旦大学出版社，2004.

[19] 潘静成，刘文华. 经济法 [M]. 北京：中国人民大学出版社，2005.

[20] 王肃元. 经济法概论 [M]. 北京：经济科学出版社，2013.